KB104014

본문 장별 관련 지역

①장 방산정/본정2정목·남산정3정목
　　광희문 밖
②장 황금정3정목(119번지)/황금정5정목
　　(249번지)/초음정(135번지)
③장 공평동
④장 영등포/경성역/약초정
　　*영등포는 당시 경성부에 속하지 않았다.
⑤장 효제동
⑥장 경성(종로)
⑦장 봉래정/동사헌정
⑧장 관철동/광희문 성벽/조선은행 앞 광장
⑨장 봉래정/어성정
⑩장 현저동
⑫장 경성우편국 앞/본정 전차종점
⑬장 약초정/의주통/앵정정
⑭장 황금정3정목
⑮장 영락정
⑯장 신마치
⑰장 병목정
⑱장 종로5정목
⑲장 황금정
㉑장 화원정

「경성부관내도」(1917) 중 경성 중심가. 서울
역사박물관 소장. 지도 한복판을 가로지르
는 청색 선은 청계천, 상하 좌우로 뻗은 적
색과 갈색, 흑색 선은 각각 1등, 2등, 3등
도로이다.

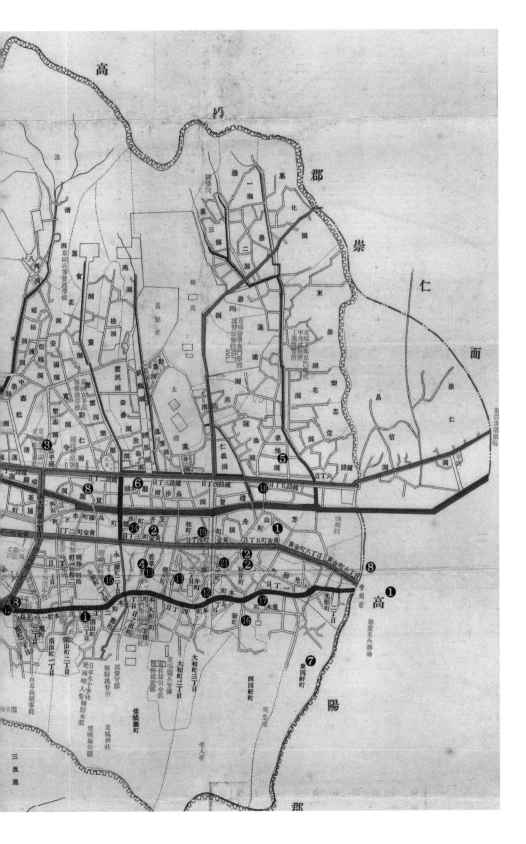

대지를 보라

1920년대 경성의 밑바닥 탐방

대지를 보라 : 1920년대 경성의 밑바닥 탐방

초판 1쇄 펴낸 날 2016년 2월 15일

지은이 | 아카마 기후
옮긴이 | 서호철
펴낸이 | 김삼수
기획 · 편집 | 신중식 · 안성준
홍　보 | 콘텐츠클라우드
디자인 | 문지원

펴낸곳 | 아모르문디
등　　록 | 제313-2005-00087호
주　　소 | 서울시 마포구 성산동 208-1 보영빌딩 6층
전　　화 | 0505-306-3336 팩스 | 0505-303-3334
이메일 | amormundi1@daum.net

ⓒ 서호철, 2016 Printed in Seoul, Korea

ISBN 978-89-92448-35-2　93910

※ 일본국립국회도서관은 본서의 저작권을 불명으로 분류, 인터넷에 공개하고 있습니다.
차후라도 저작권자가 확인되면 절차를 거쳐 저작권 사용료를 지불하겠습니다.

※ 이 도서의 국립중앙도서관 출판예정도서목록(CIP)은 서지정보유통지원시스템 홈페이지
(http://seoji. nl. go. kr)와　국가자료공동목록시스템(http://www. nl. go. kr/kolisnet)
에서 이용하실 수 있습니다. (CIP제어번호: CIP2016002295)

대지大地를 보라

1920년대 경성의 밑바닥 탐방

아카마 기후 지음 서호철 옮김

아모르문디

경성, 1924년 겨울, 그리고 기괴한 필자

대도시는 두 개의 상반된 얼굴을 갖는다. 한편에는 우뚝 솟은 건물들, 차량과 인파로 붐비는 거리, 쇼윈도를 장식한 최신 유행의 상품들, 거리를 어슬렁거리고 있기만 해도 볼거리가 넘치는 화사한 얼굴이 있다. 그런 도시는 자연의 구속을 극복하고 이룩한 인공낙원, 문명과 '모던'의 상징이다. 그러나 그 반대편에는 산동네 판자촌이나 어두운 뒷골목의 빈곤과 굶주림, 범죄, 유혹과 타락이라는 도시의 어두운 얼굴도 있다. 사람이 사는 곳이면 어디든 빈부의 차이는 있을 테고 돈으로 사고파는 쾌락과 만족 뒤에는 상품화된 노동과 성(性)의 비참함이 있겠지만, 도시에서는 빛이 선명한 만큼 그늘도 더욱 짙다.

많은 인구가 밀집한 도시는 숙명적으로 식량 공급, 주거와 교통, 공중위생을 '문제'로 떠안고 있다. 그런 문제들을 제대로 해결하지 못하면 도시는 말 그대로 인구를 집어 삼키는 죽음의 늪이 된다. 늘 가장 불리한 상황에 처하게 되는 것은 빈곤층이다. 그러나 칼 맑스가 정확하게 짚었듯이 도시가 필요로 하는 상품과 서비스를 저렴한 가격으로 공급하기 위해서는 실업자와 빈곤층이 일정 규모로 유지되어야 한다. 그런 염가 노동력이 부족해지면 외국에서 수입을 해서라도 충당해야 한다는 사실을, 지금 우리는 몸으로 깨닫고 있다. 그런 점에서 도시의 빛과 어둠의 대립은 구조적인 문제다. 도시의 문명은 도시의 빈곤과 비참 없이는 유지될 수 없다.

그것이 허허벌판에 신기루처럼 솟아난 신생 도시가 아니라 근대로의 급속한 탈바꿈을 겪고 있는 몇 백 년 유서 깊은 왕도(王都)라면 어떨까? 빛과 그늘의 대립, 불평등의 구조는 새로운 것과 묵은 것의 대립과 대개 겹쳐질 것이다. 유사(有史) 이래 언제나 새 시대는 과

거의 문명을 파괴하고 그 위에 새 도시를 건설했지만, 근대 산업문명은 미증유(未曾有)의 속도와 규모로 예전의 문명을 몰아냈다. 새로운 것이 늘 좋은 것으로 여겨지는 시대에 옛 왕조의 영화와 전통적 삶의 방식은 박물관 유리 너머에서라면 모를까, 현실에서는 이제 타파해야 할 고리타분함, 추하고 음란하고 사악한 것으로 치부된다.

다시, 그것이 식민지의 도시라면 어떨까? 무력으로 이 땅을 차지한 외세가 자기네의 신도시를 건설하는 대신, 하필이면 몇 백 년 성상(星霜)의 옛 왕도를 그대로 식민지의 행정과 상업·산업의 중심으로 찬탈하고자 했다면(김백영, 2009: 255-258)? 불평등과 빈부 격차, 새 문명과 옛 문명의 대립 위에 제국과 식민지, 식민지배자와 식민지민의 대립이 다시 포개진다. 1923년 식민지 조선의 수도 격이었던 경성의 민족별 토지소유 양상을 살펴보자. 먼저 도시에서 가장 중요한 대지(垈地), 즉 주택지의 민족별 소유 면적과 사정지가(査定地價), 인구 1천 명당 면적은 다음과 같다.[1]

	면적(町步)	면적 비율	사정지가(원)	지가 비율	면적/1천 명
조선인	406	49.8	11,450,454	45.3	1.96
일본인	378	46.3	12,613,718	49.9	4.96
기타 외국인	32	3.9	1,237,638	4.9	5.74
계	816	100.0	25,301,810	100.1	2.83

그리고 대지 이외의 토지 중 가장 비중이 큰 밭에 대한 민족별 소유관계는 다음과 같다.

	면적(町步)	면적 비율	사정지가(원)	지가 비율	면적/1천 명
조선인	125	44.6	214,346	34.2	0.60
일본인	148	52.9	398,487	63.5	1.94
기타 외국인	7	2.5	14,789	2.4	1.25
계	280	100.0	627,622	100.1	0.97

---

[1] 원자료는 『동아일보』 1923. 3. 5. 「혈혼으로 배접한 통계의 숫자/ 십구만 명에 五分=팔만 명에 五分」. 원문에는 대지 면적 합계와 지가 합계가 각각 817정보, 25,301,812원으로 되어 있다. 지가 비율은 소수점 둘째자리에서 반올림해서 백분율 합이 정확히 100이 되지 않는다. 기사 제목에는 조선인 19만 명, 일본인 8만 명이라고 했지만, 인구 1천 명 당 면적은 1923년 경성 인구인 조선인 207,496명, 일본인 76,186명, 기타 외국인 5,578명, 계 288,260명으로 계산했다.

수적으로 조선인의 1/3을 조금 넘었던 일본인이 주택지의 46%, 밭의 53%를 소유했을 뿐 아니라, 지가로 볼 때 일본인 소유지가 전반적으로 더 알짜배기였음을 알 수 있다. 인구 1천 명당 면적을 보면 일본인이 조선인에 비해 주택지는 2.5배, 밭은 3.2배를 소유한 형편이었다. 러일전쟁 이전까지만 해도 조선(대한제국) 정부는 외국인의 토지 소유를 엄격히 제한했으므로, 이것이 불과 20년 사이에 일어난 변화라는 점도 고려해야 한다.

이것도 어디까지나 통계수치를 가지고 하는 이야기일 뿐이다. 일본인보다는 훨씬 작은 규모지만 조선인 1천 명 당 소유 주택지가 1.96정보라고 하면, 1정보가 3천 평이므로 한 사람당 6평 조금 못 미치는 주택지를 소유한 꼴이 된다. 그러나 경성의 모든 조선인이 공평하게 그 정도 규모의 주택지를 가졌던 것은 결코 아니다. 개중에는 대저택을 소유한 부자가 있는 반면, 말 그대로 송곳 꽂을 땅도 없는 빈민도 수두룩했다. 물론 일본인도 그런 사정은 마찬가지였다. 전체로 보면 지배민족으로 특권을 누렸다고 하지만, 한 사람 한 사람을 따져 보면 사정은 다 달랐다.

식민지기 경성의 하층민들은 어떻게 살았을까? 그들은 어떤 집에 살고 무엇을 먹으며 어떤 직업에 종사했을까? 오늘날 우리에게 그런 실상을 가장 생생히 전해 주는 것은 당시의 소설과 신문·잡지 기사다. 신문기사보다 좀 더 분량이 많은 심층보도로 '르포르타주(reportage)'라는 장르가 있지만 그것은 식민지 조선에서는 크게 발달하지 못했고, 특히나 신문·잡지에 게재된 것 외에 단행본으로 묶인 경우는 흔하지 않다. 1924년에 나온 이 책 『대지를 보라』는 식민지 수도 경성의 하층사회에 대한 바로 그런 단행본 르포르타주, 그것도 일본인 저자가 쓴 드물고 독특한 책이다.

책 내용에 대한 소개는 본문 각 부의 해제로 미루기로 하면 이제 저자를 소개할 차례인데, 그것이 쉽지 않다. 일단 정보가 별로 없다. 저자 아카마 기후(赤間騎風)는 식민지 조선의 일본인들끼리 여러 차례 간행한 명사록(名士錄) 종류에도 이름을 올릴 만한 인물이 못 되었던 모양이다. 원서의 판권장을 보면 본명은 죠타로(長太郎)로, '기후(騎風)'라는 묘한 이름은 호(號)나 별명인 듯하다. 이 책을 낼 당시 그는 종로 5정목 32번지에 살았다. 본문 이곳 저곳에 흩어진 자기 이야기를 끼워 맞추면 그는 1924년 당시 38세(1장), 10년 동안 여러

신문사를 전전하며 '3면 기자'로 일했고(21장) 주간지『경성신문』의 주필을 지냈다(8장). 조선에서 오래 산 '조선통'이고, 한때 만주 창춘(長春)에서 일본어신문 지국을 경영한 적이 있어서(3장) 마적의 동향에 대해서도 꽤 잘 알고 있다(4장). 저술로는 이 책 외에 마적에 대한 것이 있는데, 같은 내용을 표지와 서문만 바꾸어 다른 출판사에서『마적 무리에서(馬賊の群より)』(1924),『만주마적(滿州馬賊)』(1928),『마적 이야기(馬賊物語)』(1932) 등으로 거듭 간행했다.[2]

이 책『대지를 보라』에는 경찰 출신의 조선(학) 연구자로 잘 알려진 이마무라 도모의 '서언'이 실려 있는데, 보면 아시겠지만 그게 또 묘하다. 책 내용을 언급하면서 열심히 뛰어서 쓴 좋은 책이다, 일독을 권한다고 추천하는 대신, 아카마 군은 큰일을 할 사람인데 아직 때를 못 만났다, 언젠가 뜻을 펼 날이 왔으면 한다는 말뿐이다. 게다가 그 큰일이라는 게 일본의 대륙 침략에 민간인으로 한몫한다는 것이고 보면, 우리 입장에서는 저자 아카마는 큰일을 할 사람이 아니라 큰일을 낼 사람이고 돈키호테적인 행동인이라는 말로 들린다. 요컨대 그는 당시 '다이료쿠로닌(大陸浪人)'이라고 불렸던, 반은 지사(志士) 반은 무뢰배 비슷한 행동주의자였거나, 일본의 대륙 침략을 측면에서 지원했던 국수주의 단체 고쿠료카이(黑龍會)의 회원이었을 가능성이 있다.

메이지유신으로 봉록(俸祿)과 신분적 특권을 박탈당한 사무라이(士族) 중 일부는 '자유민권운동'에 편승해서 정치·언론활동에 나섰다. 그들을 '소시(壯士)' 또는 '로닌(浪人)'이라고 불렀고, 특히 일본의 대륙 침략에 발맞추어 조선·만주·중국 등에서 활동한 자들을 '다이료쿠로닌(大陸浪人)'이라고 했다.[3] 그러나 불우 사무라이가 아닌 자들도 행태에 따

---

2 처음 것은 속표지에는 아카마 기후·다카하시 고쿠료(高橋黑龍) 공저로 되어 있지만 판권장에는 아카마 죠타로 저, 다카하시 고쿠료 발행이라고 했다. 두 번째 것은 아카마의 단독 저서, 마지막 것은 다시 다카하시 고쿠료와의 공저로 되어 있다.

3 이하 다이료쿠로닌과 고쿠료카이, 다케다 한시, 덴유쿄 등에 대해서는 강창일(2002), 최병헌 (2001)을, 그들의 정치적 지향과 그 한계에 대해서는 마루야마 마사오(1997)를 볼 것. 1909년 한 재조선 일본인은, 청일전쟁 때가 로닌들의 전성기였고 통감부 설치 이후로는 그들의 활동무대가

라 '로닌'으로 불렸나 하면, 주군(主君)과 소속이 없는 떠돌이라는 '로닌'의 본뜻과 달리 그들 중 상당수는 곧 단체를 결성하거나 거기 속하게 되었다. 대표적인 단체가 고쿠료카이다. 1881년 옛 후쿠오카번(福岡藩)의 사무라이들이 중심이 되어 우익 국가주의 단체인 겐요샤(玄洋社)를 결성했고, 그중에서 우치다 료헤이(內田良平) 등이 1901년 주로 조선과 만주에서의 활동을 목표로 고쿠료카이를 결성했다. 거창한 이름이지만 숨겨진 뜻이 있는 것은 아니고, 만주의 흑룡강(헤이룽장)에서 따왔다고 한다. 1900년대 고쿠료카이는 일본의 조선 침략을 측면 지원했고, 1910년 조선 '병합'이 성립된 뒤에는 중국으로 눈을 돌렸다. 일본의 만주·몽골 침략에 일익을 담당하고자 한 그들은 청조(淸朝) 타도를 획책하여 쑨원(孫文)을 지원했는가 하면, 신해혁명 이후로는 위안스카이(遠世凱)에 반대하여 만·몽 독립운동을 지원하기도 했다.

1925년에 일어난 다소 황당한 사건을 통해 저자 아카마의 정체를 밝혀 보자.[4] 사건 자체는 별것 아니다. 아카마를 포함한 일행 여섯 명이 8월 30일 용산 원정 1정목 서룡사(瑞龍寺)에 있는 승려 다케다 한시(武田範之, 1863~1911)의 무덤에 참배를 갔다가, 무덤 관리가 제대로 안 된 것을 보고 주지를 찾아가 약간의(?) 폭력을 행사하고 협박해서, 주지로부터 사죄문을 신문에 광고로 싣고 그 게재료로 백 원을 내겠다는 약속을 받아낸 것이다. '사건'이라기도 애매한 것이, 정작 피해자인 그 절 주지는 고소를 안 했는데, 아카마가 잡지 『조선급만주(朝鮮及滿洲)』 발행인 우시마루 미시아키(牛丸潤亮)한테 부탁해서 사건을 과장 보도한 것을 경찰이 보고 조사에 착수했다고 한다. 피해자가 고소할 뜻이 없었으므로 아마 사건은 흐지부지되었을 것이다.

대폭 축소되어 경성에는 로닌다운 로닌이 없지만, 그나마 로닌 비슷한 인물들이 있다면 신문기자나 변호사를 하고 있다고 썼다(ヒマラヤ山人, 1909).

4 1925년 9월 2일부터 5일까지 용산경찰서장이 경성지방법원 검사정(檢事正)에게 보낸 네 통의 신문조서(訊問調書)가 국편 한국사DB에 '승려 배척에 관한 건'이라는 제목으로 올라 있다. 피해자가 고소하지도 않은 사건을 경찰이 조사한 것은, 가해자들이 고쿠료카이 소속으로 '요주의 인물'이었기 때문이라고 생각된다.

여기까지만 보면 묘지 관리가 부실했다는 것은 핑계고, 언론계 출신인 아카마 등이 사죄문 게재료 명목으로 돈푼이나 갈취하려 했던 사건으로도 보인다. 그러나 문제가 간단하지 않은 것이, 무덤의 주인인 다케다 한시는 일본 조동종(曹洞宗)의 승려이자 갑오농민전쟁 때 우익단체 덴유쿄(天佑俠)를 결성해서 활동했던 자로, 명성왕후 시해사건에도 개입했고 이후 고쿠료카이에 가담하여 일진회의 일한합방운동에 관여하는 한편 한국불교를 일본불교에 통합하는 데 큰 몫을 한 인물이다. 게다가 신문조서에 아카마는 '황도진흥회(皇道振興會)' 주사(主事), 일행 중 다카하시 도시오(高橋利雄)는 고쿠료카이의 청년부 간사라고 적혀 있다.[5] 고쿠료카이의 역사에 남을 만큼 비중 있는 존재는 아니었지만, 아무튼 아카마는 그 일원이었다. 그가 만주에 체재했던 것도 마적에 대해 잘 알고 있는 것도, 모두 고쿠료카이의 대륙 경략(經略)의 일부였던 것이다.

웃어야 할지 말아야 할지 망설여지는 것은, 이 여섯 명이 9월초 몽골, 따싱안링(大興安嶺) 산맥의 쒀룬(索倫, 일본 발음으로는 '소론') 지역 탐험을 떠날 예정이었다는 사실이다. 이들은, '우리는 식인종이 사는 소론, 천고 비밀의 소론, 귀중한 보고(寶庫) 소론 탐험을 떠난다, 러시아·영국·미국 탐험대도 실패했지만 우리는 몽골 마적의 대두목 호림(虎林)과 제휴하니까 자신 있다.'는 내용의 인쇄물을 지니고 다니면서 유력인사들에게 후원금을 모았던 모양이다. 서룡사 사건이 잘 마무리되었는지, 일행은 9월 6일 오후 10시 50분 열차로 몽골을 향해 경성역을 떠났다.[6] 얼마 동안의 일정이었는지, 소기의 목적을 달성했는지

---

5 마적에 대한 아카마의 책에 공저자로 되어 있는 '高橋黑龍'이다. 그 밖의 일행은 경성 우키요(うきょ)신문사 주간 나가토메 노부타카(永留信孝), 경성일일신문(京城日日新聞) 운동부 촉탁 구마가야 군소(熊谷薫象) 등이다. 경성지방법원 검사국에 소장된 다른 문서 「東上中인 黑龍會員이 在龍동지에게 보내는 近信에 관한 건」(국편 한국사DB)에 보면 아카마와 나가토메도 고쿠료카이 회원으로 되어 있다. 1925년 4월 가토 다카아키(加藤高明) 총리대신 암살미수사건으로 우치다 료헤이 등이 검거된(이듬해 무죄석방) 뒤 당시 도쿄(東京)에 가 있던('東上中') 아카마가 용산에 있던('在龍') 나가토메에게 사건 이후 도쿄 고쿠료카이의 상황을 써 보낸 것을 경찰이 검열하여 베껴둔 문서인 듯하다.

6 『동아일보』 1925. 9. 8. 「몽고탐험대 출발」.

는 모르지만, 1927년 2월에는 아카마가 경성방송국 라디오 프로그램에 나와 '몽골 이야기'를 들려주고 있다.[7] 이것이 내가 확인한 저자 아카마의 마지막 모습이다. 서룽사 사건 신문조서에 나온 정보를 하나 덧붙이자면 아카마 기후, 본명 죠타로는 후쿠오카현 히사무라(日佐村), 지금의 후쿠오카시 남구 출신으로, 1925년 당시에는 원남동 195번지에 살고 있었다. 신분은 평민, 직업은 저술업. 현재 일본국립국회도서관에서 제공하는 원문서비스에는 그의 책들에 대해 '저작권자 불명'이라고 표시가 되어 있다.

이렇게 저자는 지금 우리가 보기에는 다소 기괴하고 엉뚱한, 돈키호테적인 인물이다. 그러나 그런 행동파답게, 그는 경성의 '밑바닥(ドン底)'을 발로 뛰면서 일본인과 조선인을 가리지 않고 하층 빈민의 다양한 삶의 모습을 취재했다. 이마무라가 정확히 짚었듯이 꼼꼼하게 잘 설계된 사회조사라기보다는 자기 생활 주변을 크게 벗어나지 않는 선에서, 그것도 1923년부터 1924년에 걸친 겨울 한 철 동안 급하게 쓴 책이지만, 반대로 그런 만큼 현장감이 한층 생생하게 느껴진다. '대지를 보라'라는 박력 있는 제목도 마찬가지다.

기자 출신답게 그는 어디 가면 어떤 하류 인생이 있고 조선인이 즐겨 찾는 주막의 왁자한 싸움판은 어떠하며 어디가 어떤 종류의 매음굴이고 중국요리집이 어떻게 간통·사통의 장소로 이용되는가 하는 시정 잡사에 통달해 있지만, 더 나아가 다소 어설픈 '변장'을 하고 반나절 쓰레기 청소부로 일해 보기도 하고 넝마주이 소굴이나 땅꾼의 움막, 토막촌을 찾아가거나 싸구려 여인숙에서 며칠을 직접 살아 보기도 한다. 그리고 놀랍게도, 그런 그의 어설픈 탐정 놀이는 다른 소설이나 신문·잡지 기사에서 보기 힘들었던 경성의 어두운 그늘의 몇 자락을 열어 보인다. 우리가 거의 관심이 없었던 일본인 하층사회의 모습도 흥미롭다.

조선인 지식인이나 언론인이 식민지 조국의 현실에 아파하고 분개한 기록은 많지만, 이 책의 저자는 일본인, 그것도 일본의 조선 침략과 대륙 침략을 적극 지원한 우익 행동주의자다. 그런 그가 당시 경성의 하층사회를 어떻게 보았으며, 조선에 대해 어떤 생각을 품었을까 하는 것도 생각해볼 거리다. 민족적 경계와 차이에 대한 그의 태도가 퍽 대범하거나

---

7 『매일신보』 1927. 2. 21. 「금일의 라듸오」.

무심해 보이는 것은 좀 의외랄까?

　그런데 그는 왜 이런 책을 썼을까? 현실의 고발? 현실 개선을 위한 행동의 촉구? 아니면 이마무라의 말처럼 그에게 글쓰기는 일종의 심심파적이거나, 그것도 아니면 많은 정치 지향적 인물들이 하듯이 이 책은 그의 자기과시를 위해 낸 것일까? 때로 그는 어두운 현실을 고발하면서 그것에 대한 위정자의, 사회의 인식과 반성을 촉구하기도 하지만, 어떤 대목은 꽤 선정적인 흥미 위주의 읽을거리 같기도 하다. 원서 중간 중간에 실린 많은 광고들은, 몽골탐험대 때 그랬듯이 저자가 이 책을 쓴답시고 여러 술집과 상점에서 반쯤 강제로 유치한 게 아닐까 하는 의심도 든다. 그러나 저자와 이 책의 성격이 한 가지가 아니라 복합적이고 복잡한 만큼, 읽는 재미는 더 쏠쏠하다. 무엇보다 이 책은 1920년대 경성 하층사회의 단면들을 여실하게 그려 낸, 독특하고도 중요한 자료이다.

기후 아카마 군은 구름 가듯이 전혀 정해진 궤도가 없는 사람이다. 꽃의 도
시인 도쿄에 있나 싶으면 어느새 모래바람 몰아치는 몽골의 오지에 출몰하고
있다. 한마디로 평하면 로닌 기질과 모험성이 다분했는데, 최근에는 사람이
확 변해서 지사형(志士型) 인간이 되었다. 한동안 통 얼굴을 못 봤다 싶었더
니, 어느 날 혜성 같이 내 서재에 나타나 원고 뭉치를 보여주며 서언을 써 달
라고 했다. 그러면서, 사람들은 책을 쓰면 대개 이름이 널리 알려진 대단한
사람에게 서언을 부탁하지만, 자기는 자기와 의기가 투합하는 사람에게서 서
언을 받고 싶다고 했다. 아카마 군도 삐딱한 인간이지만, 나도 그렇다. 그 말
투가 마음에 들었다. 나는 별로 문명(文名)이랄 것도 쌓지 못했지만, 그가 나
를 평가해 준 면목 때문에 몇 자 휘갈기기로 했다.

본래 그는 활동적인 일을 벌이는 사람이지, 가느다란 붓자루를 쥐고 있을
사람은 아니다. 글은 어린애 장난 같은 심심파적, 어쩔 수 없어서 하는 여기
(餘技)다. 만약 러일전쟁 때 그가 있었다면, 요코카와 군과 오키 군의 다음 자

리 정도는 문제없이 차지해서 나라를 위해 헌신했으리라.[8] 때를 만나지 못하고 마땅히 있을 자리를 얻지 못했기에, 그의 글쓰기가 있을 수 있는 것이다.

미국의 어떤 학자가 아직 부모의 소리를 듣지 못한 독수리 새끼를 잡아서 카나리아를 어미로 붙여 주고 몇 달 힘들게 훈련시켰더니 마침내 카나리아 소리를 낼 수 있게 되었지만, 그것을 본래 어미한테로 돌려주자 금방 본래의 독수리 소리로 돌아갔다고 한다. 세상에는 독수리이면서도 불우해서 어쩔 수 없이 평생 카나리아 소리를 내며 살아야 하는 사람이 많다. 나 또한 그중 한 명이니까, 아카마 군의 처지에는 특별히 동정이 간다. 이 책을 읽는 사람은 저자의 본령은 따로 있다는 점을 염두에 두고 읽어간다면, 그의 성격의 편린이 곳곳에 어른거리는 것에서 재미를 느낄 수 있으리라 믿는다.

또 한 가지, 학자나 정치가라는 사람들은 민간의 실정에 그다지 밝지 못하다. 최근 사회문제가 시끄럽지만 일본 사회의 밑바닥을 실제로 연구한 사람은 매우 드물다. 또 책만 가지고 연구를 하다 보니 그 논의가 현실과 잘 들어맞지 않는다. 이 책은 기껏해야 경성의 일부 국면의 기록이고 또 단시일의 관찰이니까 체계적이지는 않지만, 그래도 실제의 관찰이니까, 읽는 사람이 얼마쯤이라도 식민지 사회의 실상에 대해 이 책으로부터 힌트를 얻을 수 있다면, 저자의 노력은 보상을 받게 될 것이다.

마지막으로 한마디 덧붙인다. 중국의 문사(文士)는 전시(戰時)에는 붓을 던지고 병거(兵車)에 올랐다. 이탈리아의 시인은 비행기를 탔다. 아카마 군 역시 기회가 닿으면 본래의 면목을 발휘하게 될 것이다. 나는 그런 날이 속히 오기를, 그를 위해서 기도한다. 창고 속에 간직해 둔 병풍이 혼례날 한몫을

---

8 러일전쟁 당시 민간인으로 만주에서 러시아군의 수송열차 폭파라는 특수공작에 가담했다가 러시아군에게 붙들려 처형당한 요코카와 쇼조(橫川省三)와 오키 데이스케(沖禎介)를 말한다.

하듯이, 독수리 새끼가 카나리아의 소리로 울기를 멈추고 본래의 소리를 되 찾아, 유량(劉喨)하게 지저귈 수 있기를.

다이쇼13년(1924) 맹춘[9]

노인정[10] 아래 더부살이하는 이마무라 라엔[11]

야생 매화 한 그루 꽃이 적어서인지 떨고 섰구나

（野梅一株花乏きかすくれけり）

---

9 '맹춘(孟春)'은 음력 1월이다.

10 필동 남산기슭에 '노인정'이 있었다. 1894년 7월 조선측 위원 3명과 오토리 게이스케(大鳥圭介) 일본공사가 1차 갑오개혁안을 논의한 곳으로 알려져 있다.

11 이마무라 도모(今村鞆, 1870~1943)는 식민지기 대표적인 조선 연구자 중 한 명이다. 1908년 경찰관으로 조선에 와서 충청북도·강원도 경찰부장과 평양·제주의 경찰서장 등으로 재직했고, 1920년 원산부윤과 이왕직 서무부장을 거쳐 1925년 퇴직한 뒤로 중추원과 조선사편수회, 전매국 촉탁 등으로 있으면서 『조선풍속집(朝鮮風俗集)』(1915), 『역사민속 조선만담(歷史民俗朝鮮漫談)』(1928), 역작 『인삼사(人蔘史)』(1934~40) 등을 펴냈다. '라엔(螺炎)'은 그의 별호다. 그의 이름을 '도모'라고 읽는다는 사람도 있고 '도모에'라고 한 곳도 있다.

李王職事務官今村柄先生序文

赤間騎風著

大地を見ろ
[第二版]

大陸共同出版會發行

恐るべき社會相 多城のドン底の面

大地を見ろ

變裝探訪記

사진 제공: 국립중앙도서관

원서 ≪대지를 보라≫의 차례

차례

배가 부르면 인간은 게을러진다.

배가 고프면 인간성은 황폐해진다.

이것이 우리가 고려해야 할 점이라고 생각된다.

배고픈 자에게 지금 무슨 말을 들려준들, 귀에 들어가지 않는다.

그저 배불리 먹고 싶다는 것 외에 다른 생각이 없으니까…….

어쨌든 그날그날의 생활에 쪼들리지 않는 사람은 남의 일도 생각해 줄

여유쯤은 있을 테니까, 사회를 위해, 국가를 위해,

자기들의 세계 이외의 것도 생각해 주었으면 한다.

배부른 자들이 배고픈 자의 괴로움과 애달픔을

좀 알아주었으면 하고, 이 책을 쓴다.

                              ― 아카마 기후

1부 경성 하층사회의
변장 탐방기

도시 하층에 대한 관심과 조사·기록

　근대 도시의 극명한 명암의 대조, 불평등과 빈부의 격차가 구조적인 것이라면, 빈곤 문제는 있다가 없다가 하는 임의적 자선이나 도덕적 호소가 아니라 국가와 도시의 일상적인 행정적 관심과 개입, 정책의 대상이 되어야 한다. 그러기 위해서는 먼저 빈곤의 현실, 빈민들의 삶의 실제 모습을 정확히 파악할 필요가 있다. 이 문제와 관련해서 근대 들어 몇 가지 전형적인 산문 장르가 나타났다.

　먼저 꼽을 것은 도시 행정을 담당하는 관청의 업무통계(official statistics)와 조사 보고서다. 업무통계는 행정의 부산물이다. 공무원 한 명 한 명이 오늘은 무슨 일을 몇 건 어떻게 처리했다고 업무를 보고한 것이 모여서 한 달이나 1년 동안의 범죄발생(신고) 건수와 검거 건수가 되고, 그것을 지역 인구로 나누면 그 지역의 범죄발생률이나 검거율이 되는 식이다. 따라서 국가나 도시 행정이 집계한 어떤 분야의 업무통계란 바로 그 분야에 대한 행정적 실천의 기록이기도 하다. 도시의 업무통계는 애초 호구와 조세, 경찰 정도로 시작해서 도시 행정의 확대와 함께 교통과 위생, 복지, 환경, 교육 등으로 분야가 확장되었다. 하층 빈민의 존재는 일찍부터 도시에서 문제가 되었지만, 국가나 도시의 행정이 '사회사업'이나 '복지'라는 시선으로 그들의 삶에 주목하게 된 것은 한참 뒤의 일이다. 식민지인 조선에서는 그마저도 무척 제한적이었다.

　특정 분야에 대한 행정적 관심을 가장 잘 보여주는 것은 그 분야를 전담하는 부서의 설치다. 식민지기 빈민구제, 실업, 사회개량 등에 대한 행정적 관심의 확대는 '사회과'라는 부서를 통해 살펴볼 수 있다. 1921년 7월 조선총독부 내무국이 종전의 제1과·제2과 체제에서 지방과·사회과 체제로 개편되었고, 이듬해부터 각 도에도 사회과가 신설되었다. 그러나 지금처럼 특별시가 아니라 경기도에 속한 한 도시(府)였던 경성부에서는 1925년 10월에야 내무과와 별도로 학무과·위생과가 신설되었고, 내무과의 한 계(係)가 '사회과'로 승격·독립된 것은 1932년 6월이었다. 총독부 사회과가 내무국에서 학무국으로 소속이 옮겨져 사회사업뿐 아니라 '사회교육'과 '교화(教化)'까지를 아우르게 된 무렵이었다. 경성부 사회과의 소관사무는 사회사업, 지방개량, 구휼·자선, 사원·종교·향사(享祀), 공원·운동장 관리, 고적·명승에 관한 사항 등으로 규정되었다.[1]

과로 승격되고 첫 번째 사업으로 경성부 사회과는 부내(府內) 실업조사에 착수하고 있지만, 사실 경성부의 전체 행정에서 사회과·사회사업이 차지하는 비중은 미미했다. 사회과 설치 이듬해인 1933년의 경성부 세출 경상예산은 1,890,532원인데, 대항목(款)으로 보아 사회과 예산이라 할 만한 것은 공원비 11,600원, 운동장비 15,365원, 구조비(救助費) 15,590원, 사회개량비 15,962원, 사회관비(社會館費) 1,917원, 직업소개소비 10,572원을 모두 합해 71,006원으로 총액의 3.75%에 불과했다.[2] 그중에서 확실히 빈민구제와 관련된 것은 구조비와 직업소개소비 정도일 텐데, 그해 경성부의 '접대비' 예산

---

1 일본 본국의 경우 1917년 8월 내무성 지방국에 '구호과'가 설치되었다가 1919년 12월 '사회과'가 되었고, 1920년 8월 '사회국'으로 승격되었으며 1922년 11월부터는 사회국이 내무성의 외국(外局)이 된다(서호철, 2014: 59). 도쿄시에 '사회국'이 설치된 것은 1919년 12월이다(佐藤健二, 2011: 87). 일본에서는 1918년의 쌀값 폭등으로 인한 폭동, 이른바 '쌀 소동(米騷動)'이, 조선에서는 1919년의 3·1운동이 사회문제에 대한 정부의 접근방식이 변화하는 분기점이 되었다.

2 예산표는 『경성휘보(京城彙報)』139(1933. 4)에 실려 있다. 매년 경상예산에서 가장 큰 비중을 차지한 것은 사무비, 수도비, 오물청소비로, 1933년에는 1위가 수도비 443,925원(23.5%), 2위 사무비 379,878원(20.1%), 3위 오물청소비 293,578원(15.5%) 순이다. 1장에서 경성부의 쓰레기와 분뇨 수거 문제를 보겠지만, 오물청소비는 경성부 예산의 상당부분을 차지했다. 특히 부제(府制) 시행과 함께 오물수거를 부영(府營)으로 시작한 1914년에는 오물청소비가 경상예산의 82%나 되었고, 1910년대 내내 경상예산의 50% 선을 유지했다(1914~1919년 예산표는 경성부(2013) 참조). 1920년대 들어 수도비 등 다른 예산이 급증하면서 오물청소비 비중은 20% 이하로 떨어지지

이 8,000원인 것과 비교해보면 경성부 사회사업이라는 것이 대개 어떤 수준이었을지 짐작이 간다.

경성부뿐 아니라 당시 일본제국 전체에 걸쳐 사회사업은 국가 예산보다는 종교단체 등 민간의 독지(篤志)에 의존했다. 식민지였던 조선에서는 사정이 더 열악했음은 말할 나위도 없다. 1920년대부터는 지역별 '방면위원(方面委員)'이라는 반관반민(半官半民)의 빈민 조사·구제 제도가 시행되어 1927년 경성부에도 도입되나, 그것은 기본적으로 지역 유지의 자원봉사에 의존하는 제도였고 부 예산은 거의 투입되지 않았다(박세훈, 2002). 평소의 업무로 집계되는 업무통계 말고 분야와 목적, 기간 등을 특정해서 직접 현장에 나가 시행하는 조사사업도 마찬가지였다. 일본의 대도시인 도쿄, 오사카(大阪), 교토(京都) 등에서는 시 사회국이나 사회과에서 상당한 범위의 사회조사를 지속적으로 실시했지만,3 경성부의 경우는 전혀 그렇지 못했다.

한편, 일본에서는 사회조사의 효시로 일컬어지는 요코야마 겐노스케(横山源之助)의『일본의 하층사회(日本之下層社會)』(1899) 이래, 책 제목 자체가 여성노동자들의 힘든 삶을 가리키는 보통명사가 된 호소이 와키조(細井和喜藏)의『여공애사(女工哀史)』(1925), 1920년대 후반 이래 도시의 풍속을 독특한 스케치와 함께 치밀하게 기록한 곤 와지로(今和次郎)의 '고현학(考現學)' 시리즈 등 민간의 개인 연구자에 의한 노동자와 도시 하층민 조사가 활발히 이루어졌다. 여기에는 1919년 설립된 오하라(大原)사회문제연구소 같은 민간이나 대학의 연구소도 큰 몫을 했다.

그러나 조선에는 그런 일도 없었다. 총독부의 조사자료 말고는 조선의 사회문제에 대해 단행본으로 묶인 조사나 연구도 거의 없고, 그런 문제를 다루는 민간 연구기관 같은 것은 존재하지 않았다. 1926년 본과가 개교한 경성제국대학 법문학부(철학과)에도 사회학강좌는 있었지만, 담임교수 아키바 다카시(秋葉隆)는 주로 조선 민속을 연구했고 1942년에

만, 이 책이 나온 1920년대 전반만 하더라도 예산상으로 본 경성부의 최대 업무는 시내의 쓰레기와 분뇨를 수거하는 것이었다.

3 도쿄시 사회국의 사회조사에 대한 개관은 佐藤健二, 2011: 85-116 참조.

조교수로 부임한 스즈키 에이타로(鈴木榮太郎)는 농촌 조사가 전공이었다. 전체적으로 일본인 학자들은 식민지 조선을 사회학적으로 접근해야 할 대상, 급속한 변화 속에 있으며 그 과정에서 여러 사회문제들과 마주치는 근대사회가 아니라, 인류학적 시선으로 바라보아야 할, 과거에 속하는 낯선 사회로 치부했던 것 같다. 식민주의적 '관학(官學)'의 잘못된 가정과 협소한 관심을 비판한 조선인 지식인들이 우선적으로 관심을 가졌던 것도 농촌의 현실과 농촌문제였다. 식민지기 내내 조선은 압도적으로 농촌사회였다. 인구 대다수가 1차 산업에 종사했고, 조선의 가장 중요한 산업 역시 농업이었다.[4] 보릿고개라든가 소작쟁의, 일본·만주로의 이농 같은 농촌 전반의 빈곤과 관련된 문제들이 우선적으로 사회적 관심을 끈 것도 당연했다. 그에 비해 도시 하층빈민의 삶은 큰 주목을 끌지 못했다.

그런 점에서, 경성이라는 도시의 어둡고 그늘진 면에 주목하고 현장에서 하층민의 삶을 밀착취재해서 그 실상을 생생하게 그려낸 이 책은 주목할 만하다. 이 책은 심층보도인 르포르타주(약칭 '르포')에 속한다. 업무통계는 냉담하고 메마른 숫자의 나열이다. 때로 그런 표와 그래프도 스스로 표방하는 '객관'과 '엄정'의 잣대를 비켜나 특정 방향의 내러티브를 내비치지만, 관제(官製) 통계가 좋아하는 내러티브는 대개 시정(施政)의 성과, 발전과 경제성장 같은 것들이다.[5] 『일본의 하층사회』 같은 조사보고서 역시 많은 부분을 표와 숫자로 채우며 객관적 서술을 이어간다. 빈곤의 현실에 대한 필자 본인의 느낌이나 해결의 실마리는 함축적·간접적으로만 내비칠 뿐이다. 그러나 가령 『여공애사』의 필자는 객관

---

4 식민지기 말인 1942년 말에 가서도 조선 총인구 26,361,401명 중 지금의 시에 해당하는 부(府) 거주 인구는 3,690,624명, 전체의 14%에 불과했다. 경성부가 1,114,004명이고 평양 389,105명, 부산 334,318명, 동북 최대의 무역항인 청진 234,388명, 대구 210,914명 순이다. 직업별 통계를 보면 총 4,782,969호 중 농·임·목축업 3,031,437호, 수산업 63,272호로 둘을 합치면 총 호수의 65%에 이른다(朝鮮總督府, 1944).

5 이여성·김세용의 『숫자 조선연구』는 조선총독부가 작성·간행한 그런 관제 통계를 조선인의 입장에서 다시 뒤집어 읽어내려 한 노력의 산물이다(서호철, 2011). 안타깝게도 조선인 민간사회는 독자적으로 별개의 통계를 '생산'하는 데까지는 이르지 못했다.

과 중립만을 추구하면서 설명 뒤에 몸을 숨긴 관찰자는 아니다. 숫자와 객관적 서술을 이어가다가도, 때로는 필자인 '나'가 등장해서 직접 현장에서 사람들을 만난 이야기며 느낀 점을 들려주는 것이다.

그런 현장감 넘치는 서술로 채워진 것이 르포르타주라는 신문 장르이다. 많은 경우 그것은 무미건조한 업무통계와 대비되는 뜨거운 육성과 한숨, 땀과 때로는 피 냄새가 밴 기록이다. 물론 르포르타주의 그 뜨겁고 축축함이 반드시 도시빈민이나 하층 노동자의 처지에 대한 동정이나 그들을 냉대하고 배제하는 사회에 대한 분노인 것만은 아니다. 그것은 또한 남의 기구한 신세와 가난한 살림, 기형과 불구의 몸과 마음을, 신기하고 낯선, 추하고 야한 세계를 들여다보고 싶은 관음증(觀淫症)의 발로이기도 하다. 물론 그 시대의 전반적인 분위기가 그랬을 수도 있지만, 아카마의 이 책에서 파는 쪽이든 사는 쪽이든 성매매와 관련된 내용을 비롯해서 전체적으로 성과 여성에 관한 언급이 많은 데는 장르의 문법도 작용했으리라고 생각된다. 이 책은 또한 '선정'과 '괴기'를 팔아먹고 사는 옐로 저널리즘(yellow journalism)의 일부이거나 부산물인 것이다.6

15쪽에 실은 이 책 원서의 표지 사진을 보면, 요즘 책들과는 다르게 '대지를 보라(大地を見ろ)'라는 제목 앞뒤로 '놀라운 사회상(驚るべき社會相)', '경성의 밑바닥(京城のドン底面)', '변장 탐방기(變裝探訪記)' 등 부제인지 광고인지 모를 문구들이 잔뜩 붙어 있다. 본문에도 거듭 나오는 '경성의 밑바닥'과 '변장'이라는 말은 이 책이 갖는 또 하나의 계보, 도시 하층사회에 주목했던 (옐로) 저널리즘이라는 층위를 보여준다. 『일본의 하층사회』보다 앞서 일본의 도시 하층사회를 다룬 책으로 마쓰바라 이와고로(松原岩五郎)의 『최암흑의 도쿄(最暗黑の東京)』(1893), 사쿠라다 분고(櫻田文吾)의 『빈천지 기한굴 탐험기(貧天地飢寒窟探險記)』(1893)가 있었다.7 둘 다 신문·잡지에 연재된 글을 증보해서 책으로 낸 것인데, 마쓰바라의 '(최)암흑의 도쿄'라는 말은 다시 구세군의 창설자이자 사회조사(빈곤조사)의 역사에서 중요한 위치를 차지하는 윌리엄 부쓰(William Booth)의 『암흑의 영국

---

6 그런 기사는 1926년 11월부터 개벽사에서 낸 대중잡지 『별건곤(別乾坤)』에서도 흔히 볼 수 있다.
7 이하 이 두 책에 대한 서술은 나리타 류이치, 2011: 130-138에 따른 것이다.

에서, 그리고 탈출구(*In Darkest England and the Way Out*)』(1890)로 소급된다. 도시 하층사회를 '(최)암흑'으로 묘사하는 것은 19세기 말에 세계적으로 유행이었던 듯하다.

다른 한편 사쿠라다의 '기한굴'과 (변장) '탐험기'의 영향 또한 여실하다. 마쓰바라와 사쿠라다에게 빈민 거주지, '빈민굴'은 도시의 다른 지역과 격리·단절된 특수구역이었으므로, 그들이 그 안에 들어가 거기 사는 사람들과 접촉하기 위해서는 '변장'이 필요했던 것이다. '변장 탐방' 역시 1910년대 일본 저널리즘에서 꽤 유행했다. 부자 신사와 탐정 셜록 홈즈가 모두 변장을 하고 아편굴에 들어앉는 소설 「입술 비뚤어진 사나이」가 문득 떠오르지만, 우리의 저자 아카마도 자기가 찾아가는 여러 장소를 거듭해서 '마굴(魔窟)'이라고 부른다. 소굴, 마굴, 빈민굴, 기한굴, 아편굴, 매음굴……. 당시 일본에서는 이런 공간들을 '굴'이라고 부르는 것을 즐겼던 모양이다.[8] '빈민가'나 '판자촌', '달동네'보다는 '빈민굴'이, '집창지역'보다는 '매음굴'이, 뭔가 두려우면서도 매혹적인 낯선 공간으로 들어간다는 느낌이 오기는 한다.

이 1부는 특히 아카마가 어설픈 변장을 하고 쓰레기 청소부 일을 구해 보기도 하고, 넝마주이 소굴에 들어가고, 경성의 주막들을 순례하고, 또 영등포감옥의 출소자들을 미행하기도 하는 이야기다. 그렇게 변장을 하고서 그는, 보통의 신문기자나 저술가의 행색으로서는 마주하지 못할 어떤 사실, 어떤 사건과 맞닥뜨렸던 것일까? 물론 개중에는 넝마주이 소굴의 지하실 이야기처럼 모처럼의 변장과 탐정놀이가 별무소득으로 끝나버린 싱거운 결말도 있지만, 이제 이 엉뚱한 저자가 안내하는 경성의 어두운 뒷골목을 따라가, 황량한 대지 위에 살아가는 밑바닥 인생들을 만나 보기로 하자.

---

8 알렉상드르 뒤마(Alexandre Dumas)의 소설 『몽테크리스토 백작(*Le Comte de Monte-Cristo*)』을 구로이와 루이코(黒岩涙香)가 『암굴왕(巖窟王)』이라는 제목으로 번역한 것이 1902년이다.

1장 청소부가 되어 보다

[1]

매일 오후 5시경이 되면 방산정 경성부 위생과 분실(分室)[1] 앞마당에 구름처럼 모여든 초라한 행색의 많은 인부들을 볼 수 있다. 말하지 않아도 알겠지만 그들은 경성부 위생과에 고용된 '똥 푸는 인부'와 '쓰레기 청소부'들로, 주어진 하루 일을 마치고 딱 그 시각이면 그날치 품삯을[2] 받기 위해 거기 모이는 것이다. 나는 하루 동안 청소부가 되어 보려고, 목구멍이 포도청인 부랑자로 변장을 하고 경성부 위생과 분실을 찾아갔다. '경성의 밑바닥(ドン底)'

---

1 이때까지는 내무과 위생계였지만 흔히 '위생과'라고 했다. 1923년 4월에 남대문통 광선문(光宣門 : 지금은 사라진 원구단의 정문) 안에 있던 경성부 위생계 분실을 황금정 5정목 남부위생 실행부로 이전했다(『매일신보』 1923. 4. 12). 지금의 방산시장 근처라고 생각된다.

2 '품삯'으로 옮긴 것은 '임은(賃銀)'이다. 당시는 '임금(賃金)' 대신 이 말을 많이 썼는데, 근대 이전 오사카 등은 은본위제였던 영향인 듯하다. '은행(銀行)'이라는 말은 중국 은본위제의 흔적이다. 뒤에 보듯이 청소인부의 임은은 일급(日給)이다.

탐방의 조수 노릇을 해 주고 있는, 내가 있는 곳의 기자 고이케 슈케이(小池主計) 군과 함께였다.

순서상, 우리 둘이 '목구멍이 포도청인 부랑자'로 변장한 모습을 먼저 소개하자.

고이케 군은 나이 25, 6세, 키가 작고 뚱뚱한데 건강이 안 좋기라도 한 것처럼 얼굴색이 검고 무척 꾀죄죄한 사내다. 밤송이머리에 어쩐지 수상쩍은 눈초리, 옷을 잘 입는다고 해도 결코 여자가 반할 만한 인물은 아닌데, 더러운 메리야스 셔츠에 양복바지, 그 위에 빨고 빨아서 빛이 바랜 굵은 줄무늬 면 네루 기모노 홑옷에 명주실 섞인 잔 줄무늬 겹옷을 껴입고, 또 그 위에는 군데군데 솜이 비어져 나온 곤가스리 쓰쓰소데 한텐, 그리고 지리멘이라지만 해초처럼 너덜너덜해진 헤코오비를 맸다. 모자는 이번 변장에 써 먹으려고 조선인 고물상에게 10전을 주고 산 더러운 도리우치. 게타만큼은 신분에 어울리지 않게(?) 아직 새것인 오동나무 사쓰마 게타였다. 감색 목면으로 된 다비도 두어 번 물에 적셔서 얼룩덜룩했다.[3] 우리 마누라가 이 꼴을 보고 「절대 들통날 염려는 없다.」고 보증을 했고, 나도 진심으로 「자네한텐 기모노 정장보다 이쪽이 딱 어울려.」 했을 정도다.

---

3 셔츠와 양복바지에 기모노 홑옷(單衣, 히토에), 겹옷(袷依, 아와세), 한텐(袢天, 袢纏)을 법식도 없이 껴입어 거지꼴을 한 것이다. 한텐은 엉덩이를 덮을 정도 길이의 웃옷인데, 여기서는 솜을 둔 방한복을 말한다. 헤코오비(兵兒帶)는 남성용 띠 종류. 면 네루(cotton flannel), 곤가스리(紺がすり), 지리멘(縮緬, 비단의 일종)은 천 종류고, 쓰쓰소데(筒袖)는 손목 쪽으로 가면서 조금 좁아지는 모양의 소매, 도리우치모자(鳥打帽)는 차양이 짧고 앞쪽이 납작한 사냥모자(hunting cap)다(144쪽 참조). 사쓰마 게타(下駄, 일본 나막신)란 남성용 게타의 일종으로, 오동나무는 고급 재료다. 다비(足袋)는 엄지발가락이 갈라져 있는 일본 버선이다. 그 모양을 두고 뒤에 토끼발 같다는 농담이 나온다.

다음은 내 차례. 나는 고이케 군보다는 키가 큰, 다섯 자 세 치 두 푼 [161cm쯤]의 남자다. 고이케 군처럼 건강치 못한 혈색, 듬성듬성 흰머리가 섞인 머리카락이 귀를 살짝 덮었고 이마와 눈꼬리에는 잔주름이 잡혔다. 올해 서른여덟. 다섯 살배기 신보(申坊)와 그 밑으로 이제 곧 태어날 녀석까지 해서 두 아이의 아버지인 나 역시도 기모노 정장보다는 이쪽이 '과연 우리 영감'이라고 할 차림새였다. 양모 메리야스지만 더러운 색(?)의 셔츠에 같은 색 양복바지. 그 위에 모직 조끼를 걸쳤지만, 누가 일부러 웃옷을 들추지 않으면 조끼는 안 보이도록 셔츠 단추를 위에서 두 개 끌러 깃을 잔뜩 젖혀 놓았다. 거기에 찢어진 면 같은 니코니코카스리의 낡은 도테라, 칠칠치 못하게 허리에 두른 것은 낡은 하카다 문직의 히라구케오비. 다비는 검은 슈스오리지만 발끝이 해어져 오른쪽과 왼쪽 모두 찢어진 데로 흰 목면 바탕이 보인다. 거기 손가락을 넣어 구멍을 더 키워 놓았으니까, 찢어진 천 자락이 하늘하늘 움직인다. 「이게 진짜 토끼발 다비라는 거야.」 하는 농담으로 마누라를 웃겼지만, 문을 나서자마자 눈보라와 함께 몰아치는 찬바람에 그 자리에 얼어붙을 것 같았다. 모자는 터키모자처럼 생긴 방한용. 공을 들인 더러운 게타는 고이케 군과는 반대로 굽이 다 닳아 조리처럼 된 놈에 한쪽은 가죽, 다른 한쪽은 빌로드로 된 코끈이 달린 짝짝이였다.[4]

이런 차림으로 앞서 말한 경성부 위생과 분실을 찾아간 것은 1월 21일 5시경이었다. 분실 구내에는 똥 푸는 용구며 쓰레기 치는 용구 등을 넣어두는

---

4 역시 어울리지 않게 옷을 껴입은 거지꼴이다. 도테라(褞袍)는 방한용 한텐 비슷하게 생긴 솜 넣은 겉옷이다. 니코니코카스리(ニコニコ絣)와 하카다 문직(博多紋織), 슈스오리(朱子織)는 모두 천 종류다. 히라구케오비(平ぐけ帯)는 심지를 넣지 않은 폭이 좁은 띠. 터키모자(トルコ帽)는 터키의 펠트모자인 페즈(fez)다. 게타 코끈이란 엄지와 검지 발가락 사이에서부터 신발 양옆으로 매어 발을 고정하는 끈을 말한다. 조리(草履)는 역시 그런 코끈이 달린 일본식 짚신이다.

창고가 있고, 그 처마 밑에 인부들이 주욱 늘어서서 추위에 떨면서 영양부족인 눈알로 우리를 노려보고 있었다. 우리는 그 사이를 돌파해서 쭈뼛쭈뼛 분실 유리문을 당겨서 열고, 판자로 바닥을 깐 그 안에 발을 들여놓았다. 사무소는 다섯 평이 채 못 되는 낡은 바라크 건물로, 쉬익쉬익 타는 스토브가 설치되어 있고 지저분한 책상과 의자가 비좁도록 늘어놓여 있었다. 어수선하게 사무를 보고 있는 5, 6명의 계원, 세비로에 장화를 신은 사람, 검은 쓰메에리에 경성부 휘장이 달린 모자를 쓴 사람,[5] 안경 긴 사람, 젊은이와 나이 든 이, 내지인과[6] 조선인이 잡다하게 뒤섞여, 스토브를 끼고 있는 '감독상(監督さん)'들까지 열 명 남짓한 사람들이 인부들에게 품삯을 지불한다고 북새통이었다. 분실 주임은 셔츠에 조끼 차림으로 계산에 몰두해 있었다. 고이케 군이 다가가서 「저어, 부탁이 있습니다만,」 하고 두세 번 말을 건네봤지만, 돌아보지도 않고 구석의 책상에 달라붙어 펜을 놀리고 있었다. 키가 큰 43, 4세의 면장 같은 사람은 창밖에서 신고하는 인부들에게 「이루구카, 이구카? 이루구요, 이구요.」 하고 서툰 조선말로 호령하면서 무슨 표 같은 종이에 나무도장을 꾹꾹 지르고 있었다. '이루구카, 이구카'란 1구(區)냐 2구냐 하는 뜻이었다.

마침내 인부들에 대한 품삯 지불을 끝마친 계원들은 그제야 비로소 우리 둘의 용건에 귀를 기울여주었다. 무리도 아니었다. 인부들에게 품삯을 지불

---

5 세비로(背廣)는 신사복이다. 런던의 고급 양복점이 모여 있는 거리인 'Savile Row'에서 온 말이라고 한다. 쓰메에리(詰襟)는 옷깃(칼라)이 예전 고등학생 교복처럼 생긴 목닫이 양복을 말한다.

6 식민지 조선은 일본제국의 영토였으므로 조선인도 법적·대외적으로는 '일본인'이었고, 따라서 일본인이 스스로를 조선인·타이완인 등과 구별할 때는 '내지인(內地人, 나이치진)'이라고 했다. 그러나 조선인들은 대개 '내지'가 아니라 '일본', '내지인'이 아니라 '일본인'이라는 말을 썼으므로, 조선의 일상생활에서 '내지인'과 '일본인'은 같은 뜻이 아니었다. 저자도 그것을 정확히 의식하고 있었다. 34쪽 이하에서 조선인 인부들은 모두 '일본사람'이라는 말을 쓰는 데 주목할 것.

할 때의 광경은 거의 전쟁터로, 숙달이 되어 있으니까 사무가 가능하지 그렇지 않은 사람이라면 도저히 계산착오가 없을 수 없으리라. 게다가 창밖에는 추위에 떨고 있는 인부들이 있다. 이 계원들은 인부들보다 먼저 출근했다가 인부들의 모습이 다 사라진 뒤에야 처자한테로 돌아갈 수 있는 것이다. 그 긴 근무시간 중에도, 이 품삯 지불이야말로 실로 이 계원들이 온 정력을 쏟아야 하는 일이다. 무슨 용건일지 빤한 초라한 사내들한테 눈길을 주고 있을쏘냐?

「청소부로 써 달라는 거지? 그거야 쓰지 못할 것도 없지만, 이거 꽤나 힘들다고. 할 수 있겠어?」 계원 중 한 사람이 우리의 간청에 이렇게 대답했다.

「헤에, 뭐 힘이야 들겠습죠만, 할 수 있을지 없을지 한번 해보려굽쇼. 어차피 지금 입에 풀칠도 어려워서 뭐라도 밥벌이를 해야 하는뎁쇼…….」

「흠, 그럼 어디 한번 해 봐. 하지만 하루나 이틀 만에 꽁무니를 빼면 안 돼.」 하고 다른 사람이 노려보는 듯한 눈초리로 말했다.

「그렇지만, 그건 장담 못합죠. 저희는 여태 힘든 노동을 해본 적이 없어서 쓰레기 치는 게 얼마만큼 힘이 드는지 모르는뎁쇼. 일단 해보고, 할 수 있으면 계속합죠.」

나는 어깨를 잔뜩 펴고 대답했다. 그러자 아까 「이루구카, 이구카?」 하고 호령하던 키 큰 이가,

「다 사람이 하는 일이니까 댁들도 못할 건 없겠죠. 하지만 처음에는 꽤나 힘이 들 테고, 도로 사정이 좋을 때면 몰라도 요즘 같은 눈길이라서는 만만치가 않아요. 그래도 해 보겠다면 내일부터라도 나오쇼.」 하고 친절한 말투로 승낙해 주었다.

「헤에, 고맙습니다. 그럼 내일부터 잘 부탁드립니다. 근데, 몇 시까지 오면 될깝쇼?」 하고 묻자,

「아침 일찍, 일곱 시에는 와야…….」

「예에? 일곱 시요? 진짜 이르네요…….」

「예, 이르죠. 어디 보자……, 일곱 시 반이라도 되겠네. 일곱 시 반까지 오쇼. 나와서 모였다가 여기 있는 감독들 따라서 각 구로 나가는 건데, 뭐, 내일 와 보면 알 겁니다.」

「에, 고맙습니다요. 그럼 내일 오겠습니다만…… 저, 품삯은 얼마나 될깝쇼……?」 하고 생각 끝에 물어보았다.

「일당은 한 사람에 70전입니다.」

「70전이요? 그렇습니까……?」 그러고는 고이케 군을 보고,

「일단 내일 와 보자고. 뭐, 남들도 하는 일인데 못할 거 있겠어? 거, 죽자고 열심히 하면 둘이서 남들 한 사람 몫이야 하겠지.」

「예, 괜찮다마다요. 쓰레기 청소 그까짓 거, 뼈가 가루가 되도록 해 보이죠 뭐.」 고이케 군은 공연히 신이 났다.

옆에 있던 얼굴이 둥글고 금단추 쓰메에리에 경성부 휘장이 달린 모자를 쓰고 장화를 신은 젊은 감독 같은 남자가 그 말을 듣고 웃으면서 「연기하는 거 아냐?」 했을 때는 나도 고이케 군도 가슴이 철렁 내려앉았다. 그러나 그가 '연기 같다'고 한 것은 깊은 뜻이 있어서, 즉 '수상한데?' 하고 노려보는 의미로 한 말은 아니었고, 그저 우리가 의지를 표시하는 방식이, 말도 그렇고 하는 짓도 그렇고 정말 먹고 살기 힘든 인간들 치고는 어울리지 않는다는 느낌을 그렇게 표현한 것이었다. 나는 가슴을 쓸어내리면서, 가만히 우리의 준비 부족을 반성했다. 생각해 보면 정말이지 위험했다. 날카로운 눈의 소유자를 만나지 않았으니 망정이지, 실로 간발의 차로 소중한 경험을 할 기회에 재를 뿌릴 뻔했던 것이다. 앞으로도 있을 일, 마음으로부터 '그런 처지'에 있는 자가 되어 있어야 한다고 다짐했다. 우리가 인사를 하고 사무실을 나오려 할 때 그 남자는 우리를 불러 세워서는, 이렇게 물었다.

「자네들은 어디 묵고 있나?」

우리는 벌써 반쯤 꽁무니를 빼면서,

「황금정에 있는 조선숙인뎁쇼……」[7]

「음, 이거 말고 할 만한 일은 없나?」

「예, 어쨌든 둘이 합쳐 봐야 15전밖에 없어서요……」 우리는 그렇게 얼버무리고 밖으로 뛰쳐나와 북한산 산바람을[8] 맞으며 집으로 돌아왔다.

[2]

우리 둘이 전날 밤 준비해 둔 쓰레기 청소부용(?) 노동복을 몸에 걸친 것은 다음 날 아침 7시였다. 늘 어디로 뛸지 모르는 내 곡예의 상대역으로 징징거리면서도 따라와 주는 '산신님'은,[9] 이날 아침도 볼록한 올챙이배를 내밀고 6시 반이라고 깨우러 와서는 우리 둘을 위해 오조니를[10] 끓여 주었다.

「여보, 오조니는요, 밥보다 배가 더 든든하답니다. 그러니까 많이 드세요.

---

7 '조선숙(朝鮮宿)' 또는 '선인숙(鮮人宿)'에 대해서는 13장 참조.

8 재조선 일본인의 다수는 일본 남서부, 규슈나 혼슈 남쪽 출신이었으므로, 그들에게 조선의 겨울은 더 춥게 느껴졌을 것이다. 사실 경성 시내에서 먼저 눈에 띄는 것은 북한산보다는 북악산과 인왕산이지만, 당시 그 모두를 묶어 '북한산'이라고 했던 듯하다. 경성중학교를 다녔던 나카지마 아쓰시는 1923년 12월의 경성을 배경으로 한 단편소설 「순사가 있는 풍경」에서 경성의 겨울을 "북한산은 회색 하늘에 창백하게 톱모양으로 얼어붙어 있는 것 같았다. 그 정상에서 바람이 빛처럼 날아와 날카롭게 사람의 얼굴을 에였다. 정말이지 뼈마저 으스러질 만큼 추웠다(나카지마 아쓰시, 2009: 244)."고 묘사하고 있다.

9 '산신님(山の神)'이란 부인의 별칭, '마누라' 정도의 뜻이다.

10 오조니(お雜煮)는 일본식 떡국이다. 가래떡이 아니라 찹쌀떡을 쓰고, '雜煮'라는 이름처럼 다양한 재료를 넣어 끓인다.

밥도 식은밥이라면 좀 있기는 하지만……」

뭔 소릴 하는 거야? 오조니가 아니라 거기 든 찹쌀떡 때문에 배가 든든한 거야. 밥하기가 귀찮으니까 「오조니는 배가 든든하답니다.」 하고 나를 위하는 척하며 슬쩍 눙치는 거다. 이런 수법은 몇 번 당해 봐서 알고 있다. 그 증거로, 오조니가 배가 든든하네 어쩌네 하는 바로 그 말끝에 「밥도 식은밥이라면 좀 있기는 하지만」 하고 실토를 하지 않았느냔 말이다. 평소라면 「까불지 마라 이년아.」 하고 한마디 했겠지만, 이때만큼은 그러지 않았다. 오늘은 쓰레기 청소부 대열에 끼어 '일급 금칠십전야(日給金七十錢也)'를 이 몸의 노동으로 벌어 보려 하는 것이다. 그리고 이 체험은 그들 최하급 노동자의 고투생활을 여실히 글로 옮겨 사회에 보고하려는 중대하고 존경스런 사업의 출발이다. '어째서 오조니에 감사하지 않는 거냐?' 하고 그 순간 내 양심은 가슴 속에서 나를 꾸짖었다.

「자, 고이케 군, 나서 볼까?」

「그럼 다녀오겠습니다.」

우리 둘은 씩씩하게 밖으로 뛰쳐나와, 어깨를 나란히 하고 방산정 위생과 분실을 향해 길을 다투었다. 구내에는 벌써 백여 명의 인부들이 모여 있었다. 똥 푸는 인부들은 똥 푸는 인부들끼리, 쓰레기 청소부는 청소부끼리 각각 무리를 지어 담배를 핀다든가 팔짱을 낀 채 떨고 있었다. 그게 보는 사람의 눈에는 아프도록 생기가 없었다. 생활에 지쳐빠진 모습이 역력했다.

교양이 없는 최하급 노동자만 백 명 넘게 모였으니까 들개들을 한 우리에 몰아넣은 것 같이 서로 으르렁댄다든지 아우성을 친다든지 하는 게 당연할 텐데, 얼어붙은 것처럼 그저 조용하기만 하다. 그들은 농담 중에 뭔가를 얻는다든지,[11] 새파랗게 언 입술을 놀려서 세상 이야기에 흥을 낼 만한 마음의 여유가 없다. 그들에게는 먹고사는 문제가 심각하다. 무리에 섞여 있을 때도 혼자 있을 때도 한결같은 심정이다. 여럿이 모여 봐야 아무런 자극도 없고, 조금도 열기가 생기지 않는 것이다.

우리 둘은 일단 사무실에 들어가 거기 있는 사무직원들에게 아침인사를 했다.

「안녕합쇼? 어제는 정말 감사했습니다요.」

「안녕하쇼?」

누군가 사무직원 한 사람이 인사를 받아 주었을 뿐, 다른 사람들은 우리 얼굴을 흘낏 보기만 했다. 어제 친절하게 말상대를 해준 키 큰 이는 인부들에게 줄 전표가 부족하다며 주위를 뒤지느라 바빴고, 스토브를 끼고 있는 내지인·조선인 감독들도 초라한 노동자 따위는 알아봐 주지도 않았다. 몸이 따뜻해졌기에 나는 밖으로 나왔다. 그러자 아직 비교적 신참인 듯싶은 쓰레기 청소부 하나가 담뱃불을 빌자며 말을 걸어왔다.

그의 이야기를 들어 보니 똥 푸는 인부는 하루 90전을 받지만 쓰레기 청소부는 70전으로, 이 일급은 인부가 된 그날부터 1년이 지나도 일정불변이라 했다. 그래도 마른 날 궂은 날이 없는 노동이니까 자기가 쉬지만 않으면 먹고 사는 데 크게 곤란하지는 않다고,[12] 신참자인 나를 훈계하는 말투였다.

「그래두 첨엔 꽤나 힘들걸? 일본사람은 못해.」 하고 그는 내가 가엾다는 듯이 웃었다.

「그럴까? 할 수 있을지 없을지 사실 나도 잘 모르겠지만……」 나는 그렇

---

11 저자는 '冗談から駒を出す'라는 말을 쓰고 있는데, 이것은 '표주박에서 말이 나온다(瓢箪から駒が 出る)' 즉 생각지도 않은 곳에서 뜻밖의 것을 얻게 된다는 속담을 비튼 것이다. '冗談(죠단)'과 '瓢箪(효탄)'은 발음이 비슷하다.

12 경성부의 분뇨와 쓰레기 수거는 날씨도 상관없이, 일요일도 없이 매일 이루어졌지만, 그래도 제 때 치워가지 않는 곳이 많아 늘 말썽이 되었다.

게 말하고 다시,

「일급은 70전이라도 쓰레기통 안에서 뭐라도 나오는 것도 있을 테고, '요로쿠'도[13] 있겠지?」 하고 넌지시 떠보았다.

「그야, 있기는 있지. 그래두 대단헌 건 없어. 1전이나 2전쯤 줍는 일은 더러 있지만서두…….」

「1전이나 2전? 그것뿐이면 안 되는데……. 시계나 반지 같은 건 안 나오나?」 나는 일부러 터무니없는 질문을 해 보았다.

「시계?」 그는 놀랐다는 표정으로 내 얼굴을 쳐다보았다. '뭔 뚱딴지같은 소리야?' 하는 기색이었다.

「아니, 시계 같은 게 쓰레기통에 왜 들어가 있겠냐? 제에미……!」

그는 나 같은 놈을 상대하고 있는 게 한심하다 싶었는지, 저쪽으로 가버렸다. 그도 그럴 것이다. 질문한 내 자신도 한심스러울 정도였으니까. 그러나 내가 이렇게 말도 안 되는 소리를 한 것은, 그가 나를 바보로 생각해도 좋으니까 만만한 이야기 상대로 여기도록 하고 싶어서였다. 하지만 그게 실패로 돌아갔기에 나도 조금 재미가 없어서, 무심코 고개를 돌리며 후 하고 한숨을 쉬었다. 그리고 이번에는 똥 푸는 인부 무리로 가서, 마도로스 파이프에 황각 담배를 채워 뻑뻑 빨고 있는 달마대사처럼 생긴 텁석부리 사내에게 말을 걸었다.

「춥습니다그려?」

그러자 텁석부리는 싱글벙글 웃으며, 「예, 춥습니다.」 하고 싹싹하게 말했다. 나는 이 사내가 이야기를 좋아한다는 걸 알아채고 은근히 기뻐서,

「쓰레기 치는 일을 하러 오늘 처음 나왔는데 70전밖에 안 된다니 재미가

---

13 '요로쿠(餘祿, 현대표기로는 余祿)'는 가외수입을 말한다.

담배의 종류와 가격

1921년 7월 연초전매제 실시 이후 담배는 총독부 전매국에서 독점 제조·판매했다. 시판 담배는 크게 종이에 만 담배인 '궐련(卷煙)'과 담뱃잎을 썰어놓기만 한 각연초가 있었다. 각연초는 봉지에 담아 무게 단위로 팔았는데, 이것을 담뱃대에 채우거나 신문지 등으로 말아서 피웠다. 궐련은 다시 필터가 달린 고급 담배인 구치쓰케(口付) 담배와 필터가 없는 료기리(兩切)로, 각연초는 일본인들이 피우는 가늘게 썬 세각(細刻, 호소키자미)과 조선식 담뱃대에 사용하는 굵게 썬 황각(荒刻, 아라키자미)으로 나뉘었다. 1927년 당시 전매국 시판 담배의 종류와 가격은 다음과 같다(朝鮮總督府專賣局, 1927: 16-17). 대중적으로 가장 인기가 있었던 것은 가격이 싼 마코였고, 하층민들은 황각 장수연을 많이 피웠다. 시키시마, 아사히 등은 일본 본국에서 나오는 담배와 이름이 같았는데, 본문에도 나오듯이 '朝日'을 일본인들은 '아사히', 조선 사람들은 '조일'이라고 서로 다르게 읽었다.

종류	상표	포장 단위	가격	비고
구치쓰케(口付)	시키시마(敷島)	20개비	15전	
	아사히(朝日)	20개비	12전	
	마쓰카제(松風)	20개비	9전	
료기리(兩切)	자자사	10개비	40전	고급담배, 거의 팔리지 않음
	가이다	10개비	15전	'해태'의 일본식 발음, 조선인들은 '해태표'라고 부름
	피죤	10개비	10전	pigeon
	마코	10개비	5전	macaw(앵무새)
	메-푸루	15개비	5전	maple, 조선인들은 '단풍표'라고도 부름
호소키자미(細刻)	사쓰키	10돈	80전	37.5g (1돈 匁 = 3.75g)
	아야메	10돈	64전	37.5g
아라키자미(荒刻)	장수연(長壽煙)	25돈	15전	93.75g
		15돈	10전	56.25g
		7돈	5전	26.25g
	희연(囍煙)	25돈	10전	93.75g

1940년대 조선총독부 전매국에서 시판한 담배. 뒤에 선 것이 왼쪽부터 하토(はと: '피존'을 일본어로 고침), 흥아(興亞), 가가야키, 아사히, 황각담배 장수연이고, 눕혀 둔 것이 가이다, 미도리, 시키시마다(朝鮮總督府專賣局, 1941).

없네요. 댁은 하루 90전이나 받는다니 좋겠수다.」 하고 떠보았다. 그러자 텁석부리는 갑자기 쓸쓸한 표정이 되어 한숨을 쉬면서,

「90전……, 뭐가 좋수? 70전이나 90전 갖군 당최 살 수가 없는걸. 이걸 보슈, 이 담배를. 댁은 조일이라두 태우지만 식구가 네 명이나 되면 '요로쿠'가 있어두 그저 이런 눔밖에 못 핀단 말유.」

텁석부리는 마도로스 파이프를 입으로 가져가 뻑뻑 빨더니 하늘을 노려보면서 예의 냄새나는 연기를 뿜어냈다. 나는 텁석부리가 '요로쿠'라고 한 것을 놓치지 않았다. 당장 아사히 갑을 꺼내 텁석부리한테도 한 대 건넸다. 텁석부리는 다시 싱글벙글 웃으며, 부탁하지도 않았는데 성냥을 그어 내 담배에 불을 붙여주었다. 지금이 기회다 싶어 나는 두세 모금 빨아 연기를 뱉으며,

「'요로쿠'가 있습니까, 90전 외에?」

그러자 텁석부리는 크게 고개를 끄덕였다.

「대단헌 건 아니지만, 똥 푸는 일을 허다 보면…… 일본사람들만 그렇기는 헌데, 10전이나 20전씩 주는 집이 더러 있답니다. 큰 요릿집이나 신마치 유곽 같은 데 두세 집에서는 꼭 주지요. 일반 살림집에서두 가끔 둔[돈]을 주는데,

그건 시간대 땜에 그러는 게유. 아침 일찍 퍼 달라는 걸 한창 바쁠 때나 손님이 있을 때 가면 곤란하잖수? 그러니까 이번엔 일찍 좀 와 달라면서 둔을 준다, 그러면 이쪽두 한 바퀴 도는 순서상 좀 안 맞아두 인정상 저쪽의 편리를 봐 준다, 그런 게지요.」[14]

「아아, 딴은 그렇겠네요.」

「또 있지요. 겨울에는 별 상관없지만 여름철엔 인전 냄새가 많이 나거든. 그러면 으쩔 줄을 몰르구 글쎄 마당에 물을 뿌린다든지 간장을 쪼끔 불에 태운다든지 헌다구. 뭐 말하자면 푸닥거리 같은 건데, 그래두 안 되겠으니까 냄새가 안 나게 '살살' 퍼 달라구, 그래 둔을 주는 거지. 아하하하!」

「냄새가 안 나게 푼다고? 너무 무리한 주문인데?」

텁석부리의 말이 점점 반말투가 되고 있길래 나도 높임말을 집어치웠다. 그가 반말투가 된 것은 이야기에 조금 흥이 붙기도 했지만, 둘 사이에 얼마쯤 친근감이 생겨났기 때문이기도 했다.

「아니,」 텁석부리는 마도로스 파이프를 든 손으로 내 말을 가로막았다.

「냄새 안 나게 풀 수 있지. 아 물론 전혀 냄새가 안 날 수는 없지만, 되두룩 살살 푸면 그렇게 많이는 안 난다구. 이눔으루……」 텁석부리는 긴 자루가

---

14 텁석부리의 말에는 나오지 않지만, 근본적인 문제는 시내에서 나오는 똥오줌 양에 비해 경성부의 수거 서비스가 늘 부족했다는 데 있었다. 게다가 당시는 변소가 작아 자주 퍼야 했기에(각주 15 참조), 사람들은 "참다 못하여 변소소제를 하러 다니는 인부의 기척이 있으면 따로 돈을 얼마씩 주고 좀 제발 똥을 처 가라고 하여 겨우 곤란을 면해"기도 했다(『동아일보』 1922. 2. 1. 「분뇨소제로 대불평/ 날이 치울수록 집々마다/ 똥통이 넘어서 야단법석」). 본문에서 보듯 쓰레기청소부나 똥 푸는 인부는 그날그날 고용되거나 그만둘 수 있는 날품팔이여서, 경성부로서도 관리가 힘들었다. 또 냄새가 안 나게 똥을 푸는 것도 문제지만 똥을 퍼서 날라가면서 주위에 똥오줌을 흘려놓는 것이 더 문제여서, 그런 일로 인부에게 돈을 주는 경우가 많았던 듯하다.

달린 똥바가지로 땅바닥을 한 번 쿵 찧고는,

「글쎄 이눔으루다가 출렁출렁 휘저어노면, 아 그건 진짜 냄새 지독허지. 다 푸구 난 뒤에두 한참 동안 냄새가 나. 위버텀 살살 푸면 되는데 밑을 아주 확 뒤집어노면 참말 지독허지.」 그는 꽤나 짓궂은 사내였다. 청산유수로 똥 푸기의 비법을 설명하고는 다시 말을 이었다.

「또 바케쓰가 모자라서 깨끗치 다 뭇 푸고 쪼끔 남겨놀 때두 있어. 그러면 변소에 갈 때 성가시지, 똥물이 튀어 오르니깐. 그눔을 글쎄 안 튀게 하려구 똥독 안에 재두 뿌리구 허는데, 그러면 재는 바닥에 가라앉아서 굳어버려. 점점 더 퍼내기 힘들게 되는 줄을 몰르구. 그런 거 너면 안 되는 거야.」[15]

텁석부리의 이야기가 옆길로 샐까 봐 조바심이 난 내가 끼어들었다.

「깨끗이 퍼 달라고 부탁하면서 돈을 주는 집도 있겠구먼?」

텁석부리는 고개를 주억거렸다.

「그렇지. 그걸 남겨 노면 곤란허니깐. 허지만 똥 바케쓰가 가득차면 으쩔 수 없지.」

---

15 당시 일본인의 변소는 바닥 밑에 아가리가 넓은 큰 독(똥독, 糞壺)을 묻어 놓은 구조로, 똥오줌이 가득차면 긴 자루가 달린 똥바가지로 퍼냈다. 조선인 가옥의 변소는 제주도의 돼지 뒷간처럼 따로 저장용기 없이 흙바닥으로 된 경우가 많았다. 그러면 오줌은 그냥 땅에 스며들고 똥만 남게 되는데, 식민지기 들어 경성부에서는 일본식으로 똥독이나 방수처리한 나무통(석유 궤짝 등)을 묻도록 강제하게 된다. 똥독은 그렇게 크지 않으니까, 금방 차서 자주 퍼야 했다. 1924년 경성부의 계획상에는 모든 집의 똥오줌은 7~10일, 쓰레기는 5~7일에 한 번 치운다고 했지만 조선인이 사는 북부와 일본인이 사는 남부의 차별(321쪽 부록 참조)이 있었고, 동네에 따라서는 2, 3주에 한 번 치워 가기도 했다고 한다(『동아일보』 1924. 3. 23. 「남북차별의 실례/ 조선인 시민이 밧친 세금 쓰는 길이나 알아보리라」). 겨울철에 똥이 얼어 푸기 힘들었던 것도, 또 똥을 푸고 나면 엉덩이까지 똥물이 튀었던 것도 똥독이나 나무통의 깊이가 얕아서 그랬던 것 같다. 똥독이 어느 정도 차면 똥이나 휴지가 위쪽에 떠 있으니까 물이 잘 튀지 않는다.

똥독에 오물이 남아 있으면 곤란하다는 것은 똥 푸는 인부도 잘 알고 있다. 풍덩 하고 주면, 철썩 하고 거슬러 준다. 하늘 아래 이만큼 기분 더러운 일도 없을 것이다. 그게 싫어서 종이를 잔뜩 던져 넣는다든지 똥이 떨어지는 순간을 가늠해서 엉덩이를 들며 피해 본다든지, 이렇게 변소 안에서 명(命)이 줄도록 고심참담을 하는 것도 텁석부리는 아마 알고 있겠지. 그러자 텁석부리가 알밉게 느껴졌지만, 그보다 현명한 것은 똥 푸는 인부에게 10전이나 20전쯤 팁을 딱 줘버리는 것이다. 텁석부리는 그밖에도, 똥독에 귀중품을 빠뜨리고 쩔쩔매는 것을 찾아 주고 비교적 많은 사례금을 받은 일도 몇 번 있었다는 말도 했다.

「변소 청소한 물을 똥독이나 오줌독에 넣는 건 젤 안 좋아. 그러면 참말 처리하기 어렵다구.」

「물이 섞인 줄을 알 수 있나?」 하고 내가 물었다.

「알다마다. 그저 바케쓰에 퍼 담을 때 튀어서 지랄 같거든. 똥독에 넘겨노면 지 궁둥이에 튀는 줄두 몰르구…….」

직업이라고는 하지만 텁석부리는 용케 이토록이나 '똥 푸기 철학(?)'을 연구했구나, 하고 나는 혀를 내두르며 경복(敬服)했다.

[3]

우리 두 사람을 위해 그날 아침 '쓰레기 구루마[손수레]' 한 대가 마련되었다. 사무소의 시계를 보니 8시 5분전. 인부 전원에게 건네줄 전표가 정리되자 '감독상'들은 모두 사무소 밖으로 나왔다. 저쪽에 한 패, 이쪽에 한 패 하는 식으로 2, 30명씩 몰려 있던 인부들은 '감독상'의 모습을 보고 마당 복판에 2열 횡대로 늘어섰다. 나와 고이케 군은 어떻게 해야 하는지 전혀 몰랐으므로 오른쪽 끝에서 두세 번째쯤 되는 곳에 끼어들었다. 그러자 전날 우리의 태도를 보고 '연기 같다'고 해서 가슴을 철렁하게 했던 내지인 감독이 챙 달린 모자에 금단추 쓰메에리, 장화 차림으로 우리 앞에 와서는,

「어이, 너희들은 이쪽으로 와.」하고 퉁명스럽게 명령했다. 그는 우리를 열한복판쯤에 끼워넣고는 손에 든 전표를 보여주면서,

「너희들은 오늘 제4구로 간다. 거기 가서 쓰레기를 치워 구루마에 담는데 그게, 알지? 규정은 70관[262.5kg]이니까, 무게가 부족하면 품삯에서 깐다. 구루마가 가득차면 감독한테 여기다 확인 도장을 받아서 처분장[쓰레기하치장]으로 구루마를 끌고 간다. 처분장에 쓰레기를 부리면 다시 확인 도장을 받고 오는데, 너희들은 오늘 그것을 네 번 하면 일이 끝난다. 알아들었나?」

이렇게 말하고 고이케 군에게 전표를 건넸다.

「일이 힘들다고 도중에 구루마를 팽개치고 달아난다든지 하면 붙들어서 감옥에 처넣는다. 알겠어?」하며 우리 둘의 얼굴을 한 번씩 째려보았다. 나는 고이케 군과 얼굴을 마주보며 눈으로 웃었다.

이 사내는 매일 이런 식으로 인부들을 부리고 있구나 생각하니, 나는 일종의 불쾌감을 느끼지 않을 수 없었다. 구루마를 팽개치고 달아난들 이 사내한테 인부를 감옥에 처넣을 권한이 주어져 있을 리도 없고, 설사 도중에 구루마를 버려놓고 달아나도 문제를 일으키지 않을 방법은 얼마든지 있다. 일자무식의 노동자한테는 이런 태도로 대하는 것이 좋을지도 모르겠지만, 나는 수긍이 가지 않았다. 피고용자가 조금이라도 더 유쾌한 기분으로 일을 할 수 있게 하는 게 고용자에게도 더 낫지 않을까? 「감옥에 처넣는다.」고 말하는 그 입으로 왜 「구루마는 여기까지 끌고 와줘. 너희가 생각지 못한 성가신 일이 생길 수 있으니까.」하고 말하지 못하는가? 나는 이 사내에게 가르쳐주고 싶은 것이 아직 많지만, 그것은 나중에 쓰기로 하자.

전표를 받아든 우리는 오늘 우리를 제4구라는 곳으로 데려갈 조선인 감독의 손에 넘겨져, 이 조선인 '감독상'의 명령에 따라 움직이게 되었다. '감독상'은 내게 창고에 가서 구루마에 싣고 갈 구루마 덮개와 쓰레기 바구니, 갈퀴, 부삽 두 자루를 꺼내오라고 했다. 나는 그것들을 가져와 구루마 안에 던져 넣었다. 내가 구루마의 끌채를 붙들자 고이케 군이 뒤를 밀었다.

드디어 화려한 무대에 선다…… 고 생각하자, 묘하게 가슴이 설레었다.

내가 끄는 구루마에는 '제4구 제4호'라고 적힌 나무 패찰이 붙어 있었다. 눈이 밟혀서 다져진 노면, 구루마 바퀴는 그 위를 미끄러졌지만, 기름을 제대로 안 쳤는지 구루마는 꽤나 무겁게 느껴졌다. 방산정에서 황금정으로 나오니, 환하게 밝은 아침은 수정처럼 맑아서 마음부터 상쾌했다. 손님이 두세 명밖에 타지 않은 전차가 지나갔다. 동쪽 하늘에는 이제 커다란 붉은 태양이 완전히 솟아올라, 우리의 고귀한 사명을 축복해 주었다. 나는 오늘 작업에 행운이 있기를 마음속으로 빌면서, 오랜만에 보는 그런 모습의 해님을 맞이했다.

우리 둘은 물론 차도로 구루마를 몰았고, '감독상'은 오른편 인도를 활보했다. '감독상'과 나, 고이케 군, 이렇게 세 사람은 태양을 등지고 묵묵히 눈 덮인 희고 깨끗한 거리를 서쪽으로 나아갔다.

황금정 4정목(丁目)에 들어섰을 때 나는 「감독상!」 하고 큰소리로 불렀다. 감독은 구루마 옆으로 다가왔다.

「감독상, 이 구루마에 써 붙인 '제4구'라는 건 어딥니까요?」 하고 넌지시 떠보았다. 감독은 외투 호주머니에 두 손을 깊이 찌른 채 구루마에 붙은 나무 패찰을 흘끗 보더니 악센트가 엉망인 일본어(內地語)로,

「4구? 4구는 남산정 1, 2, 3정목, 본정 2정목, 총독부·왜성대정, 영락정 1정목, 2정목, 그리고 황금정 2정목, 수표정, 이 정돈데,[16] 오늘은 쉬는 사람이 많으니까 구루마 수가 적어서 바빠. 오늘은 마차 세 대에 손 구루마가 두 대니

본정 1정목. 왼쪽의 알록달록한 건물이 경성우편국이다. 그 앞으로 조선인들도 보인다(식민지기 사진엽서).

까 진짜로 열심히 해야 돼. 그리고 주의할 게, 힘들어도 도중에 구루마를 버리고 딴 데로 달아나면 안 돼……」

나는 이 감독한테서도 다시 「구루마를 버리고 도망가지 마라.」는 주의를 듣고서, 당연히 이런 생각을 하지 않을 수 없었다. 우리가 오늘 하는 쓰레기 치기는 무척 힘든 노동임에 틀림없다. 힘이 드니까 지금껏 청소부를 지원한 많은 사람들이 종종 도중에 좌절해서 구루마를 버리고 달아났을 것이다. 사무소를 나올 때 내지인 감독이 「구루마에는 70관을 채운다. 70관이 안 되면

---

16 명동 포스트타워 옆으로 들어가는 명동8나길이 식민지기 경성 최대의 번화가 '본정통'으로, 포스트타워 쪽이 1정목, 명동성당 뒤쪽이 2정목이다. 퇴계로(당시엔 없었다) 건너 남산 쪽이 남산정, 예장동 일대가 왜성대정이었다. 서울애니메이션센터 자리에 통감부 청사를 물려받은 총독부 청사가 있다가 1926년 경복궁 앞으로 신축·이전했고, 서울시 소방재난본부에서 서울유스호스텔 중간쯤에 총독관저가 있었다. 명동성당과 백병원 사이 삼일대로가 영락정 1정목, 중부경찰서(본정서자리) 앞길이 영락정 2정목이고, 을지로 2가가 황금정 2정목, 그곳과 청계천 사이가 수표정이다.

품삯에서 깐다.」고 했지만, 70관이라는 무게가 부피로는 얼마만큼인지, 70관의 무게는 과연 구루마를 끄는 사람의 몸에는 얼마나 부담이 될지, 물론 아직 경험해 보지 못했으니까 알 수가 없다. 하지만 틀림없이 진짜 힘들 거야. 우리 둘이서 오늘 작업을 단 한 번이라도 만족스럽게 마무리 지을 수 있을까? 이런 생각을 하자 갑자기 조금 두려워져, 꽁꽁 얼어 미끄러운 눈 온 뒤의 거리를 저주스러운 마음으로 노려보지 않을 수 없었다.

영락정 2정목 큰길로 접어드는 모퉁이에 우리보다 앞서 간 마차 두 대가 서 있고, 인부들은 감독이 오기를 기다리고 있었다. 거기서 감독은 우리를 보고,

「자네들은 이제 본정통으로 가서 2정목 쪽의 쓰레기를 치라고. 이따가 내가 갈 테니까, 열심히들 해야 돼.」하고 우리를 내몰듯이 손을 저으며 명령을 하고는, 마차 인부를 재촉해서 저편 옆길로 모습을 감추었다. 나와 고이케 군은 거기서 감독과 헤어져 일직선으로 영락정통을 올라갔다. 감독의 손에서 벗어나자 고이케 군은 구루마 밀기를 그만두고 끌채를 잡은 내 곁으로 다가왔다.

「이제 어디로 갑니까?」

「글쎄다. 감독은 본정 2정목이라고 했지만, 한길로 다녀서야 재미가 없겠지. 일단 가게쓰(花月)의 쓰레기를 치워보지 않겠나? 어쩌면 의외의 수확이 있을지도 모르니까.」

「그렇군요. 손님들이 게이샤(藝者)한테 레터[편지] 같은 거 보냈을지도 모르겠네요.」

「게이샤의 레터에 원숭이처럼 몸이 달아서 쓰레기 구루마를 뒤집었다가 감독한테 대가리를 얻어맞는다면, 그림 멋지지 않을까? 아하하하!」

「때릴까요?」

요정 가게쓰(花月)

가게쓰(본정 2정목 82)는 "경성 요릿집의 개조(開祖)이자 화류계의 우두머리격인 일류 요정"이었다(中央情報鮮滿支社, 1937: 181の1). 가게쓰 식당(황금정 2정목), 가게쓰 별장(남산정 2정목) 등도 운영했다.

이마무라 도모의 회고에 따르면, 가게쓰는 1890년 개업한 요릿집으로 일본에서 예기(게이샤)를 데려온 것도 최초였고, 통감부 시절부터 통감 이토 히로부미(伊藤博文), 당시 조선주차군사령관으로 나중에 2대 총독이 되는 하세가와 요시미치(長谷川好道) 같은 저명인사들이 드나들던 곳이었다(今村鞆, 2012: 128-138).

경성호텔

남산정 3정목 22번지. 옛 일본영사관, 일본인구락부(日本人俱樂部) 건물을 그대로 이용해서 호텔과 식당을 겸했다. "조선호텔에 머무는 것은 너무 비싸니 일단 싼 값에 이용하고자 하는 것이다. 딱히 보통 여관과 다른 점은 없지만 이름이 호텔이기 때문에 버터 냄새 나는 식사를 좋아하는 사람들이 많이 찾는다. 여관으로서 경성 일류이긴 하지만 설비는 그다지 좋지 않다. […] 말하자면 깔끔하고 간편한 숙소(旅鳥手記, 2012: 208-9)"라는 평이었다.

사진 출처: 中央情報鮮滿支社(1937)

「때리겠지. 그리고 감옥에 처넣겠지.」

「아하하하!」

「하하하!」

행인들의 눈치를 봐 가면서 이런 말을 주고받는 동안 우리 둘은 본정 2정목에 이르렀다. 여기저기서 어린 사환(使喚) 애들이 슬슬 가게 문을 열고 문전(門前)을 치기 시작했다.[17]

「자네나 나나 아는 사람이 많으니까 가급적 얼굴을 감춰야 하네.」

나는 고이케 군한테 주의를 주고, 구루마를 가게쓰 앞 도로로 끌고 나갔다. 가게쓰의 돌담 아래 구루마를 세우고 쓰레기 치는 도구를 꺼내서 가게쓰와 에가와과자포[18] 사이 골목길로 들어갔다. 골목길에는 쓰레기통이 세 개 있었지만, 안을 보니 쓰레기는 거의 없었다. 우리 둘이서 그곳의 쓰레기통을 달그락거리며 뒤지고 있자니, 지나가던 제일고녀[19] 학생들이 신기하다는 듯이 우리를 쳐다보고는 뭐라고 소곤거리며 지나갔다. 마침 그때 '감독상'이 와서, 「이리 와 봐.」 하고 우리를 손짓해 불렀다. 그 골목길의 쓰레기 치기를 접

---

17 사환은 관청, 가게 등의 심부름꾼을 말한다. 박태원의 『천변풍경』에는 이발소 소년 재봉이와 약
국집 사환 창수가 나온다. "아직도 이부자리 속이 잊혀지지 않는 부석한 얼굴을 하여 가지고, 창
수는 밖으로 나와 [⋯] 약국 빈지를 한 장 한 장 떼고" 나서 "중문 구석에 처박힌 싸리비를 집어
들"고 "문 앞 천변길을 홰액 홱" 쓴다.

18 원서 83쪽의 광고를 보면 '에가와과자포(江川菓子鋪)'는 총독관저 어용(御用)의 과자 가게였다
고 한다.

19 '제일고녀(第一高女)'는 1908~1945년 정동 선원전 터(1988년까지 경기여자고등학교)에 있었던
일본인 여학교인 경성제일공립고등여학교(京城第一公立高等女學校)를 줄여서 부르는 말이다. 하
얀 선이 한 줄 들어간 점퍼 스커트에 하얀 블라우스와 짙은 남색 윗도리로 된 특징적인 교복(사
와이 리에, 2000: 94, 122) 때문에 금방 제일고녀 학생임을 알아볼 수 있었을 것이다. 식민지기
의 학교제도에 대해서는 162쪽 상자를 볼 것.

어두고 감독이 시키는 대로 구루마를 끌고 파주정(巴州亭) 앞까지 올라갔더니, 감독은 「이쪽 쓰레기부터 치워.」 하고 일을 시켜놓고는 금방 또 다른 곳을 감독하러 가버렸다.

파주정 앞을 지나면 막다른 골목길. 돌층계를 터벅터벅 네다섯 계단 올라가자 한 자 굵기 각재에 콜타르를 바른 문이 있었다. 고보대사의 절이라고[20] 고이케 군이 설명을 해 주고 있는데, 문 안에 솜옷을 입고 호주머니에 손을 찌른 채 서 있는 남자가 보였다. 머리를 바투 깎은, 쉰 살 남짓 되어 보이는 그 남자가 이 절의 주지(住職)인가 하고 직감했다. 우리는 이 절의 쓰레기통부터 쏟아내서 너댓 차례 구루마에 옮겨 담은 다음 파주정, 경성호텔, 가게쓰, 소오(籔)소바[메밀국수집] 앞의, 그리고 처음에 비우다 만 세 개의 쓰레기통까지를 깨끗이 치고 나서 구루마를 우라오(浦尾)여관 앞으로 끌고 갔다.

여기서 잠깐, 우리가 이런 일을 해 보고 비로소 알게 된 것이지만, 정말이지 세상일은 '그렇겠거니' 하는 상상을 거듭거듭 뒤엎는 경우가 의외로 많음을 통감했다는 점을 써두고 싶다. 이를테면 가게쓰의 쓰레기통에서는 틀림없이 가슴 설레는 편지쪽이며 생선 대가리 같은 게 어수선하게 나올 거라는 상상이 뒤엎어졌고, 예상 밖으로 짚으로 된 달걀 꾸러미라든지 휴지 나부랭이뿐, 쓰레기통 주위도 깨끗이 청소가 되어 있었다. 오히려 절의 쓰레기통에서는 여자 글씨로 된 편지 찢긴 것이며 멸치 대가리가 굴러나왔다든가 하는 점. 그리고 범속한 중생에게 불도를 가르치는 승려가 뻔뻔스럽게 솜옷 차림에 주

---

20 '고보(弘法)'란 일본불교 진언종(眞言宗)의 시조인 구카이(空海)의 시호다. 목포 유달산에 식민지기에 새긴 고보대사상이 남아 있다. 이 대목은 조금 이상한데, 1915년의 현황이지만 『경성부사』의 기사(京城府, 2014: 243)나 지도상으로 보면 여기서 말하는 절은 진언종이 아니라 진종(眞宗)에 속하는 대곡파(大谷派) 남산 본원사(本願寺, 혼간지)가 아닐까 싶다.

머니에 손을 찌르고서, 발끝으로 「이 함석판 좀 바로 놓아 봐.」 하고 쓰레기 청소부가 해야 할 일도 아닌 자기 집 일을 시켜놓고는 고맙다는 말 한마디 없었다든가, 꽤나 '깐깐한 집'이라고 늘 들어 온 우라오여관의 뒷문 앞에 귤껍질이며 과자갑, 빈 담배봉지가 어지럽게 널려 있었다는, 그리고 그 집 쓰레기통 주변에 재가 마구 흘러 있었다는 등이다.[21] 아무것도 아닌 일이지만, 앞에서 보는 것과 뒤에서 보는 것은 이 정도 차이가 있는 것이다.

쓰레기 치는 작업을 하면서 우리는 두 가지 실수를 저질렀다. 하나는 고이케 군의 실수고, 다른 하나는 둘이 함께 저지른 실수다. 고이케 군의 실수는 이런 것이다. 우라오여관 뒤편의 쓰레기를 다 치고 나서, 「이 근방에 쓰레기통은 더 없나?」 하고 근처 골목을 서성거리는데, 어떤 작은 집 앞에 거적이 덮인 석유 궤짝이 놓여 있었다.[22] 틀림없이 쓰레기통이라고 생각한 고이케 군은 거적을 걷고 궤짝 뚜껑을 열었는데, 그것은 그 집의 석탄통이었다. 아차 싶어 허둥지둥 거적을 다시 덮어씌웠지만, 벌써 때는 늦었다. 마루마게[23] 머리를 한 서른 남짓 된 안주인이 등 뒤에 서 있었던 것이다. 고이케 군은 당황해서, 「이 근처에 쓰레기통 없습니까?」 하고 물었다. 그러자 덩치가 작은 고

---

21 우라오여관에 대해서는 이런 평가가 있었다: "경성에서 3대 과부 중 한 명으로 손꼽혔던 유명한 할머니는 너무나 성실한 사람으로 손님에게 참 친절하다. 아침에 일어나 세수를 하고 차라도 홀짝이고 있노라면 할머니가 직접 아침인사를 하러 온다. 양식이 있는 사람이라면 자기도 모르게 옷매무새를 고친다고 하니 우라오여관의 생명은 바로 이것이다. 언제 들여다봐도 현관에서 여종업원들이 시시덕거리는 소리가 들리지 않는다. 주부가 이러하니 여종업원들도 자연스럽게 친절하다(旅鳥手記, 2012: 210)."

22 석유 궤짝에 대해서는 133쪽 참조

23 '마루마게(丸髷)'는 당시 결혼한 일본인 여성들이 많이 했던 둥글게 틀어올린 머리모양이다. 마루마게 부분만 가발로 꽂는 경우도 있었는데, 이 마루마게 가발 이야기는 바로 다음과 2장에 나온다.

이케 군을 눈을 희뜨고 위에서 흘겨보던 그 안주인은, 고이케 군의 머리 위에서 새된 소리를 빽 질렀다.

「쓰레기통이 왜 이런 데 있겠어요? 뭐 하러 이런 데까지 어슬렁거리고 들어와서 어림없는 소리야!」

한심하다고나 할까? 쓰레기 청소부가 되었다가 이번에는 좀도둑질이나 하는 거동수상자로 매도당하는 참이었다. 쓰레기 치는 도구를 들고 있었기에 망정이지, 그거라두 없었다면 이웃사람들을 불러 모아 심하면 몰매, 가볍게는 안주인한테라도 한 대쯤은 얻어맞았을지도 모르겠다.

공동의 실수는 가게쓰 앞에서 연출되었다. 가게쓰 주인 아비루(阿比留) 상의 모습도 보이고 조리사와 전속 인력거꾼도[24] 어슬렁거리며 나타났기에, 나와 고이케 군은 혹시 저쪽에서 우리를 알아보지나 않을까 불안해졌다. 집중도 안 되는 대로 고개를 푹 숙인 채 작업을 하는 동안, 구루마 안에는 벌써 쓰레기가 반 너머나 차올랐다.

그런데 그때 고이케 군이 불쑥 「어, 큰일 났다!」 하고 소리를 질렀다. 무슨 일인지는 모르지만 나도 나쁜 예감에 휩싸였다.

「뭐야? 뭐가 큰일이야?」 오른손에 쓰레기 바구니를 든 채 물었더니,

「그 그게, 갈퀴가 없어져서……」 했다.

「엥? 갈퀴가……?」 나도 당황해서 주위를 둘러보았지만, 온갖 것들로 더

---

24 인력거는 일본에서 발명된 것으로, 청일 전쟁 후 조선에 들어왔다. '차부(車夫, 샤후)'라고도 했던 인력거꾼은 한때는 괜찮은 직업이었지만, 자동차의 등장으로 사

	내지인	조선인	외국인	계
인력거 영업 (명)	221	2,093	2	2,316
인력거꾼(挽子)(명)	230	3,904	101	4,235
영업용 인력거 (대)	1,429	2,150	9	3,588
자가용 인력거 (대)	92	178	5	275

양길을 걷게 된다(이경민, 2012: 139-151). 인력거꾼의 애환은 현진건의 「운수 좋은 날」에 잘 그려져 있다. 1923년 말 현재 조선의 인력거와 인력거꾼 통계는 표와 같다(朝鮮總督府, 1925b).

러워진 눈 더미가 눈에 들어올 뿐 갈퀴는 보이지 않았다.

「어, 이거 일 났네.」 하고, 둘은 얼굴이 새파래졌다.

「감독이 가져간 거 아닐까요?」

「그럴 리가 있나? 혹시 거지나 뭔가가 훔쳐갔다면 몰라도…….」

「아아…… 어쨌거나 큰일이네. 어떡하지?」 고이케 군은 눈물이 글썽해졌다.

「정말 일 났네. 드디어 감옥에 가게 되나 보다.」

갈퀴를 구루마 안에 넣어둔 채 그 위에 쓰레기를 쏟아부어 놓고는, 우리 둘은 당황한 나머지 그 생각을 못했던 것이다. 결국 우리는 10분이나 걸려서 그 놈을 파냈다.

우라오여관 뒤의 쓰레기통에서 고이케 군이 마루마게 가발의 잔해를 발견해서 그놈을 꼬챙이 끝에 꿰어 쳐들고는 야릇한 눈빛으로 연기라도 하는 듯한 제스처를 취하고 있는데, 감독이 왔다. 구루마를 다 채웠다고 보고했더니 감독은 구루마 끌채를 들었다 놓았다 하며 무게를 가늠해 보고는,

「이걸로는 70관 안 돼. 더 채워 오쇼.」 그 감독은 매정했다. 그러고 있는데 다른 조선인 감독이 와서 구루마 안을 힐끗 들여다보더니,

「이 밑에 있는 쓰레기는 뭐야?」 하고 내게 물었다.

「그 밑에는 죄다 재인뎁쇼.」 내가 대답했다. 그건 사실이었다. 경성호텔과 우라오여관의 쓰레기통에는 석탄과 목탄의 재뿐이었다. 쓰레기통 주위에 버려져 있는 것까지 눈 속에서 파내어 치웠으니까, 구루마는 꽤나 무거웠다.[25]

「재? 그럼 됐어. 가쇼. 본정통을 똑바로 나가서 병목정으로 빠지면 가까우

---

25 당시 조선에서는 온돌에 석탄이나 숯, 장작을 때서 난방을 했다. 따라서 쓰레기 속에 재가 많았는데, 그것은 일본인에게는 낯선 상황이었다. 농촌에서라면 똥오줌과 섞어서 비료를 만들었겠지만, 도시에서는 똥오줌 못지않게 재 역시 무겁고 처치곤란인 쓰레기였다.

니까, 그 길로 가라고. 아직 세 번 더 남았으니까 서둘러야 돼.」 그렇게 말해 놓고 그는 가 버렸다.

우리 담당의 감독이 전표에 도장을 찍어 주었다. 우리 둘은 감독이 시키는 대로 구루마 위에 범포(帆布)를 씌우고 문제의 갈퀴를 구루마 뒤에 꽂아 넣었다. 내가 끌채를 쥐고 고이케 군이 뒤를 밀었다.

「자, 가 볼까?」

「예, 갑시다!」

[4]

우리 둘은 이 쓰레기 구루마를 끌고 윙윙 소리를 내며 본정통을 동쪽으로 달렸다. 아스팔트 도로 위에 얼어붙은 눈은 행인들의 발과 차바퀴에 다져져서 반들거렸다. 여느 때라면 본정통에 오르막이 있는 줄도 의식하지 못하고 씩씩하게 걸었겠지만, 구루마를 끌고 가자니 약간의 고저(高低)나 눈 쌓인 곳도 만만치 않았다. 5~6정(町)[500~600m]이나 왔나 싶었을 때는 이미 둘 다 온몸이 땀으로 흠뻑 젖어 있었다. 병목정으로 나갔을 무렵에는 목이 마르다 못해 뜨끔뜨끔할 지경이어서 견디기 어려웠다. 보는 사람만 없다면 길가의 흙투성이 눈이라도 퍼서 입에 털어넣고 싶었지만 그러지도 못하고, 오르막에 끙끙대고 내리막에는 휘청휘청, 악전고투해서 훈련원 앞으로 나갔다. 그래도 도중에 우물을 만나 얼음 같은 찬물을 배가 터져라 마신 것은 지금도 잊히지 않는다. 행인들 중에는 옷깃을 세워 얼굴을 반쯤 감싼 채 몸을 잔뜩 웅크린 이도 있었지만, 우리는 그 찬바람을 맞으니 그래도 좀 살 것 같았다.

황금정 큰길로 나서자 도로는 눈이 녹아 팥죽처럼 된 상황, 자꾸 미끄러지는 길을 억지로 구루마를 끌고 가야 했다. 그래도 어찌어찌해서 광희문 밖까

식민지기의 도량형(일본식 척관법)

19세기 말 미터법이 전해지면서 일본은 전통적인 척관법 단위를 가급적 미터법 단위에 대한 간단한 비례가 되도록 조정했다. 20세기 초 대한제국도 이렇게 개량된 일본식 척관법을 수용했다. 일본에서는 1921년부터 미터법 전용을 추진했고, 식민지 조선에서도 1926년부터 「조선도량형령」으로 미터법 전용을 규정했지만, 식민지기 내내 민간에서는 여전히 척관법이 더 많이 사용되었다. 그밖에도 분야에 따라서는 영·미식의 인치, 야드, 갤런, 파운드 등의 단위도 통용되었기에 식민지기의 도량형 문제는 무척 복잡했다.

길이

단위		척관법	미터법(근삿값)
척(자)	尺(세키)	10寸	30.30cm
촌(치)	寸(슨)	10分	3.03cm
분	分(훈)	10厘	0.30cm
리	厘(린)	10毛	:
모	毛(모)		:

거리

단위		척관법	미터법(근삿값)	비고
간	間(겐)	6尺	1.8m	
정	町(죠)	60間 = 360尺	109m	
리	里(리)	36町 = 12,960尺	3,927m	대개 조선의 10里에 해당

부피

단위		척관법	미터법(근삿값)
작	勺(샤크)		
합(홉)	合(고)	10勺	
승(되)	升(쇼)	10合	1.8 l
두(말)	斗(토)	10升	
석(섬)	石(고쿠)	10斗	

무게

단위		척관법	미터법(근삿값)
돈	匁(몬메)		3.75g
근	斤(긴)	160匁=16兩	600g
관	貫(간)	1,000匁	3.75kg

면적

단위		척관법	미터법(근삿값)	비고
첩	疊(죠) (三六間)	6尺×3尺	1.8m × 0.9m	일본에서는 방 크기를 '다다미(疊) 몇 장'으로 표시. 다다미의 긴 변과 짧은 변은 대개 2:1 비율이다.
평	坪(쓰보)	6尺×6尺	3.3㎡	1坪 = 2疊
무	畝(세)	30坪	99.2㎡	≒ 1a
단(보)	反(단)	10畝	991.7㎡	≒ 10a '段(段步)'이라고도 쓴다
정(보)	町(죠)	10反	9,917.3㎡	≒ 1ha '町步(죠부)'라고도 한다

지 나갔더니, 이번에는 깎아지른 오르막에 막혔다. 뒤따라오던 다른 쓰레기 청소부들은 솜씨 좋게 구루마를 끌면서 오르막을 성큼성큼 올라가는데, 우리는 조금 나아갔나 싶자 그만 구루마가 땅에 붙어버린 듯 꼼짝달싹 할 수 없게 되었다. 아예 포기하고 지게꾼이라도[26] 부를까 싶었지만, 하다못해 한 번이라도 마무리를 지어야지 싶어 젖 먹던 힘까지 쥐어짰다. 똥오줌을 싣고 가던 마차와[27] 충돌할 뻔하고 다른 청소부들한테 욕을 먹어가면서 그렇게 광희문에서 5정 하고도 46간[약 630m] 거리의 처분장에[28] 도착하자, 온몸의 힘이 한꺼번에 쭉 빠져 그 자리에 풀썩 주저앉아 버렸다.

그렇게 해서 첫 번째 운반은 간신히 끝냈지만, 그날 하루 해야 할 네 차례

---

26 지게꾼에 대해서는 156쪽 각주 5 참조.

27 38~39쪽에서처럼 퍼낸 똥오줌은 나무로 짠 들통(바케쓰)에 담아내서 말이 끄는 달구지에 실어 저류장(貯溜場)까지 운반했다. 그런데 당시 소달구지나 짐마차의 바퀴는 타이어가 아니라 나무 바퀴, 또는 거기에 쇠테를 두른 것이었으므로, 비포장도로에서는 많이 흔들려서 길바닥에 똥오줌이 넘치곤 했다. 1924년부터 경성부는 쇠로 만든 큰 통 즉 '탱크'를 장착한 똥수레를 도입하게 된다(『동아일보』 1924. 1. 22. 「대소변운반에 「탱크」식 마차를 사용」; 『매일신보』 1926. 6. 25. 「철통으로 대소변 운반/ 경성부에서」). 1937년에 가서야 경성의 주요 도로를 아스팔트로 포장하게 되면서, 아스팔트의 손상을 막기 위해 마차 바퀴를 고무 재질로 바꾸자는 주장이 나오지만, 역시 비용 문제 등으로 실현되지 않았다(『매일신보』 1937. 3. 9. 4 「荷車마차의 철륜을 『고무』로 변경토록/ 포장도로의 파괴 예방코저」). 1970, 80년대 모습을 감추기 직전까지도 달구지 바퀴는 대개 나무나 쇠였다.

28 경성의 지리적 구조 때문에 도시의 발달과 함께 쓰레기·분뇨 처분장, 공동묘지(9장 참조), 도축장(10장 참조), 형무소(4장 참조) 등 도시생활에 꼭 필요하지만 사람들이 꺼리는 시설들이 동서쪽 성곽 바깥에 집중되었다. 광희문은 조선시대에도 '시구문(屍軀門)'이라고 해서 상여가 나가던 문이었지만, 20세기 초에는 광희문 밖(행정구역은 경기도 고양군 한지면 신당리) 남쪽에 공동묘지가, 그보다 더 남쪽에 화장장이 설치되었다. 1928년경까지 쓰레기·분뇨 처분장도 신당리에 있었는데, 위치는 여기서 보듯이 광희문 밖 동쪽으로 조금 떨어진 곳이다.

왕복은 고사하고 한 번 더 갔다 오는 것도 죽었으면 죽었지 도저히 못할 것 같았다. 그래서 우리는 처분장 계원한테 전표에 확인을 받고서는 빈 구루마를 끌고 방산정 사무소로 돌아갔다.

사무소에는 키 큰 이도 쓰메에리의 남자도 있었다. 우리가 「도저히 못하겠습니다.」 하고 비명을 지르자 쓰메에리는 「오기가 없네.」 하고 내뱉듯이 말했다.

「한 번 왕복해 가지고는 품삯은 못 준다. 하다못해 두 번은 해야 우리도 어떻게 해보지.」 한다. 나는 물론 돈을 받는 게 목적은 아니었으니까,

「예, 품삯은 필요 없습니다. 제가 먼저 포기한 거니까……」 하고 대답했다. 키 큰 이가 그 말을 듣고는,

「아니, 한 번이라도 품삯은 준다. 계산은 저녁때 하는 거지만 내 돈으로 먼저 줄 수도 있는데, 그래도 아직 해도 많이 남았고 하니 한 번 더 갔다 오면 어떤가? 그러면 막걸리도29 한 잔씩 할 수 있지 않겠나?」 하고 친절하게 말해주었다.

「헤에, 그렇지만 벌써 이렇게 이리로 와 버렸는뎁쇼……」 하고 우리가 결코 하려 들지 않자, 그렇다면 하고 1회분의 품삯, 놀라지 마시라, 두 사람의 반나절치로 금삼십팔전야(金三十八錢也)를 주었던 것이다.

「그런데 숙달되었다고는 하지만, 조선인은 참 대단하네요. 그 힘든 일을 잘들도 합디다. 지금까지 내지인으로 이 일을 한 사람이 있습니까요?」 하고 물어보았더니 키 큰 이가,

「대개 한두 차례 해 보고 그만두죠. 일을 계속했던 건 딱 한 사람. 그 사람

---

29 하층 재조선 일본인들에게 '조선숙/선인숙'이 싼 숙소였듯이, 막걸리도 가장 싸게 마실 수 있는 술이었다.

은 석 달 일하다가 순사가 되었는데, 거의 입지전적인 인물이오. 탄복했습니다.」하고 말을 꺼냈다. 이야기를 들어보니, 작년 4월에 한 사내가 와코교단의[30] 소개장을 들고 왔다고 했다. 본래는 선원이었던 듯하지만 영락해서 먹고 살기도 힘들 지경이 되어서, 무슨 일이든 할 테니 부디 써 주십사 하고 간절히 부탁을 했다. 그래서 쓰레기 치는 일은 너무 힘이 드니까 하고 거기서 거기지만 살수부로[31] 채용했더니, 이삼일 그 일을 해 보고는 '경성에는 아는 사람이 많아서 살수 일은 곤란하니까 다른 일을 시켜 주십시오.' 하고 청을 해서 쓰레기 청소부로 옮겨주었는데, 낮에는 인부 일을 하고 밤에는 공부를 해서 단번에 떡하니 순사 시험에 합격해서 순사가 되었다. 지금은 평안북도에서 근무하고 있는 모양이다, 하는 얘기였다.

독자여, 우리는 '경성부 위생과 인부'가 되었다가 겨우 반나절 노동도 다 못하고 손을 들어버려 독자에게 이야기할 재료도 얻지 못한 것을 사죄하는 바이지만, 마지막에 선원에서 쓰레기 청소부가 되어 정려면학(精勵勉學), 마침내 순사가 된 요즘 세상에 보기 드문 갸륵한 한 청년이 있음을 듣고 세상에 알릴 수 있게 되어 그나마 성공이라고 생각한다. 이 이야기를 해준 키 크고

---

30 '와코교단(和光敎團)'은 경성에 있었던 불교계 사회사업단체다. 1913년 관수동에서 정토종(淨土宗) 가이쿄인(開敎院)이 빈민아동과 근로청소년을 위한 학교와 야학 등을 시작했고, 1920년 독지가 후쿠나가 마사지로(福永政次郞)의 기부로 종로 3정목에 하룻밤 5전으로 남자 노동자를 재워주는 노동숙박소, 직업소개소, 상담소 등을 개설했다(朝鮮總督府, 1924: 12–14).

31 당시는 비포장도로가 많았으므로 마른날에는 흙먼지를 막기 위해 수레에 물을 싣고 다니며 길에 뿌렸다. 이 살수(撒水)도 고된 일이었다. 1920년대가 되면 살수자동차도 등장했다. 1921년 여름 경성에서는 자동차 4대, 마차 2대, 물수레 60대로 하루 1,300석(234톤)의 물을 뿌렸다고 한다 (『동아일보』1921. 8. 16. 「매일 시내의 살수량」). 살수에 "도랑의 하수를 사용하니까 그 물이 햇볕에 마르고 나면 반대로 어허 참 남은 냄새가 분분(糞尿問題と南山商會」, 『朝鮮及滿洲』95 (1915. 6): 79)"했다는 기록도 있다.

친절한 이는 성을 '가시와무라(柏村)'라고 하는 이다. 우리는 쓰메에리의 남자와 가시와무라 상을 대조하면서 깊은 감개에 젖지 않을 수 없다.

2장 넝마주이

[1]

고리버들로 짠, 쌀로 치면 두 말(斗) 넘게 들어갈 것 같은 커다란 망태를 오른쪽 어깨에서부터 비스듬히 허리께까지 걸머지고, 오른손에 굵은 철사 구부린 꼬챙이를 들고 쓰레기통을 뒤져 폐물, 넝마, 쇠붙이, 머리카락, 유리조각 등 다시 이용할 수 있는 물품을 주우면 망태 속에 던져 넣는다. 그렇게 차례차례 쓰레기통을 뒤지고 다닌다.

가미쿠즈히로이와는 비슷하지만 다르다. 조선에서 폐지를 줍는 것은 빈민들로, 땔감으로 쓰려고 줍는 것이다. 쓰레기통을 뒤지고 다니는 저런 사람들을 조선에서는 뭐라고 하는지 물어 보았더니 '거지'라고 했다. 그렇게 대답한 사람은 정확한 이름을 알지 못했는지 모르지만, 거지는 아니다. 내지[일본]의 '가미쿠즈히로이'와 '지미야'의 중간쯤 되는 장삿일이다. 임시로 '넝마주이'라고 부르기로 하자.

넝마주이는 거지 출신으로 사지 멀쩡한 자도 있지만, 대개는 열두셋부터 열예닐곱까지의 소년이 많다. 제일 연장자로는 어성정 성벽 밑 움막에 눈 먼 아내와 함께 사는 올해 일흔넷 된 최경서(崔慶瑞)라는 불쌍한 영감님도 있다.[1]

뭐가 되었든 기껏해야 쓰레기통에 버려진 물건을 줍는 것이니까 이것을 직업 삼아 만족스런 생활이 가능할 리는 없지만, 그래도 넝마주이 일을 하는 자가 경성 시내에 50명 가까이 있다. 우리가 매일 버리는 쓰레기 속에는 아직도 가치 있는 물건이 적잖이 포함되어 있다. 논리보다는 증거라고, 어쨌든 50명의 인간이 그걸로 근근이나마 이슬 같은 목숨을 이어 가고 있지 않은가?

넝마주이는 우선 쓰레기통 뚜껑을 열고, 가지고 다니는 쇠꼬챙이[굵은 철사]로 쓰레기를 휘젓는다. 그리고 돈이 될 만한 물건을 뒤져내서 등에 걸머진 망태가 가득차면 고물상에 가져가는데, 대개 한 망태에 20전에서 40전쯤 받는다. 어떤 일이라도 숙련은 필요한 법이지만, 이 넝마주이한테도 일 하는 '요령'은 있다.

봄·가을로 두 번 경성부에서 시행하는 대청소는[2] 그들의 대목으로, 어떤 빙충이라도 하루 1원어치 이상은 주워온다. 다른 때는 숙련된 자가 하루 세 망태, 초보자도 한두 망태는 기본이다. 두 망태 주우면 최저 40전은 된다. 한 끼 10전 하는 국밥을 먹어도 세 끼 먹고 10전이 남는다. 저금이라도 해 두면…… 하겠지만, 그들은 한 푼도 남기지 않는다. 눈에 보이는 것은 뭐라도 있는 족족 사 먹고 마는 것이다.

---

1 이 노인 이야기는 9장에도 나온다.

2 1912년 총독부는 전염병 예방을 위해 봄·가을 두 차례에 걸쳐 지방별로 경찰관리의 지시에 따라 대청소(淸潔方法)를 시행하도록 했다(1912. 2. 26. 경무총감부령 3호). 집 안팎을 청소하고, 침구류·의류를 햇볕에 내어 말리고 방바닥을 건조시키며, 우물·수도와 변소, 쓰레기통, 하수도·도랑을 청소하는 등이었다. 이 조치에 따라 경성부에서도 매년 봄·가을로 정(町)·동별로 날짜를 정해서 대청소를 실시했다.

쓰레기통을 뒤지는 넝마주이(東京市役所, 1935)

가미쿠즈히로이 또는 넝마주이

일본에서는 길에 떨어진 폐지나 폐품을 줍는 이들을 '가미쿠즈히로이(紙屑拾ひ)', 길에 떨어진 돈이나 지갑 등 유실물을 주워 가로채는 이들을 '지미야(地見屋)'라고 했다. 1935년 도쿄시에서 낸 조사보고서를 보면 '紙屑拾ひ'를 '바타야(ばたや)'라고도 불렸던 모양이다(東京市役所, 1935). 직접 재활용하거나 땔감 등으로 쓰기 위해서가 아니라 폐품을 주워서 파는 직업은(따라서 그들을 가리키는 말도) 그 전에는 조선에는 없었던 듯하다. 이 장에 나오는, 쓰레기통을 뒤져 폐품을 줍는 이들을 저자는 '구즈히로이(屑拾ひ)'라고 불렀는데, 이 말의 축자적 번역이면서 나중에 실제로도 사용된 '넝마주이'라는 말로 옮겼다. 〈네이버 뉴스라이브러리〉로 검색해 보면 신문 기사에 '넝마주이'라는 말이 처음 나오는 것은 1959년, 비슷한 뜻으로 쓰였던 '양아치'도 그즈음부터 본격적으로 나오고 있다.

당시 집 밖에 두는 쓰레기통(ゴミ箱)이란 나무나 나중에는 콘크리트로 만든 상자 형태로, 위의 여닫는 뚜껑을 열어 쓰레기를 버리고, 앞의 미닫이식 뚜껑을 들어올려 쓰레기를 수거하게 되어 있었다. 위 사진의 쓰레기통은 무척 큰 것이다. 비슷한 구조의 것을 1970년대까지 골목에서 흔히 볼 수 있었다.

비교적 돈이 되는 것을 많이 주워오는 자는 남들보다 많은 시간을 일했나 하면, 그런 것은 아니다. '요령'을 아니까 그런 것으로, 말하자면 숙련된 덕분이다. 11월부터 세밑까지는 관청가보다 상점가 쪽이 수입이 좋고, 날이 따뜻해지면 상점가보다 관청가 쪽 쓰레기통에 괜찮은 물건이 많다. 그러니까 그것을 잘 노려서 헛걸음을 하지 않는 것도 요령이다.

숙련된 넝마주이는 물론 쇠꼬챙이를 쓰는 것도 능란하다. 노끈 뭉치나 짚다발 같이 성가신 물건에 걸려도 쇠꼬챙이를 구부러뜨리지 않는다. 숙련된 솜씨로 교묘하게 장애물을 젖혀 놓고 그 밑을 뒤진다. 쇠꼬챙이 끝에 딸깍 하고 부딪히는 게 사기 조각인지 유리인지, 그런 식별은 한 달이 안 되어 몸에 밴다. 아직 서툰 애는 쓰레기통 바닥에 묻혀 있는 유리 조각을 위에서부터 파내려고 하니까 품이 많이 들지만, 숙련이 되면 쓰레기통 앞뚜껑을 조금 끌어올려 놓고 밑에서부터 긁어낸다. 앞뚜껑이 없는 것은 필시 작은 통이니까, 위쪽의 쓰레기를 손으로 집어서 꺼내 놓고 천천히 그 밑의 것을 줍는다. 얼핏 봐도 숙련되고 않고는 이만큼의 차이가 있다.

이들 넝마주이가 주워 모은 물건은 그것만 취급하는 전문 고물상이 있어서, 종류별로 나누어 손질을 해서는 앵정정의 지카자와(近澤), 황금정의 요시무라(吉村)라는 도매상에게 넘긴다. 넝마주이한테서 직접 사들이는 전문 고물상은 용산 한강통의 모 내지인, 황금정 5정목 249번지 임영준(林永俊), 초음정 135번지 강운서(姜云西), 본정 5정목 35번지 소이치 소오타(祖一宗太) 등인데, 황금정 5정목 195번지 김기성(金基成)은 넝마주이한테서는 일체 사지 않고 경성부 쓰레기 청소부가 갖고 온 것만 사들인다고 한다. 내가 김에게,

「당신은 왜 넝마주이한테는 사지 않나? 비싸서 그러나?」 하고 물었다.

「아니, 그런 건 꺼림칙해. 주워온 거라면 괜찮지만, 훔친 거니까 위험해서 안 돼……」 했다. 김의 말은 누구를 모함하는 것이 아니다. 실제로 그들 넝마

주이들은 '반 도둑놈'인 것이다. 신문에 실리는 날치기며 작은 절도 사건에 이들 넝마주이 패의 이름이 오르내리는 것도 드문 일이 아니다.

상상해 봐도 수긍이 간다. 온종일 망태를 걸머지고 다녀도 30~40전 수입밖에 안 되는 넝마주이의 눈에, 사립문이 활짝 열린 집 안에 벗어 던진 구두며 짚신, 부엌문 앞에 내놓은 냄비며 솥, 세숫대야가 보인다면? '저놈을 하나 슬쩍하면 1원이나 2원은 되는데' 하는 마음이 드는 것은 오히려 당연할 것이다. 훔치는 놈이 뻔뻔스러운 거야 말할 것도 없지만, 부주의해서 도둑을 맞는 쪽에도 절반의 책임이 있다. 조심하지 않으면 안 된다. 이런 좀도둑이 매일 50명 가까이나 시내를 어슬렁거리고 있으니까……

[2]

넝마주이들의 소굴 또한 대단하다. 그들이 모여 있는 소굴을 보고서 바로 '범죄굴!'이라고 느끼지 않을 사람이 있을까? 내 보고를 의심하는 사람은 한번 그들의 소굴을 찾아가 보라. 아마 전율을 금치 못할 것이다.

그 소굴이라는 것은 다름 아닌 고물상이다. 넝마주이한테서 직접 고물을 사들이는 고물상은 앞에서 열거했다. 고물상은 당국에서 감찰[허가증]을 받고 가만히 앉아 넝마주이가 모아 온 고물을 사서 도매상에 전매(轉賣)하고 근소한 이익을 챙길 뿐이다……라고 생각하면 큰 착각이다.[3] 사실은 고물상과

3　식민지기 고물상에 대해서는 1912년 4월부터 일본의 「고물상법」을 의용(依用)했다(1912. 3. 12. 제령 제2호). 고물상 영업은 관할 경찰서장의 허가(면허)를 받아야 했고, 잘 보이는 곳에 주소, 상호(屋號), 주인의 이름을 적은 간판을 걸고, 행상을 하거나 노점을 내려고 할 때는 경찰서장에게 신청해서 감찰(鑑察)을 받아 휴대해야 했다(1912. 3. 12. 총독부령 제22호 「고물상 단속(取締)에 관한 제령 시행규칙」). '감찰'이란 허가사항을 기재한 작은 나무패를 말한다. 본문에 나오는 넝

넝마주이는 오야붕·고분 관계에 있는 것이다.[4]

움집이든 뭐든 자기 집이라고 정해진 곳에 살면서 넝마를 주워 가족이 입에 풀칠을 하는 자는 또 그렇다 쳐도, 부모형제도 친척도 없이 그야말로 들판의 한 그루 삼나무 바람에 꺾여 거지가 된 자는 눈 가는 데 있는 나쁜 동료의 꼬임을 받아 넝마주이가 되고, 쓰레기통을 뒤지면서 나쁜 쪽으로 지혜를 더욱 연마해 간다.[5] 저물녘의 거리를 어슬렁거리거나 축제 때 인파 속으로 스며들어 '뭐 떨어뜨린 물건이나 없을까' 하고 매의 눈으로 노리고 다닌다. 대청소 때는 집집을 배회하면서 사람들이 방심하는 틈을 노렸다가 슬쩍해서는 달아난다. 엄청나게 큰일을 저지르는 것은 아니지만, 살금살금 털어가는 상습범이다. 그들은 깍정이 패[6] '절도단'인 것이다.

광희문 밖 쓰레기 처분장 옆에도 한 집이 있는 모양이지만, 거기는 아직 탐

마주이들의 '오야붕' 급 고물상과 행상이 구별되지는 않지만, 1923년 고물상 관련 통계는 표와 같다(朝鮮總督府, 1925b).

	내지인	조선인	외국인	계
고물상(명) (고물행상 포함)	2,143	9,834	28	12,005
고물 경매소(곳)	19	118	–	137

4 '오야붕(親分)'·'고분(子分)'이란 조직에서 부모-자식 관계에 빗댈 만한 두목과 부하의 상하·주종 관계를 가리키는 말이다. 깡패영화 같은 데 나오는 '오야붕'과 '꼬붕'이다. 장인(匠人)·기능공 등의 직업집단에서 상급자, 속칭 '사수'를 가리킬 때는 '오야카타(親方)'라는 말을 많이 쓰고, 범죄조직의 두목 등은 '오야붕'이라고 한다.

5 '들판의 한 그루 삼나무(野中の一本杉)'는 천애고아(天涯孤兒)라는 뜻이고, '눈 가는 데 있는 나쁜 동료'는 유유상종이라는 뜻의 일본어 속담 '눈 가는 데 눈알도 간다(目の寄る所へ玉も寄る)'를 이용한 표현이다.

6 저자가 쓴 'チンピラ'라는 말을 '깍정이'로 옮겼다. 당시 '깍정이(깍쟁이)'는 땅꾼으로부터 악소배(惡少輩), 불량소년, 영악한 어린 거지를 가리키는 말로 쓰였다. 김유정의 「심청」에는 종로에서 "신사 숙녀의 뒤를 따르며 — 시부렁거리는 깍쟁이"에 대한 묘사가 나온다. "좀 심한 놈이면 비단 결[비단 옷 입은 숙녀—인용자]이고 단장 보이[지팡이 든 신사—인용자]고 닥치는 대로 그 까마귀발로 움켜잡고는 돈 안 낼 테냐고 제법 흑닥인다."

사해 보지 못했다. 황금정 5정목 249번지 돼지우리 같은 임영준네 초가에는[7] 옹송그리고 추위에 떠는 쉰 살쯤 된 독수리 같은 영감, 온몸에 검댕을 칠한 것 같은 서른 가량의 그림자 요괴,[8] 바싹 말라 피골이 상접한, 몹시도 남을 무서워해서 늘 고개를 숙인 채 눈을 치켜뜨고 보는 바보 등 중년 이상인 자가 7, 8명 넝마와 유리 조각 속에서 지내는데, 어디서 자는지는 캐물어도 실토하지 않는다. 임영준네 고물상에서 산다고는 결코 말하지 않고,

「남대문 밖에 있는데……」 한다.

「남대문 밖이면 어디?」

「남대문 밖은 저, 남대문 밖…… 채석장에……」 하며 슬며시 꽁무니를 뺀다. 철두철미하게 비비꼬아서 빠져나가는데, 철두철미하게 수상쩍다.

본정 5정목 35번지 소이치 소타라는 내지인 집에는 고물을 선별하는 내지인이 두 명 있을 뿐이라면서도 소이치의 처라는 여자가 한사코 집 안에는 못 들어오게 막더라며, 내 조수 고이케 군은 두 손을 들었다. 사람을 통해 물어보니, 역시 중년인 자가 서너 명 있다고 했다.

고르고 골라서 하필이면 이런 장사를 하나 싶지만, 젖은 손에 좁쌀 묻는다는 말도 있듯이,[9] 남들이 알면 안 되는 것은 남모르는 돈벌이가 있기 때문인지도 모른다.

---

7 '溫突'을 '초가'라고 옮겼다. 당시 일본인들은 한국의 난방방식이나 온돌방뿐 아니라 초가, 조선가옥을 가리킬 때도 '온돌'이라는 말을 썼다. 바닥 난방이 없는 다다미방에 살았던 일본인들 사이에는 조혼(早婚)과 온돌(의 따뜻함)이 조선인을 태만하고 무기력하게 하는 원인이라는 등의 편견이 널리 퍼져 있었지만(다카사키 소지, 2006: 125), 시간이 지나면서 재조선 일본인은 온돌 난방에 차츰 적응해갔고, 조선총독부에서도 온돌 개량법을 연구하기도 했다.

8 원문에는 '오뉴도(大入道)'라 되어 있다. 시커먼 그림자 같은, 형태가 불분명한 요괴를 말한다.

9 별 노력 없이 이득을 본다는 뜻의 일본 속담.

5, 6년 전에 이런 일이 있었다. 황금정 3정목 119번지에 살던 오쓰보 이사미마쓰(大坪勇松)라는 자의 처는, 자기 집 뒤의 초가에 깍정이 패를 모아서는 고물을 잔뜩 주워오게 했다. 재목을 주워온다, 함석판을 주워온다, 구두를 주워온다, 구들돌을 주워온다, 창유리를 주워온다, 전구를 주워온다, 뭐라도 좋으니 손 닿는 대로 주워온다…….

그러던 끝에 본정서(本町署)에[10] 검거되어 절도교사, 장물취득이라는 죄명으로 서대문감옥에서[11] 복역하게 되었다. 징역형에다 벌금형도 부과되어 있었기에, 형기가 만료되던 날 남편 이사미마쓰는 벌금을 마련해서 서대문감옥으로 면회를 갔다. 그러자 당시 임신 중이던 여자는,

「벌금을 내다니, 당신 노망났어요? 그냥 싸들고 가요. 애가 나오면 옷 한 벌이라도 사야 하잖아요? 단단히 챙겨 놔요.」

그렇게 감옥을 나온 오쓰보의 마누라는 깍정이 패가 주워온(?) 물건으로 긁어모은 돈으로 다다미 두 장, 세 장, 여섯 장, 그리고 또 세 장 크기의 방이 네 개나 되는 초가를 지어서 살다가, 나중에 용산의 야마쥬구미한테 몇 천 원인가에 팔아 넘겼다.[12] 그 집에 내가 살았고, 내가 만주로 가면서 본정서(?)인가의 경부(警部)한테[13] 넘겼다.

---

10 서울중부경찰서 자리에 있던 '본정경찰서'를 말한다. 1915년 경성의 경찰서 배치가 정리되면서, 본정서가 일본인 거주지역인 남부 일대를, 종로서가 나머지 조선인 거주지 대부분을 관할했다. 용산에는 용산경찰서가 있었다.

11 86쪽 참조

12 '야마쥬구미(山十組)'는 나가노현(長野縣) 오카야시(岡谷市)에 근거를 둔 제사업체로, 식민지기 조선에 진출해서 평양·대구 등에 제사공장을 두었다. 용산에는 지점과 누에고치(繭) 창고 등이 있었던 듯하다.

13 1919년 8월 헌병경찰제 폐지로 총독부 경무국에서 전국 경찰사무를 관장하고, 지방에서는 도지

그 사건으로 오쓰보의 깍정이 패는 해산되고 그 마누라도 재작년에 죽었으니까 이제 그런 장사는 안 생기겠지 했더니 웬걸, 또 똑같은 길을 가는 자가 나타났다. 곤란한 일이다.

초음정 135번지 강운서 집에는 지금 이런 깍정이가 열한 명이나 있어서 꽤나 북적거린다. 강운서도 깍정이 패도 내가 이런 책을 쓰고 있어서 취재차 그 집에 드나드는 줄은 모르니까, 「밥벌이가 없어 막막하다.」는 내 말을 곧이곧대로 믿고 이제 내 앞에서 온갖 얘기를 다 지껄이게 되었다.

어느 날 저녁, 늘 하는 변장에 모자도 쓰지 않고 또 불쑥 강네 집을 찾았더니, 벌써 예닐곱 명의 깍정이가 돌아와 있었다.

[3]

「당신, 또 왔어⋯⋯?」

패거리는 망태 속의 주워온 물건을 땅바닥에 쏟아 놓은 채 쪼그리고 앉아 작은 화톳불을 쬐면서 이야기가 한창이었다. 그중의 열예닐곱 살짜리가 두 손으로 무릎을 안은 채 내 얼굴을 쳐다보며 이렇게 말했다. 징그럽도록 닳고 닳은 놈이다.

「응.」 하고 나는 웃어 보였다.

조선 옷 위에 찢어진 세비로 윗도리를 헐렁하게 걸친 열대여섯 살짜리는,

사가 경찰권을 가져 도청에 경찰부를 두고 부(府)·군(郡)·도(島)에 경찰서, 그 아래에 경찰관주재소·파출소를 설치했다. 경무국 관리와 도지사, 도 경찰부장은 일반문관이고 그 아래 지방경찰은 경찰직으로, 계급은 경시(警視), 경부(警部), 경부보(警部補), 순사부장, 순사 순이었다. 본정서 정도의 큰 경찰서 서장이 경시였고, 대부분의 경찰서 서장은 경부였다.

어디서 주워왔는지 진흙투성이인 짐구루마 바퀴 축을 세워 놓고 자루가 건들건들하는 도끼로 그것을 쪼개 보려고 끙끙대고 있었다. 하지만 느티나무로 된 바퀴 축은 물을 머금고 있어서 날 빠진 도끼 따위는 아예 먹히지도 않았다. 쾅 하면 데구르르, 쾅 하면 데구르르, 깍정이의 손으로는 도저히 감당이 안 되었다.

「관둬라. 그래 갖구 은제 쪼개지겠냐? 집어치구 예 와서 불이나 쬐라.」 하고 화톳불 앞에 앉은 작은 놈이 말했다.

「닥쳐라, 자식아. 쪼개서 팔 거다.」 저쪽 녀석은 거들떠보지도 않았다.

「온 참, 그딴 거 2전이나 하겠니? 게타짝보다 못해.」 이쪽도 지지 않고 대꾸를 했다. 그러자 헐렁한 윗도리는 「2전? 2전은 할걸. 안 그래……?」 하고 내게 말을 걸었는데, 거들어 주기를 바라는 말투였다. 그래서,

「2전이야 되겠지. 하지만 젖어 있어서 안 쪼개지는 거야. 말려서 쪼개면 될 텐데.」 하고 생각했던 말을 해 주었다.

「그렇구나. 그래서 안 쪼개지는군. 그럼 말려서 해 볼까?」

말은 그렇게 하면서도 너댓 번 쿵쿵 찍어 보더니, 아무래도 안 되겠다고 포기했는지 「제에미!」 하며 도끼를 그 자리에 툭 내던지고 화톳불 곁에 가서 앉았다.

「야, 이거 안 치울래? 또 야단맞는다, 괜히…….」 어질러진 물건들을 힐끗 보면서 한 명이 말하자,

「추운데 몸 좀 녹이자. 지끔 또 나갈 것두 아닌데 으때?」 하고 누가 대답했다.

「딴 애들이 돌아오면 걸리적거리잖아, 바보야.」

「그렇담 치워 볼까?」 하고 녀석은 선선히 일어나서, 넝마, 마루마게 가발, 염소가죽인지 돼지가죽인지 서너 치[약 10cm]쯤 되는 걸 4, 50매 묶은 것, 헌

게타짝, 유리병, 유리조각, 털 지스러기, 진흙투성이 조선 빗, 털 빠진 브러시, 왼쪽뿐인 털장갑, 낡았지만 멀쩡한 알루미늄 주걱, 조선 가구의 놋쇠 장석(裝錫), 구리 선, 자개 단추, 망가진 장난감 납 시계…… 일일이 기록할 수도 없을 만큼의 물건을 다시 자기 망태 속에 집어넣더니, 망태를 질질 끌어 공터 한 켠으로 가져갔다.

「애, 저런 넝마는 얼마쯤이나 하냐?」 하고 물어 보았다.

「넝마는 한 관에 10전.」 도끼를 휘두르던 놈이 대답했다.

「유리조각은?」

「5전.」

「병은?」

「맥주병은 1전, 사이다병은 2전야.」

「흠, 괜찮은 값이네. 너희들이랑 여기 오야카타는 값을 잘 받고 파는구나.」

「뭘 잘 받아? 제값이지…….」

「그럼, 다른 물건들은 얼마야?」

「다른 물건들……, 으떤 거?」 놈은 귀찮다는 표정이 되었다.

「솜이나 머리카락, 놋쇠 같은 거…….」 그러면서 나는 기모노 소매에서 담배를 꺼내 한 대씩 돌렸다. 정말이지 시키시마 한 대의 효과는 놀라웠다. 놈은 금방 표정을 누그러뜨리면서,

「응, 그거? 놋쇠나 아루미[알루미늄]는 한 근에 18전이구, 털이나 솜은 한 관에 40전야.」

「흠, 그렇구나. 그런데 머리카락은 대체 어디 쓰는 거지?」

「털 말야? 머리카락? 그건 빨아서 일본사람 머리집에 갖다줘. 머리집에서는 얼마든지 사거든.」

머리집이라는 것은 다리집을 말하는 거였다.[14]

「아아. 그래서 모두들 주워오는구나. 그런데 아까 여기서 망태에 넣던 거, 일본 여자 머리 위에 얹는 거 있잖아, 동그랗고 시커먼 거. 그걸로는 뭐 하냐? 그것도 깨끗이 씻으면 또 팔 수 있나?」

「일본 여자 머리에 얹는 거……? 뭐지?」 하고 고개를 갸웃했다. 헐렁한 윗도리도 입을 내밀고, 「시커먼 거랬지. 뭘까?」 하고 생각을 하고 있다.

「마루마게 가발이라는 거야. 알지?」 그러나 모르는 모양이었다.

「마루…… 마게? 그게 무에야?」

「저기 있으니까, 꺼내 보면 알지 않을까?」 하고 나는 공터 구석으로 가서 망태 속을 가리켰다.

「이 안에 있을 테니까 꺼내 봐.」 하자 화톳불 곁에 모여 있던 깍정이들은 망태를 들고 와서, 뭐가 나오나 싶어 잔뜩 들여다보았다. 한 놈이 손을 넣어 휘젓더니, 곧바로 마루마게 가발을 꺼냈다.

「그래, 그 시커먼 거.」 내가 손가락으로 가리키자 그걸 집어 든 깍정이는,

「아니, 난 또 뭐라구…… 이런 건 쌔구 쌨지…….」

「그게 마루마게라는 거야. 그걸로는 뭐 하냐?」

「이거?」 하며 녀석은 마루마게 가발을 갈갈이 찢었다.

「솜을 꺼낸다누. 이거 못 봤어? 솜 들었지? 그 밑엔 죄 이런 거야. 이건 아무 짝에두 못 써…….」

부끄러운 일이지만 나는 아직 마루마게 가발을 해부해 본 적이 없었으므로, 그 속에 뭐가 들어 있는지 몰랐다. 이제 깍정이의 손으로 폭로되는 것을 보고, 중심은 '심지'고 그 주위에 얇게 솜을 덧붙여서 그 위를 감색 종이로 싸 놓은 줄을 처음 알았다.

---

14 '다리집(かもじ屋)'은 다리(髢, かもじ), 즉 부분가발을 만드는 집을 말한다.

「아아, 그래? 솜을 꺼내는 거야?」 나도 시시하다고 생각했다.

그러고 있는데 두세 명의 깍정이가 무거운 듯 망태를 걸머지고 돌아왔다.

「아, 무거워. 요즘은 쓰레기통 안에 재뿐이니깐 아주 힘들어서 죽겠네.」 하고 한 명이 투덜거렸다.

「그 대신 석탄이 있잖아.」 화톳불을 쬐던 놈이 말했다.

「괜히 무겁기만 허구…….」

「석탄을 그렇게나 주워온 거야?」

「밑에는 죄 석탄야. 뭐, 암것두 읎어…….」

그러고 있는데, 방에서 나온 오야카타 강운서가 다가왔다.

「자, 그만 정리해라. 인젠 다 돌아왔냐?」 이런 장사를 하는 사람 치고는 어울리지 않는 상냥한 목소리와 표정이었다. 강은 이제 나이가 지긋하지만, 그래도 역시 상당히 수상쩍은 작자다.

[4]

「넝마 널어둔 거 걷어놓구 밥 먹자. 밥이 거의 다 됐다…….」 하고 강이 말하자 '밥'이라는 말에 자극이 되어 깍정이들은 튕기듯이 벌떡 일어섰다.

「이제 이눔은 낼 아침에 허기루 허구, 넝마를 걷어 넣자…….」

지금 막 돌아온 깍정이들은 각자 망태를 공터 구석에 갖다놓고, 이삼 십 간[농구장 넓이 정도]은 되는 밭에 널려 있던 넝마를 망태에 넣어 나르기 시작했다. 넝마를 가지고 들어가는 곳은 강의 살림채인 초가와 나란한, 기둥을 세워 지붕만 짚으로 이어 놓은 움막이었다. 세 면을 거적으로 둘러치고 바닥은 네 평 남짓한 토방이다. 나는 깍정이들이 넝마를 나르는 것을 보고 있었다.

문득 생각이 나서 바닥을 살펴 본 나는 토방 한쪽 구석, 강네 살림채 가까운 곳에 사방 석 자[90cm쯤] 남짓한, 흡사 스토브 받침대 같은 판자가 덮여 있는 것을 발견했다. 나는 깍정이 한 명을 불러 세우고, 「이건 뭐냐?」 하고 물어 보았다. 그러자 깍정이는 입가에 묘한 웃음을 띠며, 「그건, 우리 방이야……」 하고 대답했다. 나는 깜짝 놀랐다.

　그럼 이 밑은 지하실이군. 집이라고는 달랑 한 간뿐인 강운서의 살림채에 제 식구 너댓 명 눕기도 비좁을 판에 이 많은 깍정이들을 어디에 어떻게 재우는지 궁금했었는데, 그 의문이 이제 눈 녹듯 풀렸다. 의문은 풀렸지만, 지하실은 과연 어떤 구조로 되어 있을까?

　광희문이나 어성정 성벽에 붙은 이른바 '토막'조차[15] '여기는 사람 사는 곳이다' 하고 지상에 멋지게 지붕을 올리고 있다. 더러운 흉물이나마 당당하게 햇빛 내려쬐는 곳에 모습을 드러내고 있다. 비위가 상하지만, 끔찍할 정도는 아니다……. 그런데, 이건 완전히 지하실이다. 뚜껑을 들춰 보지 않았으니까 모르지만, 어쨌든 깍정이 열한 명이 자는 곳이라면 꽤 넓을 것이다. 안에는 어떤 설비가 되어 있을까……?

　아아, 보고 싶어서 도저히 견딜 수가 없다. 뚜껑을 열고 뛰어들어 볼까? 만약 막아 놓았다면, 변장의 가면을 벗어던지고 고함과 함께 주인공 등장이다! 「뭐야, 이게!」 하고 당장 뚜껑을 걷어차려다가…… 아니 잠깐, 가령 위법한 비밀의 방을 만들어 놓았다손 치더라도 내가 무단으로 유린해도 좋다는 법은 없다, 일단 강의 허락을 구해 봐서 승낙을 받으면 다행이고 거절하면 그때 가서 따로 손을 써야지 하고, 일촉즉발의 순간에 마음을 고쳐먹고 살림채로 가서 강을 불렀다.

---

15 '토막(土幕)'에 대해서는 2부 해제와 9장을 참조.

「저어, 주인장! 잠깐만 나와 보시겠습니까?」 그러자 강은 바로 방문을 열고 얼굴을 내밀었다.

「무슨 일이신지……? 저 말씀이오니까?」 하고 의아해했다.

「예, 다름이 아니라……」 하며 나는 지하실 입구를 가리켰다.

「저 아래 있는 방, 애들 자는 저 방을 좀 보고 싶은데, 보여주지 않겠습니까? 봐도 괜찮겠죠?」 나는 그렇게 말하고, 강의 얼굴을 잔뜩 노려보았다.

「저 아래쪽 방……? 그건 애들 방인데……」 강은 적잖이 당혹스러운 모양이었지만 내가 예리하게 노려보는 것을 어떻게 생각했는지,

「괜…… 찮지만, 더러운뎁쇼. 뵈드릴 만헌 데가 아닌걸요……」 하며 머뭇거렸다.

「아, 애들 방인데 뭐, 더러워도 상관없지요. 들어가 봐도 되죠?」 나는 지하실 뚜껑과 강의 얼굴을 번갈아 쳐다보았다.

「괜찮기야 허지만, 글쎄 어두워서……」

「어두워도 상관없습니다. 성냥이 있으니까……」 그렇게 말하고, 나는 지하실 뚜껑을 손으로 밀어 젖히고 들여다보았다. 세상에……. 발밑에 떡하니 사방 석 자쯤 되는 낡은 우물 같은 컴컴한 굴이 나타났다. 깊이는 다섯 자[150cm]쯤, 굴 중간쯤에 발판이 두 단. 들여다보니 희미한 광선이 비쳐 들면서 눈 아래 전개된 비밀의 방…….

바닥에는 거친 멍석이 깔려 있었다. 가슴을 압박하는 이상한 냄새를 고개를 돌려 피하면서 굴속으로 내려가자, 희미한 빛에 방 구석구석이 간신히 보일 정도였다. 네 벽은 파낸 그대로의 흙벽이고, 천정에는 통나무를 가로 걸쳐 거기에 널판지쪽을 나란히 끼워 넣고는 멍석을 뒤집어 씌워 흙으로 고정시켜 놓았다. 방은 적어도 다다미 네 장 반 넓이[2.25평]는 되었다. 바닥 전체에 거친 멍석을 깔아놓은 것 말고는 이불 한 채, 지푸라기조차 없었다.

횅뎅그렁해서 싱거웠다. 눈에 들어온 것은 입구를 보고 오른쪽 구석, 철사로 천장에 매달아 놓은 빈 통조림 깡통뿐이었다. 뭐가 들어 있나 싶어 안을 보니 몇 달 전에 불을 켰는지, 아마 칸델라 기름을 넣었던 깡통인 듯 희미하게 석유 냄새가 코를 찔렀다.

'꽤나 살풍경하군. 완전히 예상이 빗나갔네. 바로 이 안이라고 생각했는데 장물은커녕 휴지쪽도 없다니……. 하지만 이런 곳에서 용케들 잠을 자는구나…….'

나는 그대로 나오려고 했지만, 잠깐……! '탐정소설에 자주 나오는 거 있잖아? 벽이 돌아간다든지 바닥이 뒤집힌다든지, 거기까지 조사해 보지 않고는 독자한테 보고를 할 수가 없지…….'

나오려던 생각을 바꿔서, 멍석을 한 장씩 일일이 뒤집어 보았다. 그리고 주의 깊게 발뒤꿈치로 쿵쿵 바닥을 굴러 보았지만, 그 아래에는 '나락(奈落)' 따위는 없었다. 이번에는 사방의 벽이다. '이놈을 하나씩……' 하고 손가락으로 꾹꾹 찌르고 다녔다. 들어가서 왼쪽부터 정면의 벽까지 손끝이 아프도록 찔러 보았지만, 그냥 벽이었다. 손톱에 긁혀서 흙덩이가 부슬부슬 멍석에 떨어졌다.

조금 싫증이 나서 나머지 한쪽 벽을 진흙투성이 손가락으로 쿡쿡 찌르고 있자니, 야아……, 거기는 벽이 아니었다. 대낮이지만 지하실은 어둑어둑해서 몰랐던 것이다. 방에 들어가 오른쪽 벽 위쪽에 빈 석유 궤짝이, 마치 수납장 같은 모양으로 매달려 있었다.

'이건 뭐지?' 하고 앞에 드리워진 넝마를 걷자, 웃지 마시라, 먹다 남은 중국 빵과 소 뼈다귀……. 사람 뼈가 아닐까 싶어 움찔했지만…….

그들이 주워온 물건 중에 돈이 되지 않는 것은 하나도 없다. 유리는 유리공장에, 머리카락은 다리집에, 쇠붙이는 고철상에, 헌 게타짝과 지저깨비, 대나무 조각, 석탄 부스러기는 조선인 음식점에 땔감으로, 그리고 넝마는 선별해서 빨아가지고는 이름도 '웨에스'라고 하이카라가[16] 되어 1관에 1원 가까운 가격에 만철에[17] 납품되어, 열차의 유리며 기계에 광을 내는 데 쓰이고 있다.

---

16 '웨에스(ウエス)'는 기계류의 기름을 닦아내는 천 조각을 말하는데, 영어 'waste'가 와전된 것이다. '하이카라'는 서양식 복장을 가리키는 'high collar'라는 말의 뜻이 확대되어 서양식의 것, 모던한 것을 가리키는 말로 쓰였다.

17 '만철(滿鐵, 만테쓰)'은 남만주철도주식회사의 준말이다. 러일전쟁 승리로 러시아가 가졌던 하얼빈 이남 남만(南滿)철도 이권을 일본이 차지하면서, 그 경영을 위해 세운 국책회사다. 철도회사라지만 넓은 철도연선과 부속지를 지배했고, '조사부'를 두고 조선과 만주, 중국 북부에 대한 방대한 조사·연구를 수행했다. 1910년 조선이 일본의 식민지가 되면서 경부·경의선이 남만철도와 바로 접속되자 두 철도를 통합운영하자는 주장이 제기되었고, 그런 주장을 지지하던 조선총독 데라우치 마사다케(寺內正毅)가 1916년 10월 일본 총리대신이 되면서 논의가 급진전, 1917년 8월부터 1925년 3월까지는 한반도 내의 모든 국영철도를 만철에서 위탁경영하기도 했다.

3장 술집의 활극

경성에 널리고 널린 주막을[1] 순례하다가, 밑바닥에 떨어져 신음하는 내지인을 한 명 알게 되었다. 누구랄 것도 없지만 소설에도 없을 기구한 운명에 농락당한 인물인데, 그 신세타령을 듣다가 사회에도 알리고 싶어졌다. 그래서 늘 하는 변장으로 주머니에 돈 몇 푼을 넣고, 나는 요즘 밤만 되면 술집을 순례하고 있다.

남대문 옆 비탈길로 접어드는 그 왼편 주막에서 함께 술을 마시던 사냥꾼 같은 카키색 복장의 사내가,

「약주라면 역시 은잔집이지.[2] 달지도 시지도 않게 술을 담그는 비법은 은

---

1 저자는 '酒幕'이라고 쓰고 괄호 속에 '술집(スリヂビ)'이라고 했는데, 이마무라 도모도 조선의 숙박업소(宿屋)를 설명하면서 '주막(혹은 술집)'이라고 쓰고, 시골에서 주막은 숙박시설을 겸하지만 도회지에서는 음식점 전문이라고 설명했다(이마무라 도모, 2011: 281).

잔집의 전매특허야. 한번 같이 가자고.」했다. 주막 같은 데서 술을 마시고 있노라면 내지인뿐 아니라 조선인하고라도 금방 친해지게 된다. 어디에 한번 같이 가자는 약속도 간단히 성립된다. 하지만 서로가 어디 사는 누구인지 이쪽도 말하지 않고 저쪽도 밝히지 않으니까, 그런 약속이 실행된 적은 없다.

「나는 이런 사람입니다. 조선에는 영업상 시찰 삼아 왔는데, 부산에서 대구, 대전, 평양, 신의주, 중요한 곳들은 거의 둘러봤으니 조만간 도쿄로 돌아갈까 합니다만, 조선의 술집 취미는 각별하네요. 특히 이런 데서 마시고 있으면 하등사회의 상황을 잘 알 수 있고, 인정미를 느낄 수 있어요. 많은 사람을 부리려면 먼저 이런 데서 연구해 볼 필요가 있지요. 나는 말이죠, 사회 연구에 관심이 있습니다. 뭐 취미 삼아 하는 거지요. 도쿄 쪽에 오실 일이 있으면 찾아 주십시오. 댁이 반년이나 일 년쯤 와 있어도 크게 곤란할 정도는 아니니까……」하고 어디서 주운 것인지도 모를 명함까지 내어 보이면서, 로직(logic)이 맞지 않는 말을 뻔뻔스럽게 주워섬기며 싸구려 막걸리 나발을 분다. 과대망상증 환자는 오뎅집이나 싸구려 선술집, 주막에는 붙박이로 있다.

카키색이 「한번 같이 가자고.」한 것도 이런저런 말끝에 무심코 튀어나온 그때뿐인 말이다. 그런 데는 익숙해져 있는 나도 「좋지! 같이 가자고.」하고 대답은 했지만, 무엇하러 그런 말을 진지하게 받아들이겠는가? 하지만 그가 '은잔집'이라고 한 것은 귀에 남았다. '은잔집, 은잔집…… 은 술잔의 집이란 말이지. 뭔가 러시아 소설 제목에나 나올 것 같은, 문예미(文藝美)가 있는 이름이군. 어디 한번 가볼까?' 하고 나는 집에 돌아와 탐방 조수인 고이케 군과, 마침 우리 집에 와 있던 예전 창춘에서 내가 봉천신문 지국을 경영하고 있을 때[3] 기자였던 가타야마(片山) 군에게 이 은잔집 이야기를 미화해

---

2 소설가 현진건도 이 집의 단골이었다고 한다(한국콘텐츠진흥원, 문화원형백과 '현진건 집터').

서 들려주었다. 두 사람을 꼬드겨 은잔집을 찾아 나선 것은 다음날 저녁의 일이었다.

'술집통'들이 '은잔집'이라고 이름 붙인 주막은 경성에 두 곳 있다. 한 집은 관철동에 있고 다른 한 집은 재판소 바로 옆의 큰 주막이다. 조선에서는 주막에 상호(屋號)라는 것이 없지만,[4] 유명한 집이 되면 반드시 술집통들이 별명을 붙여준다. 은잔집은 여름이 되어 소주를 팔 때[5] 은잔을 사용해서 이런 별명을 얻은 것인데, 경성에서는 술집통들 사이에 이 이름이 선전되고 있다.

은잔집은 불경기인 요즘도 하루 천 명 내외의 손님을 맞는다. 한 사람이 평균 30전어치 마시고 간다고 해도 하루 수입이 3백원을 헤아린다. 약주나 막걸리(탁주) 한 잔에 소고기, 돼지고기, 생선 등 뭐라도 한 가지 안주를 끼워서 5전이니까 이익은 많지 않겠지만, 그래도 손님이 끝없이 들이닥치니까 은잔집은 성업 중이다. 스물대여섯이나 되었을까, 살결이 흰 이 집 여주인은 유난스러운 금반지에 손목에는 금시계까지 차고 있다.

나는 고이케 군과 가타야마 군을 꾀어, 재판소 옆 은잔집에서 이 여주인이

---

3 지린성(吉林省) 창춘시(長春市). 일본식으로 읽으면 '쵸슌'이다. 1931~45년에는 괴뢰국가 만주국의 수도가 되어 '신징(新京)'이라고 불렸다. 봉천신문(奉天新聞, 호텐신분)은 지금의 선양(瀋陽)인 펑티엔(奉天, 일본식으로는 '호텐')에서 일본인들이 발행한 일본어 신문이다.

4 술집이나 음식점도 그렇고 양조장도, 이 책에 나오는 고물상, 여관 등도 다 마찬가지였는데, 1930년대까지도 조선인이 경영하는 곳은 '○○상회', '△△여관' 같은 상호가 없이 주인 이름으로 '김 아무개 상점', '박아무개 여관' 등으로 불린 경우가 많았다.

5 여기서 '소주'란 물론 막걸리 등을 고아서 만드는 증류식 소주를 말한다. 한국전쟁 이전까지 서울에서는 여름에만 소주를 마셨다고 하는데(『동아일보』1993. 8. 7. 「定都 600년 서울 재발견 〈33〉 소주 6·25전까지는 「여름술」」), 여름철에는 막걸리가 빨리 쉬어서 그랬을 것이다.

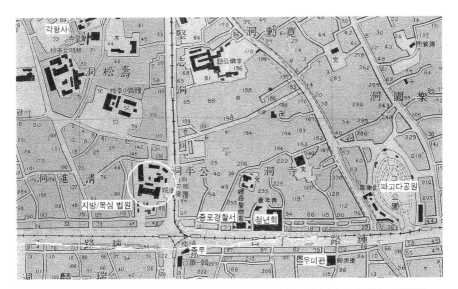

1927년 「경성시가도」(1:7,500)로 본 종로 네거리 일대. 조선총독부재판소는 지방법원 → 복심법원 → 고등법원의 3원3심제였다. 이 글이 쓰여질 당시 경성 지방법원과 복심법원은 종로1가 네거리 옛 대한제국 대심원 건물을 썼고(스탠다드차타드은행 앞 보도에 '대심원터' 표석이 있다), 고등법원은 서소문동 38번지에 있었다. 고등법원 자리에 새 청사를 신축하여 1928년 세 법원을 모두 이전한 것이, 해방 후에도 1980년대까지 (대)법원으로 사용된 지금의 서울시립미술관 건물이다. 김상옥의 의거(5장) 당시 종로 큰길가 청년회(YMCA) 건물 옆에 있었던 종로경찰서가 법원 이전 후의 대심원 건물로 옮겨 가게 된다. '종루'는 보신각이다.

따라주는 약주를 마시고 있었다. 과연 카키색의 말은 거짓말이 아니었다. 은잔집의 약주는 너무 달지도 않고 그렇다고 너무 시지도 않았다. 벌써 배는 꽤 불렀으므로, 여섯 잔을 들이킨 나는 일곱 잔째를 받아서 왼손에 들고 오른손에 젓가락을 쥔 채 화로에 소고기를 굽고 있었다.

거기에 조선인이 한 사람 불쑥 다가섰다. 나이는 서른 여덟아홉쯤일까? 살빛이 검고 덩치가 큰 남자로, 머리에는 나사(羅紗) 중절모를 쓰고 푸르스름한 두루마기에 새 구두를 신고 있었다.

꽤 취한 듯하기는 했지만 무례한 자였다. 그는 갑자기 나를 째려보면서 어깨를 으쓱하고는 내 얼굴에 후욱, 술 냄새 나는 입김을 끼얹었다.

「오이, 오마에토 겐카오 시요카? 겐카오……?」[6] 유창한 일본말이었다. 나는 기가 막혀서 잠시 할 말을 잃고 있었다.

「야, 나랑 한 판 붙어 보자는데, 무슨 말인지 모르겠어? 어때, 한 판 해 볼까……?」

술이 떡이 되어서 뭔 개소리야? 이런 놈은 상대해 주기도 한심하다 싶었지만, 계속 시비를 걸어오길래 대꾸를 안 할 수도 없었다. 그래서 나는 이렇게 말했다.

「그만두는 게 좋을걸……」 그러자 놈은 아주 험악한 표정을 지으며,

「뭐? 그만두는 게 좋을걸? 그게 뭔 소리야? 내가 너한테 질 테니까 그만두라는 거냐, 네가 질 것 같으니까 그만두자는 거냐? 야, 어느 쪽이냐?」 놈은 잔뜩 취한 듯했지만, 적당히 얼버무려서는 좀처럼 물러날 것 같지 않았다. 끈질기게 따지고 들었다.

「그거야 누가 이기고 질지는 붙어 봐야 알겠지만, 네가 다치든 내가 다치든 재미가 없으니까 그만두자는 거야.」

「뭐라고? 이 자식이, 뭐? 다치면 재미가 없다……? 개소리 마라! 다치면 어떤데? 자, 덤벼 봐!」 그러더니 한 발짝 다가서면서, 「너는 패거리가 두 명 있다 이거지? 얼마든지 있어 봐라. 나는 이런 걸 가지고 있다고, 이런 걸…….」 그가 품속에서 꺼낸 것은 골판지로 된 비눗갑이었다. 나는 그것을 거들떠보지도 않았다.

「너랑 싸울 거라면, 이 둘은 못 끼어들게 하지. 그리고 네가 뭘 가지고 다니는지 모르지만, 그딴 거 관심 없어…….」

---

6 「おい— お前と喧嘩をしやうか? 喧嘩を—」 '어이, 너, 나랑 한 판 붙어 볼래?'라는 뜻이다. 그러니까 이하 두 사람의 대화는 일본말로 이루어진 것이다.

「자 봐라, 자아! 나는 이런 걸 가지고 다니는 사람이다 이거야. 자, 보라니까……!」

놈은 비눗갑 뚜껑을 열고 내 코앞에 들이밀었지만, 나는 외면한 채 아예 보려고도 하지 않았다.

「안 봐? 안 봐? 자, 그럼 붙는 거다…….」 그러는가 싶더니 놈은 두 손으로 내 멱살을 잡았다. 그러고는 와락 잡아당기는 통에, 내 셔츠는 어깨 언저리가 좌악 찢어지면서 가슴팍이 벌어졌다. 설마하니 그렇게 난폭한 짓까지는 안 하겠지 싶었는데, 이런 괘씸한! 원래 거친 성격인 나는 더는 참을 수가 없었다. 욱하고 화가 솟구쳐서,

「이 자식이!」

소리를 지르는 동시에 배대 뒤치기로 놈을 집어던지고, 일어나지 못하도록 왼쪽에서 죄면서 버둥거리는 놈의 몸에 두 방 세 방 주먹을 먹인 다음 옆얼굴을 발로 한 번 걷어차 주었다. 속이 다 후련했다.

열댓 명 몰려 있던 귀찮은 구경꾼들이 이제 말릴 때다 싶었는지 놈을 일으켜 세워 밖으로 나가길래, 나는 옷매무새를 고친 뒤 술값을 내고 나왔다. 놈은 재판소 앞에서 구경꾼들한테 에워싸인 채 뭐라고 줄곧 소리를 질러대고 있다가, 나를 보더니 다시 다가왔다.

「야, 이 자식아! 잘도 집어던졌겠다. 한 판 더 붙자.」

나는 뒷걸음질을 치면서 전찻길로 나왔다.

「아니, 너 같이 약한 놈하고는 안 싸운다.」

그는 입에서 더러운 피를 뱉고는 단말마의 맹수처럼 기묘하게 어깨를 흔들며 한 걸음 한 걸음 내게 다가왔지만, 결국 멀리 따라오지는 않고 「이 새끼, 야 이 개새끼야!」 하고 욕을 퍼부었다. 그렇게 욕설을 퍼부으면서 그는 언제까지 재판소 앞 어두운 광장에 서 있었을까? 나는 2월 2일 밤 10시 반에 그와

헤어졌고, 뒷일은 알지 못한다.

술을 파는 집에서는 이런 사건은 일상다반사고, 주사(酒邪)로 남한테 싸움을 거는 것은 죄는 아니다. 하지만 내게 무례한 짓을 한 그놈은 싸움을 걸려고 술집을 찾은 것이다. 나중에 가타야마 군이 내게 말한 바에 따르면, 놈이「나는 이런 걸 갖고 다닌다.」고 하면서 내민 그 비눗갑에는 얇은 종이에 싸인 갸름한 물건이 대여섯 개 들어 있었다고 한다. 아마 그는 짝퉁 만년필을 팔고 다니는 밑바닥의 노점꾼이었을 것이다.[7]

---

7 '노점꾼'에 대해서는 12장 참조. 저자에게 싸움을 건 인물과 차림새나 파는 물건이 가장 비슷해 보이는 것으로 "두루마기 자락 속에 만년필이나 금비녀 같은 것을 꼭 한 개만 감추어 들고 누가 다른 사람이 볼까 봐 겁내면서" 사정이 있는 물건이니 싸게 사 달라고 하는 행상이 『별건곤』에 짧게 언급되어 있다(「(대비밀 대폭로) 현대비밀직업전람회」, 『별건곤』 14(1928. 7): 72).

4장 출소자의 행방

이 「출소자의 행방」은 원고 분량에 제한이 없다면 더 써 두고 싶은 소재가 많지만, 예정된 지면을 10페이지나 넘기고도 뜻을 다 이루지 못했다. 인쇄소에서 불이라도 난 듯이 원고를 독촉해 와서 하룻밤을 꼬박 새워 써낸 기사다. 다 쓰고 나서 아 그것도 쓰고 싶었는데, 아 이것도 하고 떠오르는 거리가 많았다. 다음 한 줄은 본문의 보충이다. 양해를 구한다.[1]

> "다람쥐가 영등포에서 경성행 열차를 기다리는 시간을 이용해서 시가지로 나갔던 것은 술을 마시기 위해서가 아니었다. 이발을 하러 갔던 것이다. 그는 전차 안에서 내게 말했다. 「이제 술은 끊었습니다. 술을 마시면 정말…….」 그것은 그의 양심의 외침이었으리라. 나는 그를 애처롭게 여긴다."

---

[1] 원본에서는 이 「출소자의 행방」이 마지막 장으로 되어 있다.

구루마를 끌어도 참된 인간으로

「○○호, 그럼 이걸로 이별이군. 나도 금방 나갈 테니까, 또 어딘가에서 만날 일도 있겠지. 아무려나 참고 견뎌서 멋지게 살아주게.」

「고마워. 자네도 몸조심해서 무사히 나올 수 있도록 하게. 나도 형편 봐서 게이죠[경성]에 눌러앉을 작정이니까, 그렇게 되면 자네가 출소할 때 내가 맞으러 옴세. 공장에 나가면 부디 모두한테 안부 전해 주게.」

「○○호, 드디어 이별이군. 사회에 있을 때라면 뭐 그렇게 서두르지 말고 하루쯤 더 있다 가라겠지만, 여기서야 서로 붙들고 싶지도, 붙들리고 싶지도 않지. 자, 그럼 잘 가게.」

「아, 고맙네. 자네도 몸 건강히……..」

「○○호, 이제 서너 시간 있으면 자네는 사바세계로 나가는구먼. 다시는 이런 데서 만나지 말자고잉. 고생허게……..」

「참 오랫동안 신세 많았네. 자네도 어서 나오게……..」

이렇게 인사를 나누고 동료 수인(囚人)들이 여느 때처럼 공장으로 나가는 뒷모습을 배웅하면서 ○○호는 저도 모르게 후, 하고 한숨을 쉬었다. 그는 일자무식꾼은 아니니까, 자신의 장래를 생각하고 그 암담한 앞길에 적잖은 불안과 뭔지 모를 공포의 전율을 느꼈던 것이다. 같은 방 수인들이 나간 뒤 감방에 혼자 남아 휑한 정적 속에 정좌하고 있으려니, 생각은 절로 저 멀리까지 달려가 온갖 일들이 떠올랐다.

'이제 와서 고향에 돌아갈 수도 없고, 그렇다고 아는 사람한테 신세를 지기도 그렇고, 어떻게 해야 좋을까……?'

멀리 공장 쪽에서 간수의 호령이 울려왔다. 아아, 이제 밥을 먹는구나. 이제 30분 있으면 작업개시……..

'여기서 배운 재봉 기술을 간판 삼아 양복점 직공으로 일하고 싶지만, 써줄 사람이 있을까? 전과자라는 딱지가 붙으면 사회 사람들은 깜짝 놀라서 상대도 안 해준다. 신분을 감추고 지낸다 해도 그게 알려지면 모가지가 될 것은 뻔한 일. 아아, 어쩐다? 나는 터무니없는 짓을 저질렀구나. 한평생 돌이킬 수 없는 짓을 해버린 거야……' 이제 와 새삼 회한이 사무쳐서, 어깨를 펴지 못한다. 이제부터 나갈 세상이 두렵다.

공장에서는 기계 돌아가는 소리가 시끄럽게 울려 왔다.

'아아, 이제 모두들 또 여느 때처럼 열심히 일을 하겠군. 앞섶에 번호를 기워 붙인 저 뻘건 옷에[2] 번호 찍힌 수건을 허리춤에 차고 기계에 달라붙어서, 아무 생각 없이 일을 하겠지. 아아 싫다, 끔찍하다……. 한시라도 빨리 이런 곳을 나가고 싶다……. 하지만 사회는 화려해도 냉랭하겠지. 걱정이다. 그 생각을 하면 어떻게 해야 좋을지 모르겠고…….'

'정말이지 나는 바보짓을 해버렸다. 간신히 순사까지 되어서 생활의 안정을 얻었는데……. 마(魔)가 끼었지, 아아…….'

용산의 보병대에[3] 입대하고 간호졸 시험에 급제해서 일등간호졸로[4] 제대

---

2 식민지기 수의(囚衣)의 색깔은 수형자(기결수)는 적갈색, 형사피고인(미결수)와 18세 미만의 수형자는 청회색으로 정해져 있었다(1912. 3. 20. 조선총독부령 제34호 「조선감옥령시행규칙」 제91조).

3 1918년 5월부터 1945년 2월까지는 함경북도 나남에 사령부를 둔 19사단과 용산에 사령부를 둔 20사단, 이렇게 '조선군' 2개 사단이 한반도에 상주했다. 조선군사령부도 용산에 있었고, 20사단 소속 보병 78, 79연대가 용산에 주둔했다(지금의 국방부와 용산 미군기지 일대). 그 때문에 용산역을 중심으로 한 신용산 일대에 일본인 거주지가 발달했다.

4 간호졸(看護卒)은 위생병이다. 1931년 '졸'이 '병'으로 개칭되기 전까지 일본 육군의 사병은 상등졸, 일등졸, 이등졸 체제였고, 병장 계급은 1940년에 생겼다. 2년의 현역기간 중 1년이 지나면 대

한 그는, 제대하자마자 바로 순사시험에 패스했다. 그리고 평안북도의 모 경찰서 근무를 명 받아 순사로 재직하던 중, 탄약을 빼돌렸다. 사기도 쳤다. 제대할 때쯤 자주 찾게 된 경성의 모 음식점 작부한테 홀려서 저지른 일이었다. 민중을 보호하고 지도할 임무를 띤 사법·행정 기관의 일원이라는 신분으로, 나는 무슨 짓을 한 거냐? 그리고 이 꼴이 뭐냐? 이게 사람이 입을 옷이냐? 이 뻘건 색은 너무 부끄럽다. 아아 나는 돌이킬 수 없는 짓을 저지른 거다……

후회로 가슴이 옥죄어 왔다. 범죄가 들통 나서 검거되었을 당시부터 검사국에서 검사의 취조를 받을 때, 수감될 때, 재판소로 넘겨질 때, 선고를 받을 때, 드디어 복죄(服罪)하고 이 영등포형무소로 송치될 때, 입고 있던 옷을 벗고 수의로 갈아입을 때 느꼈던 것과 같은 후회였다. 아니, 지금 양심은 그때보다 더 깊은, 더 강한 압박을 느끼고 있다.

두 손에 수갑이 채워진 채 기차로 이곳까지 호송될 때의 부끄러움과 쓰라림. 그저 숨을 쉬니까 육체가 살아 있다는 것일 뿐이었다. 그런 꼴로 같은 객차에 탄 사람들에게 얼굴을 보이는 괴로움을 무엇에 비길까? 다시 생각해도 오싹하다. 앞으로도 당분간은 또 그런 쓰라림을 맛보아야 하나? 전과자라는 걸 세상에 드러내며 살아야 하나? 그렇게 사회의 차가운 손에 휘둘려야 하나? 아아……

저 공장의 기계 소리, 간수의 목소리, 생각만 해도 몸서리쳐지는 간수의 날카로운 눈초리, 작업 개시를 알리는 방울 소리, 구두 소리, 철컥철컥 울리는 대검(帶劍) 소리, 카당 하고 고막을 때리는 빗장 소리, 쇠 자물통, 적갈색 수의, 이름 대신인 번호……. 부모님이 지어주신 이름도 못 쓰는 감옥에서 나는

개 일등졸로 진급했고 일등졸 중 20% 정도가 상등졸로 진급했다고 하니까, 대부분은 일등졸로 제대한 셈이다.

3년을 살았다. 꼭 한 달 뒤에 석방될 것을, 은사(恩賜)로 1개월 감형을 받아 오늘 나가게 되었다. 감사하고 기쁘고, 정말 꿈만 같다……. 막 들어왔을 때는 이제 3년을 이 감옥에서 썩어야 하나 싶어 살아 있는 것 같지도 않았지만, 용케도 3년을 복역했다. 내가 생각해도 이상할 정도다. 아, 내가 이제 스물아홉인가? 여기 있으면 날짜도 시간도 필요가 없으니까 잊고 있었지만, 나는 스물아홉이 되었다……. 사회는 꽤 많이 변했겠지…….

「황태자 전하와 나가코 여왕 전하의 어성혼(御成婚)에5 즈음해서, 황공하옵게도 지인지자(至仁至慈)하신 천황폐하께옵서는 죄를 짓고 여기 수용된 너희까지도 긍휼히 여기셨다. 그러니까 여기 집합시킨 너희한테, 각각 감형의 은혜로운 명령이 전해지게 된 것이다. 이 깊은 대어심(大御心)을 받들어, 은사감형을 받게 된 너희는 오로지 근신해서 폐하의 홍은(鴻恩)에 보답하는 바가 있지 않으면 안 될 것이다…….」

강당에서 소장으로부터 감형 명령을 하달받을 때는 그저 기쁨으로 가슴이 메어져, 뜨거운 눈물이 줄줄 흘렀다. 머리가 멍해져서 소리 내어 우는 자도 있었다. 소장도 울어 주었다. 여기서가 아니면 그런 경험은 못할 것이다. '죽어도 두 번 다시 죄를 짓지 않겠다.'고, 모두 진지하게 양심을 걸고 맹세하지 않았던가? 그랬는데 드디어 석방을 맞게 된 이제 와서, 사회에 나가서의 앞길에 허전함과 두려움을 느낀다. 이런 내 마음은 나도 모르겠다. 이 뇌옥(牢獄)을 떠나기가 아쉬운 건 어찌된 일일까?

'아무리 궁리해 봐도 쓸데없다. 어쨌든 나가서 방침을 정하자.'

---

5 1924년 1월 26일 칙령 제10호로, 2년 뒤에 쇼와 천황이 되는 황태자 히로히토 친왕(親王)과 나가코(良子) 여왕의 결혼을 축하하는 은사감형 조치가 내려졌다. 이 글의 '○○호'는 형기의 반을 넘긴 자는 남은 형기의 반을 감형한다는 이 칙령 제4조의 2를 적용받은 것이다.

1930년대 서대문형무소 전경(朝鮮總督府, 1935: 부록)

서대문형무소와 영등포형무소

갑오개혁 이후 종래의 장형(杖刑)·도형(徒刑) 등을 폐지하고 징역형을 도입함으로써 근대적 행형제도가 시작되었다. 1908년부터 경성감옥을 비롯한 전국 감옥이 법부(형사국) 소관이 되었고, 1910년 총독부 설치와 함께 전국의 본감(本監) 8개소, 분감(分監) 13개소가 '조선총독부 감옥'이 되어 소재지 관할 복심법원 검사장의 지휘·감독을 받게 되었다.

유관순의 수형기록카드. 앞면에 사진을 붙이고 뒷면에 신상과 수형사실을 기록했다(대한민국역사박물관, 2012: 82).

서대문감옥은 1908년 현저동 독립문 밖에 '경성감옥'으로 개소했다가, 1912년 마포에 신설된 감옥이 '경성감옥'으로 명명되면서 '서대문감옥'으로 개칭되었다. '감옥'이라는 명칭이 전근대적이라 하여 1923년 5월부터 일본 전역의 감옥이 일제히 '형무소'로 개칭될 때 '서대문형무소'가 되었다. 이 감옥은 해방 이후로도 그대로 감옥으로 활용되다가, 지금은 서대문형무소역사관이 되어 있다.

일본인만 수감했던 영등포감옥은 1908년 3월 경성이사청(통감부시기 재조선 일본인에 대한 영사업무를 관할한 일본 관청) 감옥으로 설치되었다. 경성감옥 분감을 거쳐 1920년 감옥으로 승격했다가 1924년 폐지되었다. 해방 후의 영등포형무소와는 무관하다.

오전 10시. 간수 교대가 끝난 모양이다. ○○호는 솜을 넣은 적갈색 수의를 통해 으슬으슬 스며오는 추위에 몸을 떨었다. 그리고 새삼스러운 마음으로 감방 안을 둘러보았다.

「○○호, 자, 석방이다. 나와.」

○○ 간수는 철컹철컹 감방의 빗장을 풀면서 이렇게 말했다.

「예.」

○○호는 새삼 기쁨으로 가슴이 벅차 싱글거리면서, 이렇게 대답하고 일어나 감방 밖으로 나왔다. ○○ 간수는 감방 빗장을 걸었다.

「어때, 기쁜가? 꽤 오래 있었구만. 나가면 몸을 잘 간수해라. 갑자기 먹는 게 바뀌면 탈이 날 수도 있으니까.」

「예. 대단히…… 신세가 많았습니다.」

어제까지는 자기 같은 죄수를 보는 간수의 눈빛은 차갑고 날카로웠는데, 지금은 부드럽고 전혀 경계심이 없어서 보통 사람의 눈과 아무 다를 바 없다. '나는 석방이다. 이제 자유의 몸이다.' 하고 생각하니, 간수의 칼도 감방 문도 지금 자기가 딛고 선 콘크리트 바닥도, 위협적으로 만들어진 것들 일체가 그리 대단치 않게 느껴졌다.

「다시는 들어오지 마라. 나가면 빨리 일자리를 찾고. 놀고 있으면 안 돼. 노는 버릇이 붙기 전에 채비를 단단히 하지 않으면 또 잘못을 저지르게 된다.」

복도를 걸어가면서 간수는 주의를 주었다.

사무실로 따라가 거기서 수의를 벗고 기름종이에 싸인 자기 옷을 꺼내 든 ○○호는, 이제 사회로 나가는 게 두려워 다리가 후들거리는 것은 사라졌다. 감옥에 들어올 때 입었던 옷으로 재빨리 갈아입었다. 벗어둔 수의를 개려고 하자 간수가 제지했다.

「그건 그냥 둬. 바로 세탁을 시킬 거니까.」

그리고 나서 영치품(領置品) 담당 간수 앞에 가서 감옥에 들어올 때 맡겨 두었던 보따리를 받아들었다.

「○○ 구라조(倉藏), 네 작업 상여금을 줄 테니까 맞는지 세어 봐라. 전부 78원 40전이다. 맞나? 그럼 여기 손도장을 찍어라.」

78원 40전. 78원······. 흠······ 내가 여기 들어와 일을 하면서 모은 돈이 78원이나 되나? 그러고 보니 3년이란 역시 긴 세월이다! 5원짜리 지폐가 10장에 1원 지폐가 28장. 이건 잘 생각해서 써야겠지······.

「그리고, 어제 소장님께 출옥 후 주의사항을 잘 들었겠지? 좋아, 그럼 이제 부장님께서 주의사항을 말씀하실 테니, 조금만 기다려라.」

간수가 부장에게 보고하러 자리를 비운 사이, ○○호는 고개를 숙인 채 자기 발끝을 보았다. 감색 코르덴 새 다비[일본 버선]에 새 오동나무 사쓰마 게타, 갑자기 키가 커진 것 같아서 다리가 떨렸다. '제대로 걸을 수 있을까······?' 어서 걸어보고 싶어 견딜 수 없었다. 담당 부장 앞으로 가서 섰다.

「○○ 구라조!」

옷을 갈아입고 나자 ○○호가 아니었다. ○○ 구라조라는 진짜 이름을 되찾았다. 하지만 죄를 지어 ○○ 구라조라는 이름에 흠집을 냈다. 그게 부끄러웠다.

「예.」

「너는 이제 석방이다. 감사하옵게도 황태자 전하의 어성혼으로 은전(恩典)을 입어, 잔형(殘刑)의 2분의 1을 감형받은 것이다. 이런 은전을 입은 자가 다시 죄를 범하는 일이 있다면 폐하께 면목이 없는 불충일 뿐 아니라, 그때는 일반 범죄자보다 엄중하게 처벌을 받게 될 테니 한층 주의해야 한다······. 소장님께서 어제 훈계를 하셨을 테니까, 나는 이것만 주의를 준다. 이제 여기서 나가면 바로 에이토호[영등포]경찰서로 가라. 은사감형된 자는 일단 경찰서에 출두하도록 되어 있으니까…….」

「예.」

「석방 한 명……!」

그를 형무소 문까지 데리고 나온 감정이[6] 말꼬리를 길게 끌며 이렇게 외치자,

「석방.」 문에 섰던 간수는 철커덩 하고 쪽문의 빗장을 열었다. 끼이익, 하고 문을 열고서,

「석방인가? 다시는 오지 마라.」

「예. 신세가 많았습니다.」

몸을 구부리고 문을 나오자, 철컹 하고 문이 닫혔다. 고개를 드니 하늘은 높고, 태양은 따뜻이 내리쬐고 있었다. 주위를 둘러보았다. 눈을 이고 선 먼 산들, 소나무가 울창한 형무소 뒷산. 길은 한 가닥 시가지 쪽으로 주욱 뻗어 있다.

다비 바닥이 게타에 미끄러져 걷기가 힘들었다. 그저 꿈결처럼 가슴이 거세게 두근거릴 뿐, 발이 떨어지지 않았다. 품속의 78원 40전을 꼭 움켜쥔 채 서 있었다.

'아아, 이게 3년 있었던 감옥인가? 힘들었다. 애달팠다. 나는 정말이지 사람이 올 데가 아닌 곳에 왔다. 저 안에는 아직도 10년 더 썩어야 하는 사람도 있다. 이제 두 번 다시 안 온다.'

구라조는 감개에 젖어 높은 담으로 에워싸인 형무소를 도리우치 모자 챙 아래로 쳐다보고는, 돌아서서 불안한 발걸음으로 영등포 시가로 향했다.

---

6 '감정(監丁)'은 감옥에서 잔심부름을 하는 일꾼, 사환이다.

* * * * * *

두 사내가 용산의 한 음식점 작은 방에서 점심을 먹으며 낮은 소리로 이야기를 나누고 있었다. 한 사람은 ○○ 구라조 군이고, 다른 한 사람은 이 책의 저자인 아카마 기후였다.

「에이토호경찰서 문을 나오면서 알아챘는데, 형무소에서 오는 도중에 뒷모습을 보았던 남자가 아무래도 저를 주시하고 있는 것 같습니다. 군청 앞에서, 경찰서에서 나오는 저를 이렇게 보면서 뭔가 말을 걸려는 기색이더라고요. 진짜로 느낌이 안 좋아서 어서 기차를 타려고 정거장으로 서둘러 가는데 또 그 뒤를 밟아오겠지요. 슬슬 이상하다 싶어져서, 어떻게 할까 했지요. 정거장으로 가면서 생각했습니다. 이건 틀림없이 형사다. 여죄(餘罪)다 뭐다 하는 혐의로 다시 경찰에 끌려가는 게 아닐까 싶어서 제정신이 아니었습니다. 그런데 제가 기차에 타니까 똑같이 제가 탄 객차에 오르더라고요. 정말이지 살아 있는 것 같지가 않았습니다. 그래서 노형이 말을 거셨을 때는 얼마나 놀랐던지! 그런 공포는 한번 겪어 봤으니까요. 순식간에 온몸의 피가 얼어붙는 것 같더군요. 그때 제 얼굴빛이 말이 아니었지요?」 하는 구라조 군.

「실례했습니다. 정말 죄송합니다. 노형이 저를 형사로 생각할 줄은 꿈에도 몰랐으니까, 그때 안색이 확 변해서 쳐다보는 노형의 눈을 보고 제가 더 놀랐지요. 그리고 제가 경솔했다는 걸 깨닫고, 이건 큰 실례를 범했다 싶어서 명함을 드린 겁니다. 정말 죄송합니다. 부디 나쁘게는 생각지 말아 주십시오.」 하고 내가 말했다.

「아뇨, 무슨 말씀을. 명함을 받고 또 사정을 듣고서 안심이 되어, 노형의 질문에 대답해드릴 마음이 났습니다. 결코 나쁘게는 생각하지 않습니다. 게다가 이렇게 식사 대접까지 받고, 제가 송구스럽지요……」

「아닙니다. 그래 봐야 기껏 이런 밥집인데요, 뭘. 보험 외교원7 주제라 대접을 하고 싶어도 못 합니다. 보시다시피 술은 아주 즐겨서 매일 먹습니다만, 노형이 술을 안 드시니까 어쩐지 억지로 권하는 것 같아서 좀 그렇군요. 어떻습니까, 한 잔 더 하겠습니까……?」

「예에, 고맙습니다만…… 이제 더는 못 합니다. 감옥 가기 전에는 저도 꽤나 마셨으니까 나가면 맨 먼저 한 잔 해야지 했는데, 막상 마시려니까 안 되네요. 왠지 가슴이 두근거리고 머리가 멍합니다. 더는 못하겠습니다……」

「흠, 3년씩이나 못 드셨으니까 몸에서 알콜 성분이 쏙 다 빠졌나 봅니다. 아이고, 작은 잔으로 두 잔 했을 뿐인데 얼굴이 새빨개졌네요. 가슴은 답답하지 않습니까? 인단이라도 좀 사오랄까요?」

「아, 아뇨, 괜찮습니다. 아무렇지도 않습니다. 하지만 방금 말씀드렸듯이 감옥에서 나가면 한 잔 해야지 했던 술도 맛을 모르겠으니까, 이제 더더욱 술은 마시지 말아야겠다 싶네요.」

「술을 끊는다? 아, 그거 대단합니다. 노형은 멋지게 성공할 겁니다. 단연코 금주하는 게 좋겠습니다. 저도 그만 마시지요. 노형이 3년씩이나 고생한 걸 생각하면 아무것도 아닙니다. 저도 오늘 일을 일대 기념으로 삼아서 술을 딱 끊어 볼까요? 그럼 이제 술은 시키지 말지요.」

* * * * * *

---

7 당시 보험회사 외판사원을 '외교원'이라고 했다. 식민지 초기부터 민간 보험업이 조선에 진출했지만, 근대적 보험에 대한 이해 부족과 당시의 불안정한 금융상황 속에서 보험업에 대한 일반의 인식은 좋지 않았다. 특히 보험 외교원은 사실상 12장에 나오는 노점꾼이나 별 다를 바 없는, 밑천 없이 말주변만으로 할 수 있는 직업으로 여겨졌다. 이런 부정적 인식은 한참 나중의 1980, 90년대 '보험 아줌마' 이미지까지 이어지게 된다.

인단(仁丹)

'인단', 일본식 발음으로 '진탄'은 1905년부터 모리나가진탄(森下仁丹)에서 발매한, 독특한 향이 있는 환약 형태의 구강청량제다. 지금도 한국에서는 '은단(銀丹)'이라는 이름으로 여러 회사 것이 판매되고 있다. 처음에는 붉은색의 큰 환약이었다가, 1929년부터 지금과 같이 은으로 싸인 작은 환약 형태가 되었다고 한다. 지금은 입 냄새 제거, 기분전환 정도로나 쓰

『매일신보』에 실린 인단 광고들

이지만, 식민지기 인단은 두통, 현기증, 복통, 과식·소화불량, 감기·전염병 예방 등에 두루 효과가 있는 만병통치약처럼 선전되었다(참고: 권보드래, 2009). 특히 인단은 MSG 조미료의 원조인 '아지노모토(味の素)'와 함께 다양한 광고 전략을 펼쳤는데(305쪽 참조), 식민지 조선의 신문에서도 메이지 천황을 떠올리게 하는 독특한 도안이 들어간 다양한 인단 광고를 찾아볼 수 있다.

『대지를 보라』는 이 「출소자의 행방」만 아니었다면 예정한 기일에, 즉 지금보다 1주일이나 열흘쯤 먼저 시중에 나왔을 것이다. 하지만 여태껏 이런저런 신문·잡지에도 '출소자 미행기'는 실린 예가 없다. 지금, 우리 일본제국 신민이 영원히 환희로 기념하여 잊지 못할 황태자 히로히토 친왕 전하와 구니노미야 나가코 여왕 전하 어성혼이라는 큰 경사에 즈음해서 각 방면에서 여러 가지 기념사업이 이루어지고 있다. 기념관 건립, 자선·교육사업의 창립·확장으로부터 신문·잡지 방면에서는 어대전(御大典) 기록, 기념사진첩 발행 같은 사업도 많은 모양이다. 그런 것도 결코 헛된 일은 아니지만, 이 어대전으로 지인지자하신 성상 폐하의 은혜를 받아 은사감형의 은전을 입은 죄인이

몇 만 명이다. 그들은 이 은사감형을 어떻게 느꼈을까? 폐하의 대어심이 내리심을, 간수는 눈물로 그 죄수들에게 전하며 어긋남이 없을 것으로 믿었을 것이다. 은사감형을 받은 죄수들도 폐하의 인자하심에 깊이 감격해서 다시는 범죄자가 되지 않겠다고 맹세했을 것이다. 한 번 죄를 범한 그들이지만, 출소한 뒤에는 폐하의 충량한 신민으로 황실을 위해 목숨을 바치겠다고 각오를 다졌을 것이다. 그러나 우리 사회는 어떤 태도로 전과자들을 대하고 있을까? 특히 지금은 재계의 불황으로 경성의 실업자만도 몇천 명을[8] 헤아리는 판이다. 이럴 때 그들이 하급 육체노동에라도 종사할 결심이라면 모를까, 그렇지 않다면 사회에는 그들을 받아들일 한 치의 여지도 없다. 그들은 이 가을, 과연 어떤 진로를 찾을까?

그렇게 생각한 나는 「거지 벼락부자」를 탈고하자마자, 인쇄소의 원고 독촉도 못 들은 척 「출소자 미행기」를 완성하겠다고 결심하고 연일 영등포형무소 문 앞을 서성거렸다. 그러나 출소자는 매일 있지만, 대개는 마중 나온 사람이 형무소나 경찰서 문 앞에서 기다렸다가 이쪽저쪽으로 그를 데려가는 것이었다. 결국 며칠을 허비하고서야 겨우 반쯤 목적을 이루었다 싶었던 것이 두세 건. 그중에는 출소 뒤 한 걸음 한 걸음 주의해서 살아가려는 이도 있지만, 우리에서 풀려난 굶주린 개처럼 훈계도 설유도 듣는 둥 마는 둥 경찰서 문을 나서자마자 술과 음식을 향해 달려가는 자도 있었다.

---

8 누구를 '실업자(失業者)'로 정의하고 어떻게 헤아리는지에 따라 통계가 달라지겠지만, 1920년 하반기 경성의 '해고 직공수'가 2,772명에 이르렀다는 기사가 있다(『매일신보』 1921. 3. 18. 「경성 실업자수」). 한편 이여성·김세용에 따르면 조선에서 전국적 실업자 조사가 시행된 것은 1930년 1월이 처음이라고 하는데, 당시 '실업자'는 실업 당시 급료생활자 또는 노동자인 남자로서 조사시점에 실업상태에 있는 자로 정의되었으며, 다만 일용노동자는 조사당일 기점으로 과거 1개월간 대개 반 달 이상을 취업하지 못한 자를 실업자로 규정했다고 한다(李如星·金世鎔, 1932: 73-74).

이런 모습은 우리 사회에 생긴 한 개 작은 파문에 불과하다고 한다면 그뿐이겠지만, 은사출옥의 기쁨을 얻은 그들 중 한 명이라도 진로를 그르치는 자가 생긴다면, 본인의 불충이야 말할 것도 없지만 사회 또한 절반의 책임을 면할 수 없다고 믿는다.

형기가 만료된 수인이 석방될 때 형무소장은 거듭거듭 장래에 대해 주의를 준다. 이번에 은사를 입은 자는 특별히 형무소 소재지 경찰서에 한 번 출두하게 해서, 경찰서장이 또 일장의 훈시를 했다. 그들은 고양이나 양처럼 온순하게 훈시를 명심해서 다시는 잘못을 저지르지 않겠다고 다짐하지만, 일단 놓여나면 번개처럼 술에, 여자에 빠져들어 목적지에 닿기도 전에 다시 형무소로 돌려보내지는 자가 없으리라는 보증은 없다. 그들이 어디서 어떤 기회에 잘못을 저지르게 되는지, 그것을 알아내지 못하면 그들을 개과천선시키기란 불가능하다. 그런 생각에서 나는 이 「출소자의 행방」을 이 책에 수록하기로 했던 것이다.

내 책임은 그들을 미행해서 그들에게 접근하고 그들을 관찰해서, 있는 그대로 독자에게 보고하는 데 있다. 나를 위해서는, 내가 죽은 뒤에도 황태자 전하와 나가코 여왕 전하의 어성혼을 영구히 기념할 사업을 남기는 것이다. 지금의 나로서는 이보다 더 좋은, 이보다 더 큰 기념사업이 없다.

* * * * * *

「○○ 상, 노형은 이제 어디로 가서 뭘 하실 작정입니까?」 나는 ○○ 구라조 군에게 이렇게 물어보았다. 구라조 군은 들었던 젓가락을 내려놓으며,

「아까 말씀처럼 그곳을 나올 때까지는 목적이고 뭐고 못 정했지만, 이제 조선은 단념하고, 여기 80원 가까운 돈도 있으니까 눈 딱 감고 오사카로 갈

겁니다. 시집 간 누나한테 사정해서 양복점 허드렛일부터 시작해보려고요.
만약 자형이 허락을 안 해준다면 구루마라도 끌 겁니다. 그래서 미싱⁹ 한 대
살 돈이 모이면, 큰길가에서 양복 수선집을 시작할 셈입니다. 단지 마음에 걸
리는 건 사람들이 과연 전과자한테 양복 한 벌이라도 맞춰줄지, 그 생각만 하
면 저는 괴로워서…….」

　나는 가슴이 먹먹해졌다.

　「걱정 마십시오 그런 결심이라면 노형은 틀림없이 폐하의 충량한 백성이
될 수 있습니다. 건방진 소리 같지만, 서양의 철인(哲人)이 이렇게 말했습니
다. 재산을 잃어버린 자는 근검해서 다시 그것을 벌 수 있고 명예를 잃어버린
자는 근신(謹愼)해서 그것을 다시 찾을 수 있지만, 용기를 잃어버린 자는 다
시 일어설 수 없다고요. 그렇잖습니까? 그 말대로라고 저는 믿고 있습니다.」

　「허, 과연 그렇군요. 정말 고맙습니다. 진짜로 용기를 잃어서는 안 되겠군
요. 결코 놓지는 않을 작정입니다. 오사카에 정착하게 되면 편지를 내겠습니
다만, 노형도 부디…….」

　「고맙습니다. 무엇보다 음식과 기후에 조심하십시오. 그런데 실례지만, 언
제 오사카로 출발하시는지?」

　「지금 바로 갈 겁니다. 오늘 밤차로 갈까 싶은데, 기차가 언제 떠나는지
요?」

　「게이죠역[경성역]에서 11시 50분에 떠나는 급행이 있고, 또 9시 반에 떠나
는 게 있을 겁니다.」¹⁰

9　'sewing machine'의 '머신'이 와전되어 당시 일본에서는 재봉틀을 '미싱'이라 불렀다. 1850년경 아
　이작 싱어(I. M. Singer)가 지금 것과 같은 형태로 만든 재봉틀이 개항 후 일본에 들어왔고, 1920
　년대가 되면 일본 국내에서도 재봉틀이 양산되었다.

「그렇습니까? 그럼 그 9시 반 차로 가겠습니다. 난데없이 신세를 졌습니다만, 여기 계산은 얼마나 될까요?」

「그런 건 신경 쓰지 마십시오. 이 집은 제가 잘 아는 데니까, 아무 염려 마시고……」

「그렇습니까? 그렇지만 어쩐지 죄송해서…… 저도 얼마라도 보냈으면 합니다만……」

「괜찮습니다. 정말 괜찮습니다. 노형은 이제부터 한 푼이라도 아쉬울 테니까 절약을 하셔야죠.」

「그렇습니까? 그럼 염치없지만 말씀대로……. 잘 먹었습니다. 노형은 이제 바로 게이죠로 돌아가십니까?」

「아뇨, 저는 아직 조금 볼일이 있어서……. 먼저 일어나시죠.」

「아, 그렇습니까? 그럼 저는 이걸로 실례하겠습니다. 조만간 편지로 인사는 올리겠습니다만……」

이렇게 나는 ○○ 구라조 군과 헤어졌다. 여기서, 어떻게 해서 내가 출소자 ○○ 구라조 군에게 접근해서 그의 옥중생활을 들을 수 있었는지, 그것을 간단히 보고하겠다.

경찰관이다 싶은 사람만 보면 무서워 벌벌 떠는 그들 출소자에게 접근하

---

10 일본어 잡지 『朝鮮及滿洲』 194(1924. 1) 말미에 실린 열차시각표를 보면 당시 경성역에서 부산역까지 가는 기차는 하루 네 번, 그중 두 편이 급행이었다. 급행은 10시간, 일반열차는 11시간 30분가량 걸렸다. 1930년대 경부·경의선에 투입된, 주요 역들만 정차하는 '히카리(ひかり)', '노조미(のぞみ)' 등의 급행열차도 경성−부산간이 7시간 4, 50분대였다.

경성 발	부산 착	소요시간	경성 발	부산 착	소요시간
7:15	18:50	11시간 35분	21:30	8:55	11시간 25분
10:00(급)	19:50	9시간 50분	23:50(급)	9:55	10시간 5분

기는 쉽지 않다. 의심이 많고 신경과민이 되어 있는 그들에게는 어떻게 변장을 하더라도 접근해서 뭘 물어보기가 힘들다. 내 염소수염을 깎는다고 그들의 의심을 피할 수 있는 것은 아니다. 옷차림이나 수염 따위는 어떻든 간에, 결국은 출소자한테 뭔가 그럴듯한 '볼일'을 만들어내는 게 최선의 방책이다. 그래서 나는 궁리를 짜 냈다. 옷차림은 평소대로 양복. 다만 한 가지, ○○생명보험회사 외교원 다나카 기지로(田中義次郎) 군의 명함 한 장을 준비했다. 그리고 ○○ 구라조 군이 석방되어 나오는 것을 미행해서, 그가 경찰서에 들어갔다 나오기를 기다렸다. 그가 영등포역으로 가서 차표를 살 때 나도 그 뒤에 바짝 따라 붙었다. 그가 용산까지 표를 끊길래 나도 용산까지 끊었다. 그는 그때부터 나를 수상하다고 느꼈는지, 줄곧 내 시선을 피하려고 신경을 쓰는 듯했다. 그는 역사 바깥을 어슬렁거리거나 이등 대합실에서 신문을 읽는 척하고 있었다. 나는 그 뒤를 따라다녔다. 오전 10시 43분, 인천발 열차가 영등포역에 들어오자 그는 맨 뒤 삼등실에 올랐다. 나도 그 칸에 탔다. 열차가 움직이기 시작하자 나는 지체 없이 그에게 다가갔다.

「저, 말씀 좀 묻겠습니다만……」 하고 상대에게 겨우 들릴 만한 소리로 말을 건네자, 그는 낯빛이 싹 변했다.

「……」 꿀꺽 하고 그가 군침을 삼키는 소리가 들렸나 싶었다. 생각했던 대로 경악과 불안에 휩싸여 있는 듯했다.

「갑자기 말을 걸어서 깜짝 놀라셨지요? 실은 제가 아는 사람도 거기 들어가 있습니다만, 본래 좀 약골인데 요즘 통 연락이 없네요. 어떻게 지내는지 너무 걱정이 돼서, 누구 나오는 사람이 있으면 좀 물어보려고 근처를 서성거리고 있었습니다. 혹시 안 바쁘시면 그 사람 안부 좀 알려주시지 않겠습니까? 저는 이런 사람인데요, 오래 붙들지는 않겠습니다……」

내 계획은 멋지게 들어맞았다. 형사일 거라고만 생각했는데 ○○보험회사

사람이었다. '잠깐 본서까지 가자, 물어보고 싶은 게 있으니까.'가 아니라, 이 사내가 아는 사람도 형무소에 수감되어 있는 죄수인데 그 사람의 안부를 알고 싶다는 것이다. 불안이 일소되자 그 반동으로 기쁨이 가슴에 가득찼다. 막 출소한 그는 용산까지 차표를 사서 지인을 찾아가 볼까 싶었지만, 그것조차

후쿠이 산자에몬 사건을 보도한 기사(『동아일보』 1923. 1. 30)

곧바로 결정을 못하고 망설이던 참이었다. 그는 바로 내 부탁을 들어 주었다.

「아신다는 사람은, 이름이 어떻게 됩니까?」 남의 이목을 꺼리는 모기 소리였다. 나는 그의 귀에 대고 속삭이듯이 말했다.

「후쿠이 산자에몬(福井三左ェ門)이라는 사람입니다만, 혹시 아시는지……?」[11]

「예, 압니다. 그 사람은 분명 3년이었지요. 하지만 이번 은사는 받지 못했습니다. 안됐습니다…….」

「예, 아무래도 그런 것 같습니다. 장인을 그랬으니까……. 하지만 딱한 사람입니다. 애도 있는데…….」

「애가 둘인가 봅디다. 뭐 애들은 만슈[만주] 사는 친척이 떠맡았다니까 후

11　후쿠이는 노무라 시게(野村しげ)라는 여자와 정식 혼인은 안 했지만 십여 년을 함께 살면서 아들도 둘 두었는데, 1923년 1월 28일 아내(?)인 시게의 외도 등으로 장교정 처가에 가서 다투다가 장인 오반 기이치(大番喜一)와 자기 아내를 칼로 찔러 장인이 즉사한 사건을 저질렀다.(『매일신보』 1923. 1. 30. 「장교정에 단도살인/ 장인을 죽이고 처를 상케 히/ 원인은 범인을 비척흔 싯닭」;『동아일보』 1923. 1. 30. 「장교정에 살인소동」)

쿠이 상도 안심하고 있습니다. 그래도 그 사람은 형이 가볍지요. 거기 있는 사람들 중에서 범죄는 제일 중한데 형은 제일 가볍습니다. 동정론이 많았던 모양입니다. 어쨌든 사람들이 탄원서도 냈고, 그 사건을 연극으로까지 만들었다지요?」

그 연극은 내가 만든 것이다. 요정 후쿠즈미(福住)의 예전 주인인 가타야마 마사오(片山益夫) 군의 부탁을 받고 「장교야화(長橋夜話)」라는 제목으로 그 사건을 각색해서, 아이자와 마사요시(愛澤正義) 패한테 경극(京劇)으로 이틀 밤 공연하게 한 적이 있다. 그런 관계로 후쿠이 산자에몬을 지인인 것처럼 말했던 것이다. 내가 신문기자를 하면서 취급한 사건 중에서 가깝게는 후쿠이 사건, 멀게는 전전대(前前代) 정화정(精華亭) 주인의 아들 시마다 무네오(島田宗雄)가 부산 대청정(大廳町)에서 조선은행 행원이 탄 인력거가 지나가기를 숨어 기다렸다가 면도칼을 휘둘러 인력거꾼에게 상처를 입히고 은행원을 협박해서 1만원을 강탈한 사건,[12] 그 두 가지가 가장 인상이 선명하다. 하지만 내가 만든 연극 이야기까지 영등포형무소의 수인들 사이에 알려져 있다는 것은, 불가사의하달 것까지는 없지만 좀 의외였다.

「탄원서를 냈다든가 연극을 했다든가 하는 것까지 그 안에서 알 수 있습니까? 새로 들어오는 사람이 얘기해 주는 겁니까?」

「예, 그렇습니다. 대개의 일은 곧바로 들을 수 있습니다. 새로 들어오는 사람이 있으면 사회 이야기를 듣는 게 낙이니까요……」

---

12 1916년 12월 31일 새벽 조선은행 부산지점의 은행원이 관부연락선 승객에 대해 일본은행권을 조선은행권으로 환전해 주기 위해 인력거를 타고 가는 것을, 범인이 습격한 사건이다. 당시 『매일신보』 기사에는 범인의 성이 '嶋內(시마우치)'라고 되어 있다. 범인은 경성의 신마치 유곽에서 체포되었다(『매일신보』 1917. 2. 23. 「鮮銀 부산지점원을 襲ㅎ야/ 일만원 강탈한 흉적/ 신뎡유곽에서 본뎡서에 톄포됨」). 관부연락선은 일본 시모노세키(下關)와 부산을 잇는 여객선이다.

「그렇군요. 신문도 잡지도 못 볼 테니까 새로 들어오는 사람 이야기가 신문입니다그려. 무리도 아니겠군요. 그렇게 가끔씩 이런저런 이야기를 얻어 듣는다⋯⋯. 참, 류잔[용산]에 내리면 점심이라도 하면서 얘기를 좀 더 나누지 않겠습니까? 시간은 많이 뺏지 않겠습니다.」

「아, 예, 감사합니다⋯⋯. 하지만⋯⋯.」

「모쪼록 함께 가시지요. 뭐, 저도 실은 가난뱅이라서 대단한 요릿집 같은 데는 못 갑니다. 역 근처 음식점이지만 조용한 데가 있으니까⋯⋯. 아, 벌써 철교네요. 자, 그 보따리 잊지 마시고⋯⋯.」

그의 이야기에 따르면 후쿠이 산자에몬은 수인번호 21호로 양복 재봉공, 시마다 무네오는 22호로 간병부(看病夫)가 되어 있다고. 둘 다 감옥에서의 행실은 우량, 전날의 잘못을 뉘우치며 근신하고 있다고 했다.

자기가 마적(馬賊)이었다고 떠벌리는 다람쥐

○○ 구라조 군을 만난 지 5, 6일 뒤에, 나는 절도·주거침입 전과 3범이라는 나가사키현(長崎縣) 출신의 남자와 영등포에서 경성까지 동행했다.

여느 때처럼 오전 6시 25분 경성발 인천행 열차를 탄 나는 쌀쌀한 아침의 영등포역에 내려 서리로 얼어붙은 길거리와 들판을 산보했다. 그리고 시간에 맞춰 형무소 부근까지 갔지만, 근무 교대를 하는 간수의 모습이 잠깐잠깐 보일 뿐 아직 출소자가 나올 기색은 없었다. 경인선 철도 건널목 옆에 불이 났던 다카노(高野) 두부 공장의 잔해가 있길래, 다행이다 싶어 타다 남은 기와 무더기 위에 올라가 담배를 피우면서 뽕밭 너머 형무소로 이어지는 큰길을 응시했다. 그러나 출소자인 듯싶은 사람의 모습은 도무지 보이지 않았다.

나는 오가는 사람들을 눈여겨보면서 서리 덮인 뽕밭을 어슬렁거리다가 마른 풀이 우거진 공터로 나왔다. 그리고 형무소 굴뚝에서 나오는 매연을 바라보다가 문득 뽕밭 너머 도로로 눈길을 돌렸더니, 거기 갑자기 나타난 것은 바랑을[13] 어깨에 걸머진 채 간수와 나란히 시가지 쪽으로 걸어가는 사내. 그는 간수와 뭔가 이야기를 나누며 내 앞쪽을 지나갔다.

'저놈이다. 저놈이 ○○ 구라조 군한테 들은 절도 전과 3범의 다람쥐새끼, 쓰치하시라는 놈이 틀림없다.[14] 저렇게 간수가 데리고 가는 걸 보니 경찰서로 갔다가, 거기서 완전히 자유의 몸이 되는 거겠지. 다람쥐새끼라면 마중 나올 사람도 없을 거야. 어쨌든 정거장으로 갈 테니까 길목에서 어슬렁거려 보자.' 나는 여느 때와 마찬가지로 경찰서와 정거장의 중간쯤 되는 네거리 근처로 가서 그가 오기를 기다렸다. 머지않아서 그는 아까 본 커다란 바랑을 어깨에 걸머지고 경찰서 문에서 모습을 드러냈다.

경찰서에서 정거장까지 가는 잠시 동안에 그는 두 번 고개 숙여 인사를 했다. 한 번은 간수였고, 한 번은 자전거를 끌고 가는 세비로[양복] 차림의 남자였다. 간수한테는 모자를 벗고 「신세 많았습니다.」 하고 한마디를 했을 뿐이지만, 세비로를 만났을 때는 얼른 어깨에 맨 바랑을 땅에 내던지다시피 하고 무릎까지 머리를 숙였다. 뭐라고 두어 마디 이야기를 나누는 듯했지만, 거리가 꽤 멀어서 무슨 말인지는 전혀 들리지 않았다. 생각건대 세비로 입은 남자

---

13 '신겐부쿠로(信玄袋)'라고 하는, 천으로 만들어 끈으로 주둥이를 졸라매게 한 자루 모양의 가방이다. 주둥이를 졸라맨 끈을 어깨에 걸쳐 메는 것이라 조금 다르지만, 전체 모양은 스님들의 바랑 비슷해서 '바랑'이라고 옮겨 보았다.

14 쓰치하시가 성(姓)이고, '다람쥐새끼(木鼠小僧, 기네즈미 고조)'는 별명이다. 19세기 초 일본에 '쥐새끼(鼠小僧, 네즈미 고조)'라는 유명한 도둑이 실제 있었다. 그는 '의적'으로 알려져 이후 그의 이야기가 가부키나 고단(講談, 301쪽 각주 18 참조)으로 만들어지기도 했다. 쓰치하시라는 이 인물은 아마 감옥에서 그의 이름을 본뜬 별명을 얻었던 모양이다.

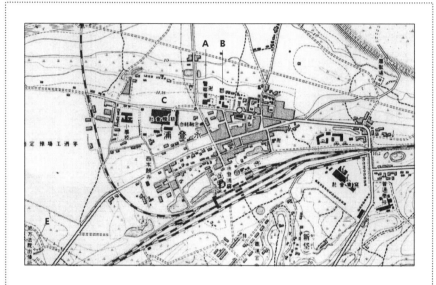

영등포 시가지 일대

당시 영등포는 경기도 시흥군에 속했다. 20세기 초 경인선·경부선 철도 개통과 함께 영등
포역 앞에 일본인들이 다수 거주하는 신시가지가 형성되었고, 1910년에는 시흥군청도 이
곳으로 이전했다. 종전 시흥군 북면 영등포리·당산리·양평리였던 지역이 1917년 9월 '영
등포면'이 되었다. 식민지기 대표적인 조선인 사업체인 경성방직주식회사가 1919년에 설
립되었으며, 1920년대 경성 인근의 대표적인 공업지역으로 성장했다. 1936년 4월에 경
성부에 편입된다(참조: 김하나, 2013). 시가지는 영등포역에서 영등포시장 쪽으로 뻗은
남북도로와 영등포로터리 사이, 경성방직 맞은편이었고, 영등포경찰서와 (시흥)군청은 지
금의 영중로 6길 한국마사회 건물 근처에 있었다. 저자가 몸을 숨긴 '경찰서와 정거장의
중간쯤 되는 네거리'란 지금의 영중로와 영중로 3길·4길이 교차하는 신세계백화점 모퉁
이라고 추정된다. 지도는 1920년대 말의 「일만분지일 조선지형도」(김하나, 2013: 54 재
인용)에 다음 주요 건물을 표시한 것이다.

A : 영등포경찰서　　B : 시흥군청　　C : 경성방직주식회사
D : 영등포역　　　　E : 영등포감옥

는 형무소의 촉탁(囑託) 의사고, 다람쥐새끼는 재소 중에 의사의 신세를 져서 그 일에 대해 길게 인사를 한 게 아닌가 싶다. 나는 ○○ 구라조 군 때의 일도 있어서 '미행'이 발각되지 않도록 그의 시선을 피해 재빨리 샛길로 들어가 건물 그늘에 숨었다. 그는 나를 발견하지 못하고 서둘러 정거장으로 향했다.

그 모습을 지켜보던 나도 샛길에서 나와 정거장으로 갔는데, 공교롭게도 내가 막 역사 현관에 들어서는 순간, 그는 대합실에서 현관으로 나왔다. 아주 잠깐이지만 눈이 딱 마주쳤다. 그러나 나는 상대의 의심을 살 만한 표정의 변화를 보이지 않고 태연하게 행동했기에, 스쳐가다 우연히 눈길이 마주쳤을 때처럼 우리 둘은 극히 평범하게 서로 다른 방향으로 눈길을 돌렸다. 나는 들어가고 그는 나오면서 둘은 역사 안팎으로 자리를 바꾸었다. 나는 모르는 척하고 삼등 대합실로 들어가 스토브 옆 벤치에 앉았고, 오버코트 주머니에서 담배를 꺼내 피우면서, 그가 뭘 하는지 지켜보았다. 그는 품속에서 지갑을 꺼내서 그 안을 확인하더니 그것을 다시 품속에 쑤셔 넣고 시가지 쪽으로 성큼성큼 걷기 시작했다. 그는 빈손이었다.

눈으로 그의 뒷모습을 좇고 있던 나는, 이렇게 생각했다.

'자식, 지갑 속을 확인했다는 건 예산을 정해서 한 잔 걸치러 간 거겠지? 다람쥐새끼라는 별명이 붙을 만큼 대단한 놈이 드디어 자유의 몸이 되었으니까, 뱃속의 회충한테도 설을 쇠게 해 주고 싶어진 게지. 틀림없이 그럴 거야……'

어느 쪽으로 가나 싶어 주시하고 있자니, 아까 내가 있던 네거리에서 남동쪽으로 꺾었다. 당장 그의 뒤를 밟을까 싶기도 했지만, 지금 따라간다고 해도 벌써 늦었다. 특히 미행을 들키면 연일 고심한 것이 그야말로 물거품이 된다. 그보다도, 놈이 걸머지고 있던 바랑은 어디 갔지? 근처를 둘러보았지만 보이지 않았다. 이상하다 싶어서 이번에는 벤치 아래를 들여다보았더니, 내가 앉은 벤치 밑에 그 바랑이 놓여 있는 게 아닌가? 그것도 주둥이는 열린 채였고, 끈은 콘크리트 바닥에 흘러 있었다. 나는 멍하니 그것을 바라보았다.

기다려도 기다려도 그는 나타나지 않았다. 시계를 보니 9시 35분. 10시에 경성을 떠난 부산행 급행열차가 10시 17분에 영등포에 들어왔다가 19분에 떠났지만, 그는 여전히 모습을 보이지 않았다. 그때껏 대합실에 있던 많은 사람들도 반쯤은 급행열차를 타고 가서, 내가 대합실에 맨 먼저 들어온 고참이 되어 있었다.

'다람쥐새끼, 3년 만에 사바세계의 바람을 쐬게 되니까 당장 먹고 마시고 싶은 걸 못 참고, 지갑만 꺼내서는 바랑 주둥이를 묶을 새도 없이 달려나갔구만. 하지만 저는 도둑놈인 주제에 세상 사람들은 모두 정직하다고 믿고 있나? 조선인들밖에 없는 이 대합실에 바랑을 팽개쳐둔다는 건 너무 대담하군.' 하고 나는 다시 벤치 밑의 바랑을 바라보았다.

'그런데 뭐가 들었을까? 어차피 대단한 물건이야 없겠지만, 보고 싶은데? 재미있는 기사 거리가 있을지도 모르는데……. 아냐, 남의 물건을 몰래 뒤지는 건 나쁜 짓이야. 그만 두자. 혹시나 스리[소매치기]라고 오해라도 받게 되면 꼴불견이잖아…….'

나는 다시 한 번 시가지 쪽을 보았다. 그는 아직 보이지 않았다.

'보고 싶네. 한번 볼까……? 까짓 거, 보자. 야마가타 노공(老公)이15 위독

---

15 메이지기 일본의 거물급 관료·정치가로 일본 육군의 기초를 놓았고 '원로 중의 원로'라고 불린 야마가타 아리토모(山縣有朋, 1838~1922)를 가리킨다. 1909년 이토 히로부미가 죽은 뒤 한동안 그를 따르는 죠슈(長州) 중심의 정치세력인 '야마가타벌(山縣閥)'이 일본 중앙정계와 식민지 정책을 좌우했다. 초대 조선총독을 지낸 데라우치, 2대 총독 하세가와 요시미치가 모두 야마가타벌에 속하며, 1920년 8월까지 10년 가까이 정무총감을 역임한 야마가타 이사부로(山縣伊三郎)는 그의 양아들이다.

할 때 문전에 쇄도한 신문기자들이 얼빠진 표정으로 야마가타 측에서 발표하는 자료만을 기계처럼 받아쓰고 있던 중에, 어느 틈에 실크햇에 프록코트 차림으로 거물처럼 변장하고 현관까지 자동차를 타고 들어가 특종을 잡은 수훈의 기자가 한 명 있었다지. 호랑이 새끼를 잡으려면 호랑이굴에 들어가야 하는 법. 만일 문제가 생긴다면 그때는 그때. 신분과 목적을 분명히 밝히고, 그래도 안 되면 될 대로 되라지 뭐. 한번 보자! 순직하자!'

나는 배짱을 든든히 하고, 벤치 아래서 바랑을 끌어내어 속을 뒤져 보았다. 그랬더니……,

예상이 완전히 뒤집혔다고 할 정도까지는 아니지만, 뜻밖에도 교과서가 여러 권, 지질학·식물학·수학·기온학(氣溫學) 등의 전문서가 열 몇 권, 목면 옷가지와 여름 셔츠 나부랭이 너댓 장, 그런 중에 책들 위에 사뿐히 얹혀 있는 것은 군대수첩과 노트에 끼워진 호적등본.

나는 재빨리 등본과 군대수첩과 노트를 살펴보았다. 군대수첩에는 이런 내용이 떡하니 적혀 있었다. '다이쇼 2(1913)년…… 보병 제55연대 입대…… 다이쇼 3년 10월…… 상등병…… 다이쇼 4년…… 만기제대…… 다이쇼…… 일독전역(日獨戰役)…… 고슈만 상륙…… 다이쇼…… 칭따오…… 훈8등 백색 동엽장(勳八等白色桐葉章) 어쩌고저쩌고…….'16

16 1차대전이 발발하자 일본은 영일동맹에 기초하여 연합국에 가담해서 1914년 8월 독일에 선전포고를 하고, 1897년 이래 독일의 조차지(租借地)였던 중국 산뚱성(山東省) 쟈오쩌우만(膠州灣, 일본식으로는 '고슈만') 일대와, 이후 '남양군도(南洋群島)'로 불리게 되는 남태평양의 독일령 섬들을 공격했다. '일독전역(日獨戰役)'은 이때의 일본-독일 전쟁을 가리키는 당시의 표현이다. 쟈오쩌우만 상륙과 칭따오(靑島) 전투는 1914년 10월말에서 11월초에 걸쳐 이루어졌다. 칭따오는 독일 조차지 시절 이 일대의 중심으로 성장한 도시이며, 칭따오맥주 역시 당시부터의 역사를 가지고 있다.

호적등본에는, '나가사키현 기타타카키군(北高來郡) 이사하야쵸(諫早町) 100번지…… 평민…… 쓰치하시…… 양자 어쩌고저쩌고…….'

놀라운 것은 그의 노트에 적힌 내용이었다. 무척 더럽고 낡은 노트 곳곳에 띄엄띄엄 연필이나 만년필로 적혀 있었는데, 말하자면 그야말로 느끼는 대로 붓 가는 대로 쓴 글로, 글씨도 문장도 졸렬했다. 꽤 노골적인 '연애담'도 있는 듯했다. 특히 그의 약삭빠름이 엿보이는 대목은, 비밀스러운 내용은 로마자로 메모해 놓은 것이다. 그의 전과기록은 바로 거기에 적혀 있었다. 나는 그것만은 베껴 두었다. 즉, '다이쇼 6(1917)년 나가사키현 가타후치(片淵)감옥 입감(入監), 형기 1년, 다이쇼 7년 4월 석방, 같은 해 12월 대구감옥 입감, 다이쇼 10년 2월 석방.' 그다음이 이번의 3년형이니까, 그는 다이쇼 10년 2월에 대구감옥에서 놓여나오자마자 4월에 영등포감옥에 수감된 셈이다. 그의 노트에는 다시 이번의 입감·출감이 기입되고, 결국 이 노트는 입감·출감의 되풀이 속에 그와 함께 일생을 마치는 게 아닌가 하는 생각마저 들었다.

이런 것을 보면 과연 다람쥐새끼다.

* * * * * *

오전 10시 43분, 인천에서 오는 열차가 정시에 영등포에 닿았다. 그것과 거의 동시에 그가 헐떡거리며 시가 쪽에서 역으로 뛰어 들어왔다. 그리고 지갑에서 돈을 꺼내며, 「게이죠 한 장…… 얼맙니까……?」 하고 표 파는 곳에 물었다. 나도 곧바로 표를 샀다. 그때 그는 돌아서며 내 얼굴을 보았다.

바랑 끈을 어깨에 걸친 그는, 몸놀림도 가볍게 삼등차에 뛰어 올랐다. 조금 사이를 두고 나도 같은 승강대에서 객차에 올랐다. 보니 그는 세면소 바로 옆 좌석에 출입구 쪽을 보고 앉아 있었다. 나는 가급적 그의 주의를 끌지 않으려고 했지만, 이미 같은 칸에 탄 이상 그렇게는 되지 않았다. 게다가 차 안이 혼잡해서 나는 그와 마주보고 서야 했다. 따라서 가끔씩 그와 눈길이 딱 마주치게 되는 것을 피할 수 없었다.

그는 내 눈을 피하려고 무던히 애를 쓰는 듯, 얼굴을 창 쪽으로 돌리고 한사코 내 쪽을 보지 않으려 했다. 나는 마음속으로 아차 싶었다. 그러나 그가 수상하다는 낌새를 챘다면 최후의 방법을 쓸 수밖에 없다. 접근해서 속을 떠보자……. 그렇게 결심한 나는 어떻게 하면 그에게 말을 붙여볼까 하고 고심했다. 그런데 다행히 열차가 노량진에 닿았을 때 그의 옆자리에 앉았던 조선인이 내리길래, 나는 즉각

「이 자리, 비었습니까?」 하고 말을 걸었다. 그러자 그는,

「예, 비었네요.」 하며 창쪽으로 바싹 당겨 앉았다.

「이제 완전히 따뜻해졌습니다그려……」 하고 나는 대화의 실마리를 만들어보려 했다. 그러자 그는

「예, 따뜻해졌네요.」 하고 앵무새처럼 대답했을 뿐, 흘낏 이쪽을 보고는 다시 고개를 돌려 창밖만 보았다.

이럴 때의 맥빠짐, 초조함은 독자도 상상이 될 것이다. 아무리 이야기를 계속 이어간다고 한들 한강 철교부터 경성역까지는 고작 10분 남짓. 그사이에 산에서 나는 건지 바다에서 나는 건지가 정해진다.[17] 자, 산이냐 바다냐?

○○ 구라조 군과는 물건이 다르다. 전과 3범의 다람쥐새끼다. 그렇게 생각하자 흥미가 점점 더 깊어지는 동시에, 이것을 놓치면 하는 집착, 혹시나 하

---

17 둘 중 어느 쪽이라고 선택하기 힘들다는 뜻의 일본 속담으로 '바다에서 나는 것인지 산에서 나는 것인지 정할 수 없다(海の物とも山の物ともつかない)'는 말이 있다. 여기서는 성패(成敗)가 갈린다는 정도의 뜻이다.

는 불안까지, 역시 쉬운 상대는 아니었다.

'밀어붙이는 것이 상책이다.' 가슴에서 용기가 솟구쳤다. 나는 뜨거운 불덩어리가 된 것처럼 다람쥐에게 들이댔다.

「게이죠 사십니까? 아까 에이토호에서 탔지요? 저는 닛신생명(日淸生命)의 외교원을 하고 있는데, 에이토호에 종종 갑니다. 어제도 갔다가 하룻밤 묵고 오는 길입니다만, 요즘 같은 불경기에는 보험도 5천 원이나 만 원짜리에 가입하는 사람은 좀처럼 없습니다. 기껏해야 2천 원 정도니까 참 갑갑합니다. 노형은 무슨 행상이라도 하시는가 본데, 댁은 어딘가요?」 하고 막무가내로 얘기를 걸었다. 그런데 웬걸, 걱정하느니보다 애 낳는 게 쉽다는 말 그대로, 뜻밖에도 다람쥐는 내 쪽으로 돌아앉았다.

「와카쿠사마치[약초정] 삽니다만, 지금은 별로 일이라고 할 것은 없고 그저 부업 비슷한 걸 하고 있습니다. 정말이지 불경기라서 힘듭니다.」

헛소리 마라. 도둑질이 무슨 부업이냐? 그래도 '귀금속상'이라고 안 하는 것만 해도 기특하다고, 마음속으로 생각했다.

「실례지만, 와카쿠사마치 어딥니까? 저도 예전에 거기 살아서 웬만한 곳은 구석구석 잘 압니다만, 한참 만슈[만주]에 가 있는 동안 그 일대도 많이 변해서…….」

그러자 그는 '만슈'라는 말에 흥미를 느낀 듯, 갑자기 내 맞은편 자리로 옮겨 앉았다. 빼 먹고 안 썼지만 이때 벌써 열차는 용산역에 정차해 있었고, 내 맞은편 자리는 두 명의 조선인이 내려서 비어 있었다.

「만슈, 어디 계셨습니까?」

「죠슌(長春) 있었습니다. 거기서도 보험 쪽 일을 했더랬습니다.」

「그런가요? 죠슌요? 저도 만슈는 두루 다녀 봐서 잘 압니다…….」

「노형은 어디 계셨습니까?」

그랬더니, 엉? 그는 무슨 생각을 했는지 주위를 한번 둘러보고는, 갑자기 낮고 침통하게 목소리를 쥐어짜서 이렇게 부르짖는 것이었다.

「실은 저는, 오늘 에이토호의 형무소에서 석방되어 나왔습니다. 5년 형을 살고……」

뭐라고……? 어지간한 나도 이 엉뚱한 고백에는 입이 딱 벌어졌다. 보통사람이라면 실제 5년 형을 살았다고 해도 4년, 3년, 2년 하고 한 달이라도 줄여서 말하는 게 당연하다. 그런데 실제로는 3년 형을 살아 놓고 제 입으로 5년이라고 과장하다니, 이놈은 도저히 개전(改悛)의 가능성이 없다는 생각이 들었다. 그가 오늘 아침 영등포형무소에서 나온 인간인 줄은 백 퍼센트, 이백 퍼센트 잘 알고 있다. 그뿐인가, 바랑에 든 물건을 보고, 또 ○○ 구라조 군한테 들어서 그가 전과 몇 범인지도, 안뚱현에[18] 살았다는 것도, 동생이 있다는 것도, 사생자라는 것도 죄다 알고 있다. 그러나 찻간에서 처음 만난 사람한테 자기가 나쁜 놈임을 자랑하다니, 나는 한 방 먹은 기분이었다.

「아, 그렇습니까? 전혀 몰랐습니다. 그런데 무슨 죄목으로?」

「총기절돕니다.」

총기절도라니, 순간 무슨 소린지 알 수 없었다.

「총기절도? 총기절도란 건 뭡니까?」

「총 말입니다. 총기, 탄약 하는……」

여우한테 홀린 느낌이었다. ○○ 구라조 군도 그런 건이다. 게다가 구라조 군도 제대를 하고 안뚱현과 강 하나 건너[평안북도]에서 순사로 있었다고 했다. 그것은 믿을 만한 증거가 있다. 지금 놈이 하는 말도 그 비슷한 것이다. 이

---

18 안뚱현(安東縣)은 신의주와 압록강 건너 마주보고 있는 랴오닝성(遼寧省)의 도시로, 현재의 단뚱시(丹東市)다. 일본식으로는 '안토'라고 읽었을 것이다.

런 이상한 일이? 하지만 놈의 말에는 믿음이 가지 않았다. 좋아, 그렇다면 샅
샅이 파헤쳐 주마, 하고 나는 단전에 힘을 주었다.

「총기라면, 어디 것을?」

「시나[19] 관헌 것이지요. 실은 저는 마적입니다. 우리 부대에는 일본사람이
일곱이고 나머지는 다 시나인으로, 전부 2백 명이었습니다. 우리 일곱 명 중
에 다섯이 체포되었는데, 네 명은 지금 뤼순감옥에[20] 있습니다. 저는 조선으
로 도망쳤지만 들어오자마자 잡혔습니다. 부주의했던 탓이지요. 차라리 모
코(蒙古)[21]로 갈 것을……」

「허어, 그렇습니까? 그런 거라면 평범한 절도가 아니고, 멋진 일이군요. 어
떤가요, 역시 일본을 위해서 한 일이겠지요?」

「물론입니다. 우리는 희생양입니다. 노형은 진센[인천]의 구스다 세이지
(楠田正次)[22] 상을 아십니까? 호걸입니다. 지금도 2백 명의 부하가 만슈에 남

---

19 당시 일본은 중국을 '시나(支那)'라고 불렀다. 영어 'China' 계열과 마찬가지로 중국을 가리키는
라틴어 'Sinae'에서 왔다고 하지만, 청(淸)이나 중화민국, 중화인민공화국 같은 국가가 아니라
'지역'을 가리키는 명칭으로, 중국 쪽에서는 멸칭(蔑稱)으로 받아들이는 경우가 많다. 1945년 이
후로는 거의 쓰이지 않는다. 한국에서도 '동지나해', '남지나해' 같은 명칭은 지금도 '동중국해',
'남중국해'와 혼용되고 있다.

20 랴오닝성(遼寧省) 뤼순(旅順)에 있는 뤼순감옥은 1909년 안중근이 투옥·사형된 곳이자 신채호
가 1929년 투옥되었다가 1935년 옥사한 곳으로 잘 알려져 있다.

21 '몽골'의 한자 표기인 '蒙古'를 중국식으로는 '멍구', 일본식으로는 '모코'라고 읽는다. 1930년대
일본의 대륙 침략이 확대됨에 따라 조선과 만주를 묶은 '선만(鮮滿)'에 이어 만주와 몽골을 묶은
'만몽(滿蒙)', '선만몽(鮮滿蒙)'이라는 개념이 유행했다.

22 1920년 10월 초 일본이 간도 출병을 위해 사주한 마적단의 훈춘(琿春) 일본영사관 습격사건('훈
춘사건') 당시 조선총독부의 전문(電文)에 총독부 첩자로 추측되는 '楠田政治'라는 자가 창장하
오(長江好) 부대에 침투해 있었다는 언급이 있고(박창욱, 2000: 252), 고쿠료카이의 기관지 『亞

아 있습니다. 그 양반도 내지에서 5년 형을 받았습니다만, 모 대의사(代議士)가[23] 뒤를 뵈주어서 진센으로 망명해 있지요…….」

아니 정말, 뻥을 친다 친다 해도 이런 식으로 나가면 또 무슨 말이 나올지 모르겠네. 엄청 재미있어지는구만, 하고 나는 계속 장단을 맞춰 주었다.

놈은 「저도 이삼일 있다가 구스다 상한테 갈 겁니다. 그 사람이 지금은 그쪽에서 백룡(白龍)이나 사사키(佐々木) 상보다 더 세력이 있지요.」 한다.

「사사키 상이라는 이는 누굽니까?」

「사사키 상을 모르십니까? '천귀(天鬼)'라 불리는 사사키 상 아닙니까?」

황당한 것도 분수가 있지, 나는 정말 웃음이 터질 것 같았다.

「그럼 노형은 누구의 수하…… 아니, 수하가 아니라 부대라고 해야겠군요, 누구 부대에 소속되어 있습니까?」

「창장하오입니다.[24] 창장하오는 지금 금룡(金龍)과 합병을 했습니다. 대단하지요. 나이는 서른 한둘쯤 된 자그마한 남자입니다만 술도 여자도 싫다는 사람으로, 그때는 부하가 2백 명밖에 없었지만 지금은 7, 8백이나 거느리고

細亞時論』 1919년 4월호에 '楠田柾次'의 「滿州里事件の眞相」이라는 글이 실려 있다(http://www.japanesehistory.de/kokuryukai/Ajia%20Jiron%201919.pdf). 모두 같은 인물이 아닐까 싶다.

23 '대의사(代議士)'는 일본의 중의원(衆議院) 의원을 말한다.

24 창장하오(長江好, 본명은 張魁武)는 펑티엔성(奉天省) 퉁화현(通化縣)의 빈농 출신으로 1910년대 후반 만주 일대의 유력한 마적으로 부상해서 1919년 가을 '동삼성독립강승군(東三省獨立强勝軍)'을 조직했다. '훈춘사건'의 주동자로 알려지기도 했으나, 이는 사실이 아니다. 일본은 이 사건을 빌미로 함경도에 주둔하던 조선군 19사단을 주력으로 하는 대규모 병력을 북간도에 파견했으나 오히려 청산리전투에서 조선 독립군에게 패배하자, 독립군 토벌보다는 간도의 조선인 정착지를 초토화하는 쪽으로 방향을 바꾸었다. 1920년 10월부터 이듬해 5월까지 진행된 일본군의 독립운동 근거지 파괴, 조선인 학살을 '간도참변' 또는 '경신(庚申)참변'이라고 한다. 창장하오 부대도 이때 궤멸되고 창장하오도 사망한 것으로 알려져 있다.

마적과 다이료쿠로닌(大陸浪人)

'마적(馬賊)'은 20세기 전반 중국 화베이(華北)·뚱베이(東北) 일대에 존재한 무장집단이다. 청의 쇠퇴·멸망과 외세의 침입, 군벌의 발호 등의 혼란 속에서 전통의 '녹림(綠林)'을 표방한 주민의 자위단체나 지역 정치세력도 있었지만, 단순한 도적·토비(土匪)도 '마적'을 자처하거나 마적과 혼동되기도 했다. 저자 아카마는 다른 책 『만주마적』에서 마적을 (1)군대 수준으로 무장하고 행동하며 때로 정치적 문제를 일으키기도 하는 대부대, (2)백주에 시가의 은행·상점 등을 털어가는 5명 이내의 강도단, (3)시골길에 잠복했다가 여행객을 습격하는, '다니(牛蝨)'라 불린 도적의 세 가지로 구분했다(赤間騎風, 1928: 3-5). 만주군벌 짱쭤린(張作霖, 1875~1928)도 마적 출신으로 1894년 군에 들어가 세력을 쌓았으며, 1915년에는 청 왕조의 복벽(復辟)을 추구하며 등장한 '종사당(宗社黨)'과 중국·러시아에 대항해서 외몽골 독립을 시도했던 바보쟈프(巴布札布) 군을 격파하고 동북지방(만주) 최고의 실력자로 부상했다. 1930년대 만주국 변경이나 조선·만주 국경에서 활동했던 항일무장투쟁 세력도 '마적'으로 불리기도 했다.

한편 1894년 이래 일본의 조선 침략을 도왔던 우익단체 고쿠료카이(黑龍會)는 1910년 조선 '병합' 이후 중국으로 진출, 여러 가지 정치적 음모에 가담했다. 그 과정에서 여러 마적 세력과 접촉한 것은 물론, 가와시마 나니와(川島浪速)처럼 종사당 궐기에 관여하거나 마적이 되는 자도 나타났다. 본문에 '역시 일본을 위해서'라는 말이 나오는 것은, 이 모든 일이 일본의 대륙 침략을 측면 지원하려는 의도에서 이루어졌기 때문이다. 고쿠료카이의 일원인 저자 아카마도 1910년대 말이나 1920년대 초에 만주·몽골에 가 있으면서 마적과 접촉했던 듯하다(「역자 서문」 참조). 본문의 행간에서, 그는 '다람쥐새끼'가 주워섬기는 창장하오나 구스다 세이지와도 면식이 있음을 읽을 수 있다.

저자는 『만주마적』에서 유명한 마적 중 하나로 일본인 '천귀(天鬼) ○○○'를 꼽으면서, 나중에 쩡쟈툰(鄭家屯, 지금의 지린성(吉林省) 쐉랴오시(雙遼市))에 정착하여 사업을 벌인 그를 일본의 몽골 개척의 은인으로 평가했다. '천귀'는 우스키 마스조(薄益三)라는 인물인 듯하다. 본문에서 다람쥐새끼는 주워들은 풍월을 가지고 자기가 마적이라고 내세우는데, '천귀 사사키'라고 한 것은 아마 우스키 마스조를, 이른바 '다이료쿠로닌' 중 한 명으로 몽골을 탐험해서 '모코왕(蒙古王)'이라 불렸고 나중에 중의원 의원을 지낸 사사키 야스고로(佐々木安五郎)와 헷갈린 게 아닐까 싶다. 이 사사키는 종사당에 관여한 가와시마의 친동생이다.

있지요.」

인연이라는 것일까, 우연일까? 다람쥐새끼의 입에서 창장하오 부대의 설명을 듣게 될 줄은 꿈에도 몰랐다.

「창장하오라고요? 그 사람은 유명하지요. 지금은 어디 있습니까?」

「지안현(輯安縣)입니다. 대단하다마다요. 대포며 기관총을 가지고 큰 부락을 완전히 점령해서 소고 말이고 전부 약탈하니까요.」

「흠, 대단한 사람이네요……. 그런데 평소에는 어디서 잠을 잡니까? 틀림없이 무척 춥겠지요?」

「아니, 모피랑 모포가 잔뜩 있으니까 괜찮습니다. 산 속에 천막을 치고 야영을 합니다. 규모는 작지만 군대랑 똑같지요.」

「복장은?」

「시나 복장을 하지요.」

그러는 동안 열차가 경성역에 닿았기에, 우리 둘은 광장으로 나왔다. 전차를 탈 때까지 계속 이야기를 나눈 것은 물론이다.

「고맙습니다. 덕분에 재미있는 마적 이야기를 들었습니다그려. 그런데 노형은 어디로 가십니까?」

「고가네쵸[황금정]의 이즈미야(泉屋)라는 요릿집을 찾아갑니다. 와케시마 쥬타로라는 사람 집이지요.」

「와케시마? 와케시마라면, 지금 에이토호의……?」

「그렇습니다. 감옥에 같이 있었다는 정분으로 자기 집에 가라고 해서 갑니다만, 여자들만 있는 데라서 바로 진센으로 떠날 겁니다. 어제 와케시마 상의 부인이 면회를 왔지요…….」

「그렇습니까? 그 사람은 그 안에서 뭘 합니까?」

「그물 짜는 일을 하고 있습니다만, 딱한 사람입니다. 그 상대 녀석은 어떻

와케시마 쥬타로(分島周太郞)

'고쿠스이카이(국수회, 國粹會)'는 1919년 일본에서 사회주의운동 분쇄 등을 표방하며 성립된 우익 폭력단체로, 1923년 일본의 부라쿠민(部落民) 해방운동단체인 '스이헤이샤(水平社)'와 유혈충돌사태를 빚기도 했다('부라쿠민'은 조선의 백정에 해당하는 일본의 옛 천민계급에 대한 멸칭이다. 이름에서 알 수 있듯이 스이헤이샤는 1923년 조선 백정들의 '형평사(衡平社)' 설립에 영향을 미쳤다). 애초 와케시마는 이 고쿠스이카

재판정에 선 와케시마 쥬타로(『매일신보』 1923. 12. 9)

이의 경성 간사장이었다. 이후 본국 본부에서 종래의 간부들을 사직시키고 본문에 나오는 와타나베 데이이치로(渡邊定一郞)를 고쿠스이카이의 조선지부장으로 선임하자, 1923년 9월 14일 그는 칼과 몽둥이를 가진 4명의 일당과 함께 조선호텔 앞에서 와타나베를 습격해서 부상을 입혔다. 그에게는 살인미수죄가 적용되었다.

게 지냅니까? 만슈로 가는 길에 아예 해치워 버릴까 싶기도 합니다만……」

무서운 말을 하지만, 결국 다람쥐 너는 좀도둑이 주제에 맞다 싶어, 나는 째려보고 있었다.

「상대는 와타나베 데이이치로라고 하는데, 도량이 큰 사람입니다. 와케시마 상한테 칼을 맞았지만, 개인적 원한이 아니라 고쿠스이카이를 위하는 생각에서 한 것이다 하고, 조금도 원한은 갖고 있지 않습니다.」

「뭐, 무서우니까 그런 거겠죠. 와케시마 상은 배짱이 대단하니까……」

나는 끝끝내 생명보험 외교원 노릇을 해 가며, 다람쥐와 같은 전차를 타고 그 말 많은 놈을 와케시마 쥬타로의 집에까지 데려다주었다.

그는 나와 헤어지면서, 이런 말을 씨부렸다.

「진센의 어떤 인간과 감방에 같이 있었습니다만, 석방 때 마중을 오겠다고 약속을 해놓고는 안 왔습니다. 어디서 칼침이나 맞은 게 아닌가 싶어서 걱정이 됩니다. 나쁜 놈들이 있으니까요……」 하고.

하지만 너보다 더 나쁜 놈이 또 있을까……?

* * * * * *

끝으로, 닛신생명보험회사의 이름과 다나카 기지로 군의 명함을 이용할 수 있게 해 주신 데에 감사드린다.

『朝鮮及滿洲』 108(1916. 7)에 실린 (주)닛신생명
보험 조선출장소의 광고

2부 토막민과 거지 :
조선인 하층민의 삶

식민지기의 도시빈민과 '토막민'

2부는 식민지 수도 경성의 도시빈민, 주로는 조선인 빈민 이야기다. 식민지기 빈곤계층을 가리켜서는 물론 '빈민'이라고도 했지만, 조금 낯선 '궁민(窮民)', '세민(細民)'이라는 말도 많이 썼다. 당장의 연명도 어려워 구제가 절박한 최저 빈곤층을 궁민, 그보다는 좀 낫게 간신히 생계를 꾸려 가는 층을 세민이라고 했다(김경일, 1987: 250; 강만길, 1987: 70-79).[1] 개인별로 형편이 낫고 못한 차이는 있겠지만, 거칠게 나누자면 이 책에서 소개하는 여러 가지 거지와 땅꾼·깍정이(5·8·11장), 넝마주이(2장), 토막민(9장) 등은 궁민, 쓰레기 청소부나 똥 푸는 인부(1장), 신기료(6장), 마바리꾼(7장), 도축인부(10장) 등은 세민이라고 하겠다. 도시빈민의 여러 양상과 그들의 삶의 실상에 대해서는 저자의 생생한 기술에 맡기고, 여기서는 당시 '춘궁민(春窮民)', '화전민(火田民)'과 함께 조선의 특수 세민으로 꼽혔던 '토막민(土幕民)'에 대해서만 간단한 설명을 덧붙이고자 한다.[2]

토막민은 말 그대로 '토막' 즉 토굴이나 허술한 움막, 움집에 사는 사람으로, 도시빈민의

---

[1] 늘 '궁민'과 '세민'으로 구분했던 것은 아니고, 빈곤층 전체를 '궁민'이나 '세민'으로 명명하고 그것을 1종, 2종으로 나누기도 했다. '세궁민'이라는 말도 썼다. 소득 수준 얼마 이하를 빈곤층이라고 할지 정하는 '빈곤선'은 시대별·사회별로 다르다. 같은 시대에도 경제적 수준이 다른 일본과 식민지 조선에서, 또 조사의 주체와 목적별로 빈곤선은 각각 다르게 정의되었다.

[2] 이는 단일 기준에 따른 범주화가 아니라 보이는 대로 현상에 이름을 붙인 것이다(경성제국대학 위생조사부, 2010: 45). '춘궁'이란 가을 곡식은 떨어지고 보리는 아직 익지 않은 보릿고개의 곤핍을

한 형태다. 경성제국대학 의학부 학생들의
보고서인 『토막민의 생활·위생』에서는 토
막을 더 원시적인 A형과 조잡하게나마 지붕
과 벽을 갖춘 B형으로 나누었다. A형에는
다시 다리 밑에 많은, 네 면에 거적을 두르
고 위에는 양철판 등을 덮은 형태(A-1형이
라고 하자)와, 지붕과 벽의 구분이 없는 A형
천막 같은 형태(A-2형)가 있었다. 가장 조
악한 A-1형은 온돌도 없는 흙바닥으로 된
방 한 간뿐으로 취사는 밖에서 하지만, A-2
형과 B형은 방과 부엌이 따로 있고 방에는
온돌이 깔린 것이 많았다(경성제국대학 위
생조사부, 2010: 177-180).[3]

1920년대 후반 이래 식민지 권력과 언
론의 집중적 관심 속에서 토막 거주자는
'토막민'이라는 하나의 범주가 되고, 도시
빈민의 대명사가 되었다. 그러나 토막민이
도시빈민의 전부였던 것은 아니다. 물론

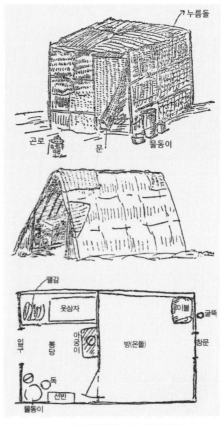

A-1형 토막(위)과 A-2형 토막(아래)

주거의 불안정은 빈곤의 중요한 지표지만, 직업의 유무와 종류, 소득수준은 다른 문제다.
어떻게 보면 토막이나마 제 집이 있어서 가족이 함께 사는 쪽이, 노동숙박소나 여인숙·하

가리키는 것이지 특정 계층이나 집단에 적용될 개념은 아니다. 또 화전민은 화전이라는 원시적 농
경법과 생활방식에 따라 사는 사람들인 데 비해, 도시의 토막민은 거주 형태에 따라 붙인 이름이다.

3 그밖에 이 책에서는 B형 중에도 방이 둘 이상이거나 일본의 나가야(長屋)처럼 긴 연립주택 형태,
'C형'이라고 해서 B형이 두 채 이어진 것 등을 들었지만, 기본적으로는 A형과 B형, 또는 A-1형,
A-2형, B형으로 구분된다.

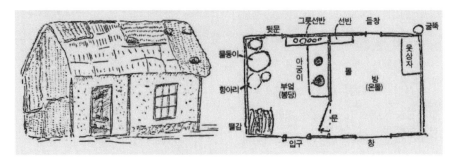

B2형 토막(이상 토막 그림은 경성제국대학위생조사부, [1942]: 137, 138, 140)

숙집(13장 참조)을 전전하며 날마다 달마다 거처를 걱정해야 하는 쪽보다, 또는 여전히 노비 비슷한 신분적 종속에 매여 있던 '행랑살이'나 대개 여성 혼자 고용된 '안잠자기' 같은 남의 집 드난살이(가사고용인)보다 차라리 나을 수 있었다.[4] 또 토막민 사이에도 생활수준의 격차가 있었던 반면, B형 토막과 보통의 초가 사이에 그렇게 현격한 차이가 있었을 것 같지도 않다.

식민지기 여러 문헌에서 토막민을 조선 특유의 존재라고 했지만, 도시빈민과 빈민촌·불량 주거지(슬럼)는 근대 도시의 보편적 현상이다. 9장에도 나오듯이 당시 일본에도 '산카'라는 토굴·움집 거주자가 있었다.[5] 구하기 쉬운 재료로 부실한 주거를 만드는 것도 보편적이어서, '토막'이 이후 루핑집, 판자집을 거쳐 비닐하우스로 이어지는 것을 우리는 보아 왔다. 도시빈민의 여러 양상 가운데 유독 토막민이 식민지 권력의 주목을 끈 것은 주거의 형태도 형태지만, 그들이 묘지나 제방, 하천부지, 임야 같은 국유지·민유지를 불법 점

---

4 이태준의 「밤길」에서 경성의 주인집에 처자식을 맡겨놓고 "어떻게 돈 십 원이나 마련되면 가을부터는 군밤장사라도 해 볼 예산으로" 월미도 공사장으로 한 철 돈벌이 간 행랑살이 황서방이나 박태원의 『천변풍경』에서 남편 때문에 고생하는 만돌이네의 처지와 살림 규모는 이 책에 나오는 토막민들과 별반 다르지 않다.

5 사실 이 책에서 저자가 조선의 토막과 토막민을 가리켜 쓴 말도 '산카(山窩)'라는 일본말이다. 당시 경성의 상황을 참작해서 모두 '토막(민)'으로 고쳤고, '小屋'은 '움막', '움집' 등으로 옮겼다. '산카'에 대해서는 154쪽 각주 1 참조

거하고 있다는 점과, 그러면서도 대지(토지)의 소유권과 별도로 토막(가옥)의 매매와 임대차가 성행했다는 점 때문일 것이다(경성제국대학 위생조사부, 2010: 100, 187). 게다가 '토막촌'이 형성되고 규모가 커지면서 경찰·위생상의 문제가 생겨났다.

토막민이 널리 사회적 관심을 끌고 경성의 일대 사회문제로 부각되는 것은 1920년대 후반의 일이라는 점에서, 1923년이라는 비교적 이른 시점에 그것도 일본인이면서 여러 곳으로 조선인 토막민을 찾아다니며 취재한 저자의 감각과 노력은 돋보인다. 저자는 1923년 당시 토막은 용산, 봉래정, 어성정, 광희문 밖 네 군데에 50채 정도 있다고(155쪽) 했지만, 그것은 체계적인 조사 결과는 아니다. 본격적 조사는 1927년 7월부터 경찰이 실시해서 토막촌 17개소, 토막 447호를 헤아린 것이 아마 처음이 아닐까 싶다.[6] 자료마다 조금씩 수치가 다르지만, 이후 경성부의 토막민 추이는 대개 다음 표와 같다(염복규, 2002: 150).

〈경성부의 토막민 추이〉

연도	호수	인구	연도	호수	인구
1928(쇼와3)	1,143	4,803	1938	3,879	17,415
1931	1,538	5,092	1939	4,292	20,911
1933	2,870	12,478	1940	7,303	34,316
1934	2,902	14,179	1941	6,460	32,684
1935	3,576	15,894	1942	7,426	37,026
1937	3,248	14,993			

시가 변두리 거의 사람이 살지 못할 곳을 비집고 생겨난 토막촌들이지만 규모가 커지면서 점차 사회문제가 되었고, 경성의 인구 증가와 도시 확장에 따라 결국은 철거의 대상이 되었다. 1930년대 들어 경성부는 와코교단[7] 등 민간 사회사업단체와 협력해서 서남쪽의

---

6 조사결과 토막이 가장 많은 곳은 신당리에 네 곳 169호, 청계천 제방에 89호, 동부이촌동 40호, 서부이촌동 30호 등이다. 『매일신보』 1927. 8. 31. 「사백칠십의 토굴/ 貧의 主因은 子福/ 긔맛키는 경성시내의 토굴생애/ 가난한 집에 이해가 만하서 곤고/ 경성의 빈민 삼천인」; 『京城彙報』 72 (1927. 9)「府內 토막토굴 거주조사」.

7 와코교단에 대해서는 55쪽 각주 30 참조

A-2형 토막(孔泰瑢·高二三, 1986: 54)

고양군 아현리와 동북쪽 돈암리, 서북쪽 은평군 홍제리 등 부 경계 바깥에 새 수용지를 마련, 각각 1천 호 목표로 토막민을 집단이주시키기 시작했다. 그러나 수용지 시설이 미비하고 도심과의 거리가 멀어서, 어떻게든 시내에서 일거리와 돈을 얻어야 하는 토막민들은 상당수 이들 수용지 대신 본래 거주지에서 가까운 다른 토막촌으로 이주했다. 게다가 1936년 4월 경성시가지계획이 시행되면서, 경성부 밖으로 정했던 집단수용지도 모두 경성부에 편입된다. 위 표에서 보면 1930년대 전반 이래의 토막민 이주사업도 1936년 행정구역 확장도 거의 효과가 없었고, 토막민 총수는 지속적으로 증가했음을 알 수 있다. 1937년 이후 지역별로 시가지계획 시행에 따른 토막촌 철거가 차례차례 이루어졌으나, 토막민들이 당장의 철거를 피해 가까운 또다른 불량 주거지를 전전하는 일은 반복되었다(염복규, 2002).

토막민을 비롯한 도시빈민의 살림은 어땠을까? 1924년 11월 『동아일보』는 「빈민촌탐방기」라고 해서, 아카마 기후의 것과 비슷한 탐방기사를 7회에 걸쳐 연재했다. 이 탐방기에 따르면 빈민촌 주민 중 인부(날품팔이)의 하루 품삯이 대개 6, 70전 내외,[8] 제면공장·간장(醬油) 양조소·정미소·고무공장 등이 있는 청엽정(청파동)의 여성·소년들은 공장에서 "종일토록 마음대로 앉고 서지도 못하고 먼지를 마시며 뼈가 빠지도록 기계를 돌리며 손발을 움직인 '땀'과 '고로(苦勞)'의 유일한 보수"로 30전 정도를 받았다. 남자 가장 혼자

---

8 이 책에 나오는 경성부 쓰레기 청소부의 하루 품삯은 70전, 똥 푸는 인부는 90전(1장), 도축장 인부의 일급은 최고 2원(10장)이다.

〈남성 외벌이 5인 가구의 '한 달 살림'〉

지출 내역	금액	지출 내역	금액
'양쌀' 너 말	9원 40전	소금·고추장·간장	1원
'폴나무' 세 바리	4원 80전	한달 동안 반찬	1원 50전
석유 두 병	40전	세금·기타 잡비	60전
터세 분담	30전	합계	18원

벌이라면 하루 품삯 60전, 휴일도 없이 매일 벌이가 있다 치면 한 달 수입이 18원이다. 그것에 대한 5인 가구의 지출내역인 '한 달 살림'을 기자는 위 표와 같이 제시했다.[9]

대강의 추산이지만, 기자가 강조하려는 것은 그나마 이 정도 살림이면 빈민촌에서는 나은 편이라는 점, 이렇게 수입 대부분을 식비와 연료비 등으로 쓰고 나면 의복·신발과 이불이며 다른 세간살이를 마련할 여유는 거의 없다는 점이다. 그래서 "밥이라고는 한 되에 47, 8전씩 하는 기장쌀과 안남미로 아침저녁 죽을 쑤어서 묵은 '시래기'나 배춧잎 같은 것을 주어다 넣어" 먹는다. 동네(광희문 밖 신당리)에 "두어 집 있는 쌀가게와 반찬집에는 고기나 생선은 그림자도 없고 모랫돌 같은 호렴[胡鹽, 거친 소금 — 인용자] 사발, 결어 빠진 조기 토막, 미역 부스러기와 누렇고 검은 좁쌀, 핍쌀 등만" 늘어놓았을 뿐이다. 입성을 보면, "새로 입은 지가 몇 달 몇 해가 되도록 오래인 그 의복은 너무 찌들고 구겨져서 고운 때 굵은 때가 마치 기름집 왜푸대같이 되어버리고 수도 없이 누덕누덕 덧붙인 헝겊조각 […] 엎친 데 덮치는 격으로 미어진 구멍과 떨어진 옷갈피마다 물것들은 큰세상이나 만난 듯이 주린 피를 모조리 빨아먹고 있기 때문에 늙은이와 어린아이들은 모여 앉아 이 사냥 하는 것을 일과"로 삼고 있었다고 한다.[10]

---

9 '양쌀'은 당시 싸게 팔리던 '안남미(월남쌀)'를 말한다. 조선에서 재배하던 자포니카(japonica) 계열이 아니라 인디카(indica) 계열이라 밥을 지으면 찰기 없이 푸슬푸슬했지만, 조선 쌀을 일본에 수출하고 조선의 쌀 부족분은 안남미, 나중에는 만주의 조·수수 등을 수입해서 충당했다. '폴나무'는 땔감일 것이다.

10 이상 일곱 편의 「빈민촌 탐방기」(1924. 11. 7~15) 여러 곳에서 인용했다. 연재기사 제목을 나열

저자가 우리에게 보여주는 것은 그런 비참한 하층세계의 삶이다. 물론 저자의 서술에도 한계는 분명하다. 무자비한 자본주의와 함께 배후에서 이런 비참을 빚어내는 결정적 모순이 식민지 지배라는 것을 재조선 일본인 저자가 말할 리 없고, 때로는 자못 냉정한 그의 '거시박녈책'(11장)이나 선정성 깃든 붓질이 거슬리기도 하는 것이다. 그래도, 조선인 빈민에 대한 그의 태도는 대체로 동정적이고 포용적이라고 하겠다.

하면 다음과 같다: (1) 「5전으로 1일생활/ 다섯 식구가 25전으로 생활/ 세상을 등지고 사는 신당리 빈민」; (2) 「죽지 못해 살어/ 뭇지도 말라는 그네들의 비참생활/ 빈궁은 어듸서 온 것이며 누구의 탓」; (3) 「사철 입는 의복/ 방안 세간이라고는 석유궤짝/ 그구는 여러 가로 쓰는 박아지쑨」; (4) 「처참한 유년직공/ 삼십전에 목을 매인 그들의 생활/ 해빗 못 보는 데서 조밥으로 연명」; (5) 「학대, 능욕, 멸시/ 비참한 경우를 살펴볼 쎄에 늣김/ 세상을 저주 아니할 자가 잇스랴」; (6) 「별다른 세계/ 훈련원 움집에서 사는 빈민들/ 생애는 뱀 장사와 문 직히는 것」; (7) 「古塚裡의 일노파/ 들으면 들을사록 긔막힌 살림살이/ 아! 사러가는 세상에 이 무슨 일?」.

5장 거지 아이 조노마

근처를 서성거리는 거지를 한 사람씩 붙들고 그 신세타령을 들어보면, 분명 한 움큼 동정의 눈물을 쏟지 않을 수 없는 비참한 이야기일 것이다. 여기 소개하는 거지 아이 조노마처럼 부모에게 버림받은 박복한 고아도 틀림없이 많을 것이다. 어떻게든 그들을 구해 내서, 사회의 생산적인 일원이 되게 할 수 없을까?

어떤 나라도 아직 거지를 완전히 못 없애는 것이 사실이지만, 그들의 수가 많은 만큼 그들을 구제할 기관이 없거나, 있어도 제대로 운용되지 못하는 것은 국가사회의 큰 결함이자 인도적으로나 경제적으로 등한시할 수 없는 중대한 사회문제라고 생각한다. 여기 소개하는 거지 아이 조노마가 어떻게 해서 거지가 되었고 그 뒤 지금까지 어떻게 살아 왔는지를 알고 그의 장래를 생각하면, 누가 내 말에 귀를 기울이지 않을 수 있을까?

소춘일화(小春日和)의[1] 한갓진 햇볕은 흉악무뢰한 김상옥이[2] 숨어 있던

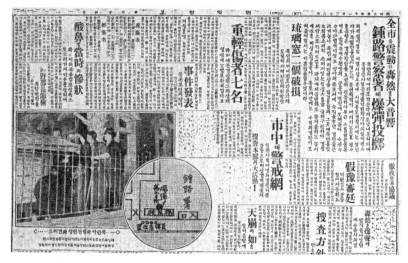

『매일신보』(1923. 1. 14)의 종로경찰서 폭탄 투척사건 보도. 기사 제목을 보면 윗줄 오른쪽부터 「시가지 전체를 뒤흔든 큰 폭발소리」, 「종로경찰서에 폭탄 투척」, 「유리창 2개 파손」, 「중·경상자 7명」 등으로 되어 있다. 폭탄은 가운데 원내 평면도에서 보듯 종로경찰서 입구 옆 게시판과 그 뒤쪽 급사실 사이에서 터졌다. 사진은 경찰관들의 현장조사 장면. 그림 오른쪽 「시중에 경계망, 1,400여 명의 경관이 총출동으로 비상경계선을 쳐」 기사는 3/4 가량이 검열로 삭제되었다. 당시 검열은 경무국 고등경찰과 소관이었는데, 신문은 인쇄·배포하는 시간이 빠듯했기 때문에 검열해서 문제가 있는 기사는 윤전기에 쓸 연판(鉛版) 자체를 뾰족한 못 같은 것으로 긁어서 지워버렸다. 종로경찰서의 위치는 77쪽 지도 참조.

효제동까지도 한결같은 따뜻함으로 감싸 안고 있었다. 흙먼지 피어오르는 길가에서 희희낙락 장난을 치며 노는 아이들. 가게를 지키는 노인은 긴 담뱃대를 빨면서 안경 너머로 신문을 읽고 있었다. 그런데 그곳 싸전의[3] 처마 아래 거지 아이 하나가 들개처럼 땅 위를 기면서 가마니와 지푸라기 쓸어 모은

---

1 '소춘(小春)'은 음력 10월이다. 초겨울 추위 뒤에 잠깐 따뜻한 날을 일본에서 '소춘일화'라고 한다.

2 1923년 1월 12일 밤 종로경찰서에 폭탄을 투척한 김상옥(金相玉, 1890~1923)은 본래 효제동 출신으로, 거사 이후 경찰의 추적을 피해 효제동으로 잠입했다가 1월 22일 새벽 추적해 온 경찰과 치열한 총격전 끝에 자결했다.

3 '싸전'은 쌀이나 곡식을 파는 가게다.

것을 작은 손으로 헤집고 있었다.[4] 마침 그곳을 지나던 나는 그 모습에 문득 발을 멈추고, 그 애가 하는 짓을 물끄러미 지켜보았다.

닭이 그러듯이 거지 아이가 쓰레기를 뒤진 데는 목적이 있었다. 그 애는 20분 넘게 걸려서 쓰레기를 3분의 2나 흩어놓고 뒤진 끝에, 1전짜리 동전 한 푼을 주워들었던 것이다. 그것을 왼손으로 옮겨 쥐고 입가에 씨익 기쁜, 그러나 야비한 웃음을 지었지만, 그 웃음은 이내 가셨다. 아이는 천천히 일어서더니 무의식적으로 비트적비트적 음식점 쪽으로 걸어갔다. 나는 이 거지 아이의 행동에 비상한 호기심과 일종의 의문이 솟아올라, 그 애를 그냥 내버려두고 싶지 않았다.

「애, 너, 맛있는 거 줄 테니 우리 집에 가자.」 그렇게 말하고, 거기서 멀지 않은 내 집으로 그 애를 데리고 왔다. 나는 아내한테 말해 설탕을 곁들인 구운 떡과 귤을 뒷마당으로 가져오게 했다.

「넌 이름이 뭐냐?」

나는 툇마루에 걸터앉아 다리를 건들거리면서, 마당에 쭈그리고 앉은 거지 아이를 내려다보고 이렇게 물었다. 그 애는 떡을 한 입 가득 문 채 신문지 위에 놓인 설탕을 손가락으로 휘저으면서,

「노마(老馬).」 하고 대답했다.[5]

「성은?」

---

4 전통적으로 곡물을 담는 데는 짚으로 짠 큰 자루인 '섬'이 사용되었는데, 식민지기 일본에서 들어온 '가마니'로 차츰 대체되었다. 가마니는 일본어로 '가마스(叺)'라고 하는데, 섬보다 크기가 작고 조직이 더 치밀해서 튼튼하다. 곡식의 포장단위로 말할 때는 보통 두 가마(니)를 한 섬(石)으로 친다.

5 '노마'는 당시 남자아이를 부르던 이름으로 무척 흔한 것이었다. 아마 '놈'에서 왔을 것이고, '老馬'는 개똥이를 '介同(伊)'로 쓰는 식의 가차(假借)다.

「조(趙)가야.」

「몇 살?」

「여덟 살.」

「그렇구나. 그런데 너, 아까 싸전 앞 쓰레기 속에서 1전 주웠잖아? 그건 웬 돈이냐?」

「내가 그 앞을 지나가는데 싸전 사람이 쓰레기를 버렸거든. 그때 쓰레기 속에서 짤랑 하고 소리가 났다누. 틀림없는 둔[돈] 소리야. 그래, 뒤져 봤더니 1전짜리가…….」

「돈 소리가 나서 뒤져 봤다고? 흠…… 너는 돈 소린지 다른 쇠붙이 소린지, 들으면 아냐?」

「알지 그럼. 누구래두 알 수 있을걸? 둔 소리랑, 구두에 달린 쇠붙이 소리는 달르니깐…….」

나는 놀라고 말았다. 그리고 나는 '경성의 밑바닥'이라고 이름 붙인 책의 출판사업에 착수한 상황에서 이 거지 아이를 집에 데리고 옴으로써 큰 수확을 얻은 데 대해 감사했다.

독자 여러분! 이 여덟 살짜리 거지 아이가 가령 날 때부터 거지였다고 해도, 보통사람은 알아채기 힘든 작은 동전 소리까지 구별해 낼 만큼 청각이 발달했다는 것은 예사롭지 않다. 너무나 갖고 싶은 대상물의 존재를 확인하는 것은, 소리만 있다면 그 애한테는 반드시 쓰레기 속에 한정되지는 않을 것이다. '스리[소매치기]'가 남의 호주머니가 불룩한 정도를 보고 그 속에 든 물건의 종류를, 돈이라면 액수까지를 안다는 이야기를 들은 적이 있는데, 늘 일관된 집착 또는 부단한 준비와 주의가 있다면 상상을 뛰어넘는 스리 이야기도 사실일 수 있다는 것을 이 거지 아이를 보고 깨달았던 것이다.

거기서 나는 몸서리를 쳤다.

독자 여러분, 이 아이가 평생 거지 생활에 만족한다면 문제는 없겠지만, 만일 이 특수한 감각을 악용할 기회가 생긴다면 어떻게 될까? 여덟 살짜리 거지도 이윽고 스무 살의 청년이 될 것이고 처지에 맞게 지식도 발달하는 것이 당연하다면, 그리고 그것이 나쁜 쪽으로 흐를 충분한 가능성이 있음을 부정할 수 없다면, 우리는 사회를 위해 연구하고 또 계획을 세워야 한다고 믿는다.

거지 아이 조노마는 태어나면서부터 거지였을까? 그게 아니라면

거지 아이 (『동아일보』 1929.4.5. 「하이칼라 깍정이」)

어떤 경로로 거지가 되었을까? 노마의 이야기 속에는 우리가 진지하게 생각해 봐야 것들이 많다.

노마는 경기도 시흥군에서 빈농의 아들로 태어났다. 노마가 여섯 살 되던 해 여름 아버지가 병으로 죽자, 무정한 어미는 노마를 버려두고 정부(情夫)와 함께 어디론가 달아나버렸다. 아버지를 여의고 어머니와 생이별해서 천애고아가 된 노마는 그날부터 마을의 집집을 전전하게 되었다. 남의 집 마당의 낟가리 속에 기어들어가 잔다든지 야산 잔디 위에서 한뎃잠을 자는 데 익숙해졌을 때쯤에는 입은 옷도 벌써 너덜너덜해져 있었다. 그것이 가련한 어린애든 노인이든 '추한 놈', '성가신 놈'에 대해서는 사람들은 '위험'이라는 상상을 더해 시야에서 멀리 떼어놓으려 한다. 마을사람들은 노마한테도 그렇게 냉혹한 태도를 취했다.

「저 아귀 녀석, 요즘 넉살이 좋아졌어. 동네에서 안 쫓아내면 뭔 짓을 할지 몰라.」

「아무것도 안 주면 돼. 그러면 딴 동네로 가겠지.」

먹을 것을 못 얻는 곳에서 생물이 못 사는 것은 당연한 이치. 노마는 마을 사람들이 바란 대로 옆 마을로 흘러갔다. 옆 마을에서 며칠 동안 집집이 다니며 얻어먹다가 또 그 옆 마을로 옮겨갔다. 그렇게 해서 거지 노릇이 제법 몸에 배었을 무렵에는, 노마는 영등포로 나와 있었다.

'경성에 가면 배 터지게 먹을 수 있겠지?' 사회의 차가운 손은 여덟 살짜리 어린애한테 그런 분별을 갖게 해 주었다. 노마가 경성에 올라온 것은 지난 초겨울, 차갑게 서리가 내린 무렵이었다. 하지만 경성에 올라와서도 노마가 상상했던 것처럼 '배 터지게' 먹어 본 경험은 손으로 꼽을 정도밖에 없었다. 게다가 시골과는 달리 경성에는 거지세계의 선배(?)가 여기저기 굴러 있었다.[6]

「이 자식, 못 보던 새끼네? 그 누룽지 반 내놔.」 하고, 반나절 걸려 간신히 얻은 누룽지를 빼앗긴 적도 있었다.

「인마! 여긴 내가 매일 자는 데야. 안 나가면 패 준다?」 길가 쓰레기통 안에서 쓰레기에 파묻혀 따뜻하게 자고 있다가 선배(?)한테 얻어맞은 적도 있었다. 한번은 공설시장의 상점 처마 밑에 서 있다가 건방지게 생긴 그 집 고용인이 머리부터 쌀뜨물을 끼얹어서, 추위와 비참함에 쓰러져 운 적도 있었다. 이렇듯 경성은, 노마가 상상했던 거지 생활의 파라다이스는 아니었다. 어

---

6 어린 거지들은 무리를 이루어 다리밑 같은 데 살곤 했다. 겨울철에는 A-1형 토막을 세웠을 것이다. 첫째대장, 둘째대장 하는 위계도 있었다. 박태원의 『천변풍경』에는 장마로 청계천에 물이 붓는 바람에 "참말 수채구멍의 생쥐 꼴이 된 깍정이들"이 "살무사며 동아뱀이며 두더지며 온통 그 따위만 쓸어넣은" 궤짝을 건지느라고 애를 쓰는 장면이 있다. 62쪽 주 6의 '깍정이패', 8장의 땅꾼(대장) 이야기도 볼 것(조선후기의 깍정이와 땅꾼/땅거지에 대해서는 참조: 전우용, 2008: 80-83).

엿한 거지로 경성을 활보하게 되기까지 시련을 견뎌내지 못하고, 내지인 거리에 더 있을 수 없게 된 노마는 그곳을 빠져 나와 종로 쪽 조선인 거리를 배회하면서 간신히 다른 거지들의 핍박을 피하고 있는 것이었다.

내가 그 애를 집으로 데려와 이런저런 질문을 하면서 보니, 노마는 거지라지만 역시 천진한 어린애 같은 면도 있었다. 사랑스런 우리 신보(申坊)의 장난감 말을 갖고 놀면서 살아 온 이야기를 했던 것이다.

선악도 분간 못하는 가련한 어린애한테 무슨 죄가 있다고 사회는 그 애를 이토록 냉혹하게 다루는가? 이런 애가 한 명이라도 더 많아지면 사회의 병은 그만큼 깊어지고, 그 병 때문에 사회 전체가 고통 받는 줄을 모르는가? 쌀 뜨물을 끼얹는 그 손으로 왜 동전 한 푼 베풀지 않는가? 자기 애한테 1원짜리 장난감을 사 주면서 깎은 푼돈이라도 좋으니 베풀어 달라. 그 돈으로 배불리 먹지는 못하겠지만, 그들은 인간 사회의 따스함을 알게 될 것이다.

6장 신기료

빈 석유 궤짝에 끈을 달아 어깨에 걸치고, 「신 기리오? 신 기리오?」하며 관청 거리를 돌아다닌다.[1] 왕래가 빈번한 길가에 쪼그리고 앉아 행인들의 신발을 수선하는 신기료라는 돈벌이도 요즈음 그다지 순조롭지 않다. 당연하다. 불경기가 그들에게도 닥친 것이다. 신발 수선을 맡기는 쪽도 크게 고쳐야 할 것을 조금만 고쳐서 당분간만 버텨보자는 것이니까, 수선삯이 제대로 들어오지 않는다.

---

[1] 신발 수선하는 사람을 가리키는 '신기료'라는 말은 그들이 거리를 돌아다니면서 '신 기리오?'하고 외친 데서 비롯되었다고 한다. '신 기리오?'라는 말은 '(떨어진) 신을 깁다'에서 나왔을 것이다. 1893년에 조선을 정탐한 혼마 규스케도 석유 궤짝 같은 것을 끈으로 어깨에 메고, 정확하지는 않지만 신발 고치라고 소리치면서 거리를 돌아다니는 나막신 고치는 사람에 대해서 쓴 바 있고(本間九介, 2008: 86), 배경은 해방전후지만, 채만식의 단편소설 「미스터 방」의 주인공도 "궤짝 한 개 걸머지고 신기료장수로" 나선 인물로 그려져 있다.

당시 가정용 석유는 5갤런짜리 깡통 두 개를 52×25×37cm 정도의 나무 궤짝에 넣어 판매했다. 1갤런(미국)은 약 3.8리터, 두 되쯤이니까 5갤런은 약 한 말 통이다. 이 나무 궤짝과 석유 깡통은 여러 용도로 재활용되었는데, 석유 깡통이 물장수들의 '표준' 규격 물통으로 이용되었다는 재미난 이야기도 있다(전우용, 2008: 23-25). 사진 좌: 블로그 '시간과 공간의 향기' http://jjtkks.blog.me/120131021267, 우: 孔泰瑢·高二三, 1986: 58.

가죽구두를 신던 사람도 요즘은 점점 고무신을 사 신게 되었다. 싼 것도 7, 8원은 드는 가죽구두는 살 수 없으니까, 8, 90전부터 2원이면 되는 고무신으로 견뎌보자, 잘 신으면 6개월은 가니까······ 하고. 이런 것도 신기료한테 영향을 미친다. 영향을 미치는 정도가 아니다. 신기료는 고무신에 대해 원망이 많다.

그런 판에 동업자가 늘었다. 현재 경성에 신기료가 8백 명이라는 것은 거짓말 같은 사실이다. 그럴지도 모른다. 종로를 지나노라면 1, 2정[약 100~200m]마다 한 명 꼴로 하수도 덮개 위에 쪼그리고 앉은 신기료의 모습이 보인다. 동업자가 느니까 경쟁이 되어 값이 싸진다. 그들은 점점 생활에 쫓기게 되었다.

어쩌다 이렇게 신기료가 늘었을까? 그들에게 물어보아도 모른다고 하지만, 내가 연구한 바에 따르면 이것도 불경기가 가져온 결과다. 버젓이 점포가 있는 구둣방에서 일하다가 모가지가 잘린 직공이 놀고 있을 수도 없어서 시

초기의 고무구두 광고(『매일신보』 1920. 3. 15)

고무구두와 '고무신'

고무로 만든 신발은 20세기 초 미국에서 개발되어 방수용 장화로 발전했지만 구두 형태로도 만들어졌고, 일본에서는 '고무쿠쓰(ゴム靴, 護謨靴)'라는 이름으로 1908년경부터 생산되었으며('구두'는 일본어 '구쓰(靴)'에서 온 말이다), 조선에는 1919년경에 고무구두가 도입되었다. 이것은 내구성은 떨어지지만 값이 저렴해서 서민들이 많이 신었다. 위 그림이 '고무구두' 광고이다. 도쿄에 있는 상점이 조선에서 나온 『매일신보』에 실은 광고인데, 맨 왼쪽에서 보듯 우편대체계좌(振替)를 통해 통신판매를 하는 것은 당시 흔한 일이었다.

한편 조선에서는 1921년부터 갖신 형태의 고무신이 개발되어 인기를 끌었다. "요사이 일반사람이 신고 다니는 신발은 열에 칠팔이 『고무신』이라고 할 만큼 경향[京鄕]을 물론하고 『고무신』이 크게 유행되는 터인데 이 고무신이 조선 안으로 처음 들어오기는 지난 대정 팔년경이라. 처음에는 그 모양을 『구두』같이 만들었으므로 일반사람이 그다지 즐겨하지 아니하였던 바 관찰이 빠른 장사들은 작년 봄부터 『조선신』 모양으로 만들어 일반의 환심을 끌게 되었는데 다소간 경제적이라는 점으로 일반 중류계급으로부터 구차한 사람들까지 거의 전부가 이 신발을 쓰게 되니 조선 안에도 이 『고무신』 만드는 공장이 늘어(『동아일보』 1922. 12. 20. 「삼백만원의 護謨靴」)" 갔다는 것이다.

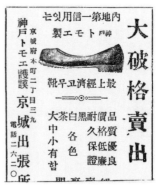

갖신 형태의 고무신 광고(『동아일보』 1921. 8. 19.)

작한 경우도 있다. 조선의 갖신(皮鞋)이 점점 서양 구두에 밀리게 되자 갖신 고치던 이가 서둘러 구두 수선으로 전업한 경우도 적지 않다. 손재주 있는 보통사람이 개업한 것도 있다. 형무소에서 기술을 배워서 나온 자도 있다. 그러니까 경성의 신기료 중에는 아주 솜씨 좋은 사람도 있지만, 아주 형편없는 사람도 있다. 운니(雲泥)의 차랄까, 솜씨가 좋은 사람과 나쁜 사람은 깨소금과 잿가루 정도의 차이가 있다.

신기료가 많이 살기로는 동소문 안이 첫 번째고 그다음이 동대문 안, 이어서 광희문 안, 구(舊)용산,[2] 그리고는 시내 조선인 동네에 산재해 있다. 어성정 성벽 아래 토굴 움집에 사는 이도 한 사람 있다.[3] 이들의 수익은 월 평균을 정확히 알 수는 없지만, 요즘은 최고 40원, 최저 16원 정도라고 생각하면 대차(大差)는 없다. 물론 비다 눈이다 하는 예외적인 경우는 빼고 말이다.

신기료 일은 드는 자본이 아무것도 없을 것 같지만, 그래도 조사해보면 10원 안팎의 물건이 저 석유 궤짝에 들어 있다. 쇠로 된 구두 틀(金臺), 가죽칼, 송곳, 해머, 숫돌, 바늘, 얏토코,[4] 못뽑이 등의 수리용구 한 벌에 7, 8원, 거기에 가죽이며 재봉실, 쇠못(징), 나무못, 구두끈, 구두약, 고무밑창까지 챙겨 다니려면 14, 5원은 든다. 하지만 그들은 떨어진 재료만 그때그때 사들이니까 늘 뭔가가 부족한 상태로 일을 하느라 허덕이고 있다.

---

2 조선시대 '용산'이라고 하면 지금의 원효로 2가동 일대였고, 용산역, 한강대로 근처는 모래사장이 었다고 한다. 1904년 러일전쟁 당시 일본군이 지금의 국방부와 미군기지 일대에 주둔하면서 용산역 일대가 일본인 신시가지로 급히 개발되었고, 이후로 원효로 쪽의 조선인 거주지를 '구용산', 용산역 일대의 일본인 거주지를 '신용산'이라고 부르게 되었다. 1910년대에는 철도 관련시설이 신용산에 집중되었다.

3 9장 161쪽에 나오는 박성제를 말한다.

4 'ヤットコ'는 플라이어(plier). 못을 잡는 집게다.

기타무라 피혁점 광고

이 책 원본 98쪽에 실린 광고다. 오른쪽부터 "신사적 이상적 구두 크림", "품질이 빼어나고 경제적인 미국제 제트 오일", "도처의 구두점·양품점에 있음", 그리고 아래에 '조선 총대리점' 기타무라피혁점의 주소와 전화번호가 있다.

이 책은 단행본이면서도 곳곳에 이런 광고가 실려 있다. 아마 기자 출신인 저자가 평소의 친분을 이용해서 광고 형태로 관련업자들한테서 출판비를 지원받은 것 같다. 명함 형태의 광고가 많지만, 드물게 이렇게 그림이 포함된 광고도 있다.

그들이 재료를 사들이는 도매상은 남대문통 기타무라(北村)피혁점을 비롯해서 황금정 2정목 태전(太田)피혁점과 유풍(裕豊)피혁상회, 공평동 공제사(共濟社)피혁점, 무교정 해신(海信)피혁점, 종로 1정목 동양(東洋)피혁점, 종로 2정목 동서(東西)피혁점, 종로 4정목 경성피혁점 등이다.[5] 재료를 사러 가는 시각은 아침저녁이 제일 많고, 그사이에 가는 것은 수선 중에 재료가 떨어지면 보충하러 달려가는 것이다. 한 번의 구입비용은 최저 20전부터 최고 2원 정도로, 3원씩 되는 경우는 거의 없다.

혼자 사는 신기료 중에는 경성의 경기가 나빠지면 시골로 한 바퀴 돌고 시골의 경기가 재미없어지면 다시 경성으로 돌아오는 식으로 일을 하는 사람도

---

[5] 이 상점명들로 국편 한국사DB를 검색하면 1921년 7월 조선인들이 설립한 동서피혁주식회사, 그해 9월 역시 조선인들이 설립한 상업회사인 주식회사 공제사, 1917년 대전에서 일본인들이 세운 대전피혁주식회사(일본인들은 대전을 '太田'으로 쓰기도 했다) 등을 찾을 수 있다. 하지만 모두 흔한 이름들이어서 여기 나오는 상점들이 그런 회사의 총판이나 대리점인지 단정할 수는 없다.

있다. 주문한 재료는 가는 곳의 우체국으로 부쳐놓고 석유 궤짝 하나를 메고 조선반도 구석구석을 걸어서 돌아다니는 장사라는 것도, 무시할 수는 없다.

조선에서는 완고하게 계급을 묵수(墨守)해 왔지만, 총독정치가 시행된 이래 나날이 차별이 타파되어, 푸줏간도 신기료도 동등하게 권리를 주장할 수 있게 되었다.[6] 그렇다고는 해도 이런 날품팔이 노동자는 사실상 남에게 머리를 조아려야 하는 경우가 많으니까, 뱃속에서는 불평이 부글부글 끓어도 꾹 참으면서 살고 있다.

비싼 가죽구두니까 자본이 전혀 안 드는 것도 아니고 게타[일본 나막신] 굽갈이나 바케쓰 수선보다는 좀 더 많은 자본을 투자해서 그걸로 이익은 본다 해도, 땅바닥에 앉아서 남이 신던 흙투성이 신발을 무릎 위에 얹고 주무르는 일이다. 타고난 운명이라고 체념이라도 하지 않으면 '땜장이 마쓰'처럼[7] 한강 인도교에서 도구를 강물에 집어던지고 싶어질 것이다. 그런 불평을 풀기 위해서일까, 신기료 중에는 술을 마시는 이가 많다. 무의식적 행동이지만, 전통적으로 그랬을 거라고 생각된다. 하루 일을 마치고 집으로 돌아가는 길에 도매상에 들러 재료를 구입한다. 그때 그들의 입에서는 코를 싸쥐지 않을 수 없

---

6 조선총독부의 '시정(始政)' 이래 조선의 폐정(弊政)이 개혁되고 악습이 많이 사라졌다는 것이, 당시 재조선 일본인들의 자평(自評)이었다. 식민지배자의 오만과 자기도취겠지만, 조선시대 백정(屠漢)과 갓바치가 차별과 천대의 대상이었던 것도 사실이다. 1894년 갑오개혁으로 천민신분과 이들에 대한 법적 차별은 철폐되었다지만 사회적 차별은 여전해서, 1923년에는 경상남도 진주를 시작으로 백정들의 해방운동인 '형평운동(衡平運動)'이 일어나게 된다.

7 '땜장이 마쓰(鑄掛松)'란 『후네우치코무하시마노시라나미(船打込橋間白浪)』라는 가부키(歌舞)의 주인공이다. 19세기 후반 유행했던, 평범한 인물이 어쩔 수 없는 운명에 휘말려 도적이 되고 결국은 파멸해가는 과정을 그린 '시라나미모노(白浪物)'의 일종으로, 고단(講談)으로도 만들어져 서민들 사이에 유행했다.

FOOT-WAY BRIDGE OVER KWANKO RIVER. KEIJO
京城龍山漢江人道橋 （所名鮮朝）

자동차와 보행인을 위한 최초의 다리인 한강 인도교는 1917년 10월 지금의 한강대교 자리에 중지도를 사이에 두고 노량진 쪽 대교와 용산 쪽 소교가 이어지는 형태로 완공, 개통되었다. 1925년 을축년대홍수로 용산 쪽 소교가 유실되어 1929년 확장·재개통했고, 1936년에는 노량진 쪽도 새 교량을 건설했다. 한강 인도교는 한강을 건너는 유일한 도로교량으로 이용된 것은 물론이지만, 이후 여름철 경성부민의 피서공간이 되기도 했고, 반면 이 다리 위에서 많은 투신자살 사건이 일어나기도 했다. 1950년 6월 28일 새벽, 한국전쟁이 터지자마자 일찌감치 대전까지 달아난 이승만 정부는 북한군의 남진을 막기 위해 예고 없이 이 한강 인도교를 폭파해서 피란길에 올랐던 수백 명이 사망하고 남은 서울 시민들이 고립되는 사태를 초래하게 된다.

는 막걸리 냄새가 물씬 풍기는 것이다.

그들이 구입하는 재료는, 고무신 밑창을 제외하면 물론 죄다 싸구려다. 뭐니 뭐니 해도 수선이 가장 많이 들어오는 것은 구두 밑창인데, 여기 쓰는 가죽창은 최상등품이 한 켤레분에 90전 한다. 하지만 그들은 이런 상등품은 구입하지 않는다. 폭 한 치 길이 두 자 정도에 18전 하는, 보통 구둣방에서는 밑창 둘레에 넣는 중등품을 그들은 상등품으로 취급한다. 그보다 내려가면 폭 한 자 길이 한 자 다섯 치, 한 근에 90전이라는 뱃가죽, 이제는 무게로 거래되는 하등품이다. 이런 가죽을 쓰게 되면 재난이다. 그야말로 골판지를 신고 다니는 거나 다름없어서 금방 누더기처럼 보기 흉하게 닳아 찢어져 버린다. 고무신 발뒤축은 한 켤레분 20전인 것은 상등품. 중등품은 18전, 제일 하등은 10전인데, 고무신은 손님들도 잘 아니까 신기료들도 경성 시내에서는 하등품은 좀처럼 쓰지 않는다. 쓰는 재료의 가격은 보통 구둣방에서 쓰는 것의 3분의 1 내지 2분의 1 정도를 넘지 않는다.

「어차피 신기료니까, 팍 깎아 줘.」 하고 손님들도 서슴없이 가격을 깎으니까 요즈음은 막걸리는커녕 아내와 자식 둘도 먹여살리기 힘들다고, 어떤 신기료는 탄식하다 눈물을 비쳤다. 부모형제와 처자식을 부양해야 하는 신기료는 아마도 흰 쌀밥은 먹지 못할 것이다.

「눈 덮인 길을 걸어 다니다 해진 신발이 우리 무릎에 오르는 것은 3월부텁니다. 그때부터 여름 될 때까지는 낙도 있고 일거리도 있지만, 이렇게 신기료가 많아져서 말입니다.」 하고 애달파한다.

7장 박 서방의 말

봉래정의 한 주막에 들어와서 말 한마디 없이 막걸리만 벌컥벌컥 들이키던 사내는, 이윽고 술기운이 돌자 두 눈에서 커다란 눈물방울을 뚝뚝 떨어뜨리며 울기 시작했다. 주막 안주인은 딱하다는 표정으로 우는 사내를 바라보고 있었다.

「아주머니, 내 말이, 죽어버렸수. 내 말이, 죽어……」

안주인은 대답할 말이 없다는 듯 미간을 찌푸리며 고개를 돌렸다.

「아아아, 내 말이, 죽어버렸다구. 내 말이……」

그는 연거푸 「내 말이 죽었다.」고 흐느끼면서 주막을 나갔다. 어둠 속에서 내…… 말…… 이, 죽어…… 하는 구슬픈 목소리가 띄엄띄엄 들려왔다.

그는 동사헌정 52번지에 사는 박미선(朴迷善)이라는 마바리꾼[마부]이다. 솔직하고 순박하며 말수가 적은 사내로, 단골집 어디서나 박 서방, 박 서방 하고 환영을 받는다. 처자식이 없는 그는 재작년에 산 구렁빛 당나귀와 단둘

본문에서는 '驢馬'(당나귀, 또는 털빛이 검은 말)
와 '鹿毛(구렁빛 말)'라는 말을 썼지만, 박 서방
의 대사에는 그저 '馬'라고만 되어 있다. 당나귀
를, 주인 박 서방은 대견해서 '말'이라고 한
게 아닐까 싶다. 당시 사람들은 타고 다니거나
짐을 나르는 데 조랑말, 노새, 당나귀 등을 이용
했다. 몸집이 작으면서도 강인한 이 짐승들은
외국인 여행객의 주목을 끌어, 꽤 많은 사진이
남아 있다(孔泰瑢·高二三, 1986: 107)

이 살면서, 자기가 막걸리를 마실 때면 당나귀한테는 콩비지를 한 됫박 담아

준다.

　「박 서방, 오늘은 일을 쉬나?」 하고 물으면,

　「내 말이 쉬는 날일세.[1] 덕분에 나도 대낮버텀 막걸리 한 잔 걸쳤지.」 한다.

　「사이가 좋구면. 부러운걸?」 하면 그는,

　「내 말은 나한테 친구구 자식이구 마누라니깐……. 일두 잘해 주지, 에헤

헤.」 하고 즐거워한다.

　그 당나귀가 1월 24일에 다리를 다쳐서 걷지 못하게 되었다. 박 서방은 어

1　저자는 'ドンタク'라고 썼다. 이 말은 네덜란드어 'zondag'(일요일)에서 유래되었다고 하는데, 17
　세기 이래 일본과 네덜란드(오란다)의 교류의 산물이다.

쩔 줄을 모르고 당나귀의 다리를 쓰다듬다가 차게 식혀줬다가 다시 따뜻하게 해줬다가…….

「아이고, 열이 있네. 힘줄을 다쳐서 꽁꽁 처매 놨더니……. 아니지, 차게 허구 다리를 좀 폐게 해 줘야겠구먼.」

박 서방은 마당의 나무에다 껍질 벗긴 통나무를 묶고는, 당나귀 배때기에 삼끈을 둘러서 그 통나무에 당나귀를 매달았다. 당나귀는 매달린 채 앞다리를 건들거리고 있었다.

「춥겠지만 좀 참어. 다 너를 생각해서 이러는 게야. 이삼일 지나면 다리를 펠 수 있을 테니 조금만 참어…….」

꽤나 따뜻한 날씨였는데, 갑자기 큰 눈이 내리면서 엄청 추워졌다. 그래서 당나귀는 박 서방을 혼자 남겨놓고 죽어버렸다.

당나귀의 사체는 눈에 파묻힌 채 꽁꽁 얼어 있었다……. 지금쯤은 치웠으려나?

「여보게 이 사람아, 만날 술만 먹구 있으면 으떡허나? 그저 더 열심히 일을 해서 그보다 더 존 말을 사야지…….」 하고 친구들이 말하면,

「친구랑 자식새끼랑 마누라랑 한꺼번에 다 죽어 버렸는데, 일이 다 뭐냐……? 술이다, 술, 술!」 하며 마시다가 울다가, 내 말이 죽었다고 울부짖으며 찬장의 그릇들을 와장창 때려 부수고 발을 동동 구르다가 잠이 들어버린다.

박 서방은 앞으로 얼마나 더 이런 나날을 보내게 될까?

8장 땅꾼과 거지 여자

나는 절름발이 / 너는 소경 / 부족한 건 아무것도 없지.

나는 땅꾼 / 너는 거지 / 맞벌이하며 살자꾸나.

나는 남자 / 너는 여자 / 남남으로 살아본들 수가 있나.

[1]

「대현아 으디 있냐? 앞두 못 보는 에미를 은제꺼정 예 두려는 거냐? 집에
안 갈래? 뭐라고 말 좀 해 봐라. 대현아, 으딨니?」

활동사진 우미관[1] 앞에서 종로로 나오는 모퉁이 전봇대 아래, 마흔 살쯤 된

---

1 김두한 이야기로 기억되는 우미관(優美館, 유비칸)
은, 1912년 일본인 하야시다 곤지로(林田金次郞)가
관철동에 세운 활동사진관(영화관)이다. 종로 맥도
날드 옆 골목에 '우미관 옛터'라는 표지석이 있다(77
쪽 지도 참조). 종로에 자리해서 거의 조선인 전용관

이 되었고, 미국 유니버설 영화사 영화를 독점 공급했다. 사진은 1920년 우미관 영화광고, 당시는
짧은 활동사진을 여러 편 묶어서 상영했고, 광고도 이렇게 제목과 내용을 간단히 소개하는 식이었

당시 신문에 실린 모자 광고(『동아일보』 1923. 11. 19). 왼쪽 위부터 중절모, 학생모, 사시코모자(刺子帽), 청년모, 한가운데가 도리우치(鳥打), 아래는 방한모와 '目出帽'다. 사시코(刺子)는 일본의 전통 누비다. 눈만 내놓는 모자인 '目出帽'는 추울 때 쓰는 복면형이다. 본문에서 대현이가 쓴 '眼ばかり帽'도 이런 종류인 듯하다.

앞 못 보는 거지 여자가 턱을 쳐든 채 이리저리 귀를 기울였다가 쉰 목소리를 쥐어짜서 외치고 있었다. 그러고 보니 거지 여자 옆의 전봇대 반대쪽 그늘에 해어져 머리카락이 반쯤 삐져나온 복면모자를 뒤집어쓴, 열두셋이나 먹었을까 싶은 사내애가 전봇대에 등을 기댄 채 뿌루퉁하게 제 발끝만 잔뜩 노려보고 있었다. 지나가는 누가 봐도 모자(母子)임이 분명했다.

「내가 널 뭐라는 게 아니래두? 둔을 못 벌었으면 못 번 대루 그만 집에 가자는데, 에미를 여기 버려 둘 거니? 추워 죽겠구나. 대현아, 너 으됐냐?」하고 거지 여자는 안 보이는 눈을 끔뻑거리며 발을 동동 굴렀다.

음, 그런 얘기군. 그쯤에서 나는 거지 아이에게 다가갔다.

「애야, 왜 빨랑 어머니 안 모시고 가냐? 어머니는 앞도 못 보는데, 어서 모시고 가거라. 어이, 이봐!」

그래도 거지 아이는 가타부타 말도 없이 전봇대에 달라붙어 꼼짝도 하지 않았다. 거지 여자는 소리 나는 쪽을 찾는 듯했다.

다. 광고에 보면 다큐멘터리(實寫), 희극, 인정극(人情劇), 정극(正劇), 활극이 각각 한 편씩, 모두 다섯 편을 상영한 것으로 되어 있다(『매일신보』 1920. 9. 3).

「붙들어 줍쇼. 부탁입니다. 걔 좀 붙들어 줍쇼.」하고 애처롭게 부탁을 했다.

「자, 애야, 어서 어머니하고 돌아가거라. 이 추운 데 서서……. 이봐, 그렇게 뻗대지 말고 어른 말씀을 들어야지. 서두르지 않으면 해가 진다. 자, 어서 어머니 모시고…….」그래도 녀석은 까딱도 하지 않았다.

「나리, 붙들어 줍쇼…….」하고 거지 여자는 다시 울부짖었다. 나는 장갑을 낀 손으로 거지 아이의 덜미를 붙잡았다. 녀석은 말없이 버르적거리며 내 손을 뿌리치려 했다.

「자, 자네가 붙들게.」

거지 여자는 전봇대에 한 번 부딪혔지만 교묘하게 전봇대를 돌아서 다가오더니, 지팡이를 왼손으로 바꿔 쥐고 오른손으로 아이의 덜미를 붙들었다. 거지 아이는 버둥거리며 뿌리치려고 했다. 어머니는 놓치지 않으려고 했다. 아이의 옷깃이 뒤틀렸다. 거지 여자의 손이 꺾였다.

「아얏! 너 지끔 에미를 버리고 도망치려는 거니? 붙들어 줍쇼……. 쟤 좀 붙들어 줍쇼.」

눈은 멀었어도 눈물 구멍은 뚫려 있다. 희로애락의 감정을 타인에게 알리기 위해, 또 안구의 운동을 돕기 위해 필요한 눈물 구멍을 메우지 않을 거라면, 신은 왜 한쪽만이라도, 희미하게라도 좋으니 이 거지 여자한테 사물을 볼 수 있게는 해 주지 않나…… 하면서, 나는 그 눈을 보았다. 완전히 멀어버린 눈이다. 눈꺼풀도 열리지 않는다. 보기 흉하지는 않고, 위에서 쓸어내린 듯이 먼 눈이다. 거지 여자는 어깨를 들먹이며 가쁜 숨을 쉬었다.

나는 다시 녀석을 붙들었다. 녀석은 또 빠져나가려고 했다. 그러고 있는데 조선인 청년이 한 명 다가와서는 거지 아이를 붙들어 여자한테 넘겨주면서, 자기도 손을 놓지 않은 채 동쪽으로 그 애를 끌고 갔다. 질질 끌려서 어쩔 수 없이 발을 옮기게 된 녀석도 이제는 달아나려고 하지 않았기에, 1정 [약 100미터]쯤 가서 청년은 손을 놓았다. 나도 집으로 돌아가는 도중이었으므로 그 청년과 이야기를 나누며 가다가, 종로 4정목의 전차 교차점에서 헤어졌다. 청년한테 들으니 좀 전의 그 거지는 광희문 성벽 밑에 산다고. 저녁을 먹고, 쓰던 원고를 대여섯 장 더 써 놓고 나서, 나는 광희문 성벽으로 거지 모자를 찾아가 보기로 했다.[2]

[2]

눈 온 뒤의 꽁꽁 얼어붙은 비탈길, 춥고 캄캄하고 미끄러운 그 길은 정말 엉망이었다. 그래도 가는 길을 들어 두었기에, 성벽에 붙어서 천천히 올라갔다. 성벽은 별이 가득한 하늘에 우뚝 치솟아, 무척 조용했다.

길을 막아선 움집을 들여다보며 「앞 못 보는 여자 집이 어디냐?」고 물었더니, 바로 옆이라고 가르쳐주었다. 그 옆이라는 것은 땅을 파서 만든 움막이다. 거적 사이로 새어나오는 불빛을 목표로 손으로 더듬으며 다가갔다. 문 삼아 걸어 놓은 거적을 걷어 올리자 악취가 물큰 코를 찔렀다. 뭔지는 모르지만,

---

2 1924년까지는 광희문 밖 성벽을 따라 남북으로 토막촌이 형성되어 있었다. 북쪽은 "동대문 종점에서 전차를 내려 훈련원 마주보이는 산언덕" 즉 동대문과 광희문 사이 언덕 "공동묘지 무덤 틈에 생움을 묻고 살아가는", "얼른 보기에 무덤인지 「썩은 짚가리」인지 분별할 수 없는 「움집」" 즉 토막 20여 호가 있다가(『동아일보』 1924. 11. 12. 「빈민촌탐방기(6) 별다른 세계/ 훈련원 움집에서 사는 빈민들」), 1925년부터 경성운동장(해방 이후 동대문운동장) 조성으로 철거되었다. 광희문 남쪽은 공동묘지와 쓰레기·분뇨 처분장 자리(53쪽 각주 28 참조) 등으로 토막촌·빈민촌이 점점 확대되면서 1920년대 후반 이래 아현리와 함께 경성의 대표적 토막촌이 된다(朝鮮總督府, 1933: 309-311).

식민지기 광희문 바깥 풍경. 성벽에 연이어 움집이 설치되어 있는 모습을 볼 수 있다(林南壽·朴商勛, 1986: 52).

머리가 어찔했다.

「어이, 앞 못 보는 여자가 있는 데가 여긴가?」 거적 안으로 머리를 들이민 채 물었더니, 땅거미처럼 구석에 대여섯 명 모여 있던 사내들 가운데서 소년 하나가 「예, 그런뎁쇼?」 하며 튀어나와 불빛을 등지고 섰다.

나는 몸을 돌려 소년의 얼굴을 보고서, 오두막 안으로 성큼 들어섰다. 소년 은 낮에 종로에서 어머니를 애먹이던 바로 그 거지 아이였던 것이다.

「너는 앞 못 보는 어머니를 애먹이던 그 나쁜 녀석이구나?」 이렇게 농담을 걸면서 거미 무리 속으로 들어가자, 땅거미들은 나를 위해 한쪽 자리를 터 주 었다. 이 대단한 사치! 작지만 완전한 스토브가 토방에 설치되어 있었다. 스 토브는 시뻘겋게, 맹렬히 타오르고 있었다. 땅거미들은 그것을 에워싼 채 몸 을 녹이고 있었던 것이다.

움막 한구석에 쌓여 있는 석유 궤짝 위에 굵은 양초가 켜져 있었다. 내가 그 촛불을 마주보고 난롯가 한쪽을 차지하고 앉자, 왼편 마룻바닥에 앉아 있던 사내가 생뚱맞게 나한테 말을 걸었다.

「아, 나리! 신문사 나리, 오래간만에 뵙는군입쇼……」

누구야!? 이 땅거미 무리에는 아는 사람이 없을 텐데……? 하지만 나는 건망증이 심하니까 어느 틈에 이런 곳에도 친구를 만들어 두었는지도 모른다 싶어서, 불빛에 비추어 그 사내의 얼굴을 들여다보았다.

그렇구나……! 생각이 났다. 작년 2월, 내가『경성신문』[3] 주필로 있을 때였다. '한겨울에 또아리를 튼 뱀의 모습은 어떤 걸까? 아직 겨울철의 뱀을 본 적이 없으니까 광희문 밖에 나가서 한번 보고 올까?' 했는데, 토막촌에 땅꾼이 있다는 말을 듣고 이 성벽 아래를 찾아 와서는 방바닥에 독사를 풀어 놓고 한 시간쯤 놀았던 적이 있었다. 그때 자기가 그 땅꾼들의 우두머리이자 뱀집 주인인[4] 윤태식(尹泰植)이라면서 땅꾼 이야기를 해 준 게 바로 이 사내였다. 그

---

[3] 1926년 경무국 도서과에서 낸『신문지요람(新聞紙要覽)』에 따르면『京城新聞』은 1909년부터 일본어·조선어로 발행된 주간지로, 당시 대표(사장) 아오야기 쓰나타로(靑柳綱太郎, 1877~1932, 호는 南冥), 주소는 황금정 2정목으로 되어 있다(국편 한국사DB). 아오야기는 통감부 때부터 조선에 와서 '조선연구회'를 설립하고 조선의 역사와 문화에 대한 다수의 번역과 저술을 남긴 인물인데, 자기 책에서 이『경성신문』에 대해 "1913년 6월 아오야기 난메이(靑柳南冥)가 결심한 바가 있어 거금을 투자하여 […] 이 무가치한 신문을 매수하여 계속해서 주간신문으로 발행하고 있다. 숨은 뜻은 알 수 없으나 조용히 필력을 기르면서 시운이 도래하기를 기다리고 있는 것일까(아오야기 쓰나타로, 2010: 87)?"하고 남의 얘기처럼 쓴 바 있다.

[4] 1924년『동아일보』탐방기사에 따르면 당시 광희문 성벽에 살던 토막민은 주로 거지·깍정이들로, 남의 "환갑이나 생일 혼인날 같은 집에 가서 문지기 노릇을 하여 주고 밥을 얻어" 먹기도 하지만 주된 생계는 뱀 장사였다고 한다. 뱀은 석유 궤짝 같은 데 넣어 두었는데, 당시 기자가 본 두 군데 토막의 '재고품'은 구렁이 10마리, 살무사 100마리, 도마뱀 1마리, 두꺼비 3마리였다(『동아일보』 1924. 11. 12. 「빈민촌탐방기(6) 별다른 세계/ 훈련원 움집에서 사는 빈민들/ 생애는 뱀 장사와 문 직하는 것」). 깍정이·땅꾼에 대해서는 62쪽 각주 6, 130쪽 각주 6 참조.

때의 기억이 떠올라 나는 고개를 끄덕였다.

「아아! 자네, 윤태식이라고 했던가? 땅꾼 대장이지. 까맣게 잊고 있었네……」 그러자 윤은 살무사에 물려서 못 쓰게 된 보기 흉한 오른손으로 머리를 긁적이며, 삐뚤어진 입가에 기분 나쁜 쓴웃음을 머금었다.

「땅꾼 대장이란 건 과분한 말씀이굽쇼. 나리는 지금두 신문사 기십니까요? 또 뱀 얘기 들으러 오신 게죠니까?」

「아니, 오늘밤은 뱀 이야기를 들으러 온 건 아냐. 실은 낮에 종로에서 이 녀석이 앞 못 보는 어머니를 애먹이는 걸 보고, 그 신세타령을 좀 들어 볼까 하고 왔다네……. 그 장님 여자도 여기 있나?」

「아 예, 있습죠. 여기…….」

「있다고? 안 보이는데?」

「아니, 이쪽에 있습죠…….」

윤이 가리키는 쪽을 보니, 토방 한쪽에 거적을 쳐서 가려 놓은 방이 하나 있었다.[5] 나는 그 거적을 들추고 안을 들여다보았다. 캄캄한 토방에 지푸라기를 깔아 놓은 거기에 돌처럼 꼼짝 않고 외롭게 웅크리고 있는 것은 틀림없이 낮에 종로에서 보았던 소경 여자 거지였다.

「어떤가? 적적하겠구만?」

내가 여자를 이렇게 위로해 주자, 소경은 몸을 한 번 움찔하더니, 예의 쉰 목소리로「예에…….」하고 대답했다.

장님 여자 대신 윤태식이가 하는 이야기를 들어 보니, 그 여자는 용인군에서 빈농의 딸로 태어났고, 성은 정(鄭)이라고 한다. 열여섯 살에 같은 마을 이(李)라는 빈농과 결혼을 했지만, 3년 만에 남편은 몹쓸 전염병으로 세상을 떠

---

5 119쪽 그림의 A-2형 토막과 같은 구조라고 생각된다.

났다. 마침 그때 정은 남편의 애를 배고 있었는데, 거듭되는 고생과 영양불량으로 이래저래 몸이 안 좋아졌고, 남편이 죽고 얼마 안 되어 물을 길러 나갔다가 미끄러져 구른 게 원인이 되어 이틀을 끙끙 앓은 끝에 뱃속의 아이는 유산되었다. 어린 나이에 불행이 겹친 여자는 어찌할 바를 몰랐지만, 친정으로 돌아가려 해도 양친 모두 이 세상 사람이 아니었고 태어난 집도 남의 손에 넘어간 뒤였다.

[3]

그 무렵부터 정은 눈병을 앓았는데, 겨울을 넘기자 완전히 눈이 안 보이게 되었다. 스무 살 되던 해 봄이었다. 그때까지는 마을의 불량한 이놈저놈이 젊은 과부를 노리개로 삼아볼까 싶어 친절을 가장해 접근했었지만, 눈이 멀고 나자 말만 섞어도 나쁜 소문이 난다며, 박정하게도 길에서 그녀와 마주쳐도 소리 죽여 한쪽으로 슬며시 비켜서 지나가 버렸다.

눈먼 여자 정은 수원으로 나와서 거지가 되었고, 여러 해를 거기서 지냈다. 경성에 온 것은 3년 전이었다. 보금자리도 없는 이 눈먼 새는 어두운 세계에서 빛을 찾아서, 남의 소매를 붙들고 구걸을 하며 다녔다. 그러다가 만난 것이 땅꾼 대장 윤태식이었다. 통통한 몸매, 더럽기는 하지만 본바탕은 흰 피부, 아줌마답게 낡은 모습도 인상이 그다지 나쁘지 않은 정씨를 길에서 보고,

「흐응, 별루 버린 물건 같지두 않은데?」

특히, 상대로 맞으려는 여자의 눈이 안 보인다는 것은 뜻밖의 행운이었다. 땅딸보 절뚝발이에 일그러진 면상, 손은 뒤틀리고 머리통은 울퉁불퉁, 자기가 봐도 남자로서는 시원찮은 그 모습을 알게 되는 날에는 여자가 넘어올 리가 없다.

이쪽은 무적자(無籍者)지만 상대는 거지다. 나는 뱀을 잡고 저쪽은 동냥을 한다. 밑 빠진 남비에 고친 뚜껑,6 부부 맞벌이도 나쁘지 않겠지…….

두 사람은 장충단 솔숲에서 막걸리에 북어포를 놓고 담바귀타령을 부르며 경사스런 부부의 연을 맺었다. 그런데 윤한테 운이 틔어서, 재재작년부터 재작년에 걸쳐 똘마니는 늘어나지 살무사는 풍년, 한 재산을 만들어 3백 원 가량을 손에 쥐게 되었다. 그래서 2백 원을 털어 넣어 그 성벽 아래 초가를 짓고 또 그 곁의 움막을 정씨의 저택 삼아 살게 하면서 완전히 '부르'[부르주아] 기분을 낸 것까지는 좋았는데, 등 따습고 배가 불러지자 예의 도박벽이 고개를 처들어, 일본의 '가부', 조선에서는 '투전'이라고 하는 것으로 빈털터리가 되고 말았다. 운도 내리막이 되려니까 비참했다. 세상은 불경기, 뱀은 잡히지 않았다. 그렇다고 뱀 대신 지렁이를 캘 수도 없는 노릇이어서, 노는 날이 많아졌다. 마침내는 노름 빚 때문에 모처럼 지은 2백 냥짜리 전당을 황(黃)이라는 똘마니한테 넘기고, 자기는 마누라의 거지 움막으로 굴러 들어가게 된 것이었다.

대현이라는 거지 아이는 재작년 조선은행 앞 광장에서 정씨와 모자의 연을 맺은 전라도 출신의 고아다.

움막 한구석의 양초를 세워 둔 석유 궤짝은 살무사를 넣어 두던 것이었다. 이 움막에는 거지 모자와 윤을 비롯한 거미 같은 땅꾼 패를 포함해서 열세 명이 산다. 너비 1간, 깊이 2간짜리7 토굴 안에 열세 명이나 살 수 있다는 것은 기적 같은 일이다.

---

6 '짚신도 짝이 있다'는 뜻의 일본 속담이다.

7 일본식 척관법에서 1간(間)은 6자(尺), 약 1.8m이다. 계산해보면 움집 넓이는 6.48m², 두 평이 조금 못 된다.

조선은행 앞(줄여서 '선은전(鮮銀前)'이라고 불렀다) 광장은 1910년대 경성의 유일한 '광장'이었다. 나중의 미쓰코시(三越)백화점(지금의 신세계백화점) 자리에는 1926년까지는 경성부청이 있었고, 1912년에 조선은행(왼쪽 흰 건물), 1915년에 경성우편국(오른쪽 울긋불긋한 벽돌 건물)이 세워졌다. 사진은 경성부청 쪽에서 남대문 2정목쪽(을지로 방향)을 보고 찍은 것인데(朝鮮總督府, 1925a), 사진처럼 남대문통 큰길을 중심으로 하세가와 요시미치(長谷川好道) 2대 총독의 이름을 딴 장곡천정(조선은행과 그 옆 원뿔형 지붕의 붉은 건물인 조선상업은행 사이, 소공로 소공동쪽), 욱정(소공로 남산쪽), 그리고 최고의 번화가인 본정(명동길)이 합류하는 지점이었다. 그러니까 이 조선은행 앞 광장은 일본인 거류지의 중심에 형성된 랜드마크였지만, 정작 식민지기 내내 '광장'으로 활용된 적은 한 번도 없다(김백영, 2011).

「어이 대장, 2백 냥씩 들여서 지은 집을 남한테 빼앗기니 한심하다는 생각 안 들었어? 그래, 이제 도박은 끊었겠지……?」 내가 그렇게 말하자 대장은 일그러진 입에 시커먼 이를 보이며 쓰게 웃었다.

「황이라는 새끼, 글쎄 저한테 집을 뺏아가지구는 딴 놈한테 2백 5십 냥에 팔구 평안도 고향으루 튀었습죠. 머어 그 새끼한테 2백 5십 냥, 큰 돈이죠. 허지만 저는요, 한 번 맘 먹고 나서면 1년에 한 5백 마리는 잡으니까, 이래저래 쓰구두 4백 냥은 남습죠. 제 자랑 같아 뭣허지만, 저는 뱀 있는 데 가면 이 코로 분내를 맡아서 금방 뱀굴을 찾아냅니다요.[8] 제 눈에 딱 걸리는 순간 끝장입죠. 뱀이란 놈, 대가리가 납작해져서 살려달라고 싹싹 빌겠죠. 나리, 올해는 뱀이 많습니다요…….」

　일그러진 얼굴의 괴물, 땅거미들의 대장이 어깨를 으쓱하자 바람이 일어 촛불이 흔들렸다. 컹컹, 하고 마루 밑에서 강아지가 짖었다.

　「야 인마, 스토브에 석탄 좀 더 지펴라.」

---

8 살무사한테서는 분(粉) 냄새가 난다고 한다.

9장 토막민

    토막이란[1] 내지(일본)에도 아직 있는지 모르지만, 내가 어릴 적에는 도쿄에서 가까운 도칸야마에도[2] 있었던 기억이 난다. 도칸야마의 움막은 산 중턱에 가로로 굴을 파서 만든 것으로, 굴 입구에는 거적을 쳐 놓았었다. 물론 거

---

1 저자가 쓴 말은 '산카(山窩)'다. '山家', '散家', '傘下'라고도 쓴다. 가차(假借)지만 산의 움집(山窩, 山家), 사는 집이 집 같지 않고(散家) 우산으로 하늘만 가린 수준(傘下)이라는 함의를 담고 있다. 산카는 꼭 도시 변두리에만 있었던 것은 아니어서, 단순한 빈민이 아닌 부라쿠민(114쪽 참조) 같은 별개의 (신분)집단이나 종족/인종으로 여겨지기도 했다. 찰스 디킨스(Charles Dickens)의 『어려운 시절(*Hard Times*)』(1854)에서도 보듯이, 빈민의 궁핍한 참상을 사회의 구조적 문제가 아닌 빈민 스스로의 도덕적 결함 탓으로 돌리거나 그들을 인간 이하의 다른 '인종'으로 치부했던 것은 산업혁명기 유럽에서도 흔한 일이었다.

2 도칸야마(道灌山)는 현재의 도쿄도(東京都) 아라카와구(荒川区) 니시닛포리(西日暮里)에 있는 고지대다.

지가 살고 있었지만, 당시에는 별로 문제가 안 된다고 보아서 순사도 굳이 몰아내려고 하지 않았다.

나는 재작년 도쿄에 가 있을 때 그 일대를 자주 지나다니면서 옛날 일을 떠올려보았지만, 지금은 너무 변해버렸다. 여기가 옛적의 도칸야마인가? 무성한 수풀을 가로지르던 샛길은 어디 갔을까? 꾀꼬리 울음소리에 뚝뚝 떨어지던 동백꽃은? 도라지, 원추리, 마타리, 바람에 손을 흔들던 참억새는? 이 부근이 거적을 늘어뜨린 토굴이었던가 싶어, 비질한 자국이 반듯한 생울타리 안을 금석지감(今昔之感)으로 바라보았다.

경성의 토막민도 이제 수명이 그렇게 오래지는 않을 것이다. 경성부와 경찰에서도 그들을 어떻게 처분할지 꽤나 골치를 앓는 모양이니까, 기회가 오면 반드시 철거를 강행할 듯하다.

토막은 용산,[3] 봉래정, 어성정, 광희문 밖 네 군데 합쳐서 50채나 되지만, 그것을 하나하나 쓸 필요도 없다. 광희문 성벽의 것도 「땅꾼과 거지 여자」 기사에서 그 생활의 단편은 안 셈이다. 여기서는 봉래정과 어성정 성벽 밑의 토막민 이야기를 써볼까 한다.

봉래정 4정목 양정고등보통학교 뒤편 공동묘지는[4] 남쪽으로 면한 야트막

---

3 여기서 말하는 용산의 토막촌은 원정(원효로)·미생정(도화동) 일대인 듯하다. 1920년대 후반 이래의 문헌에 등장하는 동부·서부 이촌동의 대규모 토막촌은 1925년 이른바 '을축년 대홍수' 때 한강 범람으로 집을 잃은 그 지역 이재민들로 형성된 곳이다.

4 봉래정은 서울성곽 바깥이지만 경성부에 속했던 곳이다. 옛 양정고등학교(지금의 손기정공원 일대) 뒤편인 봉래정 4정목 1번지 속칭 '삼태우물'에서 고양군 연희면 아현북리로 이어진 야산 일대는 조선 후기부터 서소문 밖의 공동묘지(북망산)였던 듯하며, 1929년 남은 공간이 없어 폐지된다(朝鮮總督府, 1933: 310-1; 다카무라 료헤이, 2000, 135, 148). 한편 총독부는 1912년 「묘지·화장장·매장 및 화장 취체규칙」(통칭 「묘지규칙」)으로 개인 분묘나 선산(先山)을 금지하고 관·공립

한 산이다. 거기에 22채의 토막이 드문드문 세워져 있다. 토막이라지만 여기 것은 토굴처럼 된 것은 매우 드물고, 작으나마 벽을 세워 형체를 갖춘 초가가 많다. 개중에는 새 집답게 벽지로 방을 바른 것도 눈에 띈다. 여기 사는 사람은 노동자가 많고 그밖에 인력거꾼, 지게꾼,[5] 공사판의 막일꾼 등이 지극히 평화롭게 살고 있다.

얼마 전 이 토막촌의 평화를 깨뜨린 사건이 일어났다. 『경성일보』, 『조선신문』, 『경성일일신문』에 실렸으니까 여기 새삼 쓸 필요도 없지만, 당시 신문에 보도되지 않은, 내가 취재한 것을 한 가지 써 보겠다.

박씨라는, 그 동네에서는 꽤 오래 산 지게꾼이 하루는 어딘가 쓰레기통에서 생선 뼈를 주워온 것을, 박씨가 집을 비운 사이 딸 둘이서 끓여 먹고 죽었다. 언니는 열두 살, 동생은 여덟 살. 먹은 생선은 복어였다. 하루 벌어 먹고사는 지게꾼의 몸이다. 일시에 송장이 두 구나 생기니 어떻게 해볼 수가 있겠나? 딸의 시신 두 구를 애비가 지게에 지고 근처 산에 묻고 올 수도 없는 노릇.

공동묘지와 화장 제도를 도입했으나, 조선인들의 심한 저항으로(염상섭의 「만세전」에 그 정황이 잘 그려져 있다) 결국 1919년 두 제도의 도입을 사실상 포기하게 된다. 조선인들은 공동묘지 매장을 꺼렸으므로 거기에는 도시빈민이나 변사자, 요절자 등이 많이 묻혔고, 그러다 보니 관리하는 사람이 없는 '무연(고)분묘'가 많았다. 봉래정 공동묘지는 새로 묘를 쓸 여지도 없고 무연분묘가 많은 버려진 지역이었기 때문에, 그곳에 쉽게 토막을 세울 수 있었을 것이다.

5 개항 이후 조선을 여행한 외국인들이 한결같이 세상에서 가장 효율적인 운반도구라고 칭송한 것이 지게였다. 삯을 받고 지게로 남의 짐을 져 날라주는 사람이 지게꾼으로, 지겟일은 도시 하층민의 대표적인 일거리였다. 박완서의 『그 많던 싱아는 누가 다 먹었을까』를 보면, 1940년대 전반 화자가 엄마 손에 끌려 경성역에 도착하자 "각설이떼처럼 너덜너덜하고 더러운 옷을 입은 지게꾼들이 우리 곁으로 우르르 몰려왔다. 서로 우리 짐을 지겠다고 난리였다. 물어 보지도 않고 짐 먼저 실으려는 사람도 있었다." 이제 농촌에서도 경운기에 밀려 지게는 거의 사라졌지만, 동대문시장 등 큰 시장에서는 좁은 골목에서 짐을 배달하면서 아직도 지게를 쓴다.

又復 二兒가
鰻魚中毒慘死

토굴속에 살든 어린 미엿는
어린애 두 명이 참사해

十七歲의 牛娥

1924년 1월 6일 봉래정 4정목 1번지 토굴 속에 사는 장복섬(13), 장복녀(8) 두 자매가 같은 동네 손영선이라는 아이가 남대문시장에서 주워온 복어 내장을 끓여 먹고 이튿날 새벽 숨졌다는 기사이다. 사망자 이름은 다르지만, 본문과 같은 사건인 듯하다. 아이들은 어려서 모친을 여의고 부친과 함께 토굴 속에서 살아 왔다고 되어 있다(『동아일보』 1924. 1. 9. 「又復 二兒가 복어중독 참사」).

개나 고양이가 죽은 것과는 다르다. 장례를 치를 비용도 없을 테니 어떻게든 해 주어야겠다…… 고 교번 순사가[6] 명령을 받고 조사를 해보니 웬걸, 이게 토막 생활을 하는 자인가 할 정도로 의외로 돈푼깨나 있는 사람이었다고. 그 묘지의 토막민은 대개 안성에서 올라온 사람들이라는 점도 묘했다. 그러나 조사를 해보니, 과연 하고 수긍이 가는 이유가 있었다.

작년 봄이었다. 관할 순사도 모르는 새에 묘지 우묵한 곳에 한 채의 작은 초가가 세워져 있었다. 그것을 발견한 순사는 상관에게 보고를 했는데, 현장 조사를 나갔을 무렵에는 그게 벌써 서너 채로 늘어 있었다. '너무 괘씸하다, 묘지를 훼손해서 멋대로 집을 짓다니.' 하고 경성부에서도 경찰에서도 엄중 단속을 하기로 했을 때는 어느새 후다닥 22채가 되어 있었다. 이래서는 안 된다, 길 하나 건너 고양군이라면 모를까 경성부 안에 거적때기로 만든 거지 움막은 곤란하다, 가만히 놓아두면 금방 일대 촌락을 이룰 것이 틀림없다, 빨리 철거시키지 않으면 안 된다 하고 철거를 명령했지만 도무지 듣지를 않았다.

---

6 1881년 '파출소'로 이름을 바꾸기 전까지 일본에서 경찰의 말단 파견단위를 '교번(交番)' 또는 '교번소(交番所)'라고 했다. 즉 교번 순사는 그 지역을 담당하는 파출소 순사를 가리킨다.

당국에서도 '명령을 듣지 않으면 움막을 부숴버릴 수밖에……' 하고 생각은 하면서도 결정을 못 내리는 것이, 어찌 되었거나 현재 사람이 살고 있는 가옥이어서 까치집을 부수는 것과 같은 성질의 일이 아닌 것이다. 제일 곤란한 것은, 지금 살고 있는 사람들은 움막을 지은 당사자가 아니고, 그것을 지은 사람은 벌써 한참 전에 움막을 지금 있는 사람들한테 팔아넘기고 어디론가 이사를 가 버렸다는 사실이다. 관(官)에서 강제로 움막을 허문다면 무지몽매한 그들은 반드시 위정자를 원망할 것이다. 목민관(牧民官)으로서는 그들을 공민(公民)으로 인정하지 않으면서까지 가볍게 조치를 할 수 없는 중대한 문제다 싶어, 앞으로는 신축과 매매를 절대 금지하고 당분간 두고 보겠다는 것이 지금 경성부의 태도라고 생각된다.

이 묘지를 개척한, 토막민의 원조라고 할 이가 바로 안성에서 올라온 그 지게꾼이다. 그는 이 공동묘지를 발견해서 움막을 짓고, 고향 사람들을 불러 와서 또 짓게 했다. 그렇게 해서 그때부터 거기서 거기로, 매매를 한 것도 안성 사람들끼리. 요즘 들어 타관 사람이 조금 섞여든 듯하지만, 겨우 한 집이나 두 집이다.

조금 꺼림칙한 것은, 거기가 공동묘지라는 사실이다. 거의 한 치의 여지도 없이 빼곡히 들어선 흙무덤(土饅頭). 지금은 공동묘지로도 이용하지 않는 완전히 버려진 땅이다. 그곳에 작으나마 집을 짓는 것이니까, 어떻게든 무덤을 파헤치지 않으면 안 된다. 파헤치면 인골(人骨)이 드러나는 것은 당연한 이치. 그 인골을 그들은 어떻게 처분했을까? 다시 어딘가를 파고 묻었을까, 아니면 삽으로 부숴서 흙과 섞어 다져놓고 그 위에 집을 지었을까?

시신에서 나온 기름에 젖은 황토바닥, 인육이 녹아든 찐득한 벽. 가을비 부슬부슬 내리는 음침한 밤, 무연고(無緣故) 해골이 우는 소리도 들릴 것이다. 흙 위에 기름이 떠오른 것도 보일 것이다. 벽에서 나는 냄새, 기둥에서 느껴

경성의 일본어 일간신문

『경성일보(京城日報, 게이죠닛포)』는 1906년 9월, 통감
이토 히로부미의 지시에 따라 창간되었다. 1910년 조선
총독부가 설치될 때 총독 데라우치 마사타케는 기존의 일
본어 신문을 모두 『경성일보』로, 조선어(한글) 신문은
'일한병합' 직전 통감부가 『대한매일신보』를 매입해서
이름을 바꾼 『매일신보』로 통합을 추진했다. 『매일신보』
역시 경성일보사에서 발행했으므로, 아래 나오는 『조선
신문』 정도를 제외하면 일본어 『경성일보』, 조선어 『매
일신보』는 1910년대 무단통치기의 거의 유일한 언론이
었다. 1918년까지 거물 언론인·정치가로 데라우치와도
친분이 있던 도쿠토미 소호(德富蘇峰, 1863~1957)가 '감독'하고, 그의 심복인 요시노 다
자에몬(吉野太左衛門), 아베 미쓰이에(阿部充家)가 차례로 사장을 역임했으며, 도쿠토미가
물러난 뒤 1920년대 들어서는 외교관 출신의 거물들이 사장으로 임명되었다. 1914년 10
월부터 1923년말까지는 지금 서울시청 자리에 사옥이 있다가, 그곳을 경성부청 신축부지
로 넘기고 현재의 프레스센터 자리에 사옥을 신축해서 옮겼다(참고: 정진석, 2005).

『조선신문(朝鮮新聞, 죠센신분)』은 1908년 말 인천에서 창간되었다. 1910년 총독부가
일본어 신문을 『경성일보』로 통합할 때 매수에 저항했고, 1919년 말 경성(태평통 2정목
115번지, 지금의 신한은행 본점, 삼성생명 건물 앞 광장 근처)으로 본사를 옮겨서 1942년 2
월까지 발행되었다. 『경성일보』에 이어
두 번째로 큰 일본어 신문이었다(참고:
장신, 2007). 『경성일일신문(京城日日
新聞, 게이죠니치니치신분)』은 1920
년 7월 창간된 신문으로, 영락정 2정목
72번지에 본사가 있었다. 사장 겸 주필
은 아리마 준키치(有馬純吉)였다.

『경성일보』 신 사옥, 1920년대

지는 감촉. 거기서 그들이 악몽에도 시달리지 않고 지낸다는 것이 신기하다. 속살거리는 빗소리, 외치는 바람소리. 제대로 된 인간이라면 조금은 옷깃을 다잡고 싶어질 텐데……. 기막힌 일이다.

그것은 그렇다 치고 여기서 생각해 봐야 할 것은, 그곳에 변소 설비가 없다는 점이다. 시민의 위생상 이것만은 등한히 할 수 없다. 경성부여! 당신들, 저 흘러내리는 똥오줌만은 멈춰다오. 멈추게 해다오.

* * * * * *

어성정 성벽 아래 좁다란 샛길을 올라가 막다른 곳에7 살고 있는 토막민들에 대해, 이채로운 이야기 두세 가지.

얼마 전에 평안도에서 올라온 일가족 네 명. 남편은 조선식 집의 천장을 만드는 일을 하고, 아내와 사이에 아홉 살, 세 살 난 두 딸이 있다. 5원으로 오두막을 사고, 서랍장도 갖추고 놋그릇도 두세 점 있다. 토막민 가운데 이런 경우는 좀처럼 없다. 무엇보다, 천장 기술자의 아내라는 사람이 살결이 흰 젊은 여자. 이 동네에서는 선녀처럼 눈부시게 빛나는 존재다.

시멘트 통에 흙을 다져넣어, 그것을 벽 겸 기둥 삼아 조선식 집을 짓기도 한다.8 마치 급조한 성채(城砦) 같다. 꽤나 기발하다.

「넝마주이」 장에도 썼지만, 최경서라는 74세 된 영감님은 앞 못 보는 늙

---

7 어성정 성벽이란 지금은 없어진, 남대문에서 남산으로 이어지는 쪽의 성벽이다. 지금의 백범광장에서 안중근의사기념관을 지나 예전 남산식물원 자리가 식민지기 조선신궁이 있던 곳인데, 어성정 성벽 밑 토막들은 1925년 조선신궁 완공으로 일대가 정비되면서 철거되어, 인접한 고시정 1번지(후암삼거리)로 옮겨 갔다(朝鮮總督府, 1933: 310).

8 당시에는 시멘트를 나무 술통 같은 데 담아서 팔았다.

은 아내를 부양하면서 넝마를 줍는데, 할머니가 심한 감기로 병상에서 신음하고 있다. 영감님은 일을 안 나가면 끼니를 못 잇고, 병든 아내의 용태를 생각하면 일을 나갈 수도 없어서 눈물만 흘리고 있다. 가련하다.

이선규라는 마흔다섯 된 지게꾼은 다섯 살과 두 살짜리 아이 둘이 있는데, 얼마 전에 아내가 눈이 멀어 버려서 한숨만 짓고 있다. 어째서 그들에게는 눈병이 많은 것일까?

황해도에서 올라온 황씨라는 71세의 할머니는 경성역 앞에서 떡을 팔면서 열네 살 난 손녀딸을 애지중지 키우고 있다. 1원어치 떡을 팔아 30전의 이익, 하루에 2원어치는 파니까 60전은 번다고.

이 동네에 박성제라는 신기료가 올해 열두 살 난 수양(睡陽)이라는 아들과 부자 단둘이서 살고 있는데, 이 부자는 토막민 치고는 드물 것 같은 인품과 용모를 지녔다. 특히 수양이는 살색이 희고 귀여운 아이다. 어느 어두운 밤, 군고구마를 20전어치 사 들고 이 부자를 찾아간 나는, 한 평도 안 되는 움집 안에서 박씨 부자와 세 시간가량 이야기를 나누었다.

박성제씨는 요 얼마 전까지 아현리에 살면서 신기료 일을 했지만, 불경기라 한 달 4원인 집세를 내기도 어려워졌다. 그래서 지금의 오두막을 5원에 사고 2원을 더 들여 수리를 한 뒤 들어왔는데, 어떻게든 '우리 수양이'만큼은 나중에 이런 움집 생활은 면하라고 아현리의 보통학교에 통학을 시키고, 자기는 여전히 석유 궤짝으로 만든 도구통을 메고 신기료 일을 하고 있다고 했다.

내가 수양이와 나눈 대화 몇 마디를 옮겨본다.

나 : 「자, 군고구마 좀 먹어라.」

수양이는 말없이 아버지의 눈치를 본다. 아버지는 묵묵히 앉아 있다.

나 : 「이왕 사온 거니까 먹어. 아버지도 꾸지람 안 하실 거야…….」

식민지기의 학교제도

현재 한국의 학교제도는 초등학교(6년), 중학교(3년), 고등학교(3년), 대학교(4년)나 전문대(2년 이상)로 이어진다. 식민지기의 학교제도도 비슷했지만, 학교의 종류와 수업연한이 다양했고, 일본 본국과 식민지가 또 조금씩 달라서 무척 복잡했다. 초등·중등교육기관은 민족별로 구분되어 있었다. 일본인은 대개 심상소학교를 거쳐 (舊制)중학교나 고등여학교에 진학했고, 조선인은 보통학교(6년제)를 거쳐 고등보통학교나 여자고등보통학교에 진학했다. 중학교 4년을 마치면 입학할 수 있는 (구제)고등학교는 조선에는 없었다. 고등교육기관으로는 1924년 설립된 유일한 대학(지금도 일본에서는 '대학교'라고 하지 않고 '대학'이라고 한다)인 경성제국대학과 3년제 전문학교가 있었다. 그러나 이것은 큰 틀이 그렇다는 것이고, 당시 각급학교는 수업연한이 제각각이어서 상급학교로 진학하는 방식은 복잡했다.

그보다 더 중요한 것은, 조선인은 상급학교 진학은 고사하고 초등교육을 받기도 힘들었다는 점이다. 일본에서는 1890년대부터 초등학교 의무교육이 이루어진 반면, 조선인의 보통학교 취학률은 식민지기 말까지도 50%에 미치지 못했다. 총독부는 1919년부터 4개년 계획으로 이른바 '3면1교제'(세 개 면에 학교 하나)를, 1930년대에 '1면1교제'를 추진했다. 오성철의 추정에 따르면 1910년대 조선인 아동의 보통학교 취학률은 3~4%대였다가 1922~1937년 제2차 조선교육령 시기에 10~20%대, 의무교육을 목표로 한 '국민학교' 체제가 되는 1940년대 초에 가서 40%대를 넘어선 것으로 되어 있다. 1923년의 추정 취학률은 12.6%(남자 21.1, 여자 3.7)다. 1922년의 학교 수로는 6년제가 345개(39.5%), 4년제가 528개(60.5%), 학급 수는 6년제 2,647개(56.2%), 4년제 2,061개(43.8%)였다.

초등교육의 형편이 그랬으니, 상급학교 진학 상황은 훨씬 더 열악했다. 1920년 당시 민족별 인구 만 명당 취학자를 보면, 초등교육은 조선인 175.6명, 일본인 1,307.3명, 중등교육은 조선인 8.9명, 일본인 252.8명, 고등교육은 조선인 0.5명, 일본인 14명의 비율이었다(이상 오성철, 2000: 85-6, 121, 125, 133). 식민지 조선 유일의 대학인 경성제국대학의 경우에도 식민지기를 통틀어 예과 전체 입학자가 조선인 33.5%, 재조선 일본인 42.2%, 본국 출신 일본인 24.3%라는 비율을 보였다(정근식 외, 2011: 469). 총인구의 3%도 안 되었던 재조선 일본인의 진학자가 97%의 조선인보다 더 많았다는 점은, 당시 조선에서의 민족별 교육기회의 불평등이 어느 정도였는지를 잘 보여준다고 하겠다.

고등교육	대학 본과(3-4년)					
고등교육	대학 예과(1-2년)		전문학교(3년)			
중등교육	중학교 (5년, 남자)	고등여학교 (5년, 여자)	고등보통 학교 (5년, 남자)	여자고등 보통학교 (5년, 여자)	사범학교 남자 5년 여자 4년	실업학교 직업학교
초등교육	심상소학교 (6년)		보통학교 (6년제)	보통학교 (4년제)		
	일본인		조선인			

제2차 「조선교육령」 시기(1922~1938) 조선의 학교제도(정재철, 1989,: 68 〈圖-2〉를 수정)

박씨 : 「그럼, 잘 먹겠습니다……」

수양 : 「감사합니다.」

나 : 「너는, 학교는 좋으냐?」

수양 : 「예.」

나 : 「과목 중에서 뭐가 제일 좋아?」

수양 : 「산술요.」

나 : 「흠, 산술이 좋아? 그 다음엔?」

수양 : 「국어(일본어) 읽기, 쓰기, 뭐라두 싫은 과목은 없에요.」

나 : 「아버지가 일 나가신 동안 너는 뭘 하니?」

수양 : 「집에서 공부두 허구, 동네 애들이랑 더러 놀기두 해요.」

나 : 「학교가 먼데, 아침엔 몇 시쯤에 집을 나서냐? 걸어다니니?」

수양 : 「아홉시쯤 나가요.[9] 전찻길루 걸어서 가요.」[10]

---

9 수양이가 다닌 학교는 공립아현보통학교(지금의 용강초등학교)일 것이다. 어성정(소월길)에서

나 : 「학교를 빼먹은 적은 없냐?」

수양 : 「없에요.」

나 : 「어른이 되면 뭐가 되고 싶니? 아버지처럼 신기료 일을 할 생각이냐?」

그러자 박성제 씨가 웃음을 터뜨렸다. 수양은 거세게 고개를 가로저었다.

수양 : 「은행의 높은 사람이 될 테야요. 조선은행 주인이 될 테야요.」 했다.

수양이가 여섯 살 때 죽었다는 엄마가 들었다면 얼마나 기뻐했을까?

걸어서 가면 적어도 1시간은 걸릴 텐데 수양이가 9시에 집을 나선다는 것은 조금 이상하다. 저자의 착오가 아니라면, 혹시 겨울철이어서 그랬을지도 모르겠다. 참고로 1922년 이래 조선총독부의 겨울철(11~2월) 집무시간은 10시부터였다(1922. 7. 8. 조선총독부령 103호 「조선총독부 및 소속 관서 집무시간」 개정).

10 1899년 한성전기회사가 서대문에서 청량리까지 최초의 전차선을 부설한 데 이어, 1906년에는 서대문에서 마포까지 선을 연장했다. 유행가로 잘 알려진 '마포종점'은 이 마포선의 종점인데, 마포선 노선은 지금의 지하철 5호선과 거의 일치한다.

10장 도축인부

'나무축생불 보리심 공양보탑(南無畜生佛菩提心供養寶塔).'

도축실 앞마당에는 떼를 입힌 흙무덤이 있고, 그 곁에 높이가 열 자는 넘을 것 같은 불탑(卒塔婆) 한 기(基)가 하늘로 우뚝 치솟아, 피비린내 나는 바람에 씻기고 있다.

서대문형무소 옆에 있는 경성도축장의 도축 두수(頭數)는 일본을 통틀어 세 번째다.[1] 첫째 둘째는 도쿄의 도축장 두 곳, 그다음이 이 경성도축장 순이다. 그것만 해도 경이롭다고 할 성황인데, 지역 내에서 소비하는 양으로 치자면 일본 제일 아니 동양 제일이라고, 이 도축장 주임은 우쭐해했다.

도쿄의 두 도축장에서 도축한 고기는 모두 도쿄 시내에서 소비되는 것이

---

[1] 당시엔 주로 '도장(屠場)'이나 '도수장(屠獸場)'이라 했지만, 좀 더 익숙한 명칭인 '도축장'으로 옮겼다. '도부(屠夫)'도 '도축인부'로, '도수', '도살', '도축' 등으로 쓴 것도 모두 '도축'으로 옮겼다.

아니고, 다른 지방으로 이출되는 양이 상당하다. 중국 칭따오(青島)의 도축장도 성황이지만 이곳 역시 수출육이 반이 넘는다. 중국은 육식을 즐긴다지만 대부분이 돼지고기로, 소의 도축 수는 극히 적다. 이런 의미에서 보면 자급자족으로 첫 번째는 경성도축장이라는 이야기가 된다.

시험 삼아 이 도축장에서 작성한 업무개황을 옮겨 보면 다음과 같다.

연도별 도축수

단위: 두(頭)

연도	소	돼지	말	양	개
다이쇼7년(1918)	13,643	6,196	19	23	350
다이쇼8년	16,307	6,775	19	14	300
다이쇼9년	20,654	6,778	30	4	214
다이쇼10년	25,296	6,321	20	3	160
다이쇼11년	23,625	6,996	30	8	108

연도별 식육우

연도	고기 양		경성부민 1인당	
	관(貫=3.75kg)	톤	돈(匁=3.75g)	킬로그램
다이쇼7년(1918)	664,090	2,490.3	2,653	9.95
다이쇼8년	800,910	3,003.4	3,248	12.18
다이쇼9년	984,580	3,692.2	3,994	14.98
다이쇼10년	1,142,742	4,285.3	4,210	15.79
다이쇼11년	1,118,995	4,196.2	4,123	15.46

※ 톤과 킬로그램 환산은 옮긴이가 덧붙인 것이다.

그리고 다이쇼11(1922)년의 개황을 보면 도축 두수가 1년에 23,625두(황소 4,147두, 암소 19,478두), 도축수가 최다인 날이 229두, 최소인 날이 37두, 평균 하루에 65두. 생체[2] 총 가격이 2,887,537원이다. 여기 따른 국고 수입과 경성부 수입을 보면, 경기도가 부과하는 도우세(屠牛稅)가 두당 2원 50전, 경

---

2 여기서 '생체(生體)'란 도축되기 전의 살아 있는 소 등 가축을 말한다.

성부가 도축장 임대료로 징수하는 것이 두당 2원이니까, 도축 의뢰자가 국가에 바치는 금액도 무시할 수 없을 정도다.[3]

이 도축장은 메이지44(1911)년 우치다 미노루(內田實)라는 내지인이 설립·경영하던 것을 다이쇼5(1916)년 6월 경성부가 사들인 것으로, 경성부는 동시에 아현리 등 여섯 군데 관영·사설 도축장을 폐쇄 또는 매수하여 여기 합병함으로써 도축업의 통일을 꾀했다.[4] 경성부의 재원 중 이만큼 이익을 많이, 또 확실히 거둘 수 있는 것은 달리 없다. 경성부가 소 도축에 대해 걷는 연수입만 해도 5만 원 가까우니까, 돼지·말·양·개의 도살에 따른 수입까지 합치면 실로 7만 5천 원의 수입을 얻고 있는 셈이다.

그런데 이 도축장을 참관하고 너무 놀란 것은 정말이지 설비가 불완전하다는 점이다. 여기서 그 결점을 일일이 다 지적하기도 너무 번거롭고, 그저 '공허' 그 자체라고 할 수밖에 없다. 경성부는 지금 여러 가지 사업을 신설하고 있다. 신설하는 것은 좋은데, 막상 신설한 뒤에는 어떻게 할지 생각해 봐야 하지 않을까? 부영(府營) 도축장 한 곳을 참관했을 뿐이지만 너무 놀라 전율할 만큼 내용은 빈약하고, 불완전한 정도를 넘어 전혀 비위생적인 데는 할 말이 없을 지경이다.

도축될 소의 계류소(繫留所)도 문 안에 있다. 바로 그 곁에 검사를 마친 소

---

3 1924년 경기도가 거둔 '도장세(屠場稅, 또는 도축세)'는 경기도의 지방세 7개 종목 1,389,976원 중에서 지세부과세, 호세, 가옥세에 이어 네 번째인 132,600원이었다. 경성부의 '도수장사용료'는 경성부의 사용료 9개 종목 603,797원 중에서 수도사용료 485,785원에 이어 두 번째인 49,520원이었다(朝鮮總督府內務局, 1925: 43, 46). 저자가 쓴 용어는 조금 부정확하다.

4 경성부는 1916년 민영이던 서대문밖 경성도축장과 용산도축장을 차례로 매수한 뒤 신설리·아현리의 부영 도축장을 폐쇄하고 경성부의 도축업을 경성도축장으로 통일했다가, 1925년 말 신설리에 전기 도축시설을 갖춘 건물을 신축하여 도축장을 그곳으로 이전했다.

의 계류소가 있다. 그 사이는 겨우 1간[1.8미터].[5] 만에 하나 우역(牛疫) 같은 맹렬한 전염병에 걸린 소가 한 마리라도 섞여 있다면 어떻게 될까? 아직 검사하지 않은 소도 이미 검사를 마친 소도 그 자리에서 죄다 죽이지 않으면 안 된다. 소 주인한테 손해와 폐를 끼치는 것은 말할 것도 없지만, 부영 도축장인 이상 이런 실수는 죄송하다는 말로 끝나지 않는다. 도처에서 모여든 다른 소들과 함께 민간 축사에서[6] 간밤을 보낸 소, 그놈을 오늘 아침 바로 도축장으로 끌고 가서 도축하고 그 고기가 우리 부민(府民)의 입에 들어가게 하는 것이 현재 부영 도축장의 운영방식이다.

나는 이렇게 생각한다. 도축장 바깥에 민간 축사 대신 계류소 몇 동을 새로 지어 적어도 이삼일 동안은 이 부영 계류소에 소를 계류시켰다가 건강진단을 해서 건강한 놈을 도축장으로 들여보낸다면, 부민도 결코 불안하지 않고 경성부도 실수를 두려워할 필요가 전혀 없다고. 당국자는 그런 계류소를 지을 돈이 없으니까 곤란하다고 할지 모른다. 물론 거기에는 1만이나 2만의 돈이 들 것이다. 하지만 그 돈은 몇 년 안에 회수된다. 어차피 소 주인은 하루 50전씩을 내고 민영 축사에 소를 계류시키고 있으니까, 부영 계류소에 수용하게 된다 해도 그들은 기꺼이 소정의 비용을 부담할 것이다. 하루 70두의 소를 계류한다면 1년 연(延)계류 두수 25,200두, 두당 하루 계류비를 50전이라고 치

---

5 1919년 11월의 조선총독부령 제184호 「도장규칙(屠場規則)」에 따르면 도축장에는 도축할 가축의 계류소, 생체검사소, 도축실(屠室), 검사실, 오물저장소(汚物溜) 등의 시설이 있어야 했다. 계류소는 돌, 벽돌(煉瓦), 콘크리트나 두꺼운 목판으로 짓고 하수시설이 있어야 하며 소·말은 한 마리씩 구획해서 수용해야 했다. 계류소와 생체검사소, 도축실 사이의 거리가 얼마가 되어야 하는지는 이 규칙에는 규정되어 있지 않다.

6 저자는 '牛宿'이라고 했는데, 문맥으로 보아 도축장의 계류소가 부족해서 도축장 바깥의 민간 축사에 소를 계류시키는 상황을 가리킨다고 생각된다.

면 1년에 12,600원의 수입이 된다. 순이익이 3할이라 치면 1년에 3,780원, 이것은 결코 변동이 없을 최소한도의 계산이라고 생각되는데, 어떨까?

나는 경성부민의 한 사람으로, 현명한 다니(谷) 부윤이[7] 번거롭지만 일고(一考)해 주었으면 한다.

* * * * * *

도축실은 5, 60평쯤 될까, 한쪽에는 화강암을 간 바닥, 중앙에 폭 한 자[약 30cm], 깊이 다섯 자[약 150cm]쯤 되는 도랑이 파여 있고, 천장을 바르지 않아 그대로 드러난 각재 대들보에는 도르래의 사슬이 몇 가닥 길게 늘어져 있다. 방의 동서쪽으로 널판지를 댄 벽 옆에는 수동식 완강기가[8] 두 대씩, 모두 네 대가 설치되어 있다. 북쪽 창 밑에는 높이가 사람 허리쯤, 길이 3간(間)[약 5.5m], 폭이 석 자[약 90cm] 정도 되는 튼튼해 보이는 탁자가 있었다. 탁자와 화강암 바닥 사이 석 자 폭만큼이 통로인 셈이다. 탁자 앞에 흰옷을 입은 남자 둘이 서 있었다. 한 사람은 수의사고, 한 사람은 빨간 모자로 알 수 있듯이 경기도 경찰부의 입회순사다.[9]

수의사는 왼손에 갈고리, 오른손에는 30센티미터 남짓한 고기 써는 칼을

---

7 1923년 2월 24일부터 1925년 6월 15일까지 경성부윤은 다니 다키마(谷 多喜磨)였다.

8 본문의 'マンリキ'는 万力, 물건을 집게 된 바이스를 가리키는 말이지만, 여기서는 도르래에 연결되어 소의 사체를 들어올릴 때 쓰는 완강기를 말하는 듯하다.

9 '입회(立會, 다치아이)'는 어떤 일이 벌어지는 현장에 순사가 가서 지켜보는 것이다. 식민지기에는 민족·계급운동의 탄압을 위해 다중의 집회에 순사가 입회했고, 연설회나 심지어 활동사진 변사의 말 중에 조금이라도 위험한 발언이 나오면 순사가 바로 연설 중지나 해산을 명령하기도 했다. 오늘날에도 '경찰관 입회하에' 복권이나 경품을 추첨한다는 등의 말을 쓴다. 비슷하지만 조금 다른

들고 있었다. 그리고 탁자 위로 운반된 소의 대가리와 내장을 갈고리로 끌어당겨서는 쓱싹, 끌어당겨서는 쓱싹 하고 해부해서, 이상이 있는 것은 인부를 시켜 탁자 옆에 놓인 너 말 들이 나무술통 속에 던져 넣게 하고, 이상 없는 것은 인부에게 스탬프를 찍게 한 다음 통과시켰다. 잘린 목이 위로 향하게 해서 탁자 위에 놓인 소대가리. 수의사가 칼로 혀뿌리를 세로로 자르자 귀 아래쪽 살이 씰룩씰룩 움직였다. 이젠 너무 참혹하다.

아아 더럽다 싶었던 것은, 도축 의뢰자가 보낸 그 집 일꾼이 소의 창자를 갈라서 그 안에 가득한 김이 물씬 나는 소똥을 움켜쥐고는, 그것으로 손을 쓱쓱 비비고 있는 것이었다. 손이 시려워서 그러는 것인지 손에 묻은 피를 닦으려는 것인지 모르지만, 어느 쪽이든 그다지 아름다운 행위는 아니다.

살아서 걸어다니던 것이 고깃덩이가 되기까지의 광경 또한 참혹했다. 도축 의뢰자가 소의 코뚜레를 잡아당겨 도축실로 끌고 들어와 콧등을 누르고 있으면, 도축인부가 강철 해머를 비스듬히 내려친다. 인부의 오른쪽 어깨에서 소의 미간으로 휙 하고 찰나의 섬광이 번득였나 하는 순간 쿵 하고, 낮지만 보는 사람의 뱃속까지 울리는 소리와 함께 소는 네 다리가 동시에 꺾이며 풀썩 앞으로 꼬꾸라진다. 무릎을 꺾고 꼬꾸라진 것을, 콧등을 잡고 있던 이가 양손으로 '영차' 하고 밀면, 소의 큰 몸뚱이가 옆으로 벌러덩 넘어간다. 이제 눈은 안쪽이 연보랏빛으로 흐려지고 눈꺼풀 하나 움직이지 않는다. 버르르, 뒷다리를 허공에 쳐든 채 힘없이 두어 번 움직일 뿐이다.

소의 미간을 파고든 해머의 끝부분은 지름 4푼[약 1.2cm], 길이 한 치[약 3cm]쯤 되는 동그스름한 송곳 모양을 하고 있다. 그것으로 급소를 맞았으니

경찰의 활동으로 '임검(臨檢)'이 있는데, 이것은 안전·위생·풍속상 경찰의 단속대상인 여관·요릿집·음식점·고물상 등에 순사가 직접 나가 상태를 조사하는 것이다.

까, 소의 미간에는 한 치 깊이의 구멍이 뚫린 셈이다. 도축인부는 그 구멍으로 두 자 남짓한 등나무 작대기를 찔러 넣어 후비적후비적 대여섯 번 척수 속을 마구 휘저었다. 이것은 신경을 죽이는 것이다. 해머로 얻어맞고 쓰러진 소는 실은 완전히 죽은 것이 아니라 급소를 맞아 혼절했을 뿐이다. 중추신경까지 죽은 것은 아니니까, 이 상태로 소를 해체하는 우악스러운 작업에 착수했다가는 혹시라도 의식을 회복해서 마구 발버둥을 치지 않는다는 보장이 없다. 그래서 등나무 작대기로 중추신경을 휘저어서 아무리 무지막지하게 살과 뼈를 찢어발겨도 지장이 없게 하는 것이다.

목을 빼고 풀썩 꼬꾸라져 그저 뒷다리만 조금씩 버르르 떨고 있던 가사(假死) 상태의 소도, 미간의 상처 구멍를 통해 등나무 작대기로 척수를 휘저을 때는 역시 온몸으로 고통을 호소한다. 저 강력한 뒷다리가 스프링처럼 움직여서 허공을 붕붕 차 댄다. 바닥은 온통 피바다다. 울음소리는 못 내지만, 흥건한 핏물 속에 모로 뉜 몸을 뒤로 젖힌다. 둘로 갈라진 발굽으로 돌바닥을 걸어찬다. 새빨간, 미지근하고 끈적한 핏물이 피웃피웃 바람을 가르며 주위에 흩어진다.

등나무 작대기를 뽑아낸 뒤 도축인부는 둘이서 해체에 착수했다. 한 사람은 날 길이 다섯 치[15cm]쯤 되는 예리한 조선 칼로 미간의 열린 상처에서부터 가죽을 잘라 좌우로 벌렸다. 한 사람은 가죽 벗기는 칼로 목에서 턱 아래까지를 잘랐다. 가죽을 벌려서 동맥을 절단하고 평평 쏟아지는 핏줄기를 금속 그릇으로 받아 내서는 석유 깡통에 부었다.[10] 피를 다 뽑아내자 가죽 벗기는 칼은 소의 복부를 똑바로 아래쪽으로 미끄러져 갔다. 항문까지 절개하자 도축인부의 손은 다시 앞다리부터 갈빗대로 돌아 허리 언저리까지 가서 일단

---

10 피를 받아 굳혀서 선지를 만드는 것이다.

멈추었다. 그때는 벌써 앞다리도 뒷다리도 관절부터 완전히 잘려 나가고, 피하 점막이 기분 나쁘게 번들거렸다.

도축인부들은 뒷다리 관절 윗부분의 두꺼운 근육과 뼈 사이로 선지피가 배어 검붉어진 지름 세 치[10cm], 길이 세 치의 통나무를 쑤셔박고, 그것을 뼈에다 묶었다. 통나무 중앙에는 앞서 말한 완강기에 감긴 밧줄이 이어져 있었다. 완강기 담당 인부 두 명은 기다렸다는 듯이 완강기를 감기 시작했다. 배에서 갈빗대에 걸쳐 잘려서 벌어진 가죽이 덜렁거리는 가운데, 목과 사지가 잘려 나간 소의 시체는 끈적한 점막에 싸인 너 말 정도의 내장을 축 늘어뜨린 채 완전히 뒤집어진 상태로 대들보에 매달렸다. 두 명의 도축인부가 마주보고 가죽을 벗기는데, 이야 그 깔끔한 솜씨! 소는 단숨에 가죽이 홀랑 벗겨져, 금방 목욕을 마치고 나온 것처럼 온몸에서 김이 무럭무럭 피어올랐다. 가죽은 물에서 당겨 올리다 만 투망처럼 한 뭉치로 말려서 질퍽질퍽한 뻘건 핏물 속에 반쯤 잠겨 있었다. 이것이 조금 전까지 혀끝으로 콧구멍을 핥아대던 커다란 짐승의 마지막인가 하고, 소의 최후지만 무상함을 느꼈다.

「소라는 놈은 영물이야. 도축장으로 끌려올 때는 앞다리를 쭉 뻗치고, 좀처럼 앞으로 안 나가려고 하지. 짐승이지만 제 죽는 줄은 알고 있는 게지.」

「그래. 결국 도축장으로 끌려 들어갈 때는 슬프게 운다지.」

짐승이라지만 최후의 형장에 선 것이다. 몸에는 따뜻한 피가 흐른다. 신경도 있고 감정도 갖고 있다. 그런 점에서 보면 인간의 것과 다른 조직은 하나도 없다. 죽게 되는 줄도 알 것이다. 사방에 진동하는 동족의 피비린내를 맡으면서 어떻게 순순히 발을 옮길쏘냐? 당연한 일이다. 한사코 싫다는 소를 사람은 죽이려고 잡아 끈다, 소는 죽지 않으려고 발버둥친다……. 자, 한번쯤 미친 듯이 날뛰어라, 참혹하고 횡포한 인간이라는 존재에게 통쾌하게 쇠뿔의 세례를 베풀어라……! 소년시절에는 그렇게 생각했다. 신문기자가 된 지 이럭저럭 10년, 직무상 한 번은 봐 두어야지 하면서도 결국 오늘까지 들여다보지 못하다가, 이번에 처음으로 두 마리나 도축되는 것을 보았다.

그런데, 예상과는 정반대였다. 조선의 소가 유독 바보인 건지, 제 눈앞에서 다른 소가 맞아 쓰러지고 코앞에 친구의 모가지가 굴러다니고 몸뚱이가 공중에 매달리고 잘리고 해도, 그 피바다 속을 건너가면서도 그는 마냥 평온하다.

나는 그런 모습을 보면서도, 여전히 소가 둔감하다고는 믿을 수 없었다. '너무 참혹해서, 인간이라면 주저앉아 버렸을 것이다. 소는 넋이 나가 버린 것이다. 버드나무에도 영혼이 있다고 하고 나팔꽃 덩굴은 촉각이 있다. 어째서 소가 이 광경을 모르고 있겠는가?' 하고 생각했다.

그러나 그게 아니었다. 완전히 둔감할 뿐이었다. 도축장을 안내해 준 사무원의 설명에 따르면,

「소만큼 둔한 놈은 없습니다. 이런 광경을 눈앞에 보면서도 교미를 하려고 올라탄다니까요. 그것도 암수 구별도 못합니다. 숫놈이 숫놈 위에도 올라타지요……」

여기에 이르러, 나는 조선 소에게 정나미가 뚝 떨어졌다.

돼지는, 사지를 묶어 모로 뉘어 놓고 도축인부가 단숨에 목의 동맥을 절단한다. 자, 저 놈 봐라. 으르릉댄다, 울부짖는다, 센 바람소리 같은, 기적 같은 목청을 쥐어짜며 미쳐 날뛰려고 한다. 참말이지 깨끗이 체념할 줄 모르는 짐승이다. 피를 다 짜내면 이번에는 도축 의뢰자의 손에 넘겨진다. 도축 의뢰자는 실룩실룩거리는 것을 큰 가마솥 안에 집어넣는다. 펄펄 끓는 물에 거꾸로 쑤셔 박았다가 끌어내서 작은 칼로 털을 밀면 털은 깨끗이 벗겨지고, 새하얀 가죽에 통통한 알몸이 모로 눕혀진다. 이렇게 '탕관'까지[11] 받는 것은

---

11 '탕관(湯灌)'은 불교식 장례에서 입관 전에 시신을 더운 물로 깨끗이 씻는 일이다.

돼지뿐으로, 그의 최후는 인간에 가깝다.

이렇게 참혹한 일에 종사하는 도축인부의 수입은 얼마나 될까? 들어 보니 무척 딱하다. 아침은 날도 채 밝지 않은 네 시나 다섯 시경부터 저녁 다섯 시 무렵까지 계속 일을 하는데, 해머를 휘두르고 가죽 벗기는 칼을 번득이고 피보라를 뒤집어쓰면서 365일, 제일(祭日) 말고는 하루도 쉬지 못한다. 게다가 특유의 기능도 갖고 있는데, 일급이 최고 2원이라니 무슨 소리냐? 언제까지 그들은 이걸로 만족하고 있을까?

식민지기의 공휴일

지금의 국경일에 해당하는 공식 휴일을 식민지기에는 축일(祝日)·제일(祭日), 합쳐서 '축제일(祝祭日)'이라고 했다(본문에서 '제일'이라고 한 것은 축일과 제일 모두를 가리키는 듯하다). 축일은 새해의 신년연회(新年宴會), 일본의 전설적인 진무텐노(神武天皇)의 즉위일이라는 기원절(紀元節), 현 천황의 생일인 천장절(天長節) 등이고, 제일에는 춘계·추계 황령제(皇靈祭)와 신상제(新嘗祭), 직전 천황의 제사일(先帝祭) 등이 있었다. 현 천황의 생일, 직전 천황의 제사일 등이 포

元始祭	1월 3일
新年宴會	1월 5일
紀元節	2월 11일
神武天皇祭	4월 3일
明治天皇祭	7월 30일
天長節	8월 31일
神嘗祭	10월 17일
(天長節祝日)	(10월 31일)
新嘗祭	11월 23일
春季皇靈祭	춘분일
秋季皇靈祭	추분일

함되어 있어 식민지기 일본의 공휴일은 천황이 바뀔 때마다 조금씩 변동되었는데, 다이쇼기(大正期)의 공휴일은 위 표와 같이 정해졌다(1912. 9. 4. 칙령 19호 「휴일에 관한 건」). 다만 다이쇼천황의 생일인 천장절이 한여름이라고 해서 1913년부터 10월 31일을 '천장절 축일'로 지정, 대부분의 축하 행사는 그날 치르게 되었다. 관공서나 학교 등에서는 그밖에도 물론 일요일은 쉬었지만, 민간의 공장이나 상점 등에서는 그렇지 못한 경우가 많았다.

11장 거지 벼락부자

거지가 그토록 많아도, 부모 대부터 거지였다고 하는 자는 거의 없다. 대개는 자기 당대에 와서 거지가 되었다고 한다. 당대 거지로 충분하고, 거지의 세습 따위는 일본국의 명예는 아니다. 하지만 생각해보면 이상한 일이다. 거지는 자식이 없나 하면, 그렇지 않다. 빌려준 물건의 담보(損料) 삼아 남의 자식을 데려오는 자도 있지만 친자식이 있는 자도 있다. 그렇다면 그 자식은 부모가 죽은 뒤에 대체 어떻게 되는 것일까? 참새나 새의 수명은 알려져 있지만, 그토록 많이 새끼를 치는 반면 도태된 놈들의 잔해를 거의 볼 수 없다. 동물의 사체며 거지 자식의 행방은 잘 알 수 없는 것이다.

그런가 하면 '비럭질을 사흘 하면 그만둘 수 없다'는 말이 있는데, 그것은 일본에서도 조선에서도 마찬가지인 듯하다. 비럭질의 맛은 거지가 아니면 모르는 것, 그들을 한 사람씩 붙들고 비럭질을 그만둘 수 없는 이유를 물어본들 우리가 감복할 만한 설명을 들을 수는 없다. 향상심 따위는 던져버리고 자기

생활에 아무 간섭도 받지 않는다. 권리 주장도 안 하는 대신 의무도 안 진다. 모든 걱정을 놓아버리고 그런 것은 생각도 않는 경지가 되지 않고서는 '비럭질의 맛'은 알 수 없다. 거지가 되고 거지 생활에 만족해야 비로소 그 맛을 알 게 될 듯싶다.

자식은 거지노릇을 면하고 남들처럼 살게 하려고 손을 씻겨 봐도, 틀림없이 사흘도 못 가서 달아나버린다. 거지 생활이 그리워서 예전 살던 '고향'으로 돌아간 것이다. 거지를 위한답시고 거지 생활에서 벗어나게 하는 것은 죄다. 그런 짓은 하지 않는 게 좋다.

국가사회를 위해 그들을 보통 사람들 사이에 끼워넣으려 한다면, 그들에게 '거지 생활의 괴로움'을 알게 해야 한다. 그러자면 '거지 박멸책'을 강구하는 것이 좋다. 거지에게 금품 대신 경계와 감시를 베푸는 것이다. 거지 생활을 힘들게 함으로써 특별히 구제의 손길을 베푸는 것 말고 다른 길은 없다.

경성에 있는 거지 중에는, 경성부에 고용된 쓰레기 청소부보다 수입이 많은 자도 있다. 하루에 1원 2, 30전씩이나 버는 자도 너댓 명 있다.

그들 고참 거지들은 모두 '단골'을 갖고 있고, '목'을 알고 있다. '목'이란 경성역 앞, 조선은행 앞, 신마치 유곽 입구와 안쪽이고, 일요일과 제일(祭日)에는 창경원 앞, 봄부터 초가을까지는 동대문 옆, 여름에는 독립문 밖 약수터 가는 길이나 한강 뱃놀이 패를 노리는 것이다. 구력(舊曆)[음력]으로 매달 보름과 그믐에는 종로, 남대문통, 황금정통, 태평정통에 있는 조선인 상점으로 달려간다. 이 날은 '거지 데이'로, 조선인 상인은 대개 동냥을 준다. 잔돈이 없으니까 10전 백동화를 주고 9전 5리의 '거스름돈'을 거지한테서 되돌려 받는 것도 당연하고, 거지 쪽에서도 10전을 받으면 9전 5리를 '거슬러' 주어야 한다는 것을 숙지하고 있다.

그런데 이 거지들은 아무리 많이 돈을 얻어도, 한 푼도 남기지 않고 먹을

창경원

1907년 순종황제가 창덕궁에 기거하게 되면서 황실의 '어원(御苑)'으로 창경궁에 동양 최대 규모의 동물원·식물원을 조성했다가, 1909년 11월부터 일반에 공개했다. 창경궁은 이후 '창경원'이라고 불리게 되었고, 1912년부터는 일본식과 서양식을 절충(和洋折中)한 이왕가박물관

활짝 핀 창경원 벚꽃(식민지기 사진엽서)

도 개관했다. 벚나무를 대량 식수하여 1924년 4월부터는 일본인들이 좋아하는 밤 벚꽃놀이(夜櫻)도 시작했다. 식민지기 창경원은 경성 최고의 공원으로, 매년 수십만의 관광객이 찾는 명소였다. 창경궁 동물원·식물원은 해방 후에도 1980년대까지 유지되다가, 동물원은 서울대공원으로 이전되었다.

악박골 약수터

서대문밖 현저동에 있었으며, 1900년대부터 사유화되어 돈을 받고 물을 팔았다. 물 받는 아이들이 있어 한 주전자에 3~5전을 받아 한창때는 하루 수백 원의 수입을 올렸다고 하고(『매일신보』 1936. 5. 31. 「영천악박골흥망사」(1)), 심훈의 『상록수』에는 동혁과 영신이 이곳에 가서 "돈 십전을 주고, 약물 한 주전자와 억지로 떠맡기는 말라빠진 굴비 한 마리를" 사는

장면이 있다. 짠 굴비를 뜯어가며 물한 주전자를 다 마셨던 모양이다. 여름에는 많은 사람이 이곳을 찾아 1928년 이곳까지 운행하는 부영 버스노선까지 생겼지만, 난개발에 따른 수질 악화에다 이 일대가 주택지로 개발되면서 1936년 폐쇄되었다(사진 출처: 『매일신보』 1930. 6. 7).

것을 사 먹거나 도박을 해서 다시 빈털터리가 되어버린다. 도박으로 잃으면 또 구걸을 나간다. 도박의 밑천은 적선을 하는 사람들한테 맡겨놓고 있는 셈 이니까, 배짱이 편하다.

이런 거지 중에 한 사람, 월등하게 대단한 자가 있다. 송(宋)이라고 하는 앉은뱅이인데, 이 사람은 우리보다도 경제적 수준이 위다.

수원 사람으로, 두 다리를 다 못 쓰니까, 무릎에 누더기를 잔뜩 감고 손에 工자 모양의 나무토막을 쥐고 손과 무릎으로 도로를 기어 다닌다. 가슴 언저리에 빈 깡통을 늘어뜨려 달그락달그락 소리를 내며 집집이 들어가 동냥을 한다. 그렇게 모은 돈은 그 다음날 꼭 한성은행 남대문지점에 예금을 하는 것이다.[1] 그것이 쌓이고 쌓여 작년 여름까지 170여 원이 되었다. 작년 여름 송은 그 돈을 찾아서 작으나마 시외에 땅을 샀다. 거지라도, 어엿한 지주다. 그는 지주일 뿐 아니라, 지금은 소농민의 자금주다. 은행에 예금하는 것보다 소농민에게 돈을 꾸어주는 쪽이 이윤이 좋다는 것을 알고, 동냥으로 얻은 돈을 빌려주고 있는 것이다.

기생의 말로

낮에는 조선은행 앞에 서서 전차를 기다리는 사람의 소매를 붙든다. 그곳에

---

[1] 한성은행은 1897년 설립된 한국 최초의 근대 은행이다. 1943년 동일은행과 합병하여 조흥은행이 되고, 조흥은행은 2006년 (구)신한은행과 합병해서 지금의 신한은행이 된다. 한성은행 본점은 지금의 신한은행 광교대기업금융센터 자리였고, 남대문지점은 1921년 제일은행 경성지점 옛 자리로 이전한다는 기사(『매일신보』 1921. 2. 15. 「본정통 은행戰/ 一銀 이전 후」)로 보아 본정 2정목 89번지, 지금의 롯데호텔 L7명동 자리쯤으로 추정된다. 1장에 나오는 요정 가게 쓰 뒤쪽이다.

모습이 안 보일 때는 경성역 앞에서 기차를 타려는 사람들의 옆구리에 달라붙고, 밤에는 본정 5정목 다리 입구에 서서 신마치로 들어가는 사내들한테서 적선을 받는, 허리가 꼬부라진 가련한 조선인 노파를 볼 수 있을 것이다.

「보쨩? 죠쨩? 오오, 가와이이……」[2] 하고 어눌하지만 일본어로 업힌 아이한테 말을 건네며, '자식 바보 쟝링'의[3] 소매에서 몇 푼이라도 돈을 꺼내게 만든다. 조금 특이하고 애교가 있는 이 거지 노파를, 조선은행 앞이나 경성역 앞에서 본 적이 없으신지?

* * * * * *

「아유, 서방님, 웬일이세요? 여전히 변함이 없으시구랴. 아주 훤허신 게 그저……. 오늘은 어딜……?」

「어…… 음, 그…… 저…… 어어……」

그녀가 말을 건넨 것은, 흰 수염이 가슴까지 늘어지고 낙타털 롱 코트에 금테안경, 새끼염소 가죽 구두에 지팡이를 든 조선인 노신사. 얼굴이 빨개진 채 무엇에 홀린 듯 대답할 말을 찾지 못하고 눈을 희번득거리다가, 등을 구부리고 다리를 덜덜 떨면서 슬금슬금 달아나 버렸다. 대나무 지팡이를 짚고 큰길에 버티고 서서 허리를 조금 편 거지 노파는 더러운 입을 벌리고 삐뚤삐뚤한 이빨로 이히히히, 이히히히 기분 나쁘게 웃으면서, 탁한 눈빛으로 신사의 뒷모습을 노려보고 있었다.

---

2 「坊ちゃん? 嬢ちゃん? おお可愛い……」'도련님? 아가씨? 아이 예쁜자…….' 하는 뜻이다.

3 '자식 바보 쟝링, 소바집의 후링(親ばかチャンリン、そば屋の風鈴)'이라는, 맹목적으로 자식을 아끼는 부모를 야유하는 오래된 말장난이다. '후링'은 풍경(風磬)이다.

식민지기의 지폐와 동전

식민지기에는 지폐는 '조선은행권'을, 보조화폐인 동전(주화)은 일본 것을 썼다. 1925년에 이르면 조선은행권이 통화의 89%, 보조화폐가 11%를 차지하게 된다. 식민지기 조선의 '원(圓)'과 일본의 '엔(圓, 円)'은 등가였지만, 일본은행권의 태환가치를 보호

다이코쿠(大黑) 도안의 조선은행권 1백원권

하기 위해 조선에서는 일본은행권을 보증준비로 한 조선은행권을 따로 발행했다(99쪽 주 12번에 보면 관부연락선을 타고 온 승객에게 조선은행 부산지점에서 일본은행권을 조선은행권으로 환전해주는 이야기가 있다). 1930년대 일본의 대륙 침략과 함께 조선은행권은 만주와 북중국에서 법화(法貨)로 유통되기도 했다.

조선의 중앙은행은 (주)조선은행이었다. 1909년 11월부터 '한국은행'으로 영업을 개시했다가, '일한병합' 이후 약간의 체제 변경과 함께 1911년 8월부터 '조선은행'이 되었다. 바로 조선은행권을 발행할 준비가 부족해서 이전까지 조선에서 유통되던 일본제일은행권과 한국은행권을 조선은행권으로 간주해서 유통시켰고, 1914년 9월부터 다이코쿠(大黑) 도안의 조선은행권 1백원권을 발행했다. 이듬해 1월부터 1원권, 11월부터 5원권과 10원권이 발행되어, 이후 구권인 일본제일은행권과 한국은행권이 차츰 회수된다.

한편 19세기말 조선에서는 엽전(상평통보)의 유통가치가 하락하는 한편 당백전·당오전 등의 악화 남발로 일본화폐(주화)가 차츰 정화(正貨)의 자리를 차지했다. 조선정부는 화폐개혁을 추진했지만 실패를 거듭하다가, 결국 1905년 메가타 다네타로(目賀田種太郎) 재정고문 주도하에, 일본 화폐와 사실상 동일한 새 화폐(단위는 '환(圜)'과 '전(錢)')를 주조하고 옛 화폐를 '정리'했다. 1910년 조선총독부는 더 이상 동전을 주조하지 않고 일본 동전을 사용한다는 방침을 세웠다. 1918년 4월부터 일본 「화폐법」을 조선에 시행하고, 예전의 구화(1905년 이전의 백동전 등), 신화(1905년 이후 대한제국 발행 화폐), 엽전 등은 1925년까지는 일본 동전으로 모두 교환하게 하였다.

이 거지 노파는 오래 전에 미모와 탁월한 예능으로 한성의[4] 한량들을 뇌쇄시켰던 명기(名妓) '산월(山月)이'가 영락한 모습이다. 산월이는 지금의 무교정에 집을 두고 남녀 머슴까지 부리며 호사스러운 생활에 빠져 있었다. 그런

모르핀 중독 치료제 광고(『신동아』 1932. 12)

데 그녀의 정부(情夫)는 '재인(才人)'이라고 해서 신분이 낮은 예인(藝人)이었다. 그것도 판에 박은 건달. 산월이가 여색에 빠진 서방님들한테서 쥐어짜낸 돈을 싹 쓸어가서 물 쓰듯 쓰고, 노름에 져서 탈탈 털리면 산월이의 집으로 기어들어온다.

「산월이한테는 재인 놈이 붙어 있다네. 추접스러우니까 부르지 말자…….」

하고 인기가 떨어지자 애처롭게도 내일의 영화는 환영(幻影)처럼 사라져, 머슴한테는 휴가를 주고 하녀를 해고했다. 답답한 마음에 죽도록 술을 퍼 마시다가 마침내는 술 정도로는 안 되어 아편을 피우고, 번뇌를 잊으려고 부자연스런 쾌락을 탐했다. 가재도구가 하나둘 줄고 옷가지도 하나씩 줄었다. 마침내는 집까지 남의 손에 넘기고 아편에 빠졌는데, 중독이 되어 끊을 수도 없게 되었다. 지금은 그것조차 피울 수 없게 되어 사동(砂洞) 어느 아편굴에 가서 한 대 15전 하는 '모히' 주사를 맞으며 이슬 같은 명줄을 이어가고 있다고 한다.[5]

---

4 '경성(京城)'이 주로 식민지기 일본인들이 서울을 가리켜 쓴 명칭인 데 반해, 조선시대 서울의 명칭은 '한양(漢陽)' 또는 '한성(漢城)'이었다.

기생의 말로(末路)는 대개 비참하다. 기생이 영락해 가는 길은 두 가지다. '색주가(色酒家)'가[6] 되거나 '방물장수'가[7] 되는 것이다. 색주가는 술과 색을 파는 사람이고 방물장수는 바늘, 실, 머릿기름 따위를 작은 보퉁이에 넣어 팔러 다니는 행상이다. 기생더러 이런 말로를 걷게 만드는 것은 그 정부인 무뢰한인 듯하다.[8]

---

5 아편은 양귀비 열매의 진액을 굳혀서 만드는 마약으로, 연고를 만들어 독특한 모양의 물부리에 넣고 불을 붙여 연기를 흡입한다. 19세기 초에 추출법이 개발된 아편 알칼로이드의 주성분 모르핀(morphine)은 피하주사 방식으로 마취제, 진통제, 마약 등으로 이용된다. 일본식 발음으로 '모루히네', 줄여서 '모히'라 불렀다. 식민지기 아편 흡입을 다룬 소설로는 최명익의 「심문(心紋)」이 있다. 한때 유명한 '맑스주의자'였던 "현은 장의자에 털썩 주저앉자 호복(胡服: 중국식 옷 — 인용자) 안섶 자락에서 뒤져낸 흰 약을 권연에 찍어서 빨기 시작하였다. 그 누르지근한 냄새를 풍기는 연기"는 집에서 키우는 종달새까지 중독시켰던 것인데, 내용으로 보아 모르핀 가루를 담배에 찍어 흡입했던 모양이다.

6 '색주가'는 기생처럼 춤과 노래의 재주 없이 술과 몸만 파는 '갈보'의 다른 이름이다. 4부의 해제 참조.

7 방물장수는 여성들만 있는 안채·규방에 쉽게 출입할 수 있었으므로, 이렇게 방물장수가, 또는 방물장수를 빙자한 자들이 여염집 여성을 꾀어내어 창기·작부 등으로 소개하거나 첩이나 '은근짜' 같은 형태의 밀매음(4부 해제 참조)을 주선하는 경우도 많았다(『매일신보』 1931. 1. 16. 「음흉한 방물장사/ 처녀유인이 一手/ 아못조록 그 출입을 경계하야/ 가정부모 조심할 일」). 채만식, 『태평천하』에서는 윤직원 영감의 "첩을 얻어들이는 소임으로, 몇 해 단골 된 곰보딱지 방물장수가, 그 운덤에 허파에서 바람이 날 지경"이다.

8 이태준의 「기생 산월이」의 주인공도(물론 이 책의 '산월이'는 아니지만), "오륙 년 전에 산월이에게 미쳐서 다니다가 […] 아편을 찌르기 시작하여 마음씨 착한 산월이의 알돈 사천 원을 들어먹고 나중에는 산월이 집에서 독약을 먹고 죽"은 윤가와 "꿈결같이 하룻밤 지내고 간 뒤에" '몹쓸병아마도 매독—인용재'을 옮겨주어 산월이의 재산이던 "목청을 그만 절벽으로 만들어 놓고 간 이름도 성도 모르는" 뚝건달녀석, 두 사내 때문에 영락해서 "여관집 빈 방으로 떠돌아다니"는 신세가 된다.

식민지기의 아편과 모르핀 중독

19세기 중국에 대한 영국의 아편 밀수출로 발발한 아편전쟁(1840)은 동아시아 역사를 바꿔 놓았고, 이후 20세기 전반까지 아편과 모르핀은 동아시아에서 큰 사회문제가 되었다. 중국에서는 청조의 멸망과 정치적 혼란 속에 아편 금지가 제대로 이루어지지 않는 가운데 모르핀 주사가 확산되었다. 일본은 영국의 뒤를 이어 최대의 아편과 모르핀 생산·밀수의 주역으로 등장했다. 조선에서는 아편 흡연은 크게 성하지 않았지만, 모르핀의 경우는 사정이 달랐다. 1차 대전으로 전세계 모르핀 수요가 급증하자 조선총독부는 다이쇼제약(주)을 내세워 전략적으로 양귀비 재배와 모르핀 제조를 추진했으나, 종전 후 수요가 급감하면서 다이쇼제약의 모르핀 재고 밀매 등으로 모르핀이 조선 사회로 퍼져나갔다. 의사들의 모르핀 남용도 문제였고, 화류계에서 마약을 최음제로 쓴 경우도 있었다.

아편이 "속병에 좋고 계집장난에 그렇게 좋은 것"이라는 속설은 널리 퍼져 있었던 모양이다(「(대비밀 대폭로) 현대비밀직업전람회」, 『별건곤』 14(1928. 7): 59). 정확한 통계는 없지만, 당시의 한 자료에 따르면 1930년 자혜의원·도립병원에서 진료 받은 환자 중 아편·모르핀 중독자가 9,498명이었다고 하므로, 실제 중독자는 그보다 훨씬 많았을 것이다(박강, 1998: 319). 몸에 주사바늘을 찌른다고 해서 당시 모르핀 중독자들을 '자신귀(刺身鬼)'라고 불렀다.

일본의 아편·모르핀 문제를 고발한 한 논문을 보면, "경성의 조선인 동네를 한번 걸어 보면, 한창 일할 나이에 너덜너덜한 옷을 입고, […] 푸르퉁퉁한 얼굴 모습, 병들고 쇠약한 눈을 두리번거리는 사람, 술에 취한 듯 눈이 몽롱한 사람, 눈곱이 가득한 사람들이 돌아다니는 것을 볼 것이다. […] 모르핀이 그들 생활의 전부이기 때문에 일해서 번 돈의 80~90퍼센트가 모르핀 값으로 지출되었다. […] (공급업자) 우두머리는 역시 일본인이었지만 범죄의 흔적을 은폐하기 위해 중국인에게 구입하였다고 말하게 하였다. 중계나 소액을 거래하는 자는 중국인과 관계를 갖고 있었으나 실제 모르핀밀매자로서 중국인은 적었다. 그들 패거리들 사이에서는 '정동(貞洞)에 간다'라는 은어가 사용되고 있는데 그것은 주사옥(注射屋)에 간다는 것이었다. 그런 은어가 생긴 것은 예부터 정동이 주사옥, 또는 중국인 아편밀매자의 근거지였기 때문이다. 그러한 주사옥이 경성에는 몇 백 곳이 있다고 하니 놀라지 않을 수 없다(菊地西治, 1928, 「朝鮮に於ける阿片モルヒネ害毒問題(조선에서의 아편·모르핀 해독문제)」; 구라하시 마사나오, 1999: 178-179 재인용)."

3부 조선숙의 일본인들 :
경성의 일본인 하층사회

재조선 일본인의 다양한 스펙트럼

통계에 따르면 조선에는 최대 75만 명 정도(1942년)의 일본인이 거주했다. 일시 체류자까지를 합치면 그 수는 더 많았을 것이다. 그러니까 우리가 식민지기를 지배-피지배의 구도로 설명한다면, '지배자' 쪽에는 조선총독부(와 조선군)뿐 아니라 재조선(在朝鮮) 일본인도 포함시킬 수 있다. 식민지 경제와 사회의 요충을 장악한 그들 없이는 식민지 지배가 유지되기 힘들었을 것이다. 그러나 조선총독부와 재조선 일본인 사회의 관계는 늘 순탄하지는 않았다. 당시 재조선 일본인의 신문·잡지를 보면, 총독부의 정책을 반대·비판하는 기사가 심심찮게 눈에 띈다. 비판의 논조가 조선인 언론보다 훨씬 신랄할 때도 많았다. 식민지 조선의 정치적 지형은 생각보다 복잡했던 것인데, 다음과 같이 민족적 지배·피지배 관계가 기본적인 한 축을 이룬다면 관/민의 구별이 다른 한 축을 구성했다. 총독부의 이해관계와 재조선 일본인의 이해관계는 항상 일치하지는 않았고, 때로는 일본 본국과 식민지 조선의 이해관계도 상충·대립했다.

	지배민족	피지배민족
관	조선총독부	✕
민	재조선 일본인	조선인

조선에 와 있던 일본인들은 상당한 희생을 감수하면서 청일·러일전쟁을 비롯한 본국의 조선 침략정책에 적극 협력했다. 그들은 대한제국의 행정·사법권에서 벗어나(치외법권), 통감부·이사청(理事廳)과 거류민단을 중심으로 일본의 법과 제도에 따르는 별개의 사회를 이루었다. 1910년 일본이 조선을 완전히 식민지화하자 그들은 지배민족, 식민지배자(colonizer)로서의 특권이 더 확대되기를 기대했다. 그러나 새 통치질서

를 수립하고 조선인을 회유·포섭하는 일이 더 중요했던 총독부는 '일시동인(一視同仁)'을 표방하며 조선인이나 재조선 일본인이나 다 같은 지배의 대상으로 간주했고, 일본인 거류 민단을 해체하고 그들을 조선인과 같은 지역별 행정구역에 편입시켰다.[1] 또 총독부는 재 조선 일본인 사회가 원했던 적극적인 일본인의 조선 이주 장려정책에도 반대했고, 본국의 식민지 정책에 따른 「회사령」으로 1910년대 내내 재조선 일본인의 상업·제조업을 제약 했다. 이렇게 자신들이 기대했던 특권을 누리기는커녕 오히려 불이익을 받게 되자, 당시 재조선 일본인 언론은 총독부의 정치가 전제적인 '무단통치(武斷統治)'라며 강하게 반발 했다.[2]

불이익은 그뿐만이 아니었다. 일본제국은 참정권을 민족별로가 아니라 '내지'와 '외지'의 지역별로 부여해서(속지주의), 내지(일본)에 거주하는 조선인은 원칙상 참정권을 가질 수 있 었던 반면[3] 외지 조선에 거주하는 일본인은 제국의회(중의원) 선거 참정권은 가질 수 없었다. 물론 1920년대 이래 조선에서 시행된 제한적 지방자치제 아래서 부(협의)회 등 지방선거는 재조선 일본인에게 훨씬 유리하게끔 제도화되어 있었지만, 조선에서는 정당 설립도 전국적 정치활동도 불가능했다. 1920년대 후반 「중의원선거법」을 조선에 실시하여 제국의회에 조 선 대표 의석을 갖자는 운동이 있었지만, 그것도 좌절되었다. 그런 중에도 병역의 의무는 재 조선 일본인에게도 온전히 부과되었고, 입영 신체검사를 받기 위해 일본의 본적지까지 가야 하는 불편도 겪어야 했다.

또, 식민지 지배라는 큰 구도와 민족모순은 일상의 권력관계나 계급모순과 반드시 일치

---

1 이런 지방제도 정비는 1914년 4월의 부제·면제 실시로 일차 완성된다(321쪽 부록 참조). 1장에서 본 경성부의 쓰레기와 분뇨 수거사업도 1907년 일본인 거류민단이 설치한 '한성위생회'에서 담당 하던 것을, 거류민단 철폐와 부제 시행으로 1914년 경성부가 승계한 것이다.

2 이 책의 저자가 기자·주필로 있던 『경성신문』의 사장 아오야기 쓰나타로도 중요한 비판자 중 한 명이었다(148쪽 각주 3 참조).

3 뜨내기 노동자가 많은 탓에 거주자격 미달로 참정권을 부여받지 못한 경우가 많기는 했지만, 박춘 금(朴春琴)이 1932년과 1938년에 중의원 의원으로 선출되었고, 지방의회의 경우에는 1929년 이 래 연인원 360명이 출마하여 총 95명이 당선되었다(동선희, 2011: 57).

하지 않았다. 지배민족이라고는 하지만 재조선 일본인의 스펙트럼은 무척 넓었다. 사실 '재조선 일본인'이라는 것은 행정이나 연구를 위해 종이 위에 그린 범주일 뿐, 실제 그들의 인구학적·사회적 구성은 다양했다. 개중에는 크고 작은 자본가와 지주, 지역유지와 지식인도 있었지만, 앞으로 볼 하층노동자와 소작인, 부랑자와 거지, 창기나 작부 등도 있었다. 그들도 지배민족의 일원으로 길에서 부딪힌 조선인에게 큰소리를 치거나 행패를 부릴 수 있었겠지만,[4] 그것을 총독부의 조선 '지배'와 한데 묶기는 곤란하다.

식민지기 재조선 일본인에 대한 연구는 많지 않고, 하층민에 대한 연구는 더욱 드물다. 그런 점에서 이 책은 좋은 자료가 되리라고 생각하는데, 3부에서 볼 경성의 일본인 하층사회에 대해 부족한 대로 대강의 윤곽을 그려보자.

시기적으로 보면, 조선/대한제국이 아직 남의 나라이고 외국인의 내륙통행이 거의 불가능하거나 나라 전체가 전화(戰火)에 휩싸여 있을 때 건너온 사람들은 모험과 투기를 일삼는 무리가 많았을 것이고,[5] 1910년 이후로는 좀 더 안정적인 전망과 계획을 가지고 건너오는 쪽이 많았으리라고 추측해볼 수 있다. 초기의 이주자들은 당연히 부산·인천·원산

---

4 결과적으로 조선이 일본의 식민지가 된 이상, 조선인의 성격으로부터 조선의 지리와 역사까지 모든 것이 '식민지가 될 수밖에 없는' 문제점과 모순, 열등성을 갖는 것으로 치부되는 것은 어쩌면 당연한 일이었다. 조선인에 대한 멸시와 차별은 법과 제도는 물론, 일상의 의식적이고 무의식적인 모든 순간에 걸쳐 있었다. 지금도 사회적 약자, 소수자는 종종 그런 상황에 처하지만, 일본인들은 약자인 조선인의 문화와 풍속을 이해하지 못했거나 이해하려 들지도 않았다. 당시 일본인들은 조선인들이 쓰는 '여보'라는 말을 가지고 조선인들을 비하해서 '요보(ㅋボ)'라고 불렀는데, "내지인은 교섭이 약간 복잡해지고 언어가 통하지 않으면 곧바로 '요보'나 더 나아가 '바보(馬鹿)', '자식(野郞)', '이놈(ㅓ又ᄀ)' 등의 말을 사용(다카사키 소지, 2006: 125)"했다. 나카지마 아쓰시의 「순사가 있는 풍경」에는 한 일본인 여성이 자기딴에는 상대를 배려한다고 조선인 학생을 '요보님'이라고 부르는 장면이 나온다. "요보라 그러지 않았다니까. 요보님이라고 했지(나카지마 아쓰시, 2009: 241)."

5 앞에서 본 '다이료쿠로닌(大陸浪人)'이나 깡패들도 있었지만, 상인들도 '계림장업단(鷄林奬業團)'처럼 조선의 내륙으로 침투하기 위해 무장을 하고 장삿길에 나서기도 했다.

같은 개항장이나 대구·대전 등 경부철도 연선의 도시에 주로 거주했고, 무역이나 조선인 상대의 장사, 고리대금업, 유곽 경영 등에 종사했다. 개항 이후 일본인들이 가장 먼저 진출한 부산의 경우를 보면 1881년 일본인 총 325호 중 거간꾼(仲買) 121, 무역상 54, 제조업자·장인(諸工) 39, 소매잡상 21, 음식점 19, 날품(日雇) 16, 잡상 13, 요리점 13, 시치야(質屋) 12, 유곽(貸座敷) 6, 해상운송대리(船問屋) 5, (제일)국립은행(근무) 2, 회조회사(回漕會社) 2, 숙박업(旅籠屋) 1, 흥행 1호의 직업 분포를 보였다(다카사키 소지, 2006: 21). 전당포(시치야)와 유곽이 일찍부터 진출하고 있는 것이 눈에 띈다.

이후로 일본인은 차츰 한반도 전역으로 퍼져나갔지만, 그래도 대개 부·읍 등 도시 지역에 많이 살았다. 1900년대 초 조선으로의 농업이민을 통해 일본의 농촌 과잉인구를 해소하자는 주장이 득세했지만, 그런 목적으로 1909년부터 9년간 24만 명을 이민시킨다면서 설립된 동양척식회사는 결국 1910년부터 5년간 2,600여 호를 입식(入植)하는 데 그쳤다. 1호 평균 4명이라고 쳐도 1만 명 정도다. 식민지기 내내 농업에 종사한 일본인 인구는 많지 않았다. 1930년 국세조사(센서스) 결과에 따르면, 당시 일본인 527,016명, '유업자(有業者)' 228,129명 중 농업 인구는 19,957명에 불과했다. 공무·자유업 72,553명, 상업 58,655명, 공업 40,161명은 물론, 교통업 20,510명에도 못 미치는 수치였다(朝鮮總督府, 1935a: 246-247).

경성에서는 어땠을까? 공사관 직원 등이 아닌 일반 일본인의 한성(서울) 거주가 허용된 것은 1883년 11월부터인데. 1885년 90명이었던 인구는 1900년경 2천 명을 넘어섰고, 이후 비약적으로 증가해서 1910년에는 4만 명을 돌파했다(아오야기 쓰나타로, 2010: 185-186). 다음 표에서 보듯, 식민지기 최대 70여 만을 헤아렸다고 해도 일본인 인구는 늘 전 인구의 3% 미만이었다. 그러나 경성부의 경우는 전혀 달라서, 1915년부터 1935년까지 일본인 인구는 줄곧 경성 인구의 25%를 웃돌았다. 그러니까 경성부 주민 네 명 중 한 명은 일본인이었다는 계산이고, 이것은 식민지기 경성이라는 도시의 성격을 이해하는 데도 결정적 변수가 된다.

경성의 일본인 인구의 특징은 관·공리와 관청의 고용인이 많았다는 점이다. 1907년 '한일신협약(정미7조약)'의 결과로 이듬해 일본인이 대거 대한제국의 관리로 임명되고

	전국				경성부			
	총인구(A)	조선인(B)	일본인(C)	C/A(%)	총인구(D)	조선인(E)	일본인(F)	F/D(%)
1911(메이지44)	14,055,869	13,852,376	210,689	1.5	256,381	208,206	45,926	17.9
1915(다이쇼4)	16,278,389	15,957,630	303,659	1.9	241,085	176,026	62,914	26.0
1920(다이쇼9)	17,289,989	16,918,078	347,850	2.0	250,208	181,829	65,617	26.2
1925(다이쇼14)	19,522,945	19,020,030	443,402	2.3	342,626	247,404	88,875	25.9
1930(쇼와5)	21,058,305	20,438,108	527,016	2.5	394,240	279,865	105,639	26.8
1935(쇼와10)	22,899,038	22,208,102	619,005	2.7	444,098	312,587	124,155	28.0
1940(쇼와15)	24,326,327	23,547,465	707,337	2.9	935,464	775,162[※]	154,162	16.5

※1940년 경성부 조선인 인구가 1935년에 비해 대폭 증가한 것은 1936년 시가지계획 시행으로 경성부 행정 구역이 기존 구역의 3배 가까운 크기로 확장되었기 때문이다. 동쪽의 청량리·왕십리, 서쪽의 마포·신촌·은평, 남쪽의 노량진·영등포 등이 이때 경성부에 편입되었다. 일본인 인구의 증가가 상대적으로 미미한 것은, 이런 교외지역에는 일본인이 많이 거주하지 않았음을 보여준다.

1910년에는 조선총독부가 설치되면서, 경성의 일본인 중 관·공리가 가장 많아졌다(다카 사키 소지, 2006: 119). 또 용산에는 '조선군'이라는 이름으로 상당수의 일본 군인이 주 둔했다. 이후로는 상업·공업 종사자가 차츰 많아졌지만, 그래도 관·공리, 군인의 비율은 무척 높았다. 이 책에 나오는 다양한 직업을 가진 사람들은 얼마나 되었을지, 참고삼아 1930년 국세조사 결과를 살펴보자. 광·공업, 교통업이 비교적 세밀한 분류가 이루어진 반면 상업이나 하층빈민의 불안정한 직업은 애매하게 분류되었지만, 1930년 10월 1일 현재 경성의 일본인 105,639명 중 '유업자'는 41,599명, 그중 관·공리와 관청 고용인이 5,945명, 현역 군인이 4,498명이다. 고용주·고용인을 통틀은 상업 종사자 11,782명, 공업 종사자 7,447명에 이은 3위, 4위였다.

저자 같은 '기자·저술가·문예가'가 225명(조선인은 322명), 1장에서 본 청소부는 36명 (조선인 300)이다. 10장의 도축인부는 어디로 분류되는지 모르겠지만, 청소부와 같은 '기타 유업자' 중에 잡역부가 360명(조선인 1,800), '일용'이라고만 기재한 자가 52명(조선인 9,979)이고, 조·수육(鳥獸肉) 판매업자는 22명(조선인 180)이다. 2장의 고물상은 107명(조 선인 199), 4장의 수형자(受刑者)는 7명(조선인 121), 저자가 사칭했던 보험 외교원은 201 명, ○○구라조가 되고 싶어 한 재단공·재봉공은 508명이다. 6장 신기료와 관련해서는 게타

(나막신) 제조가 44명(조선인 88), 조리(짚신) 제조 4명(조선인 33), 고무신을 제외한 제화업이 13명(조선인 835)이다. 12장의 노점꾼과 가장 가까운 국세조사 범주는 '야채·어물 이외의 노점상, 행상인, 호객상인(呼賣商人)'일 것 같은데, 302명(조선인 231)이다. 13장과 관련해서는 본문의 전신공부라고 추측되는 '전공(電工)'이 일본인 335명이고, 그 밑의 인부는 범주가 따로 없는데 어쩌면 앞서의 '잡역부'에 포함되는지도 모르겠다. 광산과 관련해서 일본인만 보면 탄광업주 6명, 기타 광산업주 53명인데, 아직 광맥을 찾지도 못한 선인숙의 광산꾼은 거기 들지는 못했을 것이다. 예기 363명(조선인 기생 689), 창기 343명(조선인 451)이고 여관·하숙집·요릿집·음식점의 하녀(女中)가 975명(조선인 677)인데, 카페 여급도 아마이 범주에 포함되었을 것이다. 이·미용사는 꽤 늘어서 일본인 411명(남자 106, 여자 305), 조선인 505명(남자 492, 여자 13)이다. 조선인 미용사는 역시 무척 드물었다. '거지' 같은 것은 조사표에 직업으로 기재는 하도록 했지만, 집계할 때는 어떻게 분류했는지 알 수 없다(이상 朝鮮總督府, 1935b: 216-235).

어느 사회에나 빈부의 격차는 있게 마련이지만, 재조선 일본인 하층민의 경우는 몇 가지를 더 생각해 볼 수 있다. 먼저 식민지로 건너 온 사람들, 특히 하층민의 상당수가 경제적인, 또는 다른 이유로 일본에서 살기가 힘들어서 이주를 결정했으리라는 점이다.[6] 식민지 초기(1911년)의 작품이지만, 다카하마 교시(高濱虚子)의 「조선」에서는 당시 조선 이주자 중 노년층은 거의 없으니까 죽는 사람도 대개 중년층이라는 이야기 끝에, "비참한 것은, 남자든 여자든 한 명이라도 죽은이가 있는 가게는 대개 다음날부터 가게 문을 닫지 않

---

6 조선으로 '부임'한 관리·군인 등은 식민지(외지) 근무에 대해 '가봉(加俸)'의 혜택이 있었다. 이들을 제외하면 재조선 일본인 상당수는 "내지에서 실패한 끝에 신천지를 찾아 온 방랑자"였다(사와이 리에, 2000: 37). 일본에서 재해 등으로 "난민이 되어 조선으로 건너갔다. [⋯] 비참한 모습을 고향 사람들에게 보이고 싶지 않다는 것이 주된 이유였다. 다른 이유로는 [⋯] 신천지 조선에 가면 뭔가 좋은 일이 있을 것 같다는 어렴풋한 기대에 넘쳐 있었다(다카사키 소지, 2006: 116 재인용)."는 회고는 그런 전형을 보여준다. 엄격한 장자상속제의 관습을 가진 일본에서는 차남 이하인 부모로부터 물려받을 재산이나 가업(家業)이 없으니까, 어떻게든 다른 생계수단을 찾아야 했다. 그런 것도 도시나 식민지로의 이주를 촉진한 원인이 되었을 것이다.

으면 안 될 정도로 절박한 상태에 놓인다. [⋯] 이 땅에 건너와서 일을 하고 있는 사람은 대개 한 번은 일본에서 실패한 자들이다. 또 막 가정을 이룬 신혼부부보다 이른바 중년부부가 많다는 것도 그 때문일 것이다. 친척이나 친구도 모두 일본에 있을 뿐으로 그들 부부는 자신들의 가족 모두가 마지막 희망을 가지고 이 식민지에 건너왔기 때문에 누군가 한 명을 잃으면 모든 사업 활동이 바로 중단되는 것도 어쩔 수 없는 일이다(다카하마 교시, 2009: 113)."라고 쓰고 있다.

이 3부에 등장하는 인물들은, 그렇게 식민지로 건너와서도 성공의 기회를 잡지 못한 사람들이다. 다양한 방법으로 장사하는 노점과 행상, 호객꾼(12장), 싸구려 조선인 여관에서 사는 사람들(13장), 경성에서만 30년을 살았다는 행상 반 거지 반인 명물 영감(14장), 노래를 부르며 구걸을 하는 장님 거지 노파(15장)의 이야기를 여기 묶었다.

12장 노점꾼

법률책 팔이

「여러분! 생존경쟁이 격심한 오늘날, 여러분은 지금까지처럼 둔한 머리로
는 사회에서 두각을 나타낼 수 없다. 가련한 낙오자가 되어 한평생 낑낑대며
고생해야 해. 자, 여러분! 여러분의 할아버지나 아버지 시대에는 글자는 제
이름을 쓸 정도면 충분하니까, 단순한 머리라도 괜찮았겠지. 어려운 편지가
오면 소학교 선생이나 절의 스님한테 들고 가서 읽어 달라고 하면 되고. 그때
는 에이, 비, 씨, 알파벳을 읽을 수 있으면 대학자였어.

그런데 자, 요새는 소학교 생도가 영어를 읽어. 중학생이 되면 연애편지는
영어로 써. 노래 가사 그대로 아버지는 그런 줄도 모르고 딸이 공부한다고 칭
찬을 하고…… 세상은 이렇게 주마등처럼 휙휙 변해가. 눈이 빙빙 도는 속도
로 진보하고 있다고. 여러분! 하나를 보면 열을 아는 법, 세상은 이렇게 점점

20세기 초의 전당포(孔泰瑢·高二三, 1986: 21)

복잡해져 가는 거야.

여러분! 요 며칠 전 신문들 보셨나? 도쿄 도내(都內) 열다섯 개 큰 신문은 물론 일본에서 손꼽히는 각지 신문이 모두 이 괴사건을 보도했지. 그 사건이란 뭐냐……? (여기서 소리를 낮추고 한 걸음 앞으로 나서면서) 나카센도의 우라와에¹ 있는 마루요운송점 허위파산 사건인데, 교묘하기 짝이 없다. 현행의 법률로써는 이것을 처분할 방법은 없다고, 목하 법조계의 큰 문제가 되어 있다. (물론 그런 사건도 문제도 모두 지어낸 것이다.) 여러분, 여기 운송업자는 안 계신가? 우리가 들고 있는 이 책 안에는 그 방법도 상세히 적혀 있어……. 그러나 그런 나쁜 짓은 하면 안 돼. 그렇지? 여러분! 여러분 가운데 시치야(質屋: 전당포) 아저씨는 안 계신가? 시치야도 예전 같은 방식으로 영업을 하다가는 돈은 돈대로 떼이고 물건도 그냥 뺏기는 꼴을 당하게 돼. 법률은 살아 있는 존재가 아니야. 사람이 그것을 활용하는 거지. 법률을 알고 나쁜 쪽으로 머리를 굴린다면 별 노력과 시간을 들이지 않고도 만 원, 2만 원 재산을 만들 수 있어. 우리가 가져 온 제국법률연구회 발행의 이 책은 나쁜 짓을 하게 할 목적으로 낸 게 아니야. 그런 악랄한 수법을 방지하기 위해서 이

---

1 나카센도(中山道, 中仙道)는 에도시대 도쿄(에도)로 이어진 5개의 큰길(五街道) 중 하나로, 혼슈(本州) 중부 내륙을 가로지른다. 우라와(浦和)는 그 길의 큰 역참(宿)이 있던 곳으로, 현재의 사이타마현(埼玉県) 사이타마시에 있다.

일본인의 시치야와 조선인의 전당포

'시치야(質屋)'는 물건을 담보로 잡고 돈을 빌려주는 곳으로, 돈을 빌린 사람은 기간 안에 빌린 돈과 이자를 반환하고 물건을 찾을 수 있고, 그렇지 못하면 업자는 담보물을 팔아 대여금을 회수한다. 조선에서는 '전당포(典當鋪)'라고 했다. 급전 융통을 위한 서민금융의 일종인 전당업은 고리대와 함께 일찍부터 존재했지만 조선에는 점포를 내고 전당업을 전문으로 하는 경우는 없다가, 청일전쟁 이후 일본인의 시치야 영업을 본떠 근대적 전당업이 발생했다고 한다(今村鞆, 2011: 287). 메이지민법에서는 동산을 담보로 하는 '질(質)'과 부동산 담보의 '저당(抵當)'을 구분했지만 조선의 전당업은 동산·부동산 모두를 대상으로 했다. 조선의 이자율이 훨씬 높았으므로 개항 이래 조선인을 대상으로 한 일본인 시치야가 급증했고, 법적으로는 외국인의 토지 소유가 허용되지 않는 상황에서 일본인 업자들이 부동산 전당을 '유질(流質)'시켜 변칙적으로 토지를 소유하기도 했다. 대한제국은 1898년 11월 법률 1호 「전당포규칙」을 통해 이자율, 이자 계산방법, 전당물의 처분 방법과 절차 등을 세부적으로 규정했다(이승일, 2013).

이렇게 일본인의 시치야와 조선인 전당포가 서로 다른 법규의 지배를 받던 중에, 총독부는 1912년 3월 제령 3호 「시치야의 단속(取締)에 관한 건」으로 「전당포규칙」을 폐지하고, 조선의 모든 시치야와 전당포는 일본의 「質屋取締法」에 따르도록 했다. 이때부터 전당은 동산에 한정되었다. 1926년 조사에 따르면 일본인 경영 시치야가 548곳, 조선인 경영의 전당포가 698곳이었으며, 그해 1년간의 전당 현황은 다음과 같다(朝鮮總督府學務局社會課, 1933: 70-71).

지금은 금은패물이나 '명품' 정도는 되어야 전당포에서 받아주겠지만, 사회 전체가 훨씬 가난했던 식민지기에는 별것 아닌 일용품도 전당의 대상이 되었다.

	건수(口數)	금액(金高)	평균 금액
맡긴 물건(入質)	2,160,040	7,623,600(원)	3.98(원)
찾은 물건(受質)	1,687,101	5,076,159	3.01
유질(流質)	290,455	1,053,373	3.62

현진건, 「빈처」의 화자 '나'는 2년 동안 돈 한 푼 나는 데 없이 "기구(器具)와 의복을 전당국 창고에 들여밀거나 고물상 한구석에 세워두고 돈을 얻어"와서 먹고 살았다. "지금 아내가 하나 남은 모본단 저고리를 찾는 것도 아침거리를 장만하려 함이다." 채만식의 「레디메이드 인생」에서 P가 겨울 외투를 4원에 잡혀서 "3원은 방세 한 달 치를 주"려 했다거나 결국 P가 친구 H를 졸라 "그의 법률책을 잡혀 돈 6원을 만들어가지고" 하룻밤 술집 순례로 탕진하는 것을 보면, 외투나 책 값과 방세, 술값 등의 물가 구조도 지금과 많이 달랐음을 알 수 있다.

대작(大作)을 쓴 거야. 생각을 잘못하면 안 돼. 그렇지?

그런데 여러분! 여러분에게 한 가지 재미있는 법률 문제를 내겠다. 자, 지난번 도쿄지방의 대지진 때 죽은 사람의 반지를 훔치는 놈들이 꽤 있었어. 그것도 손가락을 잘라서 반지를 빼낸 거야. 이것은 법률에 비추어 무슨 죄가 될까? 강도? 상해 및 절도? 다 틀렸어. 이건 단순한 횡령죄야. 길가에 떨어져 있는 물건을 습득해서 착복한 것과 같은 죄라고.

여러분! 또 있다. 이번에는 민사 문젠데…… 여기 2층짜리 집이 한 채 있다 치자. 자, 그 집 앞에 공터가 있고, 거기 천막을 치고 미세모노(見世物)[2] 판을 벌인 자가 있다고 하자. 입장료는 30전![3] 그런데 2층 집 주인이 문득 남의 훈도시로 스모를 할 생각을 했다.[4] 미세모노 주인이 받는 입장료 30전보다 싸게 20전씩을 받고, 사람들더러 자기 집 2층에 와서 미세모노를 구경하게 한 거지. 구경하는 사람도 공연장의 거적자리에 앉아서 보는 것보다 2층 거실에서 차를 대접받으면서 볼 수 있고, 게다가 10전이 더 싸니까 꾸역꾸역 몰려 왔어. 졸지에 2층은 대만원……. 자, 이런 문제다. 법률을 모르는 자는 사기다 횡령이다 떠들겠지만 이건 형사 문제는 안 돼. 민사 문제야. '부당이득'이라는 거지. 그럼 이 부당이득의 반환을 청구할 권리는 누구한테 있는가? 미세모노 경영자일까? 그가 소송을 제기해 봐야 백번 패소야. 미세모노 경영자한테는

---

2 '미세모노(見世物)'는 돈을 받고 신기한 물건이나 재주를 보여주는 것이다.

3 '입장료'로 옮긴 것은 '기도센(木戸錢)'이다. 흥행장의 출입구를 '기도(木戸)'라고 했는데, 한국에도 이 말이 남아서 예전에 극장, 카바레, 서커스 등의 문을 지키며 입장료를 받는 것을 '기도를 본다'고 했다. 148쪽 각주 4의 '문지기'도 비슷한 것이다.

4 '훈도시(褌)'는 일본에서 속옷 삼아 좁고 긴 천을 아랫도리에 두르는 것이고, '스모(相撲)'는 일본 씨름이다. '남의 샅바로 씨름을 한다' 정도로 옮길 수 있는데, 남 덕분에 거저 이익을 얻는다는 뜻이다. 한국 속담에도 '남의 떡에 설 쇤다'는 것이 있다.

관동대지진 직후 무차별적으로 행해진 자경단의 조선인 학살 장면(출처: 강덕상, 2005: 216).

관동대지진

1923년 9월 1일 도쿄를 중심으로 한 간토(關東) 지방에서 발생한 대지진을 말한다. 일본에서는 보통 '간토대진재(關東大震災)'라고 한다. 진도 7.9의 지진과 이어진 도쿄 시내의 큰 화재로 10만 명 이상이 사망하거나 실종되었다. 한편 지진 직후의 혼란 속에서 조선인과 사회주의자들이 방화를 하고 우물에 독을 뿌렸다는 유언비어가 도는 가운데 일본정부는 계엄을 선포했지만, 오히려 군인·경찰·자경단이 조선인에 대한 무차별 학살을 자행했다. 지나가는 사람을 붙들고 용모, 복장을 확인하거나 '쥬고엔 고쥬고센(15엔 55전)' 등 어려운 발음을 시켜서 조선인을 색출했다고 한다. 6천 명 이상의 조선인이 살해되었을 것으로 추정되는 이 학살의 실상은 일본정부와 조선총독부의 언론 통제로 은폐되었다(참조. 강덕상, 2005). 조선인 학살과 검속(檢束)이 한창 자행되던 9월 초순, 조선에서는 지방단체와 각급 기관이 '환난상구(患難相救)'를 부르짖으며 재해민을 위한 모금운동을 전개했다는 점은 역설적이다.

경성부의 관동대지진 의연금 모집 광고(『매일신보』 1923. 9. 7)

청구권이 없어. 손해를 입었지만 부당이득금의 반환청구권이 없다는 건 조금 묘하지만, 그건 당연한 거야. 그가 손해를 본 것은 그 앞에 2층 집이 있어서가 아니라 자기 천막의 설비가 부실했던 탓이니까. 그렇다면 부당이득의 반환청구권은 과연 누구한테 있는가? 바로, 2층에서 구경을 한 다수의 사람들이야. 자, 구경도 하고 차도 대접받고 20전도 돌려받는다⋯⋯. 여러분, 법률은 재미있다고 생각되지 않나?

여러분! 여러 가지 생생한 사례를 더 가르쳐 주고 싶지만, 우리가 이 책에 수록된 법률의 해석을 통속적으로 흥미위주로 이야기하자면 하루 종일도 모자라. 그런 짓을 하고 있다가는 제국법률연구회가 우리에게 부여한 사명을 다할 수 없을 테니까 그만두자. 여러분! 우리는 목하 와세다(早稻田) 대학 법률과에 재학중인 서생이다.[5] 모자의 이 휘장만 봐도 알 수 있겠지? 하지만, 살아 있는 학문은 학교에서는 못 배운다. 물론 학문의 기초는 정식으로 순서를 밟아 배울 필요는 있지. 그러나 여러분처럼 실제 사회에서 활동하며 충분히 지식을 연마한 사람들은 대학 나온 사람보다도 더 낫다. 여러분이 이 책 한 권만 갖고 있으면 도깨비에 금방망이![6]

여러분! (하하 법률책을 파는구만 하고 지금껏 이야기에 빠져 있던 사람들이 흥미 없다는 얼굴로 자리를 뜨려 하자, 법률선생은 급히 청중의 발을 묶어둘 잔꾀를 굴린다. 악랄한 놈이다.) 여러분! 아직 재미있는 이야기는 산더미 같지만⋯⋯ (여기서 청중의 한켠을 노려본다.) 여러분, 소지품을 주의하시라! 우리가 이렇게 법률 강의를 하고 있으면 사람이 많이 모여. 그것을 노리

---

5 '서생(書生)'은 남의 집에 하숙해서 집안일 등을 해 주면서 공부를 하는 사람을 가리켜서 많이 쓰였지만, 여기서는 그저 학생을 뜻한다.

6 힘이 더욱 강해진다, 금상첨화라는 뜻이다.

는 스리[소매치기]가 이 가운데 세 놈 있다. 거의 매일 있는 일이라 우리는 얼굴을 잘 안다. 여러분, 지금 저쪽으로 간 게 그중 한 놈이다. 우리가 이렇게 노려보니까 실실 달아난 거지. 그래도 아직 두 놈 남았다. 아무리 남의 지갑을 노리는 도둑이라도 양심이라는 게 있으니까, 노려보면 달아난다. 여러분! 소지품을 주의하면서 잘 보고 계시라. 분명히 달아날 테니……. 우리가 여기 이렇게 버티고 있는 한 여러분의 소지품은 안전해. 안심하고 침착하게 계시라. 이렇게 선언하면 스리란 놈은 이제 틀렸다 싶어서 달아날 게 뻔해. 저것 봐, 움찔거리기 시작했다! 여기서 보면 정말 웃긴다. 지금 여러분 사이로 빠져나가는 놈은 스리야. 여러분, 스리의 면상을 잘 봐서 익혀 두시라……. 자! (인간이라는 것은 묘해서, 이런 말을 들으면 헛소리 하고 있네 싶으면서도 스리로 오인되는 것이 싫어서 움직이지 않게 된다.) 자, 여러분……!」

다 시시한 헛소리지만 청산유수, 한 군데 막히는 법도 없이 쉴 새 없이 지껄이니까, 무지한 사람은 발을 멈추고 이야기에 빠져든다. 그렇게 일종의 군중심리에 지배되어 50전, 1원 하는 법률책을 저도 모르게 사게 된다. 이 법률책 팔이는 저들 노점꾼[7] 사이에서는 '오지메'라는 부류에 속한다. 말주변을 밑천 삼아 하는 가장 이익이 많은 장사로, 자기들끼리의 '후쵸(은어)'로는 이 법률책 팔이를 '리쓰'라고 부른다.[8] '리쓰'를 하는 것은 노점꾼 중에서도 비교적 머리가 있는 자들이다. 풍채와 용모, 말주변이 유일한 자본인데, 거진 두

---

7 여기서 '노점꾼'으로 옮긴 것은 '야시' 또는 '고구시'로 읽는 '香具師'다. '데키야(的屋)'도 비슷한 부류다. 축제 때나 큰길가 등 사람이 많이 모이는 곳에서 큰 소리로 호객을 하거나 볼거리를 제공하며 사람을 모아 품질이 시답잖거나 출처가 미심쩍은 물건을 파는 장사꾼이다.

8 뒤에 나오지만, 노점꾼의 은어로 '시메루(しめる)'는 손님을 모은다. '오지메(大じめ)'는 크게 시메루한다는 뜻이다. 법률책은 '리쓰혼(律本)'이라고 하니까 법률책 팔이는 '리쓰혼우리(律本賣り)', 줄여서 '리쓰'라고 부르는 것이다.

시간씩이나 계속 지껄여대는 그 일언일구(一言一句), 태도, 동작, 말의 억양 등이 몇 번을 되풀이해도 털끝만치 어긋남도 없다. 임기응변에만 능해가지고는 안 된다. 한 치라도 흐트러지면 책은 못 판다. '오지메' 패거리가 고심하는 바 사람을 모으고 또 그렇게 모인 사람들을 계속 붙잡아두는 기술은 아무래도 숙련이 필요한데, 그들 패거리는 손님을 끄는 것을 '시메루'라고 한다.

도쿄에서는 아사쿠사(淺草) 공원이나 신주쿠(新宿) 근처 시골뜨기들이 많이 모이는 장소에 '리쓰'꾼들이 전을 편다. 그들의 전문용어로 하자면 '시메루' 하는 것인데, 경성에는 현재 '리쓰'의 달인은 없다.

'리쓰' 책은 50전짜리와 1원짜리가 있는데, 50전에 파는 물건의 원가가 한 권에 10전, 1원짜리는 원가가 25전이니까, 한 번에 열 권 판다 치고 하루 세 번 '시메루' 하면 50전짜리 책으로 하루에 12원, 1원짜리로는 22원 50전의 순이익을 거두는 셈이다. '리쓰'로 한몫 잡아서 상당한 재산을 이루고 노점꾼 일은 손을 씻은 자도 적지 않지만, 먹고 마시고 물건을 사고 도박하고 하는 이른바 네 가지, 다섯 가지 도락(道樂)으로 탕진하는 자가 많다.

엔카시

원래 엔카시는 고학생(苦學生)이 반이 넘었지만, 이제는 학생은 거의 없고 모두 당국으로부터 감찰을 받은 어엿한 경영자들이다.[9] 경성 일대에 와 있는

---

9 본문에 나오듯이 '엔카시(艶歌師)'는 19세기말부터 1920년대까지 있었던 길거리 가수고, '엔카'는 그들이 불렀던 노래로 지금의 엔카와는 다른 것이다. 자유민권운동의 '소시(壯士)'들이 연설 대신 노래를 부른 것이 시작이었다고 할 정도로, 처음에는 정치적·사회적 이슈를 노래로 만들어 부른 경우가 많았다. 본문에 따르면 이들의 길거리 공연·영업도 경찰 단속규정상의 '흥행'으로 분류된 모양이다. 경성 것은 알 수 없지만, 비슷한 시기 평안남도 「흥행 취체규칙」(1922. 2. 25. 평안남도령

자들도 그런 부류로, 경성우편국 앞 광장이나 본정 전차종점에서[10] 매일 밤 바이올린을 켜고 있다. 이들은 덧없는 세상 뭐 있냐며 바이올린 하나로 일본 전국을 떠돌아다니지만, 정작은 가는 곳마다 시치미 뗀 얼굴로 '인생은 달콤한 것'이라며 그렇고 그런 여자를 유혹한다.

실제 엔카시들은 노래책 팔이가 부업이고 여자를 꾀는 것이 본업이라고 해도 좋을 만큼 열심히 여자를 꾀고 있다. 예전의 엔카시도 난봉꾼들이기는 했지만, 큰길에 나서면 엄숙해져서 한마디도 않았다. 오로지 바이올린을 켜며 노래를 부를 뿐이었다.

「여러분, 도쿠토미 로카의 『불여귀』 중 「즈시 바닷가」부터 시작하겠다……」[11]

무뚝뚝한 자들이 많았다. 노래도 요즘 것보다는 깊이가 있었다. 노구치 오사부로의 고백의 노래 「아아 세상은 꿈인가 환상인가」[12] 같은 것은 이 노래

제2호)은 연극, 활동사진, 곡예, 차력, 이야기, 음악 연주, 미세모노 등 공중을 모아 연예를 관람시키는 것을 모두 '흥행'이라고 규정했다. 흥행을 하려는 자는 신분 증명과 예인(藝人) 감찰 등을 제시하고 관할 경찰서장에 흥행을 신청해서 허가를 받아야 했다. 감찰에 대해서는 61쪽 각주 3 참조.

10 '경성우편국 앞 광장'이란 152쪽에서 본 조선은행 앞 광장이고, 본정 전차종점은 지금의 퇴계로 4가 교차로 부근이다(295쪽 지도 참조).

11 도쿠토미 로카(德富蘆花, 1868~1927)는 일본의 소설가로, 1910년대 『경성일보』 감독을 지낸 거물 언론인·정치가 도쿠토미 소호(德富蘇峰)의 동생이다. 『불여귀(不如歸)』는 1898~99년 도쿠토미 소호가 내던 『고쿠민신분(國民新聞)』에 연재된 그의 인기 소설이고, 「즈시 바닷가(逗子の濱邊)」는 소설의 한 장면을 가지고 만든 엔카다.

12 노구치 오사부로(野口男三郎)는 1905년 11살 소년이 엉덩이살이 뭉텅 잘린 채 살해된 사건과 자기 처남, 자기가 일하던 약국의 주인의 피살사건 등 3건의 살인 혐의로 기소되었고, 앞의 두 건은 증거불충분으로 무죄, 약국 주인 살해는 유죄 판결을 받아 1908년 사형당했다. 특히 맨 앞의 미제사건은 '둔육사건(臀肉事件)'으로 오래 인구에 회자되었다.

와세다대학 교외생과 통신강의록

와세다대학에서는 일찍부터 '교외생제도'를 시행했다. 대학에 진학을 못한 사람이 대학에서 낸 '강의록'을 보고 혼자 공부할 수 있게 한 통신교육과정이었다. 식민지기 연인원 1백만이 넘는 사람들이 와세다 교외생으로 등록했고, 역사학자 쓰다 소키치(津田左右吉), 1970년대 일본 수상을 역임한 다나카 가쿠에이(田中角榮) 등이 와세다 교외생 출신이다(佐藤能丸, 「ワセ歷 第3回: 創立20周年 早稻田가「大学」이 되는:独特한「校外生制度」」 http://www.waseda.jp/student/weekly/contents/2007a/124k.html). 다만 사토 교수의 글 제목과 달리, 당시 다른 대학·학교에서도 교외생 제도를 실시했고, 교외생 과정이 아닌 다른 통신강좌도 많았다. 사진은 "학교에 다니지 않고도 이 강의록으로 능히 고등여학교가 졸업됩니다"라는 당시 와세다 고등여학강의 광고(『매일신보』1923. 11. 14). 고등여학교지만, 조선에서도 교외생을 모집했음을 알 수 있다.

때문에 엔카시라는 직업이 등장했다고 할 정도로 유명한 것인데, 확실히 좋았다. 노래도 좋았지만, 엔카시 중에 미성에다 바이올린도 잘 켜는 이들이 많았다.

지금 도쿄 간다(神田)에 본거를, 시바(芝)에 지부를 두고 300명 이상의 제자를 양성하고 있는 가미나가 아무개[13] 같은 사람은 와세다 대학 교외생(校外生)으로 밤에 엔카시 일을 했지만, 바이올린의 천재랄까 실로 실력이 대단했다. 얼렁뚱땅 임기응변의 연주가 아니라, 차분하게 가라앉은 소리로 청중을 열광시켰다. 마침내 그것으로 멋지게 기틀을 다져서 엔카시 일은 손을 씻

---

13 가미나가 료게츠(神長瞭月, 1888~1976)라는 인물이다.

고, 앞서 말한 것처럼 바이올린 교습으로 한 달에 천 엔 가까운 수입을 올리고 있다.

엔카시의 먹잇감이 되는 여자들은 여학생, 시골 처녀, 카페 여급, 벽촌에서는 작부 등이 가장 많고, 창기 등도 엔카시에게 넘어가는 일이 꽤나 있다는데, 나쁜 놈한테 걸리면 철저히 농락당하고 가진 것을 탈탈 털린 채 술집 작부로 팔리게 된다.

엔카시가 파는 노래책은 대개 한 권에 10전인데, 그들이 도매상한테서 사들이는 가격은 놀라지 마시라, 5리다.

「책을 사고 안 사고는 여러분 마음이다. 안 사도 상관없어. 우리 집엔 돈이 쌓였어. 옆집이 은행이거든. 목구멍에 거미가 줄을 칠까 봐 걱정이지만……. 특히 여기 이 녀석으로 말하자면, 밥충이에다 싹수가 영 글러먹어서, 밥을 못 먹으면 노래책이라도 뜯어 먹는 쥐나 양 같은 놈이니까…….」

「어이 이봐, 그건 누가 할 소리냐? 미소 된장국 일곱 그릇에 밥을 열여섯 공기 처먹고도 또 한 그릇 더 달라고 하다가 이제 밥 없어요 하고, 오늘 아침 하숙집 하녀한테 거절당한 게 누군데? 여러분, 이놈은 매일 밥을 밥통으로 몇 통씩 먹어치우는 무서운 놈입니다. 이 녀석 어머니가 밥통을 통째로 삼키는 꿈을 꾸고 이놈을 낳았답니다…….」

「뭔 소리야? 하숙집 하녀가 군고구마 5전어치 사 놓은 걸 한 시간씩 졸라서 겨우 하나 얻어먹은, 아니 사취한 뻔뻔스러운 도둑놈 주제에.」

거의 익살극 같은 터무니없는 헛소리를 툭툭 던져가며 노래책을 파는 엔카시, 그들은 불량청년의 모범이다. 유곽 같은 데서 돈을 물 쓰듯 뿌리는 시골뜨기한테 불려 들어가 한턱 얻어먹은 뒤 바이올린을 턱 아래 끼고 한두 곡 켜준 다음 5엔이나 10엔씩 사례를 받는 것도 그들의 노림수다. 하지만 그보다도, 옅은 어둠이 깔리는 속에 「간토대지진의 노래」, 「이(虱)의 노래」를[14] 부르고 선 그들은, 모자를 눈까지 눌러 쓰고 옷깃을 세워 얼굴을 가린 채 별갑(鼈甲) 테 안경 너머로 눈을 번득이며, 노래책을 갖다댄 코 위로 '만만한 여자 하나 어디 없나……' 하고 호시탐탐 노리고 있는 것이다.

경매상

「자, 이번에는 시계다. 미리 말해 두지만 이건 우리 가게 물건이 아니고, 어떤 건축 하청업자가 맡긴 거야. 경기가 좋던 시절에 장만한 건데 사업에 실패하고 고향에 돌아가면서 가재도구와 함께 팔려는 것이다. 순금시계는 아니고 도금한 거다. 도금이지만 미국 스페라포 회사 특제, 20년 보장의 시계야. 시간이 정확하다는 것이 이 시계의 자랑. 오포(午砲)는 잘 안 맞지만 이 시계라면 걱정 없다. 아빠, 오늘 오포는 1초 2리 5모 일곱 말 여덟 되 아홉 홉 틀렸어. 급행열차가 삐익 하고 기적을 울리려고 하는 걸, 어이 잠깐! 이 열차는 정각 10시 발차잖아? 아직 0.2초 남았어. 자, 이 시계를 봐. 이제야 10시다. 좋아, 기적을 울려라! 할 정도로 정확한 물건이다. 달려 있는 시계줄은 구리에 도금한 건데, 도금 두께가 1푼이나 되니까 금 바탕에 구리를 입힌 거나 마찬가지다. 얼마를 받아도 좋으니 팔아 달라고 부탁을 받았는데, 이 정도 물건을 설마하니 아까 그 우그러진 금딱지 시계와 같은 값에 팔 수야 있겠나, 하고 사주지 않으면 위탁한 사람이 괴로워요. 경매하는 우리야 상관없지만, 실패한 하청업자를 도와주는 셈 치고 값을 좀 쳐 주셨으면 한다. 팔리면 경매상도 3푼 이익은 있다. 자아, 한번 시원하게 불러 주셔! 한번 시원하게, 자, 얼마? 자, 얼마? 자, 얼마?」

---

14 「이의 노래」는 유명한 엔카시 소에다 아젠보(添田唖蟬坊, 1872~1944)의 곡이다.

경성의 오포제도

'오포(午砲)'는 일본에서 전해진 제도로, 매일 정오에 포를 쏘아 시각을 알리는 것이다. 조선시대에는 성문을 열고 닫는 인정(人定)과 파루(罷漏)에 종을 치는 제도가 있었는데, 1895년 9월말에 정오와 자정에 종을 치는 제도로 바뀌었다고 한다(손정목, 1982: 300–301). 경성에서 오포를 쏘게 된 것은 러일전쟁 때 경성의 일본인 거류민단에서 한국주차군(韓國駐箚軍)에 청원을 해서 시작된 것으로, 본래는 용산 조선군사령부에서 쏘던 것을 1912년 말에 남산 한양공원(지금의 백범광장, 야외 음악당 일대)에 오포대를 설치해서 옮겼다가, 그곳이 조선신궁 부지로 결

식민지기의 남대문 소방소 망루

정되면서 1920년 5월 다시 효창원 선린상업학교 뒤쪽 언덕으로 오포대를 옮겨왔다고 한다. 오포는 어디까지나 조선군(포병)에서 실시한 것으로, 경성측후소나 경성우편국의 시보와 맞지 않기도 했지만, 그래도 나름 엄정한 절차대로 이루어졌다(『매일신보』 1918. 11. 23. 「오포가 이삼분 틀리는 문제/ 실상은 이러케 절차가 엄중타」).

1922년 일본 육군성의 군비축소 결정으로, 경성·부산·대구·인천·평양·군산·원산·목포 8개 시가의 오포가 8월 15일부터 폐지되었다. 경성부에서는 7천 원가량의 경비를 부에서 부담하여 포병 출신 경성부 직원 담당으로 당분간 오포를 이어가다가, 남대문 소방소 망루에 '기적'(사이렌)을 설치하여 오포를 대신하게 되었다. 그래서 이상의 「날개」 마지막 장면에는 "이때 뚜우 하고 정오 사이렌이 울었다."라고 되어 있는 것이다. 1924년 신문에는 당시 남대문 밖 용산 쪽에서는 사이렌 소리가 잘 들리지 않아 불만이 많다는 기사도 보인다(『매일신보』 1924. 7. 7. 「오포 부활운동/ 아모리 신식이라도 안들니면 소용업셔」).

「5전!」

「5전……? 농담은 안 돼. 이 시계는 납이 아니라니까. 아까도 말했듯이 미국 스페라포 회사 특제의, 기적을 멈추고 오포를 꾸짖는다는 고급품이야. 살 거라면 제대로 값을 쳐 주셔. 기계 부속만 해도 50냥은¹⁵ 한다는 시계다. 자아, 제대로 한번 불러 주셔, 제대로 한번! 자, 얼마? 자, 얼마? 자, 얼마?」

「까짓 거, 두 냥!」

「두우, 냥……? 그게 최대한 쳐 준 거라고? 미치겠네. 아무리 불경기라지만 줄까지 달린 금딱지 시계가 두 냥 세 냥 하겠냐? 이 정도 시계는 20냥, 30냥에 사서 바로 시치야[전당포]에 들고 가도 손해는 없다고. 두 냥이라니 말도 안 돼. 하다못해 10원부터라고 해도 경매에 붙여 볼까 말까 하는데, 두 냥이라니 놀랍다 놀라워. 당신, 두 냥 이상은 못 세는 거 아냐? 농담은 농담이라 치고 자 한번 진짜로, 자, 얼마? 자, 얼마? 자, 얼마?」

「두 냥 하고 5백!」

「안 돼 안 돼. 현미 빵이나 살 돈으로 시계를 어떻게 사냐? 댁처럼 살았는지 죽었는지 모를 그런 시계가 아니에요. 멋들어지게 잘 가는 시계야. 맥을 안 짚어 봐도 째깍째깍 심장 소리가 들리는 시계라고. 이 시계는 위탁품이라 절대 그런 값에는 못 팔아. 그럼 이렇게 하자. 내가 하한가를 정하고 그 대신 경품을 주지. 3등 입찰자에 타월 한 장, 2등 입찰자는 이 고급 메리야스 셔츠!¹⁶ 하한은 여덟 냥! 열 냥부터 가고 싶지만 여덟 냥으로 하지. 그 이상을 불

15　여기서 '냥(兩, 료)'이라고 한 것은 조선의 엽전이 아니라 일본의 옛 통화 단위인데, 일본에 근대적 화폐제도를 도입한 1871년 「신화조례(新貨条例)」에서 옛 1냥을 1엔으로 정했다. 조선의 1원도 1엔과 등가였다. 아래에 나오는 '두 냥 하고 5백'의 5백은 '몬(文)' 단위일 것이다(1료=4000몬). 환산하면 2원 12전 5리. 일본의 화폐 단위에 대해서는 180쪽 상자 참조

16　제일 높은 값을 부른 사람이 물건(시계)을 낙찰받는데, 두 번째, 세 번째로 높은 값을 부른 사람

러 주시라고. 됐나? 자아 여덟 냥! 여덟 냥, 8원! 자아 8원, 자아 여덟 냥!」

「닷 냥!」

「에, 농담이 아니라고. 여덟 냥 하한으로 경품까지 준다. 미리 말해 두지만, 경매는 값을 깎는 게 아니라 값을 올려 가는 거야. 값을 깎는 날에는 떨어먹고 망한다고. 없어지는 거야. 꼿꼿이 꽂이나 값이 없지.[17] 경매는 벼락과 매한가지로 높은 데로 떨어지게 되어 있는 거야.[18] 하지만 뭐 좋아, 옥신각신하기도 귀찮으니까 닷 냥부터 시작하자고. 자아, 닷 냥이다. 얼어죽을 닷 냥은······ 닷 냥 열 냥, 무슨 소가 형제라도 되냐?[19] 자아, 닷 냥! 자, 닷 냥! 자아, 자, 닷 냥!」

「5원 10전!」

「또박또박 가는구나, 젠장. 경품은 탐이 나니까 유찰은 되지 말라고 10전을 더 부르냐? 그래 가지고 경품 받겠냐? 잘한다 잘한다 할 때 확 좀 질러 보라고! 자, 5원 10전! 5원 10전! 5원 10전!」

「5원 50전!」

한테는 경품을 준다는 것이다. 물건을 안 사도 2등, 3등 입찰이면 경품을 받을 수 있으니까 그런 욕심에 단순한 구경꾼이 경매에 끼어들어 높은 값을 부르게 되고, 그러다가 뒤에 나오는 목수 부인 같은 불상사가 생기게 된다.

17 일본어에서 값(値)과 뿌리(根)가 '네(ね)'로 발음이 같다는 것을 이용한 말장난.

18 경매에서 최고가를 불러 물건에 대한 권리를 갖게 되는 '낙찰(落札)'의 '떨어질 락' 자를 이용한 말장난. 경매 참가자들에게 희망가격을 받는 '입찰(入札)', 입찰에 응하는 '응찰(應札)', 낙찰자가 없어 경매가 무효가 되는 '유찰(流札)' 등은 모두 일본어에서 온 말이다.

19 1193년 약관의 소가(曾我) 형제가 아버지의 원수인 구도 스케쓰나(工藤祐經)를 죽인 사건. 일본 역사상 3대 복수극으로 일컬어지는 이 사건은 이후 많은 예술작품의 소재가 되었다. 형인 스케나리(祐成)의 별칭이 쥬로(十郎), 동생 도키무네(時致)의 별칭이 고로(五郎)인 것을 이용한 말장난이다.

「고맙다! 하지만 아직 멀었어. 단숨에 여덟 냥 정도까지 안 가면, 내가 제대로 할 마음이 안 나요. 5원 50전! 5원 50전! 5원 50전!」

「6원!」

「이런 게 진짜지. 경품을 받으려면 목소리가 저 정도 위세가 있어야 하는 거야. 이쪽은 경품을 받을 수 있을까나? 자 6원! 6원!」

손님 사이에 섞여 값을 부르는 '사쿠라[바람잡이]'한테 값을 올려 부르라는 신호는 '자, 얼마?'를 연이어 두 번 '자아, 자, 얼마?' 하는 것으로, 손님이 일단 값을 올리면 대개 사쿠라는 더 이상 값을 부르지 않기로 되어 있다.

경매상(競賣屋)이 고용한 '경매꾼(セリ手)'은 매상고의 8리에서 1푼 정도, 수완이 좋은 자는 1푼 2리의 배당이고, 사쿠라는 7리 5모에서 8리 남짓, 1푼의 배당을 받는 경우는 드물다.[20] 그래도 한심하다고 할 수 없는 것이, 목이 좋으면 2백 원, 3백 원은 팔아 치우니까 8리 배당이라도 2원 내외의 수입은 된다.

경매상은 이문이 많이 남는 것으로 의류, 메리야스류, 재단하고 남은 천 조각, 시계, 담배쌈지, 기타 여러 가지 물건을 경매하는데, 위탁 어쩌고 하는 것은 새빨간 거짓말이다. 의류는 히로시마(廣島)의 다케야(竹屋), 담배쌈지·시계줄 종류는 오사카 신사이바시(心齊橋)의 우메모토(梅本)라는 데가 노점꾼용 물건의 전문 제조사고, 멕기[도금]시계 같은 것은 도처의 시계방이나 전당포의 재고를 1원 50전이나 2원에 사서, 그것을 7, 80전 들여 도금해서는 8원, 10원에 파는 것이다. 4, 5원에 파는 담배쌈지는 원가 1원 50전 내외, 시계줄은 30전이면 하나하나 각인이 찍혀 있는 최상품이다. 10원 내외에 파는 '고급 오메시 혼방' 하오리와 겹옷[아와세]이 히로시마에서 사들인 4원 2, 30전짜리.

---

[20] 야구 타율에서 많이 쓰는 할(1/10), 푼(1/100), 리(1/1,000), 모(1/10,000)의 비율 단위다.

경매와 경매소

당시 싸구려 물건의 길거리 경매가 큰 유행이었
다. 1921년 『동아일보』에는 이런 경매소를 "경
성부의 일대 치욕"이라면서, "종로 부근, 남대문
통의 조선사람 상업중심지라 하는 좌처[左處: 그
곳—인용재]에서 큰 상점자리를 빌어가지고 요령
을 흔들고 꽹매기[꽹과리]를 치면서 『싸구려 싸구
려』를 외어서 사람을 모아놓고 피륙조각, 잡화 부
스러기를 경매하는 소리는 땀내가 무럭무럭 나는
사람의 무리를 거쳐서 시끄럽게 가로[街路]에 나

온다"고 썼다. 사진의 밀짚모자 쓴 사람 뒤로 '대방매(大放賣)'라고 쓴 경매소의
포렴과 현수막이 보인다(『동아일보』 1921. 8. 1. 「京城小景/ 말하는 사진(十)」).

도둑질보다 이문이 더 많은 장사다. 그러나 그들은 결코 법망에 걸리지 않
는다. 가장 교묘하고 멋진 사기 돈벌이지만 죄를 물을 수 없는 것은, 이것은
순금이라거나 진짜 은이라고는 결코 하지 않기 때문이다. 신문에 실리는 '짝
퉁(イカサマ) 광고'에서도 그렇다. '고급 모포'라든가 '고급품 무슨무슨 직(織)
오메시' 운운하지만 그것은 일반인을 현혹시키는 말로, '순양모', '순낙타털',
'순견직'이라고는 쓰지 않는다. 그런데도 거기 낚이는 것은 틀림없이 욕심이
많은 사람이다.

경매상한테 걸려든, 이런 비극이 있었다.

경매꾼이 한창 경매를 진행 중이었다. 내지인, 조선인 할 것 없이 사람들이
경매대 앞에 콩나물시루처럼 빽빽이 모아 선 가운데, 사쿠라는 군중을 교묘
하게 선동하고 있었다.

「자아, 이게 요즘 유행하는 오메시 세루라는 거야.[21] 촉감이 가슬가슬해서

살에 달라붙지 않아요. 안쪽의 광택도 생선 등처럼 번들거리는 싸구려 물건과는 차원이 달라. 불경기라 오사카의 큰 포목점이[22] 투매(投賣)한 물건의 일부야. 기모노 겹옷과 하오리가 한 세트, 헌옷이 아니고 완전 신품이다. 이것을 살포시 걸치고, 스틱이라도 들고 산보를 나가 보셔. 아가씨들이 돌아봐. 아줌마는 그 자리에 멈춰 서. 할머니는 그냥 주저앉아 버려. 여자가 환장하는 기모노라는 게 바로 이놈이야. 여자들이 너무 달라붙을까 봐 지레 겁이 난다면 사지 마셔. 원사(原絲)는 정선된 특제 극상품, 천은 실력 좋은 직인이 땀을 뻘뻘 흘려가면서도 하루에 두 치 두 푼[6.7cm]밖에 못 짜낼 만큼 정성을 들인 오메시 세루다. 포목점에서 천을 뜨게 되면 한 벌감이 27냥, 어쩌면 30냥도 줘야 할 물건이야. 그런데 이렇게 멋지게 다 만든 하오리와 겹옷이 두 벌씩! 기모노 기장도 이 정도고, 어깨폭, 소매, 품, 다 넉넉해요. 이 정도 기모노를 입을 남자라면 키가 작은 편은 아니겠지? 하지만 이 기모노는 편리하게 만들어졌어. 5척[약150cm]에서 7척[약210cm]까지의 남자라면 누구든 입을 수 있다고. 키가 좀 작다, 그러면 이쪽에서 한 번 접어 올려줘. 어때? 소매가 길다면, 기장은 정강이에 오고 소매는 팔뚝까지 온다고,[23] 여기를 이렇게 잡아주면 돼⋯⋯. 자, 여자가 환장한다는 이놈을 한번 경매에 붙여 보자. 원가 40냥이지만, 얼마라도 손님이 부르는 대로 팔아보겠다⋯⋯.」

「좋아, 까짓 거, 50전이다!」 한 것은 사쿠라.

<hr>

21 오메시(お召) 또는 오메시지리멘(御召縮緬)은 주로 기모노에 쓰이는 견직물의 일종이고, '세루(セル)'는 '사지(serge)'를 주로 한 모직물이다.

22 고후쿠텐(吳服店)은 고후쿠(吳服) 즉 기모노용 직물을 파는 가게인데, 미쓰코시(三越) 등 큰 고후쿠텐이 백화점으로 발전하기도 했다. 여기서는 '포목점'으로 옮겼다.

23 라이 산요(賴山陽, 1780~1832)의 「전병아요(前兵兒謠)」에 나오는 '衣は骭に至り袖腕に至る'라는 구절로, 무골(武骨)의 강건한 기풍을 노래한 것이라 한다.

「아하하하!」 군중은 사쿠라인 줄 모르니까 이 미친놈의 헛소리를 웃었다. 그때부터 경매꾼은 늘 하는 대로 수다를 떤다, 사쿠라와 웃기는 말을 주고받는다 하면서 군중을 '시메루'했다. 군중은 점점 거기에 빠져들어 사쿠라와 함께 가격을 올려 가고 있었다.

「7원 40전! 7원 40전!」 하고 경매꾼은 골판지로 경매대를 딱 쳤다.

「7원 50전!」 이것은 분명 손님이 소리친 거였다. 경매꾼은 7원 50전이라고 값을 부른 것이 손님이니까 이제 낙찰인가 싶어 7원 50전을 두 번 세 번 연호(連呼)하고 낙찰을 막 선언하려는 그 순간,

「7원 80전.」 하고 작은 목소리로 값을 부른 것은 여자였다.

「7원 80저언!」 딱! 하고 경매꾼의 골판지는 경매대 위를 쳤다. 7원 80전을 내고, 풀을 먹여 뻣뻣해진 좋지도 않은 하오리와 겹옷을 신문지에 말아서 받아들고 가게를 나선 것은, 빈약한 몸매의 장사집 안주인 풍의 여자였다.

「저어…… 정말 죄송합니다만, 실은 이런저런 사정이라……. 제발 돈을 돌려주세요…….」

그 부인이 아까 사 갔던 기모노와 하오리를 안고 울면서 가게로 들어섰다. 그녀의 말을 들어보니 남편은 목수라는데, 그날 저녁 쌀과 땔감이 떨어져서 남편이 벌어 온 돈 8원을 받아 사러 가던 길에 경매집이 떠들썩하기에 잠깐 발을 들였다가, 2등 입찰에 메리야스 셔츠를 사은품으로 준다는 경매꾼의 덫에 걸려서 결국 값을 불렀던 것이라고 한다.

「그래도 경매꾼이 돈을 돌려주었으니까 망정이지, 안 그랬으면 쌀도 못 사고, 저는 집에서 쫓겨났을 거예요.」 하고 그녀는 눈물이 번들거리는 뺨에 손을 가져가면서, 기운을 차린 듯 내게 말했다.[24]

엿장수

본정통, 황금정, 종로 등지의 작은 공터 같은 데 가면, 두꺼운 지노를[25] 열 개씩 포개어 쥐고 사람들한테 제비를 뽑게 하면서 엿을 파는 조선인 엿장수가 꽤 늘었다. 한 번 뽑는 데 20전. 당첨되면 40전의 현금을 더해서 60전을 돌려주고, 꽝이 되면 5전짜리 조선엿을 하나 준다.

'제비'란, 지노 열 개 중 여덟 개는 따로따로인데 두 개는 꼬리가 서로 연결되어 있어서, 그 연결된 것을 뽑으면 40전을 버는 것이다. 욕심이 동한 사람들이 뽑아본다. 하지만 좀처럼 당첨되지 않는다. 아니, 결코 당첨되는 법이 없다.

「돌아간다 돌아간다, 총각요, 기집애요, 돌아간다 돌아간다……」

이런 말을 흥얼거리면서 열 개의 제비를 구경꾼들의 눈앞에서 펼쳐 보인다. 틀림없이 두 개는 서로 연결되어 있다…… 고 보이지만, 실은 손바닥 안에서 자유자재로 끼웠다 뺐다 조작할 수 있는 것이다.

그들은 내지에 가서 촌뜨기들을 실컷 속여먹다가 간토지방의 대지진으로 조선에 돌아온 자가 많다. 이것은 기막힌 야바위인데, 당국의 눈을 피하는 기술도 교묘하다. 순사의 모습이 눈에 띄면 짝패가 제비를 가지고 군중 속으로 숨어버리고, 엿장수는 엿가락을 비틀며 시치미를 떼고 있다. 나쁜 놈들이 많아졌다.[26]

---

24 이보다는 훨씬 짧지만, 상점 덧문짝에 '폐업 대경매(店仕舞·大競賣)'라고 써 붙이고 "문턱에는 텁석부리 영감님이 궤짝에 걸터앉아 요령을 흔"드는 중에 물건도 시원찮은 양산을 경매하는 경매상 이야기가 『별건곤』에 실려 있다(「大京城 칠낭 팔낭: 속는 사람이 「바보」」, 『별건곤』 51 (1932. 5): 22).

25 '지노'는 종이쪽을 갸름하게 자른 것이다.

물개장수와 해구신

당시 물개(おっとせい, 膃肭獸)는 일본의 최북방 영토인 가라후토(樺太, 북위 50°이남의 사할린섬)에서 많이 잡혔다. 물개와 관련해서 식민지 조선까지 와서 노점꾼이 팔 물건이라면 아마 최음제로 널리 알려진 물개의 생식기 즉 '해구신(海狗腎)'이었을 것이다. 물론 가짜였을 가능성이 크다. 신문에서도 해구신 광고를 찾아볼 수 있는데, 사진의 광고에도 "장생불로도 양기가 좋아야! 대업성취도 양기가 좋아야! 陽虛[양기가 헤한 남자는 生不如死[살아도 죽은 것만 못함—인용자]다. 속히 이 가라후토청(樺太廳) 관영(官營) 채취품인 진품 해구신을 복용하라"는 노골적인 문구가 보인다(『매일신보』 1936. 3. 26).

칠성장어장수

칠성장어장수가 있다. 물개장수, 약장수, 붓장수, 바늘귀 꿰기 팔이 등과 같은, 이들 노점꾼 사회에서 '고로비(轉び)'라고 부르는 부류에 속하는 자인데, 최근에 생겨난 새로운 장사니까 적어보기로 한다.

삿갓에다 '도야마현(富山縣) 시모니카와군(下新川郡) 오라야무라(新屋村) 오아자 시모니카와(大字下新川) 134번지 아라이 다자에몬(荒井太左ェ門)', '니

---

26 주 24와 같은 기사에, 땅바닥에 주저앉아 앵두씨만하게 비벼서 말아놓은 종이쪽 열 개 중에 먹으로 표시한 것 한 개를 섞어놓고, 「자― 표한 요것을 차자 내시요. ―원 걸구 하면 二원 二원 걸고 하면 四원 四원 걸고 하면 八원! 얼마던지― 차자내기만 하면 곱시요」하고 소리치는 '야마시(やまし, 사기)꾼', '마루이치'패 이야기도 나온다. 이런 야바위를 식민지 조선에서는 '마루이치'라고 불렀다는데, 그 말의 유래는 알 수 없다.

카타현(新潟縣) 우라하라군(浦原郡) 아무아무 무라(村) 몇 번지 가네코 모쿠에몬(金子杢右ユ門)' 하고 써 붙였다. 사람을 우롱하는 것도 유분수다. 그런 삿갓을 떡하니 쓰신 머리에는, 무슨 계율로 정하기나 한 듯이 수건을 둘렀다. 어깨에 천을 덧댄 뚱딴지같은 쓰쓰소데 차림에 손목토시까지, 만반의 준비를 갖추었다.27

입을 헤 벌리고, 앞에 선 사람을 멍하니 올려다보면서,

「이 칠성장어란 놈으느 정력에 대다이 좋소. 남자들이 먹으무야 막 펄펄뛰오. 이놈으 사흘마 먹으무 아무리 혈색이 아이 좋던 사람두야, 다 몸이 따따새지오. 이 칠성장어 귀한 거느야, 잡기두 헐흔(쉬운) 일이 아이글래 그렇소. 한겨울에 얼음으 깨구 잡는데, 빨가벗구 물에 들어가야 된단 말이우. 작살로 잡으무 헐한데, 그래무 장어가 상하재오. 상처 생기무 효과두 절반밖에 아이 되오. 상처 생긴 것두 못 쓰지마느, 또 크기가 작아두 못 쓰우. 1년짜리나 2년짜리느 약으로 못 쓴단 말이우. 적어두 3년 이상짜리 크기 아이 되무 효과두 별루 없소. 시방 여기 가지구 온 장어는 다 5년에서 7년짜리요.

이놈으 간장 발라 구워서 열 돈[37.5g]씩 사흘마 잡숴 보오. 밤누(밤눈)이 아무리 심하게 어두운 사람이라두 확실하게 낫소. 그 있재요, 누이 침침하구 밤에 잠으 잘 못 자구 가슴이 답답하구 혈색이 아이 좋은 사람, 그런 사람들은야, 무조건 기가 약해져서 그런게요. 무슨 약이든지 아이 듣는 사람들으느 이 장어르 이레마(이레만) 잡숴 보오. 거짓말이 아이오. 몸이 따따새지구, 몸에서 지름땀이 날게요. 장어느 누이 어두운 데마 약이 되는 게 아이오. 누이 어두운 거느 기가 약해서 밤에 누이 아이 보이는 게요. 그런데 누이 어두운 것까지 낫을 정도까나, 몸이 약해진 분들헌테느 최고의 보약이지.

---

27 여기서 묘사하고 있는 것은 일본의 전형적인 시골 행상 옷차림이다.

우리 고향 촌장이 이번에 큰 돈 들여서 이 장어 훈제를 맨들었는데, 몸이 허한 사람들으 도와주자구 촌장이 돈 대줘서 우리네 이렇게 팔라 나온 게요. 돈으 벌자고 하는 일이 아이까나 비싸지두 않소. 그 대신에 한 돈도 거저느 없으구마. 근수를 다 달아가지구 왔으까나야, 근수 모자라서 모쿠에몬이 노실(정직)하지 않다구 생각하무 곤란하오…….」

뭐, 도쿄와 오사카의 물주가 니카타현 나오에쓰(直江津)의 도매상에서 1백 돈 25전씩에 사들인 것을 노점꾼은 35전씩에 떼 온 것인데, 에치고[28] 사투리는 장어를 팔려고 연습한 것이다. 실은 에도벤의 도쿄 토박이로, 하숙집에 돌아와 삿갓과 손목토시, 쓰쓰소데를 벗고 수건을 벗어던지면 하이카라 상고머리의 6척 장신, 목욕을 마치고 도테라(褞袍) 차림에 털북숭이 종아리로 다리를 꼬고 앉아서,

「퉤! 뭐야, 이 술은? 조선에는 이런 거보다 더 좋은 술은 없냐? 오늘 아침 꽃인지 내일 꽃인지 모르지만, 이런 맹물 같은 걸 어떻게 마셔? 고기도 있는데, 더 앗사리한 거 좀 못 가져오니? 우린 거스름돈은 안 따지잖아. 사람을 바보 취급하면 안 되지…….」 하고 혀 꼬부라진 소리로 하숙집 하녀를 지분거린다.

간토대지진 이래 경성에도 노점꾼들이 많이 흘러들어 왔다. 악착같이 돈을 긁어모으고 있지만, 개중에는 '바늘귀 꿰기'며 '구운 좌약' 같은 싸구려 물건을 팔면서 근근이 선인숙을 전전하는 자도 있다.

---

28 '에치고(越後)'는 혼슈(本州) 중북부 동해 쪽에 있는 니가타현의 옛 이름이다. 혼슈 중심을 길게 가로지르는 산지 때문에 도쿄, 오사카 쪽과 교통이 불편하고, 겨울에 눈이 많이 오는 곳이다. 니가타 남부 에치고유자와(越後湯澤)는 가와바타 야스나리(川端康成)의 『설국(雪國)』의 무대로 유명하다. 현청 소재지인 니가타시는 개항 이래 동해 쪽 최대의 항구이자, 해방 이후에는 재일교포 북송선의 기항지가 되었다.

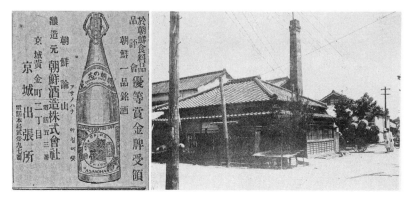

'아침의 꽃(朝の花, 아사노하나)'은 충청남도 논산의 조선주조주식회사에서 생산한 일본술이다. 조선식료품품
평회에서 우등상 금패를 받았다고 되어 있다. 사진은 '아침의 꽃' 신문광고(『매일신보』 1923. 11. 3)와 양조장
모습(朝鮮酒造協會, 1935 수록).

노점꾼의 종류는 무척 잡다해서 도저히 여기 다 쓸 수 없으니까, 그들이 사
용하는 '후쵸(은어)' 몇 가지를 소개하고 붓을 놓을까 한다.[29]

1부터 10까지의 수는, 1은 야리(ヤリ) 또는 하이(ハイ), 2는 후리(フリ), 3은
가치(カチ), 4는 다메(タメ), 5는 쵸(テウ)나 시즈카(シヅカ), 6은 미즈(ミズ), 7
은 오키(オキ), 8은 앗타(アッタ), 9는 기와(キワ)나 가케(ガケ), 10은 강(カン)
이라고 하니까, 예컨대 15전은 '야리캉시즈카', 28전은 '후리캉앗타'라고 한
다. 그들 사회에서 많이 쓰는 '후쵸' 중 중요한 것들.

---

29 '후쵸(フテウ)'는 본래 '符牒', 암호처럼 서로 약속하고 쓰는 은어라는 뜻이다. 아래 단어들도 그
렇지만, 옛날식 표기(歷史的 仮名遣い)여서 지금과 읽는 법이 조금 다르다. 이하, 짧은 일본어로
도 짐작할 수 있는 것들을 들어보면, '친구=다치'는 '도모다치(友達)'의 뒷부분 두 글자만 뗀 듯하
다. '원금=도모'는 '모토(元, 本)'를, '얼마나=구라이'는 '이쿠라(如何, 何程)'를 뒤집은 것, '비싸다
=아카이'는 '다카이(高い)'의 변형, '싸다=스야이'는 '야스이(安い)'를 뒤집은 것, '동물=도부쓰'는
'動物'의 훈독, '다카모노'는 '높은(다카이)' (데 올라가는) '사람(者, 모노)'일 것이다.

친구 즉 노점꾼끼리를 '다치(ダチ)', 보통사람 즉 노점꾼 이외의 사람을 '네스(ネス)' 사쿠라를 '도바(トバ)'. 사쿠라라고 부르는 것은 사실 그들의 은어는 아니다. 오늘날 사쿠라라고 하면 모르는 사람이 없을 테니까.

파는 것을 '바이(バイ)', 사는 것을 '무케루(ムケル)'. 물건의 원금은 '도모(トモ)', 얼마를 '구라이(クライ)'.

겉모양을 '겐지마에(ケンジマエ)', 좋은 것을 '하쿠이(ハクイ)'. 이것은 물건뿐 아니라 여자를 품평할 때도 쓴다. 예컨대 그 여자는 예쁘다는 말을 '겐지마에가 하쿠이제(ケンジマエガハクイゼ).'라고 하는 식이다.

진짜·진품(眞物)은 '마부(マブ)', 짝퉁(贋物)은 '가제(ガセ)'. 불경기 또는 재미없다는 것을 '야쿠(ヤク)'. 물주를 '야토(ヤト)', 가난하다, 돈이 없다는 것을 '가시이(ガシイ)'. 비싸다는 것을 '아타이(アタイ)', 싸다는 것을 '스야이(スヤイ)'. 손님을 끌어모으는 것을 '시메루(シメル)'. 순사나 형사를 '보오(ボウ)'. 빌리는 것을 '온료(オンリョ)'.

남근을 '다치(タチ)'라고 하는 것은 당연하지만, 여자의 음부를 왜 '야치(ヤチ)'라고 하는지는 모르겠다.

동물을 끌고 다니며 영업하는 노점꾼 이를테면 맹수를 다루는 이를 '도부쓰(ドウブツ)', 곡예사(輕業師) 등을 '다카모노(タカモノ)'. 이런 것은 쉽게 알수 있다. 넓은 공터 같은 데 서서 사람을 모아놓고 물건을 파는 행상을 '오지메', 노점식 또는 널판이나 거적때기 위에 물건을 늘어놓고 파는 것을 '고로비'.

그밖에도 '후쵸'는 헤아릴 수 없을 만큼 많지만, 대개는 보통 쓰는 말의 순서를 뒤집은 것이다. 예컨대 구사리(시계줄)라고 할 것을 '사리쿠(サリク)', 토케이(시계)를 '게이토(ケイト)'라고 하는 식이다.

13장 선인숙

꽤 잘 살다가 영락해서 선인숙으로[1] 굴러들어와, 어떻게든 재기해 보려고 밑바닥에서 허우적거리는 사내도 있다. 남편이 장사에 실패해서 집도 살림도 다 날리고 선인숙에서 밤이슬을 피하는 허무한 신세가 되었지만, 거치적거리는 애도 있지, 오랜 가난에 기진맥진해서 산송장처럼 된 여자도 있다. 이른바 무뢰한으로, 내지인과 교제도 못하고 하층 조선인을 상대로 그날그날 애벌레처럼 버르적거리며 사는 인간도 있다. 선인숙은 조선에 와서까지도 낙오할 만큼 생존경쟁에 전혀 전투력이 없는 인간들이 모이는 곳이다.

---

1   이 책에서 '조선숙(朝鮮宿)'이나 '선인숙(鮮人宿)'으로 부른 것은 조선인 경영의 여관(여인숙)이나 하숙일 것이다. 당시 여관에서는 아침·저녁 식사도 제공했는데, 여관은 여행객을 위한 숙박시설이기도 했지만 하층민·룸펜의 거처이기도 했다. "객실이 너절한 만치 우리 같은 무직자들이나, 유직자들이라 해도 무슨 보험회사 외교원 같은, 입심으로 사는 친구들만 모여들어 그악은 혼자 부리면서도 늘 밥값은 받는 것보다 떼이는 것이 더 많은" 조선인 여관 풍경은 이태준의 「불우선생」에잘 그려져 있다.

전신인부와 땅콩장수

「당신은 어제 밤 어디서 잤나?」하고 캐묻는 것은, 전신공부 밑에서 일하는 인부인[2] 나카지마(中嶋)다.

나카지마는 마흔대여섯쯤 될까, 그리 나쁜 짓을 할 것 같지는 않지만 술버릇이 고약한 사내로, 매일 저녁 일을 마치고 돌아올 때는 늘 고주망태가 되어 있다. 지금 게게 풀린 눈으로 내게 「당신, 어젯밤 어디서 잤냐고?」하고 아무것도 아닌 일로 풍파를 일으키려는 듯이 따지고 드는 것도, 다 막걸리 탓이다.

「엊저녁에는 류잔[용산] 쪽에 갔다가 그만 늦어져서 거기 선인숙에서 자고 왔지요……」하고 나는 되는 대로 갖다붙였다.

「흠, 그래? 그런데 뭐야, 당신은 류잔에 아는 사람이라도 있나?」나카지마는 어깨를 으쓱하고 입맛을 다시면서 이렇게 고개를 뒤로 젖히고는 밑에서 나를 째려보았다. 책상다리 위에 팔짱 낀 팔꿈치를 괴고 등을 구부린 채,

「당신은 만슈[만주]에서 흘러들어 와서 여기엔 아는 사람이 없을 텐데? 그런데 류잔에는 뭘 하러 간 거야?」자 이 바보 자식아, 내 허락도 없이 멋대로 나가서 돌아다니고 게다가 무단으로 하룻밤 방을 비워놓고 용산에서 잤다고 눙치지만 내 눈은 못 속인다, 둘러대면 모를 줄 아냐, 하는 듯한 형상이다. 아니 틀림없이 이 사내는 그렇게 생각하고 있을지도 모르겠다.

도대체 교육도 없는, 그저 밥 먹고 덩치만 커져서 어른이 되었나 싶은 이런 열등한 인간은, 남의 일에 이렇게 무례한 간섭도 당연히 할 수 있다고 믿고 있는지도 모른다. 선인숙에 먼저 온 고참으로서, 나중에 들어온 떠돌이한테는

---

2 '전신공부(電信工夫)'는 전기·전화의 현장 공사 등에 종사하는 노동자다. 문맥으로 보아 '인부(人夫)'는 그 밑에서 조수 역할 정도를 하는 하층노동자인 것 같다.

일거수일투족까지 감시하고 간섭할 권리가 있다고 생각하는지도 모른다. 그들은 남에 대해 이런 식이니까, 남이 자기의 개인생활을 간섭해도 아무 불만도 없다. 자기의 인격을 인정하지 않는 자가 남의 인격을 인정하겠는가? 뭐가 뭔지 분간도 없이 마흔 몇 해를 살아온 것이다. 제멋대로인 것도 당연하다.

나는 이런 인간들한테 자각(自覺), 자각 하면서 무턱대고 자각을 환기시키는 것은 생각해볼 문제라고 본다. 쓸데없이 외래사상에 도취되어 영문도 모르고 설치고 다니는 것이나 마찬가지로, 남이 권유해서 하는 자각이란 임시방편의 벼락치기다. 아무래도 제대로 자각이 되지 않을 것임은 쉽게 알 수 있다.

「아아 류잔에 간 건, 와카쿠사마치[약초정] 밥집에서 만난 친절한 남자가 힘 안 들고 괜찮은 일거리가 있으니까 가 보라고 가르쳐주길래……」

「흠, 힘 안 들고 괜찮은 일거리라……. 얼마나 준다는데?」

「글쎄요, 80전이라나 했는데, 힘든 일이 아니라는 게 마음에 들어서 가 봤습니다만……」

「그래서? 나가기로 했남?」

「아뇨. 그쪽에 갔더니 주인이 집에 없더군요. 한참을 기다려도 돌아오지 않길래 또 오겠다고 하고 왔지요……. 그 집 아주머니 말로는 자기는 아무것도 모르지만 당장 사람이 필요한 것 같지는 않다고 해서, 다시 가보나 어쩌나 하고 있습니다……」

「흐응, 틀림없이 그럴 줄 알았지. 밥집 같은 데서 만난, 어디서 굴러먹던 말뼈다귄지 소뼈다귄지 모르는 인간이 하는 말을 진짜로 믿고 어슬렁어슬렁 류잔 그 촌구석까지 가는 놈이 어딨어? 무엇보다 요즘 같은 불경기에 힘 안 드는 일로 80전씩 주는 데가 있겠냐고? 당신은 말이야, 학문이 좀 있는 것 같으니까 장부나 들여다보는 일이라도 생긴다면 또 모르지만, 자리가 없어요. 앞으로도 마찬가지야. 밥집 같은 데서 만난 인간이 하는 말 따위, 듣는 게 아니라고…….」

그는 일급 70전인가 80전을 받고 아침 일찍부터 전등이 켜질 무렵까지, 추운 12월에도 무더운 8월에도 바람이 휑휑 부는 노상에서 종일 과격한 노동에 종사하고 있다. 그런데 내가 힘 안 드는 일인데 80전 준다더라, 하는 것을 듣고 약간 질투하는 마음도 솟았다. 그러다가 그런 일자리는 사실은 없는 것 같다는 걸 알자 회심의 웃음이 가슴에 가득차서 급기야 태도가 오만해졌다. 그런 인간들은 지금 자기의 신분과 처지에 만족하는 것은 결코 아니다. 하지만 그들은 자기보다 좀 더 아래의 계급이 있는 것을 안다. 실업자다. 실업자가 한 명이라도 더 많아지면 많아질수록 자기들은 더 높은 곳에 있게 된다고 생각한다. 그러니까 남이 자기를 타고 넘어서 위쪽으로 도약하는 것에 심한 질투를 느낀다. 싹수가 있는 놈이니까 친절하게 대해 두면 손해는 없겠지 싶어 친절을 가장해서 접근하기도 하지만, 더러운 속셈이 빤히 보인다. '잡지도 않은 너구리 가죽 값 따진다'고,[3] 입으로만 간살을 떨면서 친절의 가면을 쓰고, 어느 쪽으로 굴러도 손해가 안 될 장래의 약속을 맺는다. 이쪽저쪽 다 맺어둔다. 간악하고 천박해서 위험하다. 나카지마 같은 자는 한 치 앞도 생각지 않는다. 자기 나름대로는 존대(尊大)한 사상의 소유자다. 선인숙의 붙박이 고참 중에는 이런 타입의 인간이 많은 듯하다. 그러니까 실업자에 대해서는 '어때, 부럽지?' 하는 식으로 직업 가진 자의 강점을 자랑한다.

「일하면 일한 만큼 돈을 받아서 마음 편히 술을 마실 수 있지. 사람이란 일이 없으면 안심을 못 한다니깐. 일은 없고 신경만 쓰니까 머리가 바보가 돼서 제대로 된 생각을 못 하지. 아하하하! 오늘도 술은 한 잔 했으니까, 잠만 자면

---

3 '떡방아 소리 듣고 김치국부터 찾는다'는 뜻의 일본 속담이다.

되는구나. 어디 가서 목욕이라도 하고 올까나······?」 하고 일부러 자랑을 해 보인다. 같은 조선숙에 있는 실업자는 부러워 못 견디겠다는 표정으로 바라본다. 같은 실업자라도 수중에 얼마라도 돈이 있는 자는 그나마 괜찮지만, 무일푼인 자는 정말 부러워서 견딜 수 없을 것이다. 아무것도 아닌데 직업 있는 자한테 얄은 입발림을 해 보인다든지, 돈 가진 자에게 접근해서 뭔가 이익 될 만한 게 없을까 고심한다. 그들은 지금 사는 이곳 말고 다른 세계는 보려고도 않는다. 그렇게 해서 점점 쪼그라들고, 스스로를 망가뜨려 가는 것이다.

「어이, 가토(加藤) 군, 이제 그건 그만하고 재미난 얘기라도 좀 해 봐······.」 한 것은 나카지마였다.

「오이야. 이거 후딱 안 해 놓으마 목구녕에 거미줄 친다카이. 인자 서른 개만 하마 끝인기라······.」 가토라고 불린 자는 번쩍번쩍 대머리라서 마흔이 넘어 보이지만 실은 서른아홉이라는 몸집이 작은 남자로, 하카마 위에 고쿠라 가쿠오비를 맨,[4] 말이 많은 인물이다. 가토는 나카지마와 함께 이 선인숙의 고참으로, 시중의 과자점에서 과자 부스러기나 땅콩을 사 와서는 날짜 지난 신문지로 접은 삼각형 봉투에 넣고 그 위에 빨간 잉크로 목숨 '수(壽)' 자를 써서, 조선인 동네나 교외의 주막, 작은 담배 가게 등으로 팔러 다닌다. 날씨가 좋으면 월 30원 이상을 벌지만, 게을러빠져서 가는 곳마다 엉덩이를 쑥 빼고 여자들 꽁무니만 노리는 인간이다. 가토는 땅콩을 넣은 봉투 2백 개를 다 만들고 빨간 잉크병 뚜껑을 닫더니, 붓을 신문지에 둘둘 말고 잉크가 묻은 손가락에 퉤 하고 침을 뱉어서 신문지에 쓱쓱 닦았다.

「이제 다했나? 자네 팔자가 제일 낫구먼. 나처럼 하루라도 쉬면 일급이 안

---

4 가쿠오비(角帶)는 남자가 허리에 매는 폭이 좁고 단단한 띠다. 고쿠라오리(小倉織)라는 두꺼운 천으로 만들었다는 뜻이다.

나오는 것도 아니지, 나가고 싶으면 나가, 나가기 싫으면 안 나가, 게다가 '단골'이 딱 있으니까 든든하지. 뭐라도 장사가 최고야. 나도 술을 조금 줄여서 자네처럼 장사라도 시작하면 좋겠는데, 그게 잘 안 되네······.」 나카지마가 이런 신통한 소리를 했다. 물론 마음에서 우러난 말은 아니다. 그런 생각도 해 봤는지 모르지만 이때는 그냥 입에서 나오는 대로 지껄인 말로, 전혀 감복할 만한 것은 아니었다. 가토는 히죽 웃으면서 땅콩 봉투를 놓아둔 채 소매에서 마쓰카제(松風) 갑을 꺼내어 한 대 빼 물고는 알뜰하게 담뱃갑을 소매에 챙겨 넣고, 옆에 있던 나카지마의 성냥으로 불을 붙였다. 깊이 한 번 빨아서는 커다란 입으로 후우, 하고 연기를 뭉게뭉게 토해냈다. 국냄비 뚜껑이라도 들어 올린 것 같았다.

「아따, 힘들데이. 인자 게우 2백 개쯤이나 했나? 꾸부리고 봉투를 접었디만 허리가 마 뿔라지는 거 같네. 이노무 장사 한심하고 지긋지긋하지만, 밥을 안 묵고야 우예 살겠노? 내도 얼른 벌어가 집이라도 한 채 생기마 이런 짓 고마 때리치울 낀데······.」

「뭐어, 돈은 생길 때가 되면 생긴다. 아무리 이리저리 머리를 굴려 본들 운이 안 따라주면 돈은 안 나오는 거야. 돈이 모인다, 남는다 하지만, 사람한테는 역시 운이라는 게 있는 거거든. 운이 돌아올 때 못 잡으면 허사야.」 하고 나카지마, 이번에는 감나무 밑에 입 벌리고 누워서 감 떨어지기를 기다리는 듯한 소리다.

「그기야 그렇제······. 암만 벌어도 운이 안 따라주마 남는 기 없데이. 사람한테는 3년 만에 한 분은 운이 돌아온다카이, 그때 아이마 애를 써 싸도 안 되는 기라.」

「그렇고말고, 백만 원 재산을 만들어 놓고도 꼴까닥 죽어버리면 그뿐이지. 뭐, 우리는 이렇게 야무지게 일을 하니까 괜찮지, (나를 가리키며) 여기 이 양반도 만슈 있을 때는 이런 조선숙에 굴러들어올 거라고는 생각도 못했겠지…….」하고 이번에는 나를 향한다.

「우리 모두, 이런 데서 살 거라고는 생각도 안 했지. 하지만 운이 그러니까 어쩔 수 없다고. 당신도 아직 젊으니까, 이제부터 좋은 운을 잡으쇼. 당신이 성공하면 돈 빌리러 갈 테니까. 아하하하!」

도대체 무슨 소린지? 나카지마는 아직 막걸리의 취기가 가시지 않은 것이다.

「기슈토리[의주통]에 그 과부 안 있나, 오늘도 내가 갔디만 들어와요, 들어와요 카길래 가게에 들어가서 잠깐 쉴라 카니까, 여자 혼자라서 외로워요, 괜찮은 사람 있으면 소개시켜 줘요, 카는 기라. 이상한 여자제?」

「그 조그만 가게 과부 말인가? 그거야 가토 군, 자네한테 마음이 있는 거지. 차려준 밥상을 못 먹는 건 남자의 수치라는 말도 있잖아? 그냥 먹어 버려. 아하하하!」

「흐흐흐, 그런 기 아이다. 내를 좋아하는 기 아이고, 돈이 탐나는 기라. 하기야 인자 마흔이 막 넘었을 테이끼네 아직 남자 생각도 나겠지만, 그보다도 돈을 뺏들라는 기라. 그 과부, 보통이 아이거든.」

「자네가 큰 보따리를 펼치니까5 그 과부는 진심으로 그러는 거야. 죄라구.」

「큰 보따리 말은 했지만서도, 그기 조선숙에 있따꼬는 안 캤는데……. 이것도 장사에서는 흥정 아이겠나?」

「그게 아니겠지? 사쿠라이쵸[앵정정]의 그 여편네처럼 또 실컷 갖고 놀다 버리려고 자네 쪽에서 큰 보따리로 유혹을 한 거지……? 머리는 벗겨졌지만 그쪽 방면에는 수완이 좋다니까, 아하하하!」

---

5 '큰 보따리를 펼친다(大風呂敷をひろげる)'는 것은 허풍을 떤다는 뜻이다.

식민지기의 숙박업소와 '조선숙/선인숙'

개항 이후 조선의 여각(旅閣), 객주, 주막 등은 전문 숙박업소라기보다는 무역·거래나 술·음식 장사가 숙박업과 미분화된 형태였다. 일본인들은 자기네 구분을 따라 료칸(旅館), 기친야도(木賃宿, 간이여관), 게슈쿠(下宿) 등으로 불리는 숙박업소를 운영했다. 조선총독부는 도별로 따로 숙박업소(宿屋)에 대한 경찰 단속법규를 정했다가, 1916년 4월부터 「숙옥영업 취체규칙」을 전국에 적용했다(朝鮮總督府, 1927: 149). 통상적으로는 조금 더 고급인 곳을 '호텔'이나 '여관', 더 싼 곳을 '여인숙', 장기 투숙처를 '하숙'으로 불렀지만, 법규에서는 숙박업소를 하룻밤(一泊) 단위로 손님을 묵게 하는 '여인숙'과 대개는 한 달 단위로 숙식료를 받는 '하숙'으로 구분했다(1916. 3. 31. 경무총감부령 1호 「숙옥영업 취체규칙」).

경영자가 일본인인가 조선인인가는 법규상 중요한 구분은 아니었지만, 조선인 여관은 대개 단층 한옥에 온돌방이었다. 특등·1등~5등으로 구분된 일본인 여관의 5등 여관 숙박료(1929년 기준)가 2원 80전인 데 비해, 갑(1등)·을(2등)·병(3등)으로 크게 구분된 조선인 여인숙은 갑 1등의 1등실이 2원 80전, 을 2등의 1등실이 2원 50전으로, 훨씬 저렴했다(이채원, 2010: 337-340). 참고로, 1923년 전국의 숙박업소 통계는 표와 같다(朝鮮總督府, 1925b).

	일본인	조선인	외국인	계
여인숙	1,142	32,210	47	33,399
하숙집	380	574	4	958

조선인 여관은 불결하다는 평가가 일반적이었는데, 조선인 숙박업자들이 음식이나 잠자리 준비 등에서 '영업'이라는 것에 익숙지 않았던 것도 거기에 한몫했을 것이다. 특히 외국인에게는 너무 뜨거운 온돌방과 빈대에 대한 이야기는 많은 조선 여행기에서 찾아볼 수 있다. 1920년대 말 한 외국인 여행자는 "전부터 혐오감을 주는 조선의 잠자리에 대해 이모저모 읽고 들은 바가 있"지만 "여행에서 돌아와 정원에서 발가벗고 옷을 불태운 다음 욕조를 향해 돌진"하는 한이 있더라도, "은밀하게 세간에 알려진 조선 여관의 모든 두려운 면들을 체험하고 싶"었다고 썼다. 그래서 경주 여행길에 조선인 여인숙에 자 보았는데 생각보다 좋았다는 것이지만, "이 글은 지금까지 쓰여진 것 중 조선의 여인숙에 관한 전례 없는[긍정적인 ─ 인용자] 서술"이며, 징그럽게 기어다니는 벌레들과 그것을 죽이려고 뿌려둔 약 이야기는 뺐다고 덧붙여 놓았다(Drake, 2000: 49-58). 중·상류층 조선인도 일본인 여관을 선호했다. 염상섭의 「해바라기」에서 순택과 영희 내외가 목포로, 또 H군으로 여행하면서 묵은 세 군데 여관은 모두 일본인 여관이다.

「뺏기짔다 캐도…… 머리로 기집질하는 거는 아이제? 진짜로 사쿠라이쵸 것은 맛있었는데. <u>흐흐흐.</u>」

알 수 없는 사내

이것은 다른 선인숙에 있는 사내 이야기다. 이제 쉰 가까운 연배인데, 직업이 무엇인지 하숙집 카운터(帳場)와는 멀리 떨어진 방 하나를 빌려 자취를 하고 있다. 내가 처음 묵었던 날 밤에 그 옆방에서 자게 되었는데, 그때는 조선인 여자와 둘이 있는 듯했다. 하지만 이튿날 아침 내가 눈을 떴을 때는 그 혼자뿐, 조선인 여자의 모습은 보이지 않았다. '난바(難波)'라는 사내인데, 교번 순사도 이 사내의 확실한 신원은 모르는 듯했다.

난바는 그저 빈둥빈둥 놀고만 있는 듯하지만, 손가락에는 금빛 찬란한 인대(印臺)가 붙은 금반지를 끼고 있다.[6] 그런 주제에, 아침만 그런지는 모르지만 조선식 떡국만 먹는다. 나도 한 번 얻어먹은 적이 있다.

「난바 상, 당신은 이 집에 오래 있었습니까?」 하고 물어보았더니,

「아뇨, 작년 말부텁니다. 종로 쪽에 살았는데, 사정이 있어서 전처와 헤어지고 나서 이리로 왔지요.」

「그렇습니까? 참 그러고 보니 그저께 밤에 처음 제가 여기 묵었을 때는 부인이 계시는 것 같던데, 그 뒤로는 안 보이시네요?」

「아아, 조선의 설이라 고향에 갔습니다.[7] 한참은 있다가 오겠지요……. 조

---

6 반지 한쪽에 납작하게 도드라진 면을 만들어 도장을 새긴 종류를 말한다. 당시 꽤 유행이었다.

7 음력 설을 가리킨다. 일본은 1873(메이지6)년부터 양력(신력)으로 개정했고, 이후 많은 경우 음력(구력)에 따랐던 전래의 세시명절의 날짜를 그대로 양력으로 옮겼다(물론 그렇게 되면 명절이 전래의 계절과 맞지 않게 되니까, 지역에 따라서는 명절의 날짜를 늦추기도 했다. 가령 일본에서

선에서는 설과 추석은 어디서든지 일을 안 하고 노니까요.」

「그렇죠. 그래도 그렇게 치자면 내지인 쪽이 불규칙하지요. 조선 관습으로는 설과 추석에는 모두 새 옷을 입고 노는 모양인데요.」

「그게, 저같이 찢어지게 가난한 놈도 설에는 새 옷을 입어야 한다는 셈입니다만……. 뭐, 이런 불경기에는 관습이고 뭐고 없어요. 하고 싶어도 안 되니까 어쩔 수 없지요……」 하고 난바는 서글프게 웃었다.

「당신은 조선말 잘 하십디다. 저는 중국어는 조금 해도 조선말은 한마디도 못 하니까 답답합니다그려. 조선말이 되면 콧대 센 내지인 여자를 얻기보다는 차라리 조선인 여자 쪽이 좋겠는데요……. 내선인 융화를[8] 위해서도 그렇고, 우선 그 용모가 좋잖습니까? 가령 여학생이 구두 신은 모습은 진짜 예뻐요. 자세가 자연스럽고, 날씬하고……」 난바가 제 입으로 조선인 여자와 동거한다는 말을 한 것은 아니라서, 나는 '난바 부인'을 화제에 올리기까지 얼

칠월칠석(나나바타) 축제는 양력 7월 7일(또는 7월초)에 지내는 곳과 8월초나 8월 중순에 지내는 곳이 있다). 한편 조선은 1896년부터 양력을 도입하고 연호도 '건양(建陽)'으로 정했지만 세시명절까지 완전히 양력으로 바꾸지는 못했고, 설과 추석은 지금도 대부분 음력에 따르고 있다. 식민지기 총독부를 비롯한 관공서·학교 등은 당연히 양력을 따랐고 특히 1930년대 후반이 되면 '이중과세 금지'를 내세워 양력과세를 강요했지만, 잘 되지 않았다. 이 책 290쪽에서 음력 설인데 저자가 소방소 종소리를 제야의 종으로 잠시 착각하는 장면을 보면 재조선 일본인들도 여전히 일부 음력을 따랐거나, 적어도 조선인들의 음력에 익숙해 있었다고 생각된다.

8 '내선인(內鮮人)'은 내지인(일본인)과 조선인을 말한다. 1910년대 데라우치 총독이 '일시동인(一視同仁)'을 표방했다면, 1920년대 사이토 마코토(齋藤實) 총독은 나아가 '내선융화(內鮮融和)'를 내세웠다. 내선결혼도 그런 정책의 하나인데, 1920년 조선의 왕세자 이은과 일본 황족 마사코(方子) 여왕의 결혼은 그것의 상징적 사건이었다. 총독부는 1921년 7월 내선결혼에 필요한 일본 호적과 조선 민적 사이의 '전적(轉籍)' 절차를 마련했고, 여러 매체를 통해 내선결혼 사례들을 적극 소개하기도 했지만(참조: 이정선, 2015), 1920년대 내선결혼은 연간 수십 건에 머물렀다.

마나 고심을 했는지 모른다. 그런데 질문을 하기 딱 좋게 이야기가 진전되었기에 슬슬 부채질을 해본 거였다.

「안 돼요, 안 돼. 다 그런 건 아니겠지만, 조선인은 도대체 박정하고 돈밖에 몰라요. 먼젓번 아내도 조선인인데, 가게를 내 달라기에 작은 가게를 하나 내줬더니 부모와 한통속이 되어 그걸 팔고 도망가 버렸습니다. 조선에서는 아내를 얻는 게 아니라 돈으로 산다는 느낌이라니까요⋯⋯.」

꽤 고생을 해서 캐고 들었지만 이 사내는 중요한 대목에 이르면 스르륵 빠져나가서, 사흘 밤 나흘 밤 횟수를 거듭한 회담도 결국 요령부득인 채 끝났다. 아쉬웠지만, 내 상상에 난바는 조선어를 잘하니까 틀림없이 모종의 수단으로 조선인 여자를 유혹해서 농락하는 자로, 선인숙에 거미줄을 치고 먹잇감이 걸려들기를 기다리는 색마가 아닐까 싶다. 일견 그는 무척 친절한 사내다. 하지만 바로 그 친절함을 미끼로 가련한 나비를 유혹해서 달콤한 꿀을 빨고 있는 게 아닐까? 먼젓번 아내도 도망갔다지만, 다행히 그의 독수(毒手)에서 벗어난 것이든지 아니면 그가 팔아치웠을지도 모른다. 그렇게 생각해보면 이 집에서 동거하던 여자의 행방도 미심쩍고, 난바라는 사내 전부가 짙은 의문 덩어리가 되어 버린다. 내가 밤늦게 자러 가면 그는 늘 도맡아서 대문을 열어주었다. 그리고 나를 자기 방으로 끌어 들이면서,

「쉿! 조용히 해요. 주인이 깨면 성가시니까⋯⋯. 일본사람은 저하고, 옆방에 사는 애 딸린 부부 말고는 이제 안 받는다니까, 당신은 제 친구라고 하고 제게 얹혀사는 걸로 해 두겠습니다⋯⋯. 숙박료 40전은 제가, 제 몫과 함께 낼게요⋯⋯.」 그러면서 내 숙박료를 늘 자기가 받는 것이었다. 정말이지 기괴한 사내⋯⋯.

광산꾼의 말로(末路)

난바가 내게 소근거린 말 중에 '옆방에 사는 애 딸린 부부'라는 존재에, 나는 일찍부터 주의를 기울이고 있었다. 애가 딸린 부부라는데, 나는 여자와 애들은 봤지만 남편이라는 이를 본 적이 없었다. 난바한테 물어보니 남편은 광산꾼으로, 광산열이 한창일 때에는 꽤 유복한 생활을 하기도 했지만, 실패한 뒤로는 결국 이런 선인숙의 방 하나를 빌려 살아야 할 만큼 영락해 버렸다고 한다. 하지만 지금도 철원인가에 있는 산은 포기를 못하고 오늘은 혹시 금이 나올까, 내일은 하며 분주히 쫓아다니는데, 일이 구체화되지는 않는 모양이었다. 가끔 처자식 얼굴을 보러 돌아오지만, 얼마라도 돈을 가져 오는지 어떤지는 알 수 없다. 여자는 가난에 지쳐 아주 진이 다 빠져서는 여섯 살, 네 살, 두 살 난 애들 셋을 업고 안고, 만나는 사람마다 지금의 처지를 한탄하면서, 「애들만 없었더라면 저는 그 사람과 헤어졌을 거예요.」 하는 식으로 말을 하고 다니는 모양이다. 빌린 이불을 2원 50전쯤에 전당을 잡혀 버렸다든가 해서, 그 전날 이불을 빌려준 사람이 와서 한바탕 했다고 한다.

여자는 서른서너 살쯤, 둥근 얼굴에 살빛이 희지만 입이 비뚤어졌다. 중국에서 태어났다고 했다. 내가 마지막으로 난바 네 선인숙에서 잤던 날 밤, 남편이 산에서 돌아온 듯 옆방에서 굵은 남자 목소리가 들려왔다.

「뭐 꼭 가난하다고 해서 이런 말을 하는 건 아니지만, 부부라는 건 서로 위로해 주고 위로받고 하는 게 서로에 대한 의무인 거야. 가난하다고 너처럼 나가 떨어져서 아무 일도 안 하고 한숨만 쉬고 있으면 수가 없잖아? 남자가 성공하고 못하고도 운도 있고 남자의 머리와 노력 같은 것도 있겠지만, 마누라의 힘으로 성공한 예도 많이 있다고. 그러니까 내조(內助)의 공(功)으로 남자를 뒷바라지하겠다고 생각하면 자기도 일을 해서 남편한테 힘을 보태주려고

1910년대의 '광산열'

개항 이래 금·철·석탄과 특수광물 등 조선의 지하자원은 제국주의 열강의 이권침탈의 대상이 되었고, 러일전쟁 이래 그 이권은 상당 부분 일본인 수중에 넘어갔다. 1910년대 중엽부터는 1차대전 특수로 광산 개발 붐이 일었으나, 1918년 이래 일본경제가 공황으로 접어들고 광물 수요도 급감하면서 조선의 '광산열'도 식어갔다(『매일신보』 1919. 4. 23. 「急下한 광산열」). 1911년부터 1933년까지 광업출원건수를 보면 그래프와 같다(『조선총독부통계연감』; 국가 통계포털(www.kosis.kr)의 '국내통계〉 과거/중지통계'를 활용해 작성). 1917년의 6,189건은 1930년대 금광 개발 붐이 한창일 때의 출원건수를 웃돌고 있다. 민족별 통계가 나오는 것은 1919년부터지만, 추세로 보아 1910년대 출원의 대부분은 일본인에 의한 것으로 짐작된다.

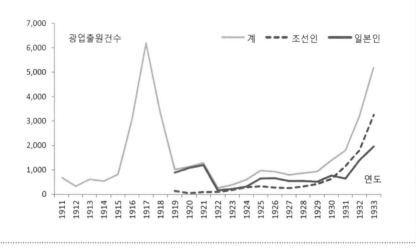

해야지…….」

담배라도 피워 무는지, 잠깐 말이 끊어졌다.

「너처럼 내가 없을 때는 매일 놀고만 있으면, 안 그래도 힘든데 점점 더 힘들어질 뿐야……. 뭐? 애가 있으니까 그렇다고? 애가 있어서 일을 못 나가는 거야 그렇다 쳐도, 부업으로 봉투 한 장이라도 접든가 바느질 정도는 할 수 있잖아? 너도 알겠지만 에리쿄여관 안주인은 예전에 풀빵을 구우면서 열심히 돈을 벌어 남편을 도왔고, 쇼후쿠여관 안주인도 그런 식으로 만두장사까지 했던 사람이야. 그렇게 하면 남편도 열심히 일을 하게 된다고. 남편이 아무리 일을 한들 마누라가 놀고 있으면 결코 성공할 수 없는 거야. 너는 애, 애 하지만, 이제 이런 지경까지 되었으니 애도 하나쯤은 내팽개치고 맞벌이를 한다는 각오가 없으면 안 돼……」

　남자는 쉰 살쯤. 분별력이 강할 나이라고는 하지만, 얇은 판자벽 너머로 듣고 있는 내 가슴도 바싹바싹 조여드는 말을 하고 있었다. 「애도 하나쯤은 내팽개치고」란, 얼마나 비참한 말인가? 나는 이 남자의 무정함을 탓하자는 것이 아니라, 그 용기에 경복(敬服)하는 것이다.

1912년 창업한 고급 여관인 쇼후쿠(笑福)여관(中央情報鮮滿支社, 1937: 177). 에리코(ゑり京)여관은 욱정 2-202번지에, 쇼후쿠여관은 어성정 5번지에 있었다.

14장 밑바닥의 명물 영감

「자아, 오늘은 춥습니다요. 자, 예년처럼 축하를 드립니다. 사람의 운이란 칠전팔기(七顚八起), 그래서 행운을 가져오는 다루마 상입니다요. 해가 바뀌면 또 다이코쿠 상을¹ 가지고 축하를 드리겠습니다만……」

북한산에서 불어오는 찬바람에 큰 코에서 콧물을 흘려가며, 보자기로 싼 귤 상자에 '닥종이 다루마'를 담고 그중 작은 놈을 딱 하나 칠 벗겨진 쟁반에 얹어 팔고 다닌다…… 기보다, 동냥을 하고 다닌다.

한 개 4전인가 5전 하는 닥종이 다루마를 장난감 가게에서 사서 집집이 다니며 파는 것인데, 이것은 매년 섣달 25, 26일경부터 시작해서 그믐날까지고,

---

1 '다이코쿠(大黑)'는 일본 민간신앙의 칠복신(七福神) 중 하나로 음식과 재물복을 관장하는 다이코쿠텐(大黑天)을 말한다. 1914년 발행된 조선은행 1백원권 도안에도 나온다(180쪽 참조). 아래에 나오는 '에비수(惠比壽)' 또한 칠복신의 하나로, 어업이나 상업, 오곡을 관장하는 신이다.

'다루마(だるま, 達磨) 상'은 뚱뚱한 달마대사 모양으로 만든 오뚝이 장난감. 일본에서는 행운의 상징이다. 사진은 다루마 상 이미지를 이용한 당시의 성병치료제 광고다. 다루마 상이 든 팻말에 "매독근치", "임병(임질) 신약"이라고 씌어져 있다(『매일신보』 1918. 12. 17. 3면).

해가 바뀌면 이번에는 흙 인형에 금박을 칠한 에비수와 다이코쿠를 그 쟁반에 얹어서 돌아다닌다.

좋은 아이디어다. 흙을 붙여 엉덩이 쪽을 무겁게 한 닥종이 다루마는 아무리 넘어뜨려도 빙글 돌아 오뚝 일어나서 까딱까딱 몸을 흔든다. 재수를 따지는 영업인 요릿집, 유곽, 여관은 말할 것도 없고, 일반 상점에서도 10전이나 20전 주면 되겠지 싶어 상대를 해 준다. 하지만 영감님은 10전이나 20전으로는 좋아하는 술을 실컷 마시고 좋아하는 '육백'을2 마음껏 할 수 없다. 「자아, 운을 고쳐 주는 다루마 상입니다요.」에 이어, 「이건 원가 30전짜립니다만 적선하시는 셈 치신다면 1원이나 2원도 결코 많다고는 할 수 없습지요.」 한다.

애당초 누가 다루마를 사고 싶어서 손꼽아 기다린 것도 아니고, '운을 고쳐 준다'니까 그리고 10전이나 20전이면 되겠지 싶었고, 또 현관 앞에서 사네 안 사네 승강이를 하기도 민망해서 지갑을 꺼내는 것인데, 「원가는 30전입니다

---

2 '육백'은 6백 점을 먼저 내는 쪽이 이기는 화투 놀이다. 일본에서는 '롯빠켄(六百間)'이라고 하는데, 같은 발음이지만 저자는 '六百券'이라고 쓰고 있다.

만……」 하는 말을 들으면 50전, 1원이 누구네 애 이름이냐 싶어 좋은 말로
거절하려고 한다. 그러면 이 영감님은 금방 말을 바꿔 「원가는 30전입니다만,
밑지고 파는 것도 장사의 복불복! 예, 안 그렇습니까? 아니요, 거짓말이 아닙
니다. 정말입니다요. 뭐, 그 정도는 좀 부탁드립니다요……」 하는 상술이 자
못 뻔뻔스럽다.

방금 말했듯이 섣달에는 다루마 상이고, 새해가 되면 보름까지는 다이코
쿠 상을 쟁반에 얹고 다닌다. 아침부터 저녁까지 한 집 한 집 이 잡듯이 도니
까, 영감님의 지갑은 터질 듯이 빵빵해진다. 다루마 상도 좋은 장사, 사람이
실하게 살았으면 벌써 보란 듯이 작은 담배 가게 하나쯤은 열었을 법한데, 뭐
니 뭐니 해도 영감님은 아침부터 안 마시고는 못 배긴다는 양반인데다 화투
를 밥보다 더 좋아한다. 그래서 영감님은 언제까지나 황금정 3정목의 선인숙
을 못 벗어나고 있다. 다루마 상이 넘어져서 일어나지 못하는 셈이랄까?

섣달과 정월의 수입은 다루마와 다이코쿠로 알 수 있다 치고 그럼 나머지
열 달은 어떻게 사느냐 하면, 이렇다 할 정해진 직업은 물론 없으니까 곳곳으
로 동냥을 나간다. 영감님은 이것을 '활동'이라고 부른다.

「활동을 합니다. 예, 활동입죠. 밥을 굶는다고 도둑질은 못 합니다. 그래서
시주 장부를 들고 활동을 하는 겁니다. 막벌이꾼이라면 막벌이꾼끼리 모인
곳에 가서, 에에 처음 뵙겠습니다, 다음번에는 격식을 안 차려도 봐 주십시오.
저는 나가사키 하고도 오무라(大村) 출신으로…… 해야지요. 이런 소개는 꽤
나 어렵지요. 잘못하면 두들겨 맞겠지만 곧잘 하니까 어디를 가도 받아주는
건데, 저는 막벌이꾼이 아니니까 활동을 한다 이겁니다. 어쨌든 27년이나 게
이죠에 있었으니까, 어디 가더라도 그럭저럭 상대를 해 주지요……」

씻고 나서면 멋진 영감님. 몸집도 크고, 길고 큰 얼굴에 가슴까지 치렁치렁
한 허연 수염. 아무리 봐도 거지처럼 구걸이나 하고 다닐 것 같지는 않은 풍

본정 2정목 구기모토 본점(中央情報鮮滿支社, 1937: 54)

채지만, 머리가 망가져 있다. 향상심 따위는 물론 없고, 그저 그날그날 애벌레처럼 버둥거리며 살면 된다는 식이다. 그러나 뭐니뭐니 해도 경성에 30년 가까이나 살았으니까, 참말인지 거짓말인지는 모르지만, 지금 경성에서 신사라고 자타가 공인하는 사람들의 과거에 입을 대면 성한 데가 없도록 홀랑 벗겨버린다.

「관청의 고문으로 있던 독일인 아리스 씨한테[3] 드나들던 아가씨를, 다네(種) 상이 제등(提燈)을 들고 매일 밤 매일 아침 데려다 주고 데려 오고 했지요. 그걸로 ○○관이라는 여관은 한밑천 잡은 겁니다……」

「높은 분들에 대해 상세한 얘기를 해 달라고 해도 저는 조리 있게 말은 못 하지만, 대강은 알고 있습지요. 저 본정에서 큰 철물점(金物商)을 하는 구기모토(釘本) 상,[4] 그 사람은 이렇게 연장통을 들고 다니던 목수였는데, 인물입

---

3 개항 이후 1910년까지 조선에 왔던 독일인들에 대해서는 Kneider(2013)에 상세한 명단과 이력이 실려 있다. 조선/대한제국에 고빙(雇聘)된 독일인은 그리 많지 않았고 대부분은 개항장의 해관(海關, 세관의 초기 형태)에 있었으므로, 서울에 있으면서 '관청의 고문'인 독일인은 한 손에 꼽을 정도지만, '아리스'라는 인물은 찾을 수 없다. 영감의 기억이 정확하지 않거나 필자가 옮기는 과정에서 착오가 있었는지도 모르겠다.

4 당시의 인명록 등에 따르면 구기모토 도지로(釘本藤次郎)는 1895년 27세에 빈손으로 조선으로 건

니다. 남한테 은혜도 베풀고 사리도 밝고요. 그 부인도 아주 대단한 사람이어서 아무도 괄시를 못 하지요……. 그런 사람이 출세를 하는 것은 당연지사. 그러나 돈은 천하를 도는 물건, 돈에 대해서는 도도하지 못했지요…….」

「뭐? 제가 도박을 한다고요……? 도박이라는 건 제 돈으로 제가 하는 건데, 그건 나쁜 일이 아니지요. 그건 이시카와(石川) 상도 히라바야시(平林) 상도, 형사님들은 모두 잘 알고 있습지요. 세가와(瀨川)라는 인간은 결코 나쁜 짓을 할 놈은 아니라고, 신께서도 알아주십니다요.」

너와 경성에서 철물 행상을 하다가 본정 2정목에 철물점을 열었고, 1916년경부터 사업의 기틀을 다져 이후 영등포에 지점, 진남포에 주물공장, 경성 남대문통에 철공장, 오사카에 출장소를 두고 농기구·공업용품 등 각종 기계·기구를 제작하기에 이르렀다. 조선식산은행 감사, 인천 아사히(朝日) 양조주식회사 사장, 경성상업회의소 회두(會頭), 경기도의회 의원 등을 역임했다. 그가 관계하지 않은 회사가 거의 없다고 할 정도로 재계의 거물이자, 경성의 일본인들 사이에서는 '조선 개발'과 경성의 공공사업에 힘쓴 인물로 평가받았다. 1928년 아들 가즈오(一男)에게 가업을 물려주고 은퇴, 1933년 1월에 사망한 것으로 되어 있다(국편 한국사DB).

15장 풍각쟁이

빨간 고소데에 마음 뺏기지 않는 건

목불, 금불, 석불

천리도 달린다, 기차를 타고

빨간 깃발 신호에 잠깐 멈춘다[1]

유곽 골목이나 요릿집 골목, 번화가의 집집마다 문 앞에 서서 유행 지난 야스기부시를 부르며 한 푼 두 푼 적선을 받는다. 쉰 살쯤 된 소경 노파로[2] '고제'라고 하는 풍각쟁이, 걸식예인이다.[3]

---

1 다소 코믹한 무용과 함께 부르는 시마네현(島根縣) 야스기시(安來市) 일대의 민요로 다이쇼기에 일본 전역에서 인기를 모은 '야스기부시(安來節)'의 가사 중 하나다. '고소데(小袖)'는 보통 '기모노'라고 부르는 옷이다.

2 지금은 쉰 살가량의 여인을 도저히 '노파'라고 부를 수 없지만, 당시는 연령구조도 그렇고, 사회적 인식도 그랬을 수 있다. 꼭 조혼을 하지 않았더라도, 쉰 살이면 대개 손자를 봐서 할머니가 되었을 나이다.

3 원문의 '가도즈케(門付け)'는 거지 중에서도, 본문에서 보듯이 집집이 문 앞에 서서 노래를 부르거나 하면서 동냥을 하는 사람을 말한다. 사전적 의미로는 '풍각쟁이'에 가장 가깝다고 생각된다. '고제(ごぜ, 瞽女)'는 샤미센 등을 타면서 문전걸식하는 떠돌이 여성 맹인 예능인이다.

이 추운 날씨에 검푸르게 번들거리는 나뭇공이 같은 한쪽 팔을 맨살로 드러내고 다니며 이것 좀 봐 달라고 남의 코앞에 들이댄다든지, 병으로 팅팅 부은 얼굴이며 가슴을 일부러 벅벅 긁어서는 이쪽까지 냄새가 나지 않을까 싶도록 탁하고 더러운 피를 뚝뚝 흘리며 「어푸어푸, 와와!」 해 대는 놈, 개중에는 멀쩡한 다리를 낚싯줄로 묶어 올려 목발을 짚고 다니는 놈도 있다. 남을 불쾌하게 하는 것이 돈을 얻는 수단. 그뿐인가, 거절을 해도 귀머거리인 척하기, 딴 데를 쳐다보고 있는 것은 손을 내저어도 못 본 척 끈질기게 버티는 잔꾀……

같은 거지 부류지만, 그런 놈들과는 조금 다르다. 마을 축제에서 세토의 모쿠지의 꽹과리에 맞추기 위해 배워 둔 샤미센이라도[4] 타면서 인정에 호소하는 것이다. 그것만 해도 갸륵하고 불쌍하다……

불쌍한 것은 그뿐만이 아니다. 노파는 올해 열두세 살 된 어린 딸의 손에 이끌려 발끝으로 길을 더듬어가며 타박타박 걷고 있었다. 대설(大雪) 지난 뒤의 그 추운 거리에, 손가락 발가락 끝이 곱아든 듯한 저 비참한 모습. 위에는 유카타 위에 목면 가스리(絣) 기모노 겹옷을 걸치고, 아래에는 색이 바랜 붉은 색 네루 쥬반을 입고 있다. 후통지마 목면과 슈스오리(朱子織)의 쥬야오비 닳아빠진 것을 느슨하게 매고,[5] 거기에 더러운 수건을 접어서 끼웠다. 그것으

---

4 '세토(瀬戸)의 모쿠지(杢十)'는 세토 출신의 모쿠지(바닷가 마을의 촌사람이라는 이미지)라는 사람이거나 악곡 제목인 듯하다. '꽹과리'로 옮긴 것은 일본의 작은 징인 챵기리(チャンギリ), 샤미센(三味線)은 일본의 대표적인 현악기다.

5 '네루'는 flannel, '쥬반(襦絆)'은 기모노 겉옷 안에 입는, 헐렁한 가운 같은 속옷이다. '후통지마(布団縞)'는 천을 짜는 무늬의 일종이다. 이불과 요를 '후통(布団)'이라 하는데, 이불이나 요에 많이 쓰인 무늬라는 데서 이런 이름이 생겼다. '쥬야오비(晝夜帯)'는 안팎이 다른 색 천으로 되어 뒤집어 맬 수도 있는 여자용 띠.

로 가끔씩 눈물과 콧물을 훔친다. 어디서 얻었는지 리큐 게타,[6] 코끈을 몇 번 갈아 넣었는지 굽이 다 닳아빠진 것을 신고, 미끄러지지 않으려고 엄지발가락을 옴츠려서 힘을 준다. 흰 다비[버선]에 구멍이 뚫려 발톱 밑이 새까만 엄지발가락이 비죽, 코끈의 빨간색이 버선에 배어서 좋아든 듯하다……

노파의 손을 잡고 길을 인도하는 딸애는 추위에 손이 새빨개져서, 노파가 샤미센을 타기 시작하면 호오, 호 하고 손을 불어 겨드랑이에 끼고는 바들바들 떨고 있다.

물론 별 생각 없이 부르는 것일 테지만, 하필이면 그것이 높은 곡조의 야나기부시, 그중에서도 왜 「빨간 고소데」일까?

나는 그날 밤 이 풍각쟁이 모녀가 머물고 있는 영락정의 선인숙을 찾아가 보았다. 노파의 신세타령에, 나도 눈물을 금할 수 없었다.

「고향은 이와미의 하마다입니다.[7] 농사꾼한테 시집을 갔지만 인연이 아니어서, 스물다섯에 고향으로 돌아왔어요. 고향에서 동생의 농사일을 거들고 있던 차에 다니구치(谷口)라고 하는 떠돌이와 정을 통하게 되었지요. 신분도 모르는 떠돌이와 마을에서 사는 것은 완고한 가족이 허락해 주지 않고, 그렇다고 그 사람과 헤어지기는 싫고, 그래서 저는 그 사람과 의논한 끝에 도망을 쳤습니다. 오사카로 나가서 그이는 구루마를 끌고 저는 브러시 공장에 다니며 일을 했습니다만, 그이가 병이 나서 갚지도 못할 빚이 생겨 거기도 있지를 못하고, 방방곡곡 떠돌다가 결국 규슈를 거쳐 조선에까지 건너오게 되었습지요. 규슈에 있을 때 저애가 생겼는데, 딸을 낳고 나서 눈이 어두워졌습니다.

---

6 리큐 게타는 센 리큐(千利休, 1522~1591)가 고안했다고 하는, 비올 때 신는 게타의 일종이다. 게타는 보통 바닥에 앞뒤로 두 개의 '굽(差齒)'이 붙어 있다.

7 '이와미(石見)'는 지금의 시마네현 하마다시(濱田市) 일대의 옛 이름이다.

조금 좋아지나 싶더니 다시 나빠져서 5년 전에 완전히 해님을 볼 수가 없게 되었지요. 한심하게도 그러고 나서 얼마 안 되어 그 사람이 유행성 감기로 저 승의 객이 되어버렸어요. 그래서 저는 나무에서 떨어진 원숭이, 물을 떠난 물고기 신세가…… 아아, 신도 없고 부처도 없나, 하고 딸을 껴안고 울면서 나날을 보냈습니다…… 이애 아버지는 부산의 흙이 되어 있지요…….

이웃사람들이 불쌍하다고 간신히 뱃삯 정도를 마련해 주어서, 거지꼴이 되어 고향을 찾아갔습니다. 동생한테 울며 매달려서 제발 딸애만이라도 맡아 키워 달라고 해볼 생각으로 20년 만에 그리운 고향 땅을 밟았더니…… 동생도, 제가 살던 집도…… 흔적도 없었습니다. 이웃에 물어보니 동생은 미쳐서 죽어버렸고 집은 남의 손에 넘어가서 불타버렸다고…… 그 집터가 운수가 흉하다고, 그 집을 산 사람이 보리밭으로 만들었다고 하더군요. 저는 맥이 탁 풀어져서 이렇게 된 거 나도 그만…… 싶었지만, 아무것도 모르는 이 애가 있는데 하고, 아까울 것도 없는 이 명줄을 이렇게…….

어릴적 친구도 아직 살고 있었을 텐데, 장님 거지한테 '오이쿠(おいく) 상 아냐?' 하고 말을 걸어주는 사람은 없었습니다. 친절했던 것은 히로시마야 (廣島屋)라던가 하는 술집 주인 내외였지요. 따님의 낡은 연습용 샤미센과 돈 3원을 주셨답니다. 그걸로 저희 모녀는 간신히 명을 이을 수 있었어요. 하지만 비에 젖어도 바람에 젖어도 죽은 이 애 아버지는 잊을 수 없고, 이제 조선이 그리워서……. 게다가, 참 핏줄이라는 건 어쩔 수 없고, 역시 부모의 뼈가 묻힌 땅은 그리워지나 봅니다. 이것도 조선으로 가자고 자꾸 졸라서, 또 이리 건너왔습니다. 예 선생님, 이쪽에 건너온들 절에 위패를 맡기고 시주를 드린 것도 아니고, 묘지라고 해도 아무 표시도 없지요. 그저 가슴 속으로 염불을 하고, 극락왕생하기를 기도한답니다. 저도 이제 쉰하나입니다. 언제 저 세상에 가게 될지 모르는 나이입니다만 죽을 때는 부산에서, 하고…….

오늘은 서쪽 내일은 동쪽, 정처도 없이 먼지처럼 흘러다니는 거지 신세다 보니 죽는 자리만큼은 남편이 죽은 곳에서, 하는 게 큰 소원이지요……. 그 생각만 하는 탓인지 한창때의 남편의 얼굴이…… 이 못쓰게 된 눈에도, 꿈에도 보입니다……. 그게 가장 큰 낙이지요…….」

노파가 부르는 야스기부시는 남편을 그리워하는 눈먼 새의 애처로운 마음을 노래하는 것이다. 그렇게 들어주는 사람이 하늘과 땅 사이에 단 하나 외동딸뿐이라는 것은, 가련하다. 자신은 거지가 되어 집도 없고 먹을 것도 없는 이런 지경에까지 영락했으면서, 「남편은 불행한 남자였지요. 뼈 빠지게 일을 했지만, 단 하루도 즐기지 못하고 죽었습니다.」 하는 것은 얼마나 갸륵한 마음일까? 나는 노파를 위해 울어주고 싶었다.

노파는 또 그렇다 치고, 여기서 한 가지 생각하지 않을 수 없는 것은 그 딸애의 일이다. 딸은 올해 열세 살이다. 싸구려 여인숙으로 선인숙으로 흐르다 물 괴는 곳에 몸을 맡기며 가다 서다 하는 동안, 「애야, 아저씨가 좋은 거 사 줄게. 게타? 다비? 돈을 줄까? 갖고 싶지 않아? …… 아저씨 말만 잘 들으면 뭐라도 다 해 주마…… 어떠냐?」 하고 늑대 같은 놈들이 마수를 뻗어오지 않는다는 보장이 없다. 아니, 그렇게 되는 것이 당연한 운명이라고 하겠다. 나쁜 상상을 더 멀리 밀고가자면, 신분이야 어떻든 처녀의 자랑일 순결을 짐승들에게 빼앗기고, 나쁜 병을 얻고 더러운 짐승의 씨를 밴다, 낙태를 하고 고민하다 자살…… 아니면 투옥(投獄)……. 어떻게 되든 늙고 눈먼 어머니의 말로(末路)는 본인의 상상보다 더 비참할 것이다. 자, 어찌할꼬……?

4부 '에로 경성'의
팔리는 여자들

공창과 사창, 밀매음: 예기·창기·작부에서 카페여급까지

소설이나 신문기사를 통해 보면, 식민지기 공론영역의 대부분을 차지했던 남성들의 세계에서 성매매는 그다지 부끄러운 일이 아니었던 듯하다. 여성의 사회 진출이 극히 드물고 지금보다 훨씬 동성연대적(homosocial)이며 자유연애가 일반화되지 않았던 그 시대에는, 여성과 함께 술을 마신다는 것은 동등한 여성 친구·동료와 자리를 함께 한다는 것이 아니라 남자들끼리의 술자리에 술을 치며 흥을 돋울 직업여성들을 부른다는 것이고, '연애'의 대상 역시 여성 친구나 아내보다는 요릿집이나 카페의 직업여성 즉 기생이나 여급(웨이트리스)일 가능성이 더 높았다. 사회학적으로 보면 그 시대 남성들이 지금보다 더 방탕했다거나 하는 도덕성의 문제이기 이전에, 지금과는 다른 사회구조와 성별 분업, 권력관계가 몸에 새겨져 있었다고 할 것이다. 여성의 정조는 큰 관심거리이자 문제였지만, 남성의 여성편력은 흠이 아니라 오히려 자랑거리였다. 게다가 식민지 지배와 함께 본격적으로 조선에 도입된 일본의 성문화는 유난히 개방적이었다.

남자들이 돈으로 살 수 있는 여자는 여러 종류가 있었다. 먼저 술과 웃음, 몸을 파는 것을 업으로 했던 여성들이다. 공창제를[1] 시행했던 식민지기 일본에서 이들은 법적으로 크

---

1 '공창제'란 국가나 지방단체가 성매매여성을 등록하고 (강제적) 성병 검진을 실시하며 성매매업소와 여성에게 세금을 징수하는 제도다. 19세기 프랑스를 비롯한 유럽에서 만들어진 이 제도의 목적은 병력(兵力)인 남성과 그 가정, 나아가 사회를 성병의 전염으로부터 보호하는 데 있었다. 일본에서는 1870년대에 공창제가 도입되었다. 그것은 개항 이후 일본에 진출한 서구열강이 자국민(특히

에도시대 유곽에서는 나무 창살 뒤에 창기들을 줄지어 앉혀 손님을 끌었다. 그야말로 '조롱 속의 새'였던 셈이다. 이런 전시는 20세기 들어 법적으로 금지되었지만, 관행상 계속되었다. "마치 활동사진관 문 앞에 배우들의 브로마이드를 걸어 놓듯 창기들의 인형 같은 사진을 진열해(이태준, 「아무 일도 없소」)" 둔 곳도 있었다. 사진은 도쿄의 요시와라(吉原) 유곽. 작가 미상. 구사카베 긴페에(日下部 金兵衞, 1841~1934)의 작품으로 추정하기도 한다.

게 창기(娼妓), 예기(藝妓), 작부(酌婦)의 세 범주로 구분되어 별도의 경찰법규의 적용을 받았다. 창기는 '유곽(遊廓)', 일본어로는 '유가쿠'라 불린 집창(集娼)지역에 매인 성매매 여성이다. 대부분 가난한 집 여성이 스스로를 팔거나 부모나 남편 등 가족에 의해 팔려와, 16장에서 보듯이 거주·이전의 자유도 인정받지 못한 채 성매매에 종사했다. 그러나 형식

해군병력)을 성병으로부터 보호하기 위해 일본인 창기의 검진을 요청한 데 따른 조치였지만, 한편으로는 1872년 '마리아 루스(Maria Luz)호 사건'으로 부각된 창기의 인신매매와 인권 문제를 미봉하기 위한 조치였다. 마카오에서 페루로 중국인 노동자를 수송하던 이 배가 요코하마(橫濱)에 정박했을 때 수송되던 중국인 노동자가 탈출해서 구조를 호소했고, 일본 재판소는 이 배를 '노예선'으로 규정하여 중국인 전원을 석방시켰다. 그런데 재판과정에서 반대로 당시 일본 창기들의 인신매매와 부자유가 국제적으로 문제가 되자, 일본정부는 창기의 성매매를 자유의사에 의한 영업인 것처럼 호도하면서 근대적 공창제를 도입하게 된다(참조: 후지메 유키, 2004).

적으로는 창기와 포주의 계약은 인신매매가 아니고, 성매매도 창기의 자유의사에 의한 영업인 것처럼 되어 있었다. 즉 창기와 포주의 계약은 창기나 그 가족이 포주한테 목돈을 빌려 쓰고 창기가 일해서 버는 돈으로 그것을 차차 갚는다는 '전차금(前借金)' 형식이었다. 또 유곽을 가리키는 신조어인 '가시자시키(貸座敷)'는, 창기와 손님의 성매매는 어디까지나 둘의 관계고 포주나 유곽 주인은 방(座敷)만 빌려줄 뿐이라는 의미를 가지고 있다. 물론 실제로는 구조적으로 전차금은 갚기가 거의 불가능했고, 창기는 방만 빌려 자유영업을 하기는커녕 경찰법규상 가시자시키(유곽) 밖에서 숙박할 수 없고 경찰 허가 없이는 그 밖으로 짧은 외출조차 할 수 없었다.[2]

한편 보통 '게이샤(藝者)'라고 불린 예기는 고급 요릿집(요정)에 나가 노래와 연주, 춤 등의 기예(技藝)를 파는 여성으로, 작부는 요릿집·음식점에서 술을 따르는 여성으로 규정되었다. 예기와 작부는 성매매와는 무관한 존재여야 했다. 즉 법 조항에 따르면 둘 다 일을 나가는 요릿집이나 음식점, 여관(宿屋)에서 숙박할 수 없고, 자기 숙소에 손님을 끌어들일 수도 없었다. 그러나 실제는 전혀 그렇지 않아서 예기와 작부도 대개 성매매를 겸했고,[3] 법률 역시 예기·작부에 대해서도 성병 검사(검진)를 강제했다. 다만 '권번(券番)'이라는 조합에 속해 있으면서 화류계 여성이라기보다는 연예인쪽에 가까웠던 고급 예기들의 경우는 돈으로도 쉽게 살 수 없거나, 돈이 오가더라도 예기의 마음이 더 중요해서 '연애' 쪽에 가까운 느낌이 있기도 했다.

법률상 성격이 조금 다르게 규정된 존재로는 음식점 고용녀(雇女)와 카페 여급이 있었다. 술시중을 드는 작부와 달리, '나카이(仲居)'라고 불렸던 음식점 고용녀·하녀는 음식(술과 안주)을 나르고 설거지·청소 등을 하지만 술은 따르지 않도록 되어 있었다. 카페 여급은 카페라는 신식 술집에서 술과 안주를 나르고 손님과 대화도 나누는 종업원이었다. 물론 실제로는 작부도 예기처럼 춤과 노래를 팔았고[4] (19장에서 보듯) 고용녀도 술을 따르

---

2 창기의 외출금지를 규정한 1916년 「貸座敷·창기 취체규칙」 제20조는 1934년 말에 가서야 폐지되었다(1934. 12. 12. 조선총독부령 제114호 同 개정).

3 그런 것은 법률적으로는 '밀매음'에 해당했다.

고 손님과 동침했으며, 작부와 고용녀의 중간쯤 되는 카페 여급은 1920년대 후반 화류계의 총아로 떠올랐다. 요릿집·음식점이나 카페의 밀실에서도 어지간한 성적 희롱이 이루어졌지만, 함께 술을 마시던 손님과 다른 곳에서 밤을 지내는 일도 잦았다.[5]

조선의 '기생'은 예기로 이해되었다. 기생에는 일패, 이패, 삼패 등의 구분이 있어서, 보기에 따라 삼패는 기생인지 작부인지가 불분명했다. 오늘날 기생의 연예·예술, 신여성으로서의 자각 등을 중시하는 연구가 많지만, 그래도 기업(妓業)은 어디까지나 천업(賤業)이었고, 당시의 신문·잡지 기사나 논설 중에는 '기생'을 곧 성매매와 등치시킨 것들도 많다. 20대 후반만 되면 기생은 퇴물 취급을 받았으므로 그 이후의 삶의 전망은 극히 불투명했다. '갈보'는 성매매를 전업으로 하는 창기 같은 존재였다. 조선인 갈보들은 유곽 같은 대규모 집창지역에 속하지 않고 작은 술집이나 살림집에서 각자 영업을 하는 경우가 많았다. 조선인들에게는 신마치처럼 보란 듯이 벌여놓은 대규모 유곽이 충격적이었겠지만, 일본인들은 반대로 조선에서는 정해진 유곽이 아니라 아무 동네나 골목길마다 갈보집이 있다며 눈살을 찌푸렸다. '색주가'는 '갈보'와 같은 뜻으로도 쓰였지만, 갈보를 거느린 소규모 술집 주인 겸 포주도 '색주가'라고 불렀다. 1923년 말 현재 경찰에서 파악한 전국 예기(기생)·창기·작부의 현황은 우측 표와 같다(朝鮮總督府, 1925b).

그래도 여기까지의 범주가 기본적으로 술과 유흥을 파는 업소에서 일하는, 따라서 실제로 성매매에도 종사하

	내지인	조선인	외국인	계
藝妓	1,441	796	–	2,237
창기	2,425	1,131	13	3,569
작부	785	949	–	1,734
遊藝稼人	437	357	–	794

---

4 한용운, 『박명(薄命)』의 순영은 작부(소설에서는 '색주가'라고 했다)가 되기 위해 사숙(私塾)에서 소리를 배운다. 7백 원 (전)차금에 3년 작정으로 그녀가 가게 되는 곳은 인천의 "앞기둥에 「음식점 영업」이란 큰 패가 붙"은 집이다.

5 김유정의 「따라지」에는 여급 아키코와 영애가 사직골 꼭대기 초가집 "둘이 자도 어깨가 맞부딪"하는 단칸방에 세들어 살면서, "둘 중의 누가 밤의 손님이 있으면 하나는 나가 잘 수밖에 없"다는 고달픈 이야기가 나온다.

구분	업소	하는 일 (법규상)	적용된 법규(최초, 전국)※	조선식 개념/범주
창기	유곽 (집창지역)	성매매	1916. 3. 31. 경무총감부령 제4호 「貸座敷·창기 취체규칙」	'갈보', '색주가' (대부분 집창 아님)
예기	요릿집(요정)	가무·음곡(音曲)	같은 날 경무총감부령 제3호 「예기·작부·藝妓置屋 취체규칙」	기생
작부	요릿집·음식점	술 따르기		작부
음식점고용녀	음식점·술집	술·안주 운반	같은 날 경무총감부령 제2호 「요리옥·음식점 영업 취체규칙」	음식점 고용녀
카페 여급	카페	술·안주 운반		카페 여급
밀매음녀	–	–		'은근짜'

※ 1) 개항 이후 일본인 거류지를 중심으로 지방별로 규칙이 제정되었다가 1916년 법규를 전국적으로 통일·시행
했다. 2) 경무총감부는 1910년대 헌병경찰기의 경찰관서로, 1919년 8월 총독부 경무국과 각도 경찰부로 재편된
다. 3) 카페는 1920년대 후반부터 등장한 업종으로, 기존의 요릿집·음식점에 대한 규정이 적용되다가, 1934년 총
독부 경무국에서 「카페영업 취급내규표준」을 만들어 각도에 하달하게 된다.

거나 당연히 그럴 것이 기대되는 여성들이라면, 여염집 여성이 몰래 성매매를 하는 경우도
물론 있었다. 그 범위와 양상은 천차만별이어서, 그야말로 길거리를 배회하는 싸구려 '가
창(街娼)'이 있었나 하면, 상류층·부유층 상대의 고급스런 성매매도, 돈 많은 남자의 첩이
되어 살림을 차린 경우도 있었다. 조선인 여염집 여성 또는 그런 여성을 가장한 밀매음녀
는 '은근짜'라고 했고,[6] 그런 여성의 소개를 전문으로 하는 '뚜장이'도 있었다. '밀매음'이
란 좁게는 이런 여염집(?) 여성들의 성매매를 일컬었지만, 크게 보면 성매매를 본업으로 하
게 되어 있는 창기 외에 다른 여성의 성매매는 모두 '밀매음'이라고 할 수도 있었다.

　　앞서 언급한 여성들의 범주를 대충 구분해 보면 위의 표와 같다. 물론 각 범주 사이의 경
계는 그렇게 반듯한 것이 아니며, 일상의 쓰임에서는 구분이 더 혼란스러웠다. 그런 혼란
속에서 시골의 '기생' 또는 작부가 카페 걸로 변신하고, 관철동 33번지는 사실은 유곽 같
은 곳이면서도 '대항권번(大亢券番)'이라는 이름을 내걸 수 있었던 것이다.[7]

6　"여학생을 주문하면 꼭꼭 여학생을 대령시키구, 과불 찾으면 과불 내놓구, 남의 첩, 옘집[여염집—
　　인용자] 여편네, 빠쓰걸, 여배우, 백화점 기집애, 머어 무어든지 처억척 잡아오지!" 하는 게, 채만식
　　의 『태평천하』에 나오는 동관 은근짜 집이다.

7　소설가 이상과 그의 '안해' 금홍을 둘러싼 이야기다. 자세한 것은 이경훈(2000), 김면수(2001)를

4부의 본문 글들은 앞서의 논의 순서에 따라 신마치의 내지인 창기(16장)와 조선인 창기(17장), 유곽 바깥에 있는 조선인 갈보집(18장), 음식점 고용녀 또는 작부(19장),[8] 카페 여급(20장), 그리고 일본인 밀매음녀(21장)와, 수상한 거래가 이루어지는 청요릿집 이야기(22장)로 재분류해 보았다. 18, 19장은 저자 스스로 그런 '마굴'에 들어가 여자를 사 본 이야기다. 그런 일을 별로 부끄러워하지도 않고 글로 옮겼다는 것 자체가, 지금과는 많이 다른 시대적 분위기를 보여준다.

참조

8 위 표의 구분대로 하자면 17장의 '갈보'는 집창지역의 창기, 18장의 '갈보집'은 집창이 아닌 창기 또는 (창기로 허가를 받지 않았다면) 밀매음에 해당한다. 19장의 '음식점 고용녀'는 뜻 그대로는 '죠츄(女中)'나 '나카이(仲居)'라 불린 하녀겠지만 사실상 작부 일을 하고 있는 여성의 이야기다. 역시 성매매 여성의 범주 구분이 분명치 않았음을 보여준다.

16장 내지인 창기의 생활

불경기의 바닥에 떨어진 신마치 유곽에 몸을 담그고 있는 내지인 창기의 요즘은, 떴다는 소문도 없고 가라앉았다는 소식도 귀에 들어오지 않는다. 희한하게도 세상이 경기의 오르막에 있을 때는 낙적이다,[1] 도망이다, 정사다[2]

---

1 '낙적(落籍)'은 기생(예기) 명단 즉 기적(妓籍)에서 이름을 뺀다는 뜻으로, 기생과 정분이 난 손님이 전차금을 대신 갚아주고 기생 일을 면하게 해준다는 뜻이다. 부자가 (유명한) 기생을 첩으로 데려가는 경우가 많았지만, 창기·작부에 대해서도 단골손님이 '낙적'시켜주는 일이 있었다.

2 '정사(情死)'는 사랑하는 남녀가 현실에서 사랑을 이룰 수 없을 때 동반자살하는 것으로, '신쥬(心中)'라고도 한다. 부모나 오야카타(親方)가 혼처를 정해 주는 경우가 많았던 에도시대 남성들에게 연애란 유곽의 '유녀(遊女)'와만 가능했기에 유녀가 얽힌 정사사건이 많았고, 신쥬모노(心中物)라고 해서 그런 사건을 소재로 한 가부키나 인형극도 유행했다. 『소네자키 숲의 정사』(지카마쓰 몬자에몬, 2007)가 대표적이다. 근대 들어서도 '자유연애'와 전통적 결혼관습, 성 윤리가 충돌하는 가운데 정사사건이 계속 이어졌고, 식민지 조선에도 영향을 미쳤다. 1926년 극작가 김우진과 성악가 윤심덕이 현해탄에 뛰어들어 동반자살한 사건은 잘 알려져 있다.

하고 화류계에 꼭 사건이 생긴다. 무엇보다도 다른 집으로 옮긴다고 여자들의 움직임이 맹렬하고 창기의 신변도 다사다난하지만, 경기는 정점에 이르면 떨어진다. 그리고 경기가 하향세가 되면 다시 여러 가지 일이 부글부글 끓어오른다. 지금은 바닥을 치고 있는 중이다.

신마치에서도 창기의 수는 팍 줄었다. 작년 봄에는 500명 가까이나 있었는데 지금은 387명. 불경기라서 업소 주인(樓主)도 보충을 할 수 없어서다. 이런 불경기가 더 이어지면 올 가을까지는 지금 인원에서 2할은 더 줄어들 것이다.

업소 주인의 심사가 괴로우면, 창기도 덩달아 마음이 괴로워지게 마련이다. 요즘의 창기는 애달프다. 너그러운 공무원들이 사정을 헤아려주어 예전보다 몸은 편해졌지만, 일이란 손님이 없는 것이 제일 괴롭다. 살아 있는 인간인 한 조롱 속의 새(籠中鳥)라도 용돈은 필요하다.

물렁한 손님을 졸라서 웃으며 반지를 장만한 게 요 얼마 전이지 싶은데, 지금은 옷도 반지도 전당포에 가 있지만 이자도 제대로 못 갚는 형편이다. 그런 것은 그래도 나은 부류. 오야카타가 해준 '영업용 의상' 말고는 외출할 때 입을 옷도 없는 경우도 흔하다. 아무리 여주인이 고생을 해서 그들의 외출수속을 줄여준들 불경기에는 이런 식이니까, 얄궂다.

업소마다 조금씩 다르지만, 창기는 나름 남모르는 돈이 든다. 방에 갖춰 두어야 할 차와 과자, 이쑤시개 한 개도 모두 제 배를 갈라 산 것이고, 홍백분에서 머릿기름까지도 어떻게든 돈을 마련해야 한다. 이런 소소한 물건으로 창기들이 작은 가슴을 앓는다는 것은 상상 밖의 일이다. 용돈을 잘 주는 씀씀이 큰 손님을 가진 여자라면 몰라도, 그렇지 않으면 다른 창기의 비위를 맞추면서 「언니, 죄송하지만 비누 좀 빌려 주세요……」 하고 고개를 조아리지 않으면 안 된다. 애절하고 괴롭다. '듣기에는 극락, 보면 지옥'이란, 누가 한 말인지 정말 멋지게 들어맞는 말이다.

여염집 여자도 한 달에 대여섯 번은 머리를 틀러 간다. 남편이라는 자가 아내에게 성실하고 않고에 상관없이 그렇다. 남편분께서 아내를 소중히 여겨 근신하고 게다가 그 아내 된 이가 조금 멋을 부린다면 어디 그 정도에 그칠까? 매일 머리하고 화장하고 할 정도다. 사흘이 멀다 하고 꼬박꼬박 미용사의[3] 주머니를 불려 주러 갈 것이다. 하물며 이쪽은 바람둥이 사내들을 상대하는 창기다. 고심 끝에 머리 묶는 법을 배워 아무리 능숙하게 머리를 틀어올려 봐도, 분명 머리는 나흘도 못 간다. 머리하는 돈도 오야카타가 대 주는 것은 매달 다섯 번, 그 사이에 머리 모양이 무너지면 그건 자기 돈으로 해야 한다. 「생머리가 순수하지. 네 얼굴에 잘 어울리네. 앞으로 쭉 그렇게 하고 다녀……」하는 입에 발린 말은 하면 안 된다. 듣는 쪽에서는 달군 쇠로 가슴을 찌르는 것 같고, 겨드랑이에 식은땀이 배는 것이다.

휴지 같은 것도 제한이 있다. '긴밤' 손님한테는 한 첩, '시간제' 손님한테는 반 첩으로 정해져 있다.[4] 그렇다고 40장을 다 주는 집이 몇 집이나 될까? 휴지를 갖추어 놓는 것은 카운터(帳場)의 역할인데, 반 첩씩 나눈 휴지에서 한 장에서 네 장까지 뺀다, 열 첩에 한 첩씩은 사라지는 셈이다. 반첩에서 두 장 빼 봐야 20장이 18장이 될 뿐이다. 사용하는 쪽에서는 사실 두 장 때문에

---

3 본래는 일본 남자들이 정수리 쪽만 상투를 남기고 이마를 넓게 밀어버리는 사카야키(月代) 머리형 때문에 도코야(床屋)라고도 하는 이발사(髮結い)가 필

	내지인	조선인	외국인	계
이발영업	567	1,889	66	2,522
女髮結業	674	–	–	674

요했는데, 앞서 나온 '마루마게'에서부터 뒤에 볼 '시마다마게'까지 여자들의 머리모양이 점점 복잡해지면서, 여자들의 머리를 틀어올려 묶어주는 온나가미유이(女髮結い)라는 직업도 생겨났다. 여기서는 '미용사'라고 옮겼다. 1923년 통계를 보면, 이발사는 조선인이 훨씬 많지만 이 '미용사'는 조선인이 단 한 명도 없었음을 알 수 있다(朝鮮總督府, 1925b).

4 '긴밤'은 창기와 하룻밤을 같이 자는 것, '시간제'는 한 번의 정사만 치르는 것이다.

크게 불편을 느끼지는 않겠다 싶지만, 창기 생활의 이면에는 이런 점도 있다는 것을, 글을 쓰는 나는 독자 여러분에게 알려주고 싶다.

그것이 관리의 봉급이라면 재미있지 않을까? 조선에 몇 만 명 되는 관리의 봉급에서 매달 크게 불편을 느끼지 않을 만큼 작은 금액을 빼서 10년 모으면 어떻게 될까? 거지도 구제할 수 있고 빈민도 도울 수 있을 것이다. 병자도 줄고 도로도 깨끗해질 것이다.

몸을 파는 여자는 가정적이 된다면 완전히 꽝이다. 시간이 남으면 잠을 잔다든가 깨작깨작 군고구마를 먹는다든가 화투를 친다든가 하는 여자는 틀림없이 잘 팔린다. 아침에는 일찍 일어나서 빨래를 한다, 옷도 수선한다, 청소도 좋아한다, 그런 여자는 대개 팔리지 않는다. 팔려도 손님이 오래 이어지지 않는다. 노는 자리가[5] 재미없기 때문이다. 몸을 아끼기 때문이다. 마구 날뛰지 않고 차분하기 때문이다. 화려하지 않고 수수하기 때문이다. 시끄럽지 않고 조용하기 때문이다. 단적으로 말하자면, 창기 일이 싫고 빨리 가정을 갖고 싶다는 마음이 가슴에 가득차 있기 때문이다. 창기의 생활은 한심하고 비참한 것이다.

나가사키현에는 오시마(大島)라는 작은 섬이 있다. 인구가 겨우 5백 명, 고기잡이로 먹고사는 섬이지만, 여섯 채 있는 요릿집의 작부는 얼굴에 따라 월급이 3, 40엔에서 70엔 정도. 비누, 화장품에서 휴지까지 일체 자기가 조달해야 하지만, 먹여주고 70엔이라면 나쁘지 않다고. 그래서 이 섬은 여존

---

5 '노는 자리'로 옮긴 것은 '자시키(座敷)'다. 본래는 그저 방, 특히 일본식 다다미방을 가리키는 말이지만, 메이지기에 일본의 공창제가 형식상 창기의 자유계약에 의한 것으로 호도되면서, 창기를 고용한 유곽 자체도 겉으로는 그런 방(座敷)을 빌려주는(貸) 영업 즉 '가시자시키(貸座敷)' 영업이라는 완곡어법으로 통용되게 되었다(4부 해제 참조). 여기서는 예기·창기를 불러 노는 일 자체나 성행위를 가리킨다.

'신마치(新町)'는 1904년 러일전쟁 당시 일본군의 대규모 주둔과 함께 지금의 묵정동 앰배서더 호텔 부근에 만들어진 유곽으로, 경성에 처음 생긴 공창지역이자 유곽의 대명사처럼 된 곳이다(林南壽·朴商勛, 1986: 51).

경성의 유곽

신마치 유곽이 생긴 뒤 조선인 '갈보집'도 늘었다. 1904년 한성 경무청은 조선인 창기의 거주를 훈도방 시동(입정정, 을지로 2·3가)으로 제한했지만, 남대문·명동 일대 일본인 거주·상업 중심지인 장곡천정, 경성우편국 뒤, 태평정, 북미창정에도 조선인 창기들이 생겼다(17장 참조). 1910년대 후반 경성부는 신마치 서쪽에 '야마토신치(大和新地)', 동쪽에 '도신치(東新地)'를 개발, 시내에 산재한 성매매업소를 이전시켰다. 성매매업소를 시 외곽으로 내모는 이런 대응방식은 해방 이후로도 계속된다. 1929년 현재 표와 같이 신마치(야마토신치 포함)는 일본인 유곽이고, 서사헌정(장충동)은 조선인·일본인 업소가 혼재, 조금 떨어진 병목정(쌍림동)에는 조선인 업소만 있었다(김종근, 2011: 124).

행정구역	업소 수		
	조선인	일본인	계
신마치	0	47	47
서사헌정	12	7	19
병목정	25	0	25

한편 러일전쟁 이후 (신)용산에 일본군이 계속 주둔하게 되면서 1907년경 지금의 도원동에 모모야마(桃山) 유곽이 설치되었고, 1914년 지명이 야요이쵸(미생정)로 바뀐 뒤로는 야요이 유곽으로 불렸다. 1914년 인근 용문동 오시마쵸(대도정)에는 조선인 유곽이 들어섰다. 이렇게 식민지도시 경성의 유곽은 동쪽과 남쪽, 시가 변두리 두 곳에 집중되었고, 각각의 유곽지역은 일본인 유곽과 조선인 유곽으로 크게 구분되었다(이상, 홍성철, 2007: 33-36, 66-67, 82-85; 김종근, 2011 참조).

남비(女尊男卑)다. 여자애가 태어나면 이웃도 축하해 주러 오지만, 사내애가 태어나면 모두 본 체 만 체, 「머시마가 태어났따꼬? 흥!」 한단다.

어라, 옆길로 새고 말았다. 어떨까, 전국적으로 창기의 전차금을[6] 전폐하고 월급제를 실시해 보면?

---

6 명목은 '빌린 돈'이지만 전차금은 사실 인신매매 대금이다. 당시는 가난 때문에 여성들이 스스로를 팔거나 부모가 딸을, 남편이 아내를 팔아넘기는 일이 많았다. 전차금에 고율의 이자가 붙고, 또 포주가 숙식비며 독점 공급하는 화장품, 일회용품 값 등을 무척 비싸게 받았으므로, 창기의 빚은 점점 더 늘어갈 뿐 거기서 빠져나올 수가 없었다. 한 잡지기사에서는 "일금 40원야. 이 차용금은 귀 업소에서 일해서 생긴 수입의 반을 귀 업소에 식비로 지불하고 (나머지) 반으로 위 금액을 변제할 것. 단 머리 트는 값, 목욕비, 화장품·휴지 값 등은 본인 부담"이라는 '계약서'를 소개하고 있다(天來生, 2012: 95). 전차금은 성매매 여성에만 한정된 것은 아니었다. 염상섭의 「만세전」에 보면 조선 농민을 꾀어다 일본 본토에 '쿠리(苦力, 단순노동자)'로 팔아넘기는 자들이 "한번 따라나서기만 하면야, 전차(前借)가 있는데 그야말로 독 안에 든 쥐지. 일이 고되거나 품이 헐하긴 고사하고 굶어 뒈진다기루 하는 수 잇나." 하고 자랑하는 장면이 나온다. 전차금을 임금으로 갚아나가는 형태의 계약은 해방 후 「근로기준법」에서 금지되지만, 실제로는 한동안 관행으로 지속되었다.

17장 조선인 창기

궁, 꿍, 덕, 꿍덕.

익숙한 장구소리와 뒤섞인 거센 억양의 애조 띤 노랫소리가 인근의 공기를 뒤흔들고 있다.

「잠깐 쉬었다 갑시오. 쉬었다 가시라니깐요, 여보, 여보세요!」

좁다란 골목 양쪽에 둥근 헌등(軒燈)이 걸린 초라한 집들이 늘어섰다. 창 너머로 하얗게 분 바른 얼굴을 내밀고, 히야카시[1] 하는 사내를 애타게 불러댄다.

「예쁜 여자 있어요. 놀다 가서요, 여보, 영감!」

「어이, 한 시간에 얼마야?」

「아이, 이런 데서 이야기하지 말고 좀 들어옵쇼. 자, 들어와서……」

---

[1] '히야카시(ひやかし)'는 희롱, 야유라는 뜻인데, 여기서는 여자를 살 마음도 없으면서 집적거리기만 하는 것을 가리킨다.

「뭐, 안 들어가도 돼. 여기서도 괜찮아. 한 시간에 얼만데?」

「들어옵시오. 들어와서 천천히 정하면 되잖아요……. 아이, 어서 들어오서요…….」

「싫어. 귀찮으니까 여기서 정하자. 얼마냐고?」

「온 심술궂긴……. 2원이야요.」

「2원? 비싸다. 1원으로 하자.」

「농담하세요? 그래두 머어, 불경기니깐 1원 50전 해드릴 게요. 자, 어서 들어오서요…….」

「미쳤냐? 니들 ○○가 1원 50전이면 죽통(竹筒)에 대고 하는 게 낫겠다.」

「뭐야? 이 거지 같은 히야카시가!」

씹어 내뱉듯 욕을 퍼붓더니, 시시하다는 듯이 팔짱을 낀 채 창턱에 팔을 걸치고 붉은 소매 위에 흰 얼굴을 얹고는, 오가는 사람들을 멍하니 바라본다. 사라락, 차가운 북풍이 어둠 속을 기어와 창에 부딪힌다.

「싫다, 싫어! 돈이 없으니까 갈보를 히야카시하는 거지, 돈이 있으면 그 애한테 들이댈 텐데…….」 취하지도 않았으면서, 한 사내가 천지를 쩡쩡 울리는 큰 소리로 이렇게 떠들며 간다. 엇갈려서 지나가던 두 남자가 돌아보며 흥흥, 코를 찡그리고 웃었다. 큰 소리로 '갈보'라고 떠든 사내의 등에 신경질적인 눈길을 꽂으면서, 한 여자가 창턱을 짚고 몸을 세워 뾰족한 목소리로 이렇게 외쳤다.

「갈보? 갈보라 그랬어? 갈보가 무엔데?」

「갈보는 너 같은 년이지! 가알보, 갈보란다!」

「갈보가 무에냐구! 이 개새끼야!」

「개새끼의 깔보냐? 개새끼 깔보? 가알보, 갈보?」

「에라, 이 병신 새끼야, 급살이나 맞아라!」

궁, 꿍, 덕, 꿍녁. 넝, 기덕, 꿍덕.

황폐하기 짝이 없는 열등한 창기 생활. 그것도 일본인이 경영하는 유곽과 도 달리, 예전의 지즈카마치보다[2] 더 하등한, 예의도 작법도, 아니 차라리 여 자다운 점은 하나도 인정되지 않는 짐승 같은 생활이다.

당연하지 않을까? 5, 6년 전까지는 북미창정, 병목정, 입정정 일대에 소굴을 만들어, 20전이나 30전에 짐승 같은 사내들에게 찰나의 쾌락을 팔던 여자들이다. 그 무렵은 단골손님이라는 게 인력거꾼이나 공사판의 막일꾼,[3] 공사 인부 같은 노동자, 조금 낫다는 게 주인 몰래 살짝 옆길로 새서 이런 곳에 드나들며 시치미를 떼는 상점의 견습사원(丁稚) 패들이었다.

가운데 벽 위에 구멍을 낸 곳에 10촉짜리 전등을 달아 방 두 개를 밝히고, 일년 내내 깔아놓은 종잇장 같은 홑이불과[4] 요강이 있을 뿐인 다다미 두 장 크기의 방. 온기가 있는 둥 마는 둥한 땅굴 같은 그 온돌방에서 굶주린 들개 같은 사내들에게 한 치 두 치씩 저며지는 그녀들은, 마늘을 먹어가며 매물(賣 物)인 몸뚱이의 온기를 유지하고[5] 흰 분을 떡칠하면서 악전고투를 계속하고

---

2 '지즈카마치(千束町)'는 도쿄 아사쿠사(淺草)의 한 지역으로, 에도시대부터 유곽의 대명사가 되다시피 한 '요시와라(吉原)' 유곽이 있던 곳이다. 1923년 간토대지진 때의 대화재로 이곳도 전소되었고, 창기 5백 명 가까이가 사망했다.

3 '노가다'라는 말이 이 '도카타(土方)'에서 유래했다는 설이 있다.

4 '센페이후통(煎餅蒲團)'은 전병(센페이)처럼 얇고 초라한 이불을 가리키는 당시의 속어다(渡部善彦, 1938: 95).

5 마늘을 먹고 추위를 견딘다는 것은 언뜻 이해가 되지 않지만, 마늘을 먹지 않는 일본인들은 그렇게 생각했을지도 모르겠다. 저널리스트 사와이 리에의 글에, 조금 쌀쌀한 3월 말에 서울에서 "점심 때 마늘 맛이 도는 설렁탕을 먹었더니, 몸속이 따뜻해 오는 듯해서, 한국인이 얇은 옷을 입고도 태연히 잘 지낼 수 있는 이유를 알 것 같은 경험을 한 적이 있다(사와이 리에, 2000: 71)."고 한 대목이 있다.

조선 여성이 방안에서 요강을 씻고 요강 옆에서 세수하는 모습을 풍자한 만화(薄田斬雲·鳥越靜岐[1909]: 111, 117).

조선인의 요강과 (식민지) 위생학

조선인들이 요강을 방 안에 두고 용변을 본다는 것은 일본인들에게는 당혹스런 일이었고, 그것은 조선인의 미개함과 불결함을 드러내는 대표적 사례로 이야기되었다. 그것은 꼭 일본인과 외국인들의 편견만은 아니었던 듯, 채만식의 「태평천하」에는 한 술 더 떠서 윤직원 영감이 매일 아침 제 오줌을 "손바닥으로 받아 올려다가는 눈을 씻고" 매달 20전 특가로 걷어 오는 "음양을 알기 전의 어린애들의 오줌"을 석 잔씩 마시는 장면이 나온다. 김유정의 「따라지」에서 카페 여급 아키코는 미용을 위해 "오줌을 눌 적마다 요강에 받아서는 이 손을 담그고 한참 있고 저 손을 담그고" 하다가, "그 손을 수건에 닦고 나서" 영애가 사온 생과자를 덥석 집어든다.

있는 것이다. 들개들의 상대로 꼭 어울리는 들고양이인 셈이다.

처음에는 장곡천정 일대, 경성우편국 뒤편, 태평정 일대에 소굴을 이루고 어둠 속에 피어서 사내들의 피를 빨았지만, 언젠가부터 북미창정 일곽, 나아가 입정정 골목길, 병목정에까지 뿌리를 뻗었다. 풍기상·위생상 그들이 창궐하는 것을 버려둘 수 없어서 당국이 단연 철거를 명령, 공창으로 허가를 받은

사는 지금의 신마치로 옮긴 것이다.[6]

신마치 조선인 창기의 원류(源流)는 바로 이렇게 참담한 거지 신세의 매음녀였던 것이다. 그러니까 몸뚱이를 마음으로부터 완전히 '분리'시켜, 구워 먹든 삶아 먹든 멋대로 하라고 사내 앞에 알몸뚱이를 드러내고서도 전혀 부끄러운 기색도 없다. 적게는 4백 원 정도부터 많게는 천 원 가까이나 전차금이 있어서, 4년에서 6년 정도의 기한으로 손님에게 몸을 맡긴다. 자포자기, 눈을 질끈 감고 이 길에 들어선 이상 이렇게 황폐해지는 것은 의외로 빠르다.

손님의 수준이 수준이다 보니 낙적 같은 행운은 거의 없고, 단골이 된 축의 금[7] 같은 것도 좀처럼 생기지 않는다. 밥은 쌀밥이지만 반찬이라고는 김치뿐, 그걸 먹고 밤마다 황폐한 돈벌이를 하러 나간다. 만만해 보이는 손님에게 부끄러움도 없이 「포치[8] 좀 주서요.」 하는 말을 입에 담는 그들 조선인 창기는, 가엾게 여기고 동정할 만한 존재가 아닐까?

---

6 1918, 19년의 일이다(『매일신보』 1918. 12. 29. 「북미창정에 창기/ 신뎡으로 다 옴겨갓다/ 립정 뎡 것은 명츈에」). 옮겨간 곳은 정확하게는 신마치 옆의 '도신치' 등이다(254쪽 상자 참조). 따라서 "신마치는 언덕 아래가 미로 비슷한 조선인 매음굴이고, 언덕 위가 일본인 유곽과 요릿집이며, 언덕 중턱에는 그 두 부류가 뒤섞여 있었다. 일본인 유곽은 위생적인 느낌이 들었고, 조선의 갈보 거리는 남루한 느낌이 들었다. 그중에서도 중국인 매음굴은 과연 마굴(魔窟)다운 분위기가 있어서 재미있었지만, 위생적인 일본인 관헌이 서소문에 고립시켜 놓았"다(다나카 히데미쓰, 1999: 183).

7 일본에서 유곽의 단골이 된 손님이 직접 유녀(遊女) 즉 창기에게 주는 '도코바나(床花)'다. 보통 세 번 같은 창기를 찾으면 '단골'이 되었다고 한다.

8 간사이(關西) 지방에서 예기·창기 등에게 주는 팁을 '포치(ポチ)'라고 한다.

18장 갈보집: 조선인 밀창부

큰길에서 벗어난 조선인 동네의 뒷골목에 들어서면, 동그라미 안에 단 한 글자 '주(酒)'라고 써 넣은 헌등(軒燈)이 걸린 집이 꽤 자주 눈에 띌 것이다. 이곳이야말로 조선인 밀창(密娼) 가운데 당국도 거의 묵인하고 있는 마굴 '갈보집'으로,[1] 애조 띤 조선 노래는 물론 가끔 오료코부시며 야스기부시 따위가 흘러나와 행인들의 귀를 솔깃하게 한다.[2] 수요가 있는 자는 꼭 조선인뿐 아니

---

[1] 일본인의 유곽은 집창지역이었지만, 조선인의 '갈보집'은 신마치 옆 도신치(17장 참조) 정도를 제외하면 대개 골목골목 흩어져 있었다. 대표적인 곳은 지금의 종로3가 "동관 앞으로 와서 색주가 집들이 많이 있는 단성사 맞은편 골목(이태준, 「기생 산월이」)"이었다. 채만식의 「레디메이드 인생」에도 '동관'의 "닐리리가락으로 들어박힌 갈보집"인 "다 쓰러져가는 초가집"이 나온다. 창덕궁을 '동관대궐'이라 불렀다고 한다.

[2] 15장에도 나왔던 '야스기부시(安來節)'는 다소 코믹한 무용과 함께 부르는 시마네(島根) 지방의 민요이고, '오료코부시(鴨綠江節)'는 1920~30년대 일본에서 유행한 (신)민요다. 러일전쟁 이후

라 내지인이라도 이런 곳을 찾아 욕구를 채우는 것인데, 신마치와 용산의 유곽이 불경기를 호소하는 요즘 이 마굴은 오히려 점점 증가하는 경향이다. 또 간과할 수 없는 것은 공창이 된 여자는 경상남북도를 필두로 한 시골 사람뿐인 데 반해 밀창 중에는 경성 사람이 많다는 점과, 그들이 이 마굴에 빠지게 된 것은 소설이나 연극에서 볼 법한 무섭고 악랄한 고리대금업자 때문이라는 점이다. '경성의 밑바닥' 탐방차 이들 마굴에 들락거리면서 건진 사례를 하나 보고하려고 한다.

늘 하는 모습대로 변장을 한 나와 고이케 군은 어느 날 저녁, 종로 5정목의 마굴 최○○ 네에 발을 들여놓았다. 중문에는 더러운 삼베 포렴(布簾)이 쳐져 있어 안쪽은 잘 보이지 않았다. 이런 곳의 단골이라면 틀림없이 능숙하게 포렴을 좌우로 밀치고 제비 같은 맵시로 폴랑 들어섰겠지만, 아직 그 정도가 못 되는 우리는 포렴 사이로 얼굴을 들이밀고 먼저 집 안을 둘러보았다. 다행히도 아직 손님도 없고, 안채 대청마루에는 반찬과 식기류가 정돈되어 있을 뿐 아무도 보이지 않았다. 우리는 안심하고 포렴 밑으로 허리를 굽혀 집 안에 들어섰다.

우리 발소리를 듣고 한쪽 방에서 나온 것은, 얼굴에 새하얗게 백분을 바르고 흰 목면 상의에 까만 카시미야 하카마를 입은 스무 살쯤 된 여자였다.[3] 여자는 추운 듯 팔짱을 낀 채 대청마루로 나서면서 우리 두 사람을 내려다보고는, 「들어오서요.」 하고 조선말로 권했다. 우리가 모자도 안 벗고 말 없이 봉

일본은 압록강·두만강 일대의 원시림을 차지하고 '영림창(營林廠)'을 설치하여 벌목을 진행했다. 그렇게 벌채한 목재는 뗏목으로 신의주로 운반해서 가공했는데, 당시 벌목공들의 체험을 담은 노래가 '오료코부시'다(김은혜, 2013: 169-170).

3 '카시미야'는 캐시미어(cashmere)처럼 짠 양복감이고, 여기서 '하카마(袴)'는 여성용 바지.

『조선만화』에 실린 풍자화. 왼쪽은 초롱을 들고 일본인을 '갈보집(喝甫屋)'으로 잡아끄는 어린 '총각'. 오른쪽은 갈보가 '단단히 좋소'라며 일본인 손님을 붙들지만 손님은 불결한 환경과 불쾌한 냄새에 당황해 하는 모습이다(薄田斬雲·鳥越靜岐, [1909]: 17, 21).

갈보집 풍경

『별건곤』 기사에 그려진 '색주가' 즉 갈보집은 "옛날에는 장명등[長明燈] 요새는 전등에 술 酒자 써부치고 음식점영업이라고 쓴 간판을 부처노은 여염집 가튼 으슥한 집(「(상상 밧갓 세상) 경성의 다섯 마굴」, 『별건곤』 23(1929. 9): 155)"이었다. '총각'이 호객을 하기도 했다. "목소리는 낮지만 유창한 일본어로, 저돌적으로 소매를 이끄는 그들의 행동 역시 놀랄 만하다. 이는 남자만 나타나면 상대를 가리지 않고 벌어지는 일이다. '이쪽으로'라고 그들이 말하는 곳을 뒤돌아보면 좁은 길에 주욱 늘어선 헌등에는 홍도, 매홍, 매화 따위의 갈보 이름들이 붉고 검은 문자로 각기 써 있다. 총각이 이끄는 곳으로 들어서면, 그야말로 몸을 파는 여자들의 거리로, 조선식 머리를 하고 얼굴엔 조잡한 백분을 덕지덕지 바른 갈보들이 있다(川村湊, 2002: 249~250 재인용)."

호객을 하는 '총각'이란 주로 '기둥서방'이었을 텐데, 그런 관계를 두고 일본인들은 남편이 아내의 성매매를 알선하고 그것으로 벌어먹는다고 비판을 하기도 했다(薄田斬雲·鳥越靜岐, 2012: 62). 유곽이 아닌 조선식 살림집이란 안방과 건넌방, 대청마루, 마당 등이 개방된 구조여서, 성매매에는 적절치 않았다. 색주가라기보다는 여염집 여성의 밀매음이지만, 이태준의 「아무 일도 없소」에는 안방에 어머니의 시신을 두고 건넌방에서 몸을 팔려고 하는 딱한 여성의 이야기가 나온다.

딩에 올라서자, 여자는 우리를 건넌방으로 인도했다.

「오늘은 춥지요……?」하고 여자는 애교 있게 웃으며 방바닥을 손으로 쓸 어보더니,

「에구머니, 완전히 냉방이네.」

쪼그려 앉은 채 그렇게 중얼거리고는, 우두커니 선 나를 올려다보고 「불 좀 지필까요?」했다. 말투며 몸짓에 여염집 여자한테는 없는, 이런 쪽 여 자 특유의 만만찮은 교태가 배어 있었다. 나는 여자의 얼굴을 내려다보며 고개를 끄덕였다.

「응, 불 좀 넣어줘. 무척 춥네……」

그러자 여자는 발딱 일어나 밖으로 나갔다. 이윽고 이 집 주인인 듯싶은 마 흔 전후의 남자가 솔가리를 한 단 가져다가 부스럭거리며 불을 때기 시작했 다. 여자는 우리를 방에 남겨두고 나간 채 아무 기별도 없었다. 뭘 하나 싶어 장지문 틈으로 내다보니, 우리가 있는 방과 마당 건너 마주보는 건물 처마 밑 에서 다른 젊은 여자 하나가 풍로에 작은 냄비를 얹어 뭔가를 끓이고 있고, 우리를 안내했던 여자는 대청마루에서 상을 차리고 있었다. 문틈으로 새어드 는 찬바람에 기름진 냄새가 실려와 코를 간지럽혔다.

옻칠을 한 장방형 상 위에 갖가지 요리가 담긴 싸구려 접시들이 빈자리가 없을 정도로 잔뜩 늘어놓았다. 다른 여자가 끓이고 있던 작은 냄비도 상에 얹 혔다. 술잔은 큼직한 굽사발인데, 약주를 파는 이런 마굴에서는 대개 이런 잔 을 쓴다. 약주는 두 홉 들이 양은주전자에 가득이 40전이다.[4] 소고기와 파, 달

---

[4] 이 한 주전자를 '한 순배'라고 해서 손님이 취해 있으면 술을 덜 채운 주전자를 들이기도 했다고 한 다. 『약주 주서요.』한 마디면 문밧게 대령하고 잇든 가비여운 주전자가 덜거덕하고 드러온다 여 덜 잔도 한 순배 넉 잔도 한 순배 두 잔도 한 순배 그들의 취한 정도를 짜라서 순배 순배의 잔 수효

갈을 작은 냄비에 넣고 끓인 찌개, 소고기 장조림, 소고기와 돼지고기 편육, 시금치나물, 구운 김, 생밤, 황태구이, 김치 세 가지, 그런 정도로 차린 안주 값은 받지 않는다. 안주는 술에 '딸려 나오는 것'이다. 두 여자는 번갈아가며 술을 따라서 우리에게 권했다. 술을 못하는 고이케 군은 떨떠름한 표정으로 겨우 한두 잔 받아 마시고 얼굴이 뻘개져 있었다. 우리를 그 방으로 안내한 여자는 아담한 체격에 가무잡잡한 얼굴은 이목구비가 반듯하니 선이 굵었고, 눈치가 빨랐다. 다른 한 명은 얼굴이 희고 갸름하니 선이 가늘고 예뻤지만, 어딘지 멍한 느낌의 여자였다. 가무잡잡한 쪽이 열여덟, 흰 쪽은 열일곱이라고 했다.

약주에 취한 기분은 괜찮았다. 두 주전자를 혼자 비운 나는 조금 얼근해졌다.

「술이 식어서 안 되겠다. 이번에는 조금 데워서 가져와 봐.」

내 곁에 앉아 있던 가무잡잡한 여자한테 그렇게 말했더니, 그녀는 주전자를 집어 들어 흰 여자한테 건넸다. 이번 술은 조금 뜨거웠다. 약주는 사실 미지근한 게 좋다. 뜨겁게 데우면 시큼해진다. 관자놀이가 찡할 만큼 시큼한 것을 두세 잔 들이키자 얼굴이 화끈 달아올랐다.

「어이 자네, 노래 한 곡조 해 봐. 시조도 좋고 아리랑 타령도 좋고. 노자 노자 젊어 노자 하는 거 있지? 그거 한번 불러 봐.」하고 가무잡잡한 여자한테 말했더니, 여자들은 서로 마주보며 웃었다. 가무잡잡한 여자는,

「노래 할까요, 시조 할까요? 그런데 저는 잘 못해요……」

그러더니, 약주를 한 잔 쭈욱 들이켰다.

가 주린다. 심하면 빈 주전자가 정강하고 드러왓다 나가도 한 순배란다(「〈상상 밧갓 세상〉 경성의 다섯 마굴」, 『별건곤』 23(1929. 9): 156).”

「노자 노자 젊어 노자, 늙어지면 못 노나니……」 여자는 반쯤 부르다 말고 웃음을 터뜨렸다. 그녀도 조금 취한 듯했다. 그러고는 잔뜩 교태를 부렸다. 마시다 만 술을 우리보고 마셔 달라고 조른다든지 우리가 마시던 것을 자기가 마신다든지, 처음 보는 손님인데도 내지인 창부는 도저히 흉내도 못 낼 끈적하고 대담한 짓거리를 태연히 하는 것이었다. 하기야 조선인 창부뿐만 아니라 내가 아는 범위에서는 중국인도 러시아인도, 일본인에 비하면 훨씬 농후한 듯하다.

꽤 취기가 오른 나는 이제는 슬슬, 하고 한 잔을 더 마시면서 여자한테 이런저런 것을 물어보았다.

「이봐, 아리랑 타령 가사 중에 그런 게 있잖아, '노다가 가면 독실인가 자고 가야 독실이지' 하는 거.⁵ 알지? 그건 도대체 무슨 뜻인가?」 나는 의미심장하게 웃으면서 슬쩍 물어 보았다.

내가 조선통이라는 자랑은 아니지만, 창부라도 조선인은 추하고 노골적인 말은 아주 싫어한다. 「눈이 아파서 보지 못하고 이가 아파서 씹지를 못해요.」 같은 말은 화류계 전용의 은어로, 말 뜻 그대로는 누가 들어도 그다지 이상히 여길 만한 것은 아니지만, 창부를 상대로 술이라도 마시면서 이런 말을 한다면 그것은 엄청난 비외어로서, 모종의 행위를 재촉하는 의미로도 받아들일 수 있는 것이다. 내가 아리랑 타령의 가사에 있지 않느냐 「노다가 가면」을 입에 올린 것도 그런 것으로, 이 여자들이 분명 매소부(賣笑婦)인 줄은 알지만, 노골적으로 「너희들 손님 받냐?」 하고 묻는다면 「술 팔아요」 하고 쌀쌀맞게 내뱉을 게 틀림없으니까, 아주 완곡하게 노래 가사를 빌어서 슬쩍 한번 찔러 본 거였다. 이 노래의 의미는 '놀고만 갈 거라면 시시하다, 자고 간다면 좋지

---

5 진도아리랑의 변형된 가사 중 하나인 듯하다. 'トクシリ'는 아마 '독실(篤實)'이 아닐까 싶다.

만.' 하는 것이다. 아니나 다를까 가무잡잡한 여자는 「자고 갔으문 좋겠다는 게 아니야요……?」 했다.

나는 취한 척을 하면서 많은 것을 물어 보았다. 꽤 심한 데까지 꼬치꼬치 캐물었다. 여자의 말에 따르면 그녀들은 거의 매일, 저녁 7시쯤부터 오전 3시쯤까지 술시중을 들러 나온다고 했다. 그리고 손님이 있으면 그때부터 손님을 받는 것이다.

「본정의 큰 상점 쥔이 매번 오시는 제 손님이야요. 이 양반은 8원씩 놓구 간답니다……」

「또 한 명, 일본사람이 와요. 양복 입은 하이카라에 좋은 사람인데, 그 양반은 근화(槿花) 상 손님이랍니다. 10원씩 주는데요, 손님에 따라 다 다르지만, 10원, 8원, 7원, 6원……. 5원이라두 좋아요.」 하고 가무잡잡한 여자가 말하는 것을 보면 화대는 최저 5원 정도지만, 실제로는 4원이라도 주인은 손님을 받게 한다고 했다.

가무잡잡한 여자는 가회동 사는 목수의 딸로 전차금 5백 원, 7년 계약으로 이곳에 몸을 담그게 되었는데, 집에는 쉰셋이 된 아버지와 마흔한 살 된 어머니, 자매 세 명이 있고, 부모의 빚 때문에 희생된 것이라고 했다. 그녀의 이름은 윤성숙(尹成叔).

성숙은 살결이 흰 여자를 '근화 상'이라고 불렀다. 내가 이제 쓰려는 것은 근화가 이곳에 몸을 담그게 된 경위인데, 근화가 눈물을 지으며 이야기한 것이 사실이라면, 나는 고리대금업자라는 놈들의 악랄함을 저주하지 않을 수 없다.

근화의 아버지는 성이 김씨로, 아직도 생계 삼아 다동에서 은방(銀房)을 하고 있다고 한다. 언제부터인지는 빠뜨리고 못 물어보았지만 근화는 이용석(李龍石)이라는, 그녀보다 한 살 연상의 남자와 동거하고 있었는데, 용석은 잘생긴 용모를 타고난 게 화근이 되어 근신을 못하고 멋진 '놈팽이'가 되어 빈둥거리고 있었다. 그것을 눈여겨 본 것이 수표정 근처의 기무라(木村)라는 고리대금업자의 수하로 일하는 김 아무개라는 자다. 그 방면에 '낚시'를 드리우고 있던 김은 용석이 유흥비에 쪼들리고 있다는 냄새를 맡고는, 얼마쯤의 돈을 빌려주었다. 물론 그들 고리대금업자들의 뱀 같은 눈이 용석의 처 근화를 노리고 있었기 때문이었다.

배운 것도 없고 세상물정에도 어두운 근화는 남편 용석이 「도장 찍어.」 하기에 영문도 모르고 무슨 글자가 적힌 종이에 제 도장을 찍어 주었다. 고리대금업자가 만든 '올무'는 멋지게 근화를 낚아챘다. 갚을 방도가 없는 돈을 빌린 용석은 계약서에 적어넣은 아내의 정조를 팔아넘기고는, 자취를 감추고 말았다. 근화를 종로의 마굴에 빠뜨린 것은 기무라의 하수인인 김이다.

독자는 이것만은 알아두었으면 한다. 위정자며 식자(識者)들이 목에서 피를 토하며 '내선융화(內鮮融和)'를 아무리 설교한다고 해도, 다른 한편에는 그것을 망쳐놓고 있는 이런 놈들이 우리 동포 가운데에도 있는 것이다.

19장 음식점의 고용녀: 작부

경성 시내에 산재한 음식점에 있는 '작부(酌婦)'라는 게 밀매음녀임은 누구나 알고 있는 사실로, 신기하고 자시고 할 것도 없다. 그들 중에는 순진한 여염집 처녀가 타락한 이도 있고 카페 여급으로 구르던 이도 있고, 창기 출신도 가정이 파탄난 이도 유부녀도 있다. 전차금이 없는 이가 있다면, 빚이 5백 원이나 되는 이도 있다. 미녀도 있고 추녀도 있어서, 눈이 번쩍 뜨일 만큼 아름다운 여자가 있다면 양쪽 눈이 짝짝이라거나 입이 비뚤어진 추녀도 있다. '수표정 도깨비'와 '소나무집 고마치'란[1] 역설적인 대조다. 경성에는 작부가 창궐한다. 요즘은 여관과 연결이 되어 활약하고 있는데, 좀 심하다.

---

[1] 둘 다 당시 유명했던 작부의 별명인 듯하다. '수표정'은 수표교가 있었다고 해서 붙여진 동 이름이고, '松の家'는 상호일 것이다. '고마치'는 일본 역사상의 절세미녀 오노 노 고마치(小野小町)에 비유해서 미인을 가리키는 말이다.

「그래서 어떻게 했어?」 하고, 사내는 이불 밖으로 상반신을 내민 채 입에 문 담배를 한 번 빨아서는 후 하고 다다미에 내뿜었다. 연보랏빛 연기는 다다미 위에 확 퍼졌다가 소용돌이를 그리며 뭉게뭉게 일더니, 이윽고 안개처럼 수많은 가는 선이 되어 느릿느릿 움직이면서 다다미와 천장 사이로 가로 뻗쳤다. 그리고 그것이 미진(微塵)으로 부서져 공기 속에 녹아들자, 10촉 전등 언저리의 공기 빛깔이 한층 더 탁해져 있었다.

「거기를 가본들 어디 물어볼 데도 없으니까, 도중에서 어떻게 잘못되지나 않았나 걱정이 되어 미치겠지만, 소식을 전할 수도 없고 그저 애만 태울 뿐이죠, 뭐.」

여자는 사내를 향해 돌아누우면서, 휴 하고 한숨을 지었다.

여기는 황금정 어느 음식점의 깊숙한 방으로, 사내는 5원의 돈으로 하룻밤 여자의 정조를 사기로 하고 묵은 것이다.[2]

「정말 걱정이겠네. 하지만 그쪽에서 자네가 염려하는 그런 불길한 일이 일어났을 것 같지는 않은데? 그런 일이 생겼다면 분명히 경찰에서 자네한테 뭐라도 통지가 왔겠지. 만에 하나 자네 걱정대로 자네 남편이 누군가한테 살해당했다 치자고. 그리고 시체를 어딘가에 버렸다고 쳐. 신원을 알아낼 단서까지 없었다고 해도, 도쿠가와시대도[3] 아니고 지금은 신문이라는 물건도 있으

---

2 여기서 말하는 '음식점'은 사실 술집으로, 게이샤(예기)를 불러서 놀 수 있는 요정은 '요릿집', 그렇지 않은 곳은 '음식점'으로 분류되었다. 4부 해제에서 본 법 규정과 달리, 음식점 안에서도 성매매가 이루어졌음을 엿볼 수 있다.

3 임진왜란이 끝나고 도쿠가와 이에야스(德川家康)가 일본을 통일하여 1603년 에도(江戶, 도쿄)에 '바쿠후(幕府)' 정권을 세운 때로부터 1868년 메이지유신 이전까지를 말한다. 조선후기에 해당한다.

니까 틀림없이 신문에 실렸을 거라고. 응? 안 그래? 그러니까 그런 걱정은 기우(杞憂)야. 그보다도, 나는 자네의 마음을 모르겠네. 부모님 허락을 받은 사이는 아니라고 해도 버젓하게 남편이 있는데 여기서 이런 일을 한다는 건 옳지 않잖아? 남편한테 미안하다는 생각은 안 들어?」

사내는 피우던 담배를 베갯머리의 재떨이에 눌러 끄고, 여자 쪽을 향해 제 팔을 접어 베고 누웠다. 그 말에 여자는 눈을 질끈 감은 채 괴로운 듯 깊은 한숨을 쉬었다. 한참 말이 없던 여자는 이윽고,

「예, 그래서 저는 지금도 매일 괴로워하고 있어요. 왜 그때 어떻게든 고집을 피워보지 못했을까 하고 지금은 후회하지만……」 그렇게 말하고 다시 애달프게 한숨을 지었다.

「모르겠네……. 다른 일과 달리 그런 건, 지금 와서 후회한다든가 만다든가 할 문제가 아니지 않을까? 대체 무엇 때문에 자네는 이런 돌이킬 수 없는 길로 접어든 건가?」

「그건 제가 심지가 약했기 때문이에요. 누구를 원망할 건덕지도 없죠. 의리만큼 괴로운 것은 없어요. 그것도 돈 몇 푼 때문이지만…….」

「흐음, 의리라는 건 또 무슨 뜻이야?」

「당신한테니까 말씀드리지만, 아무한테도 말하지 마세요. 남들이 알면 남편은 끝장이에요…….」

「걱정 마. 아무 관계도 없는 사람의 일이고, 또 남의 비밀을 함부로 떠벌리고 다닐 놈은 아니니까. 특히나 이렇게, 자네의 신세타령을 들을 정도의 사이가 되었잖아? 안심하고 말해 봐.」

「고마워요. 그럼 얘기할 게요. 실은 오무라(大村)가, 지금 말씀드린 제 남편이요. 그때까지 일하던 주인집 돈을 집어다 쓴 거예요. 그걸 알고 주인이 화가 나서 경찰에 신고하겠다고 난리를 쳤겠죠? 남편은 소심한 사람이라서,

걱정 끝에 살이 쏙 빠졌어요. 저도 아는 사람한테 이래저래 부탁도 해봤지만, 3, 4백 원이나 되는 돈을 빌려줄 데는 없었지요. 그러자 남편은 자기한테는 한 푼도 생길 데가 없으니 돈을 구해 오겠다며 주인집을 나와, 그길로 저를 데리고 조선으로 도망쳐온 거예요.

지금 이 집 주인이 고향 근처 사람이라서 그걸 의지해서 왔는데, 우리가 여기 온 걸 예전 주인이 어떻게 알았는지, 이 집 주인의 동생한테서 이 집으로 편지가 왔대요. 오무라 ○○○라는 남자가 야마다(山田) ○○라는 여자와 함께 게이죠[경성]로 갔다는 걸 오무라의 옛 주인이 알아내고 쓴 돈을 변상하지 않으면 감옥에 보내겠다고 하는데, 혹시 형님 집에 와 있으면 도망을 못 치게 해놓고 알려 달라, 오무라의 주인이 내게 부탁을 했다, 하고 온 거예요. 그래서 이 집 주인이 크게 걱정을 해 주셔서, 이건 당신들한테 보여주면 안 되는 편지지만 몰래 보여줄 테니 읽어보라며 보여주신 거예요. 우리가 게이죠에 온 줄을 어떻게 알았을까 하고 오무라도 저도 이상하게 생각했지만, 이 집 주인 말을 듣고는 아 그렇구나 싶었어요. 저희들은 지금껏 고향을 멀리 떠나본 적이 없어서 아무것도 몰랐지만, ○○역에서 게이죠까지 차표를 두 장 끊어서 왔으니까[4] 금방 탄로가 난 모양이에요.

그러고 나서 이 집 주인이 오무라한테, 편지에 있듯이 이렇게 말을 하는데 어쩔 셈인가, 이걸로 보면 당신들이 우리 집에 와 있는 줄을 예전 주인이 알고 있는 게 틀림없다, 그러니까 이대로 둘 수도 없고, 그렇다고 당장 3백 원이니 4백 원이니 하는 큰돈을 변상할 방법도 없으니까 뭔가 궁리를 하지 않으면

---

4 일본(국유)철도와 관부연락선, 조선철도, 만주철도까지를 묶어서 표를 팔았던 것 같다. 1912년의 뮈텔 주교 일기에는 일본 가는 배 다이호쿠마루(臺北丸)의 승선권을 남대문역(나중의 경성역)에서 사는 이야기가 있다(한국교회사연구소 역주, 1998: 172-5).

안 된다, 뭐 좋은 생각이 없느냐고 저희들과 한가지로 걱정을 해 주셨지만, 사리분별도 없이 조선으로 도망쳐 온 저희한테 묘안이 있을 리가 있나요? 그 저 새파랗게 질려서 애만 태울 뿐이었지요. 여기 주인도 여러 가지로 걱정을 해 주셨지만 뾰족한 수가 없어서 곤란한데 곤란한데 하면서 이삼일이 지났어요. 그러다 이 집 주인의 친구인데 무슨 신문산가 잡지사에 있다는 분이 놀러 왔을 때, 여기 주인이 뭐 뾰족한 수가 없느냐고 의논을 했어요……」

「흠, 신문인가 잡지라고……? 그 남자 이름이 뭐였나?」

「○○ 상이라고 하는데요, 하지만 지금은 게이죠에 없는가 봐요. 뭔가 안 좋은 일만 한 탓에 크게 평판이 나빠져서, 이제 여기서는 일거리가 생기지 않는다고 내지에 돌아간 모양인데요, 돈은 많이 모은 것 같았어요. 저희가 보기엔 그렇게 나쁜 사람 같지는 않던데. 이 집 주인도 그러셔요. 저 ○○ 군은 보통 사람이 보면 재미없는 데도 있겠지만 대단한 인물이다, 신문사니 잡지사니 하는 건 본래 낯은 크게 내도 대개 비실비실하고, 빚이 있으면 있었지 저금 한 푼 없는 법인데, ○○ 군만큼은 5, 6천 원을 모아놓았으니까, 그것만 봐도 정말 대단한 사람이다, 이번에 돌아간 것도 ○○ 군만 나빴던 것은 아니다, 가난한 신문사 동료들이 반쯤은 질투에서 여기 못 있게 만들었다고……」

「흠, 그래? 요릿집 하녀의 비상금을 후려낸다든지, 돈을 5, 6천 원이나 모아놓고도 양복점이니 포목점 외상값을 떼어먹고 남이 맡긴 물건을 팔아치워 제 주머니에 넣는다든지 하는, 그 ○○ 같은 놈한테도 감동해서 칭찬해 주는 사람이 다 있나? 역시 세상은 넓고 걱정도 없다고 하겠구만……」

사내는 혼잣말처럼 이렇게 중얼거렸다.

「어머, 당신은 ○○ 상을 아시나요, 저 ○○ 상을?」

여자가 그렇게 말하자 사내는 아차 하는 듯했지만, 아무렇지도 않은 듯 목소리를 낮추어 코웃음을 쳤다.

「직업이 다르니까, 알래야 알 수가 없지. 단지 그 사람에 대해서는 나도 아는 사람한테서 들었거든……. 지금 자네 얘기를 듣다가 생각이 났어.」

「그래요? 그럼 역시 나쁜 사람이었던 건가요……?」

「그야 모르지. 그런 짓 하는 인간을 나쁘다고 하는 사람도 있고, 돈 없는 인간은 모두 바보라고 생각하는 사람도 있으니까……. 그런 건 아무려면 어때? 자네의 그 이야기나 마저 해 보게.」

「그래서 그 ○○ 상한테 여기 주인이 의논을 했던 거지요. 그랬더니 ○○ 상도 역시 그건 참 딱하네, 겨우 돈 3, 4백 때문에 젊은 사람이 평생을 망치게 할 수는 없는데, 하고는, 그렇다고 어디 그런 돈이 생길 데도 없고, 어떻게든지 그 돈의 반이라도 넣을 수 있으면 뒤처리를 생각해 보겠는데…… 그 돈을 자네가 일단 대납해 주면 어떻겠나, 하고 여기 주인한테 말을 했어요.」

「흠, 그래서?」

「그랬더니 여기 주인이, 돈이 있으면 조금이라도 대신 갚아 주겠지만 나도 다른 일에 손을 댔다가 완전히 실패해서 지금은 속수무책일세. ○○ 군, 자네는 여유가 있을 테니 잠깐 융통해 주지 않겠나? 어떻게든 갚도록 할 테니까…… 하고 반대로 ○○ 상한테 돈을 빌려 달라는 부탁을 했어요. 그러자 ○○ 상은 난처한 표정을 지으며, 돈이 조금은 있지만 마침 내 책이 인쇄에 들어간 참이라 돈을 안 주면 책을 못 받는데, 하고 응해 주지 않았어요. 그런데 여기 주인이 책을 받는 건 다음 달 아니냐고 하더라구요? 그때까진 어떻게든 갚을 테니까 잠깐 빌려주라고 부탁해서, 겨우 2백 원을 빌렸죠. 그 돈을 부치면서 주인 동생한테 부탁해서 그걸로 옛 주인을 무마해 달라고 했어요.」

「그런데 자네의, 그 오무라라는 남자가 시골에 가게 된 것은……?」

「그러고 나서 그 빌린 돈을 갚아야 할 기한이 닥쳐왔는데, 여기 주인이 아무리 손을 써도 2백 원이라는 돈이 생기지 않았어요. 그러자 ○○ 상도 크게

당황해서, 하루 미룰 때마다 몇 십 원씩 손해가 나니까 제발 돌려주게, 자네하고 나 사이니까 믿고 빌려준 거야, 책을 받고 나면 다시 돈을 마련해 줄 테니까, 하고 거의 울면서 말을 했죠. 여기 주인은 난처한 나머지 결국 여기 있던 오카네(おかね) 상이라는 여자를 딴 집으로 보내고 2백 원을 받아서 준 거예요……. 그때만 해도 오카네 상과 또 한 명 오쓰야 (おつや) 상이라는 사람이 있었어요. 경찰에는 오쓰야 상만 신고를 하고 오카네 상은 신고를 안 했지만, 오카네 상은 그래도 3백 원인가 차금(借金)이 있었던 것 같아요……. 아시겠지만, 경찰에서는 음식점 작부는 한 사람씩밖에 허가를 안 해 주는데, 공식적으로 신고하는 것은 한 명이지만 대개는 집집이 두세 명씩 있거든요.[5] 그건 공공연한 비밀이지요…….

그런 일까지 있고 나니, 저희 둘이서 아무 일도 않고 앉아서 폐만 끼치기는 너무 송구스럽더라구요. 저는 여자니까 바쁠 때는, 이상한 일은 안 하더라도, 손님들 방에 가서 술을 따르는 정도는 거들었지만,[6] 오무라는 남자니까 완전히 식객이었죠. 그래서 본인도 이래저래 걱정을 하다가, 뭐라도 좋으니 일을

---

5 「요리집·음식점 영업 취체규칙」에 대해 지방(도)별로 정한 하위규정에서는 도지사가 음식점 고용녀의 인원을 제한할 수 있게 했다(가령 1923. 7. 25. 함경남도훈령 21호 「요리집·음식점 영업 취체규칙 취급수속」 제15조). 경기도 「취급수속」은 확인할 수 없지만, 비슷한 규정에 따라 인원을 한 명으로 제한했던 모양이다.

6 술 팔기도 쉬운 일은 아니어서 한용운의 『박명』에서 음식점 주인 숙자는 새로 온 작부 순영을 앉혀 놓고 "술을 붓는 것도 적지도 않고 많지도 않게 똑같이 […] 술을 데우는 것도 뜨겁지도 않고 차갑지도 않게 […] 그리고 술잔 수효를 잘 따져야 되는 것이다. […] 정신을 벼락같이 차리고 또박또박 회계를 해야 하는 것이다. […] 술잔을 들고 앉았으면 무슨 손님이 안 오겠니. […] 그 손님을 다 좋은 낯으로 대해야 하는 것이다. […] 누가 무슨 말을 하든지 없는 정[情─인용자]도 있는 체하고 안 나오는 웃음도 웃고 그래야 하는 것이다. […] 마음에 드는 사람이 있더라도 너무 헤프게 말을 듣는다든지 하면 못 쓰는 것이다." 하는 일장훈시를 늘어놓는다.

해야겠다고 『경성일보』니 『조선신문』의 광고를 본다, 부청(府廳) 상담소에
가본다, 곳곳에 부탁을 한다 했지만 일자리는 안 생겨서 애를 먹던 차에, 뭐
라더라, 원산보다 한참 북쪽의 얼음을 취급하는 회사인가에 일자리가 있는데
가지 않겠냐고 누가 알려주길래, 두 달쯤 전에 거기로 갔어요. 거기 간 뒤로
어떻게 됐는지 편지 한 장도 없으니까, 저는 그게 걱정인 거지요만……」

　여자의 눈에는 눈물까지 어려 있었다. 사내는 여자의 말을 묵묵히 주의 깊
게 들으면서, 하나하나 판단을 해 가는 듯했다.

　「이상하네. 그 사람한테서 편지가 없다는 건…… 이 집에 누군가 편지를
빼돌리는 사람이 있는 거 아닐까? 그런 짓을 할 사람은 없나?」 하고 사내는
물었다. 여자는 왼손을 볼에 대고 잠깐 생각을 하는 듯하더니,

　「편지를 빼돌려요……? 오무라한테서 온 편지를요? 그런 일 없을걸요. 오
전에는 자고 있을 때가 많으니까 모르지만, 대개 우편부가 올 때는 제가 집에
있으니까요.」

　「그렇구만. 그럼 그런 일은 없겠지. 하지만 사람이 나쁜 쪽으로 잔머리를
굴리면 꽤나 깜쪽같은 짓을 하는 법이니까, 너무 고지식하게 생각하면 안 돼.
누가 편지를 빼돌릴 리는 없다고 믿는다면 그만이지만, 만에 하나 의심이 간
다면 경성우편국에 가서 부탁을 해 두면 좋지.」

　「우편국에 가서 부탁을 하면 알 수 있나요?」

　「지금까지 것은 어떨지 모르겠네. 하지만 지금부터 오는 것은 알 수 있지.
경찰에 가서 인사상담계 사람한테 조사를 부탁해도 좋지만, 경찰이 찾아오고
해서 기껏 여러모로 돌봐 준 여기 주인한테 폐가 되면 안 되겠지. 뭐, 경찰이
라고 일부러 그런 것까지 후벼파는 건 아니고, 무엇보다 요즘 경찰은 예전 경
찰과 달라서 가급적이면 원만하게, 죄가 있는 자라도 벌을 주기보다는 가급
적 개심(改心)시키도록 하는 방침이라니까 걱정은 없지만. 우편국이라면 그

정도는 경찰 손을 빌릴 것도 없이 신경을 써 줄 거야. 경성우편국장은 기쓰카와(橘川) 상이라고, 친절하기로 평판이 높은 사람이야. 그 사람이나 아니면 우편물계 주임을 만나서 사정을 이야기하고, 황금정 ○정목 ○○번지 ○○야(屋)에7 있는 야마다 ○○ 앞으로 우편물이 오면 모쪼록 배달을 하지 말고 우편국에 그냥 두든지, 아니면 몇 시에 왔다는 것을 우편국 장부에 적어놓아 달라고 부탁을 해두는 거야. 게이죠의 관리는 모두 친절하고 직무에 열심인 사람들이니까, 틀림없이 들어줄 거야.」

「예에? 우편국에서, 그런 부탁까지 들어줄까요?」

「술을 먹고 날뛰어서 감당이 안 되니까 술주정뱅이를 잡아 가세요, 하는 건 우편국에 말해 봐야 소용없지만, 지금 말한 그런 건 아무 문제없지.」

「호호호, 그런……. 술주정뱅이는 교번[파출소, 경찰]이 있잖아요?」

「그렇지. 그건 교번이고 편지는 우편국이지. 그것만 안 잊어버리면 돼.」

「하지만, 편지를 중간에 가로채는 그런 일은 없을 텐데……?」

여자를 계략에 빠뜨리기 위한 스토리는 모두 이렇게 엉성한 것이리라 생각된다. 빌리지도 않은 돈을 빌린 것처럼 꾸며서 의리라는 굴레에 밀어넣어, 본인의 승낙도 받지 않고 정조를 팔게 했다. 한번 생각해보라. 다른 사람한테서 돈을 빌려 남을 구해 주고 그 돈을 갚으려고 자기가 데리고 있던 여자[작부]를 다른 집에 넘기면서까지 비호할 정도의 인간이, 내연관계라고 해도, 야합(野合)이라고 해도 버젓이 배우자가 있는 여성에게 정조를 팔기를 강요한다? 이런 모순은 도저히 있을 수 없는 것이다. 처음부터 계획적으로 만들어 둔 함

---

7 가게, 특히 음식점이나 술집 이름 중에 '○○야(屋)'라는 이름을 가진 집이 많았다. 처음에는 가게에 이름을 잘 붙이지 않던(76쪽 각주 4 참조) 조선 사람들도 이것을 따라 해서, 얼마전까지도 '○○옥'이라는 가게 이름을 많이 볼 수 있었다.

정에 빠뜨린 것이라고 판단할 수밖에 없지 않을까? 틀림없이 그 집 주인 부부는 이 가련한 남녀가 의지해서 찾아 온 그 순간부터 '좋은 찌르레기가 날아 들어왔다'며 이런 줄거리를 짜기 시작했을 것이다.[8] 한 가지 알 수 없는 것은 오무라라는 남자의 소식이다. 어쩌면 그도 몰래 그들과 공모해서 얼마쯤의 '단물'을 빨고서 행방을 감추어버린 것인지도 모른다.

여자는 아직까지는 마음속까지 타락한 것은 아닌 듯하지만, 한 발 한 발 윤락의 바다로 가라앉고 있을 것이다. 그들, 여자를 먹이로 삼는 악마들의 간지(奸智)로는, 약하고 근본이 음탕한 여자를 돌이킬 수 없는 지경에 몰아넣는 것은 일도 아니다. 여자의 생명인 정조를 일단 한번 '파는 물건'으로 내던진 이상, 그 다음은 여자의 마음속에서 오무라라는 남자를 잊게 하고 작부 생활에 흥미를 붙이게 한다. 여자의 인격을 완전히 망가뜨릴 때까지 간단없는 노력을 기울이겠지.

[2]

「당신 재미난 곳에 수염을 길렀네요. 그건, 무슨 부적이야?」

여자는 남자의 입술 밑에 조금 돋아난 '염소수염'을 엄지와 검지로 집어서 잡아당겼다. 한쪽 무릎을 세우고 앉아 상체를 조금 숙인 채 다리가 건들건들하는 식탁에 한쪽 팔뚝을 괴었다. 무릎과 무릎 사이로 빨간 모직 속치마가[9] 엿보이는, 칠칠치 못한 모습.

「이거? 이건 여자를 홀리는 부적이지. 옛날에는 도롱뇽 구운 게[10] 여자를

---

8 일본어에서 '찌르레기(椋鳥, 무쿠도리)'라는 말에는 '시골뜨기'라는 뜻도 있다.

9 '고시마키(腰卷)'는 일본식 속치마.

홀리는 큰 묘약이었지만, 지금은 이게 최고야. 최근에 ○○정(亭)의 오긴(おぎ
ん) 상도 내 이 '염소수염'에 넘어왔으니까……」

「헹, 감히 이 오긴을 감당이나 하시겠어? 오긴 상의 애인은 미래의 의학박
사라니까요, 대단하다구…….」 여자는 술로 빨개진 눈으로 남자의 가슴 아래
부터 훑어 올라가다 '염소수염'의 턱을 잡고 얼굴을 지긋이 들여다보았다.

「호호호, 염소 씨, 화내면 안 돼요, 그렇게 술을 먹었으니까, 당신이 나쁜
거라구요. 술은 마시면 취하는 것, 취하면 주정을 하는 건 당연지사 아녜요?
술을 먹고도 맨 정신으로 있을 거라면 먹지를 말아야지. 당신이 아무리 주사
를 부려도 괜찮아. 주사로는 결코 안 질 거니까. '독쿠리 오긴'이라고[11] 남들
이 불러주는 이 몸이지만, 당신도 '독쿠리' 정도 별명은 가져야지. 남자가 술
도 안 먹고 주정할 줄도 모르는, 그런 놈은 진짜 싫어! 인간의 본성은 술을 마
셨을 때가 진짜지! 예, 안 그래요? 당신은 어떻게 생각해……?」

「아무렴. '독쿠리' 말대로야.」

「알았지? '독쿠리'를, 잊어버리면 안 돼. 당신은 말할 수 있어. 남자라는 건,
술을 벌컥벌컥 잘 마시고, 고집도 있고, 실없는 소리 안 하면서 술을 마시는
게 진짜 남자지. 그렇지, 응?」

「게다가 주정을 잘 하고, 염소수염을 기르고, 팁을 잘 주면 나무랄 데가 없
겠지?」

「흥, 염소수염 정도는 봐 준다. 수염 따위가 멋진 놈은 대개 쑥맥이야. 여자
치고 처덕처덕 백분(白粉)을 바르고 있는 게 정말 좋은 여자는 아니잖아?」

---

10 '구로야키(黑燒き)'는 재료를 질그릇 같은 것에 넣어 오래 쪄서 약재를 만드는 방법이라고 한다.
　홍삼을 찌는 것과 비슷한 식이 아닐까 생각된다.

11 'トックリ'는 일본식 술병 '도쿠리(とくり)'의 변형으로, 술을 잘 마신다는 뜻이 아닐까 싶다.

그 말대로다. '독쿠리'는 제 자신을 잘 알고 있다. 이제 스물대여섯 살이 되어, 가슴의 옷깃 위부터 이마의 머리털 난 곳 바로 밑까지 맨살이 드러난 곳은 죄다 분을 잔뜩 칠했다. '독쿠리'는 정직한 여자다.

「팁이라도 주는 건 요즘은 세 명 중 한 명꼴이야. 가만히 있으면 ○○값까지 깎으려 드니까 기가 막혀, 아주.」

「깎자면 좀 깎아 주면 되지. 뭐 정찰제도 아니잖아?」

「그런 싸구려하고는 다릅니다요. 상대에 따라서는 내 돈 내고 한 번 해 줄 수도 있지만,[12] 값을 깎자든지 헛수작을 하면 ○○을 해 줄 거야.」

「아이고 무서워라! 그 ○○이라는 걸, 나도 한 번 받아 볼까나…….」

「아, 좋다마다. 원한다면 여기서 해 줄까……?」

「농담이겠지, 개도 아니고…….」

「헹! 그러니까 큰소리치지 말라고! 남자라는 건 죄다 짐승이야…….」

손을 댈 수 없도록 닳고 닳은 여자, 열세 살에 조선에 와서 그해에 벌써 조선인 정부(情夫)를 두고 치쿠시마(チク嶋), 청산도(青山島) 일대 어부들을 상대로 몸을 팔았다.[13] 시골을 떠도는 매춘부라고는 하지만 여자가 이렇게까지 될 수 있을까 싶어서, 어지간한 남자는 얼이 빠져서 그녀를 쳐다본다.

---

[12] 업소에 매인 여성이 성매매로 번 돈은 그녀와 포주나 술집·여관 주인 등이 일정한 몫으로 나누었다. 창가나 작부가 단골손님과 사랑하게 될 수도 있지만, 그래도 둘의 '연애'는 어디까지나 돈을 매개로 해야 했다. 돈 많은 남자라면 '낙적'을 시켜줄 수도 있겠지만, 반대로 남자가 돈이 없으면 창가나 작부는 자기가 포주 등에게 줄 돈을 내고 연인을 만나기도 했다.

[13] 청산도는 전라남도 완도에 딸린 섬이다. '치쿠시마(チク嶋)'는 '칡섬'이 아닐까 싶지만, 어딘지는 알 수 없다.

20장 카페 여급

카페 여급은 경제생활상으로 보자면 결코 밑바닥 계급은 아니지만, 윤리적으로는 밑바닥 인생이다. 열이면 열, 백이면 백이 모두 다 패륜·음란의 요부(妖婦)라고 단정하는 것은 섣부를지도 모르겠지만, 대부분은 음식점 고용녀나 창기와 별 다를 바 없는 행위를 한다. 아니, 악랄하기로 치면 카페 여급은 창기, 음식점 작부도 혀를 내두를 정도의 해독을 사회에 퍼뜨리고 있다.

일찍이 어느 잡지가 자기 품행이 어떠니 언급했다고 해서 소송을 제기한 여급이 있었는데, 그 여급의 용감한(?) 소송에 의해 여급의 품행방정함이 증명된 것 같지는 않다. '제 똥 구린 줄 모른다'는 말이 있다. 이 책의 독자들만이라도 넘어가지 말아야겠다.

이 글에 등장하는 '기미코(君子)'에게 전율하지 않을 사람이 있다면, 그것은 내 글솜씨가 모자란 탓이다.

「기미코,¹ 너는 세상에, 변사² 따위랑 관계를……. 그런 놈한테 걸리면 간 까지 꺼내 먹힌다. 그런 줄을 너는 모르냐? 조금 멀리 보고 살지 않으면, 부모 자식을 쫄쫄 굶기게 돼!」

언제 어디라고는 말할 수 없지만, 소리를 치며 들어서는 한 노파가 있다. 기미코의 모친이다. 자기 딸이지만 기미코가 부모 이상으로 대단한 수완을 갖고 있는 줄 모르는 모친은 '○○관(館)의 후지타(藤田)'라고 적힌 편지가 기미코 앞으로 날아들자, 무턱대고 '상대는 변사'라고 믿어버린 것이다.

「네가 남자한테서 돈을 우려내는 거라면 괜찮지만, 변사 따위한테 걸리면 너는 껍데기가 홀랑 벗겨진다고! 이러고 있으면 안 되는 거야.」하고 모친은 낯빛이 변해서 딸을 향해 야단을 치고 있다. 하지만 모친은 번지를 잘못 짚었다. 기미코가 왜 남자한테 빠지겠는가? 기미코한테는 연정은 없다. 만약 기미코가 누군가에게 연정을 품었다면 여급 주제에 긴샤(錦紗) 기모노가 몇 벌씩 있을 수는 없다. 팔목에 금시계를 차고 다닐 수 없다. 다이아몬드 반지

---

1 이 장의 기미코는 일본인 여성이지만, 조선인 여급도 카페에서는 '○○코(○子)'라는 일본식 이름을 갖는 경우가 많았다. 박태원의 「소설가 구보씨의 일일」에서 "그들의 이름에는 어인 까닭인지 모두 '꼬'가 붙어 있었다. 그것은 결코 고상한 취미가 아니"란 것에 구보는 때로 애달파한다.

2 1920년대 후반 미국에서 상업화된 유성영화는 조선에는 1930년대 후반에 본격 도입된다. 그 전까지의 무성영화, 특히 극영화는 '변사(辯士)'가 설명대본을 보면서 줄거리를 설명하거나 두세 명의 변사가 성우처럼 대사를 넣는 방식으로 상영되었다. 상설 영화관은 전속 변사를 두었고, '조선인 극장'(단성사, 우미관, 조선극장)이냐 '일본인 극장'이냐에 따라 변사가 쓰는 언어도 달랐다(참고: 조희문, 1997; 한상언, 2010). 변사의 인기가 그 영화, 영화관의 성패를 좌우하기도 했고, 몇몇 인기 변사는 당대의 스타가 되었다. 1918년 한 일본인 잡지 기사에는 "근래 경성에서는 활동사진 변사에 빠진 여자가 상당히 많다. […] 그들 중에는 본업인 활동사진 변사보다는 여자를 꾀는 일에 더 재능을 보이는 애물단지가 많다. […] 변사를 사는 사람은 대부분 지혜가 없는 게이샤가 많다 (雪の舍生, 2012: 48)."고 했다.

는 낄 수 없다. '○○관의 후지타'라는 편지의 주인은 변사가 아니다. 그는 ○○관의 회계 일을 보는 사내다. 기미코는 후지타를 손톱 밑의 때만큼도 좋아하지 않는다. 오히려 싫어서 견딜 수 없지만, 제가 나가는 카페에 와서는 지갑을 통째로 내던지는 후지타를 '돈이 열리는 나무'라고 생각하는 만큼, 눈을 질끈 감고 후지타가 하자는 대로 하고 있을 뿐이다. 후지타는 기미코한테 홀딱 반했지만, 정작 기미코의 마음은 얼음보다 차갑다.

조선인과의 사이에 낳은 자식과 부모를 남의 집에 맡겨두고 부양해야 하는 기미코로서는 조금은 무리도 해야 한다. 하지만 기미코의 난봉질은 부모를 봉양하고 자식을 키우기 위해서라기에는 너무 맹렬하고 무시무시한 것이다. 나가사키야(長崎屋)라는 하숙집에 살면서 의학전문학교에 다니는 한 청년은 기미코 때문에 저금통장까지 말아 넣었다. 새로 맞춘 세비로를 7원 받고 전당포에 잡힌 채, 학교에도 나가지 않고 연일 결석을 거듭했다. 그러다 끝내는 기미코한테 차이고, 정신이 조금 이상해져 있다.

인천에서 기미코한테 넘어간 한 중국인은 쫄딱 망해서, 기미코가 일하는 카페를 털려고 했던 일까지 있었다. 기미코의 옷가지, 기미코의 금시계, 기미코의 반지, 그것은 모두 사내들의 원한의 결정체다. 기미코의 미모는 사내들을 저주하는 악마의 공들인 걸작이다.

옥으로 빚은 듯한 몸뚱이, 칠흑을 바른 듯한 까만 머리칼, 별처럼 초롱초롱한 눈동자, 풍만한 육체. 그러나 마음은 맹수보다도 잔인하다. 이것이 악마가 만들어낸 '덫'이 아니고 무엇이랴?

「어머니, 어머닌 어째서 제 마음을 모르세요? 쓸데없는 말씀 말고 빨랑 집에 들어가세요. 부모니까 무조건 고압적으로 나가면 된다고 생각하는지 모르겠지만, 제가 도망이라도 가버리면 당신들은 어쩔 텐가요? 집에 갈 거면 어서 가요!」하며 기미코는 모친의 목에 목도리를 감아서는 밖으로 끌고 나갔다.

「알겠냐구요, 예? 왜 그런 놈한테 홀리겠어요? 요즘 여자들은 어머니 젊을 때랑은 좀 달라요. 걱정이 많으면 저 세상 가실 날이 가까워진다구요.」

「그, 그러냐……?」

* * * * * *

'페퍼민트(박하)'라는 별명을 얻은 기미코와 어깨를 나란히 할 독부(毒婦)가 다른 여급들 중에도 있다는 말은 듣지 못했지만, 그래도 후미코(文子), 미요코(みょ子), 쓰야코(艶子) 등등, 어리석은 꿀벌들을 상당히 취하게 만들 '독을 품은 꽃'은 수두룩하다.

요즈음 공작새 같은 기미코의 모습은 카페에서 사라졌다. 모습을 바꾼 기미코는 요정 다마키(玉喜)의 연회에 등장하고 있다. 기미코는 카페 업자들한테서 '써서는 안 될 사람'이라는 낙인이 찍히자 방향을 바꿔 '한 번 더 분발하자.' 하고 같은 방면의 어수룩한 놈들을, 이번에는 일본요리를 차려놓은 상 위에서 경단처럼 주물러 보려는 것이다. 앞으로 기미코한테 살과 뼈가 녹아버릴 바보가 몇 명이나 나올지, 나는 잘 지켜보려고 한다.

딱딱한 이야기지만, 여기서 나는 카페 경영자를 위해, 또 카페의 손님과 여급을 위해 한마디 하고 싶은 말이 있다. 원래 카페는 보통의 음식점, 요릿집과 같은 것이 아니다. 따라서 그 목적으로 말하자면, 이른바 예술미가 없는 카페는 카페로서의 자격이 없다고 해야 할 것이다.[3]

---

[3] '카페(café)'란 커피의 프랑스식 발음인데, 커피 등을 파는 음식점도 나중에 이렇게 불리게 되었다. 나라에 따라 술도 파는 곳도 있고 그렇지 않은 곳도 있는데, 유럽의 카페가 여러 작가와 예술가들의 아지트였다든지, 카페(커피 하우스)에서 부르주아 공론장이 발생했다든지 하는 이야기는 잘 알

카페 본연의 모습으로 돌아가야지 하고 영업에 세심하게 노력하는 카페가, 이 대경성을 일별(一瞥)해서 과연 몇 집이나 있을까? 한심한 노릇이지만 단한 집도 없다고 단언할 수 있을 만치 불안한 현황이다. 그것은 물론 경영자만의 죄가 아니라 손님이라는 자가 아직 카페가 무엇인지 모르는 탓이기도 하지만, 요는 경영자 자신의 사고 개혁이 선결되어야 한다. 시세는 이미 경성에 현존하는 카페로는 만족하지 않고 있는 것이다.

신문이나 잡지 기자가 가끔 카페에 대해 기사를 쓰기는 하지만, 그들의 붓끝에서 나오는 것은 기껏해야 카페의 겉모습이라든지, 심하게는 자기와 카페의 이해관계를 따져서 쓰는 이른바 '편드는' 기사 등이다. '편드는' 기사 같은 것은 독자를 속인다. 사회에 해를 끼치는 죄악을 지탄하는 것 말고는 논평이고 뭐고 대개 핵심을 비켜가서 가슴에 딱 와 닿지 않는, 거짓말이다. 나는 지금의 카페와 여급 생활의 실상을 독자에게 알려주고 싶다.

여기 신사복 차림의 손님이 한 사람 카페를 찾는다고 하자. 그가 2층의 일본식 방으로 들어갔다고 하자. 술이 두 병, 세 병 들어가고 기본 안주를 새로 내오라고 해서 두 시간 가까이나 버틴다. 그리고 목적 수행의 수단으로 우선 엄청 취한 척을 한다. 그다음에 오는 것은 반드시 풍속을 어지럽히는 음탕한 언동이다. 그럴 경우 몇 년의 여급 생활을 겪어 이른바 '이골이 난 여급'이라면 요령껏 그 자리를 잘 수습하겠지만, 나이가 어리고 경험이 없는 여급이라면 금세 눈에 쌍심지를 돋우고 「저희 집은 매춘업소가 아니라구요!」 하고 소리치기 십상이다. 거기서 손님은 정해진 수순대로 문제를 일으키는 것이다.

여급의 이런 맹공격에 한 대 맞은 치들은 「그 카페는 대우가 나빠.」 하고

려져 있다. 일본에서는 1910년대 초 대도시에 카페가 처음 등장했으나, 곧 술장사로, 그리고 본문에서 보는 퇴폐영업으로 변질되었다. 식민지 조선의 카페에 대해서는 참조: 이경민, 2012: 17-43.

1920년대 후반 카페의 모습. 왼쪽의 앞치마를 두른 여급은 맥주병을 쥐고 있다(『동아일보』 1928. 3. 4. 「「카페」의 「웨트레쓰」 설움」). 일본식·조선식 요릿집과 달리, 이렇게 카페는 넓은 홀에 테이블이 놓인 서구적이고 '모던'한 공간이었다. 그러나 본문에서 보듯이 카페도 금방 '에로'의 공간으로 변해가서, 본문처럼 2층에는 필요에 따라 바로 침실로 이용할 수도 있는 칸막이된 좌식 다다미방을 두게 되었다.

나불거리며 다닌다. 이런 놈들의 필법(筆法)으로 말하자면 '대우가 좋은' 집은 불륜의 요구에 맞춰준다는 의미니까, 실로 한심하기 짝이 없다. 이런 문제는 상습적으로 반복되는 것으로, 경영자한테는 그리 드문 일도 아니다.

이렇게, 오는 손님이 싸구려 바(二圓バー)에서 매춘을 하려고 오는 것이니까 어쩔 수 없다. 그러나 그런 결과가 되는 것은 주로는 건물의 구조 탓이다. 원래 카페에는 2층의 일본식 방이 있을 필요가 없는 것이다. 앞서 말했듯이, 혼자서 2층 한 간을 독차지하려는 치들 중에 그다지 품행이 방정한 분자는 없을 것이다. 여급들은 새 형사소송법의 용어를 써서 이런 종류의 손님을 '피의자'라고 부르며, 요주의(要注意) 인물의 범주에 넣는다. 혹시 그가 품행 방정한 신사라면 '피의자'라는 별명을 얻은 손님이야말로 꼴좋게 된 셈이다.

여급의 일은 술잔과 접시, 안주를 나르는 것이다. 술을 따르는 것은 그들의 본분이 아니라 손님에 대한 호의일 뿐이다. 펑티엔(奉天) 치요다(千代田) 대로에 있는 아폴로 카페를 비롯해서 러시아인들이 경영하는 카페를 본 적이 있는 사람은 그렇지 하고 고개를 끄덕일 것이다. 거기서 여급이 술을 안 따른다고 기생놀음이라도 간 기분으로 소동을 벌인다면 정말 황당할 것이다. 그런 놈일수록, 운 좋게 '대접을 잘 받'아도 땡전 한 푼 팁도 내놓지 않는다. 이것이 바로 '여급을 울리는' 부류다.

그런 치들이 많은 경성이다. 도쿄 일대에서 볼 수 있는, 남자 뽀이가[4] 있는 카페를 '새로운 시도'라고 그대로 흉내라도 내어본다면, 그런 집은 틀림없이 반년도 못 되어 쫄딱 망할 것이다. 그러니까 경영자는 자기 매상에 집착하다 보면 여급의 타락은 얼마쯤은 묵인하지 않으면 안 되는 처지에 있는 것이다. 그것이 이 영업의 근본적 개혁에 큰 장애를 가져온다. 경영자가 그런 생각을 하고 있고 다른 한편 손님의 요구가 앞서 말한 것과 같다면, 여급의 타락 가능성은 충분하고, 윤락에로의 비극은 사실 첫걸음을 내딛은 셈이다.

본래 카페란 젊은 남녀가 모여드는 곳이다. 황폐해진 몸과 마음을 술로 잊으려는 사람도 올 것이고, 실연의 괴로움을 여기서 잊어보려고 오는 사람도 없지 않을 것이다. 다양하고 복잡한 세상은 이 하나의 소세계에서도 역력하게 재현된다. 강렬한 빨간 술, 파란 술을 마시면서 나누는 이야기는 대개 연애 건이다. 여급이라고 해도 남보다 더하게 젊은 피가 끓어오르는, 이른바 '불러주는 물이 있다면'[5] 하는 묘령의 여성이다. 거기서 처녀의 그것 같은 순

---

4 식당의 웨이터, 상점의 급사, 사환 등을 흔히 '뽀이(boy)'라고 불렀다. 당시 표기대로 옮겨보았다.

5 『古今和歌集』 938 "わびぬれば身を浮き草の根を絶えて誘ふ水あらばいなむとぞ思ふ"에서 따온 말이다. 영락한 자기 신세가 싫어서, 자기를 불러주는 물만 있다면 뿌리 없는 부초처럼 어디로든 떠나

진한 연애가 싹트는 것은 필연적 결과로, 그것은 결코 부자연스러운 사랑이라고는 할 수 없다. 적어도 발단은 이와 같이 처녀의 첫사랑과 하등 다를 바 없는 순진함이 있다.

그러나 이렇게 싹튼 가련한 사랑도 몇 년쯤의 여급 생활에 물들고 세상의 추한 모습을 알게 되면 닳고 닳아서 그야말로 '연애를 희롱하는' 방종한 생활로 변하는 것이다. 방종한 생활에 그 첫발을 내딛었을 때, 그녀들은 거기서 자유분방의 별천지를 발견하는 것이다. 타락하고 싶은 자에게 그것은 그야말로 형형색색의 온갖 꽃들 위에 나비 춤추는 꽃밭이고 낙원이다. 이성을 잃은 그녀들은 결국 「어리석은 첩들이지만, 몸속에는 따뜻한 피가 흐르고 있는 인간이에요. 힘들게 이런 카페에서 고생해야 할 이유는 눈곱만치도 없어요.」 하는 논리로 귀착하게 된다.

그렇지만, 그녀들의 음란한 생활에 적합한 카페가 경성 시내에 있을까? 카페의 구조는 그녀들을 충분히 만족시키지 못한다. 따라서 그녀들은 상호 타협에 따라 인천이라든지 도신치[6] 등에서 낙원을 구하게 되는 것이다.[7]

고 싶다는 뜻이라고 한다.

6 카페 안에서는 본격적인 성매매는 불가능하니까, 아예 유곽으로 가서 창기가 된다는 뜻이다. '도신치'에 대해서는 254쪽 상자 참조.

7 원서에는 이 뒤에 "(생)맥주(ビルー)의 설비가 있는/ 카페 弘養軒"이라는 광고가 실려 있다. 이 집은 한참 전부터 하녀들에게 무리한 매음을 시키다가 여급 한 명이 자살을 시도한 적이 있고 손님들의 도박을 주선하다가 본정서에 검거되기도 했는데, 최근에 와서 또 가명 하나코(花子)라는 여성에게 강제로 매음을 시키려다가 그녀가 달아나 본정서에 신고하였다는 기사를 1926년 신문에서 볼 수 있다(『매일신보』 1926. 4. 18. 「악마굴의 弘養軒/ 녀급사에게 또 매음 강요」).

21장 수상한 여자

요즘 시중에 산재한 음식점과 연락을 해서 몰래 몸을 파는 여자들이 있다. 날이 갈수록 늘어간다는 소문이다. 불경기가 낳은 비극의 하나겠지만, 「얼마전까지 다소곳이 고개를 숙이고 다니던 아가씨가, 상업회의소 뒤에서 고등매음(高等淫賣)을[1] 하는 것 같더라.」는 이야기도 들린다. 앵정정에도, 또 다른 곳에도 많이 있다. 하지만 신용할 만한 사람의 소개가 없으면 손님이 될 수도 없다.

[1]

땡땡땡, 땡땡땡, 땡땡땡.
「못 듣던 종소린데, 뭐지?」

---

[1] '고등매음'은 등록된 창가나 예기·작부 또는 카페 여급 등이 아닌 여염집 여자가 몰래 몸을 파는 밀매음의 한 범주다. 일본에서는 '賣淫'과 '淫賣'를 혼용해서 '密淫賣'라고도 썼다.

오늘은 음력으로 섣달 그믐날이다. 제야의 종인가?[2] 그렇더라도 시간이 이상하다. 벌써 이럭저럭 두 시다. 너댓 시간 있으면 날이 밝는다.

땡땡땡, 땡땡땡, 땡땡땡.

'미츠반'이다. 틀림없이 불이 났음을 알리는 반종 소리다.[3]

'허어, 게이죠[경성]에서는 드문 일인데? 오랜만에 듣는 종소리로군. 흥분되는데?' 하고, 원고지에 글을 끄적거리고 있던 나는 일어나 툇마루로 나가서 어느 쪽인가 하고 하늘을 보았다. 우리 집 서남쪽 나즈막한 조선집들 너머 저편 하늘이 환하게 타오르고 있었다. 큰불이다.

「가타야마 군, 좀 일어나 봐. 불이 났어. 평소에 내가 신세지고 있는 집이기라도 하면 큰일인데. 보러 가 봐야겠어. 같이 가겠나?」 하고 지금 우리 집에서 같이 살고 있는 청년을 불렀더니,

「불, 불이라고요? 가까운 뎁니까?」 가타야마 군도 일본 남아다. 역시 불은 전혀 싫지 않은 모양이다. 벌떡 일어나서는,

「어딥니까? 어느 쪽입니까?」

「툇마루에 나와서 저쪽을 봐. 어때, 활활 타고 있지?」

「정말이네요. 이거 대단한데요. 어디쯤일까요?」

「글쎄, 어딜까? 사쿠라이쵸[앵정정] 부근일까? 어쨌든 큰불인 것 같으니

---

2 '제야의 종'이란 본래 절에서 섣달 그믐날 밤에 108회 종을 치는 것이다. 자정까지 107회를 치고, 자정을 넘겨 새해가 되면 마지막 1회를 치는 경우가 많았다고 한다.

3 '반종(半鐘)'은 일본에서 동네에 설치해서 화재·홍수 경보로 울리는 작은 종이고, '미츠반(三ツ半)'은 반종을 세 번씩 치는 것이다. 불이 난 곳이 멀면 두 번, 가까우면 세 번, 아주 가까우면 네 번을 연달아 쳐서 신호를 한다. 목조가옥이 많은 일본의 도시에서는 '소방조(消防組)'라는 주민의 의용소방기구가 일찍부터 발달했고, 이 제도는 식민지 조선에도 도입되었다. 1925년 설립된 경성 소방서 정도를 제외하면, 대개의 도시 소방은 이 의용소방기구가 담당했다.

까 가서 볼까?」

「가 보시죠.」

나는 양복, 가타야마 군은 일본옷에 망토를 걸치고 뛰어나갔다.

「여보, 우리 나간 뒤에 곧바로 문 잠궈.」

한마디 던져두고는 쏜살같이 집을 뛰쳐나갔다. 동대문을 기준으로 불이
보였던 방향을 가늠해서 달렸다.

불이 난 곳은 화원정 공설시장에 접한 목재창고였는데 우리가 도착했을
때는 이미 불길이 잡혀, 쌓아 놓은 목재 더미 복판에서 하늘로 가늘게 연기가
솟아오르고 있을 뿐이었다.[4] 분주히 움직이는 소방수의 모습도 그림자 극처
럼 몽롱하게 보였다.

하지만 이 한바탕 활극을 에워싼 구경꾼들의 벽은 꽤나 튼튼했다. 기마순
사가 탄 말의 엉덩이가 코앞까지 육박해 와도 무너지지 않았다. 우리 둘도 오
랜만에 불구경을 하고 있다가, 쏴아 하고 통쾌한 소리를 내며 물을 뿜는 호스
끝이 이쪽을 향하는 바람에 우우 하고 사람들이 무너지는 데 섞여서 2, 3간
[4~5m] 달아나다가 철썩, 하고 물 고인 웅덩이에 뛰어들고 말았다. 그것을 계
기로 깨끗이 미련을 버리고, 「그만 돌아가지.」 하고 집으로 발길을 돌렸다.

「거 참, 깜짝 놀랐습니다. 내일 사냥이나 갈까 싶어서 일찍 누웠거든요. 그
런데 저렇게 불이 났겠지요. 잠결에 어디선가 불이야, 불이야 하는 소리가 들
려서 아이쿠야 하고 허둥지둥했지요. 머리맡의 총을 들고 뛰어 나온 건 내가
생각해도 조금 웃겨서……」

---

4 당시 신문에서 1924년 2월 5일(음력 1월 1일) 새벽 1시 반쯤 화원정 43번지 미야모토(宮本太助)
의 목재창고에서 불이 났다가 30분만에 진화되었다는 사실을 확인할 수 있다(『동아일보』 1924.
2. 6. 「화원정손해는 오천원/ 재목창고에서 삼십 간 화재」).

화원정 공설시장

1차 대전 이후의 물가폭등 속에서 생필품의 염가 공급을 위해 1919년 12월 명치정과 종로에 공설시장을 설치한 것이 경성부 공설일용품시장의 시작이라고 한다. 이듬해 경정과 화원정에도 공설시장을 설립했다. 이후 몇 차례 신설·폐지와 이전·개칭을 거쳐, 1930년대 중엽에는 동부에 화원정시장, 서부에 서대문시장, 남부에 용산시장이 있게 되었다. 다른 두 시장의 토지가 경성부 소유인데 반해 화원정시장은 민유였고, 총평수 362.8평, 건물평수 201.6평, 점포 수 14곳으로 가장 컸다 (京城府, 1936: 1, 3). 주로 일본인들이 이용하는 시장이었다.

1930년대 화원정 공설시장 입구(中央情報鮮滿支社, 1937: 215).

「마침 동풍이었으니까 이 일대는 살았지요. 그게 거꾸로 불었으면 지저깨비 같은 우리 집은 벌써 당했겠지요. 정말이지 요새 게이죠는 어수선하기 짝이 없습니다그려……」

두 사내가 전찻길에서 어정거리며 엄청났던 화재의 순간을 되새기는 것을, 우리는 발을 멈추고 듣고 있었다. 그런데 거기에 여자 둘이 나란히 걸어왔다. 한 명은 유행하는 7대3 가르마를 탔고, 한 명은 약간 주저앉은 시마다였다.[5] 밤이라 확실하게는 알 수 없었지만, 입고 있는 옷은 긴샤(金紗)인지 오메시 (お召)인지 옷자락 스치는 소리도 부드러운, 아무튼 호사스러운 비단이었다.

---

5 마루마게(丸まげ)가 기혼여성의 대표적 머리모양이라면 머리를 틀어올린 부분이 더 높은 시마다마게(島田まげ)는 미혼여성과 화류계 여성의 대표적 머리모양이었다.

안개가 끼어 어둑한 속에 떠오른 얼굴을 보니 7대3 가르마 쪽이 두세 살 위고, 시마다는 열아홉이나 스물? 그쯤인 듯했다. 시마다는 몸집이 작고 예쁜 여자, 그 일대에서는 여태껏 본 적도 없는 정말 예쁜 여자였다. 본바탕이 여염집 처자가 아님은 한눈에도 바로 알 수 있었다. 그렇다고 물론 게이샤[예기]는 아니고, 창기도 아닌 듯하고, 뭐 하는 여자일까?[6] 어떻게든 정체를 밝혀보고 싶다…… 하고, 나는 두 사람의 뒷모습을 물끄러미 지켜보았다.

본정선 전찻길에서 비스듬히 동북쪽으로 초음정 들어가는 길이 있다.[7] 여자들은 그 길로 접어들었다.

「확실히 요물이네. 저것들이 창기 따위라면 공공연히 불구경을 나올 리가 없지.[8] 그럼, 진작부터 소문으로 듣던 이른바 고등매음녀일까? 좋아, 그렇다면 어디 요물의 정체를 확인해 줄까?」 하고 나는 가타야마 군을 재촉해서 발걸음을 서둘러 여자들을 추적했다.

우리가 전찻길에서 그 길로 들어섰을 때, 여자들은 불과 2, 30간[약 4, 50m] 앞에서 어깨를 나란히 하고 어둠 속을 헤쳐가고 있었다. 우리는 최대한 발소리를 죽여 처마 밑으로 숨고 전봇대 뒤에 몸을 감추어가며 두 여자가 눈치 채

---

6 조선인 밀매음녀인 '은근짜'에 대해서 『별건곤』의 한 기사는 "트레머리도 안이고 기생도 안이고 단발랑도 안인 저 덕성스러워 보이는 부인"으로 묘사하고 있다. "동문(東門) 밧게 사는 녀자는 버리터를 서문(西門) 밧게다 정해두고 다니고 동문밧게 출장해서 군자질[은근짜를 '隱君子'라고 썼으니까 밀매음을 '군자질'이라고 한 것—인용자]하는 녀자는 대개 서문 밧게 사는 여자"라는 것이다(「(대비밀 대폭로) 현대비밀직업전람회」, 『별건곤』 14(1928. 7): 60).

7 1915년 본정 4, 5정목까지 개통된 본정선(本町線, 혼마치센)은 창경궁 홍화문 앞에서 종로4가 사거리, 을지로4가 사거리, 중구청 사거리를 지나 퇴계로49길 입구까지의 전차선이다.

8 신마치가 가까운 곳에 있기는 했지만 방향이 반대이고, 앞서 보았듯이 창기는 외출이 자유롭지 못했다.

지 못하도록 적당히 거리를 두고 뒤를 밟았다.

'이 길로 똑바로 저쪽 돌다리 건너서 2정[약 200m]쯤 가다 오른쪽으로 꺾으면 속칭 문화소로(文化小路)라고 내지인들만 사는 동네가 있는데. 어쩌면 거길 가는지도 모르겠네. 응, 틀림없이 그럴 거야. 거기엔 작은 나가야도[9] 꽤 있고, 첩이며 고토나이시가 살기에 딱 맞는 곳이기는 하지……'[10] 나는 지레짐작으로 틀림없이 거기라고 정하고 가급적 천천히 따라갔더니, 돌다리 근처에서 여자들의 모습이 홀연히 사라져버렸다.

「어라?」

아차차, 그럼 문화소로가 아니었다는 건가……? 여기서 놓치면 모처럼의 수고도 물거품이다 싶어, 급한 나머지 처마 밑에서 뛰쳐나갔다. 산은 안 보고 사슴 쫓는 사냥꾼,[11] 발소리고 뭐고 이제 알게 뭐냐? 여자가 사라진 어름까지 단숨에 다다다 달려가 다리 곁을 서성이며 근처를 둘러보았지만, 안개에 녹아버린 것도 아닐 텐데 땅 위에는 여자 비슷한 그림자는커녕 움직이는 것은 아무것도 없었다.

다리 기슭 서북쪽 모퉁이에 황금정, 태평정 일대의 것들과 비슷한 음식점이 한 집 있었다. 설마 그 여자들이 그곳 종업원일 것 같지는 않았다. 하지만 여자들이 그렇게 깜쪽같이 사라질 수 있을 만한 집은 그 일대에는 달리 없었다. 그렇다면 음식점 앞에서 꺾어서 개천을 따라 올라가 두세 채 현관이 나란

---

9 '나가야(長屋)'는 옆으로 길게 지은 집 한 채를 여러 칸으로 나누어 여러 가구가 살도록 한 연립주택이다. 가게나 하층민들의 주거로 활용되었다.

10 '고토나이시(高等內侍)'는 밀매음(고등매음) 중에서 특히 고급 요정 등을 통해 소수의 고정적인 남자 손님과 첩 비슷한 관계를 맺어서 몸을 파는 것을 말한다(竹內少霞, 1910: 133-143).

11 '사슴을 쫓는 자는 산을 보지 않는다(鹿を追う者は山を見ず)'는 일본 속담이 있다. 눈앞의 것에만 열중해서 다른 일을 돌보지 않는다는 뜻이다.

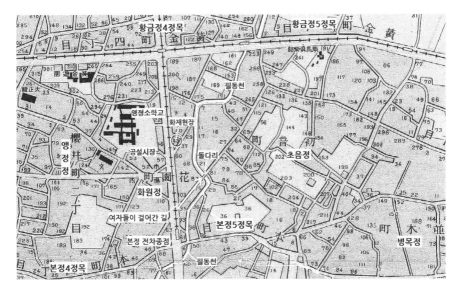

1927년「경성시가도」(1:7,500)로 본 화원정·초음정 일대. 공설시장과 화재현장은 지금의 중구청사거리 부근이다. 한가운데 세로로 본정선 전찻길을 중심으로 왼쪽 아래에서 오른쪽 위로 지금은 복개된 필동천이 남산에서 청계천으로 흘러 들어간다. 문제의 돌다리 위치는 지금의 마른내로 함흥냉면 가게들 조금 못 미쳐서다. 필동천의 위치에 대해서는 다음 답사기를 참조했다: http://potter1007.tistory.com/394 이하 7편.

한 저 집들? 거기까지 갔다고 하기에는 너무 기민했고, 너무 깔끔하게 사라졌다.

10년 동안 곳곳의 신문사를 전전한 3면 기자의[12] 말로다. 이런 실패를 하다니, 아직 퇴물은 되고 싶지 않지만, 나도 늙은 것이다.

생각을 그렇게 해서일까, 아니면 여자들이 우리가 뒤를 밟는 줄 알고 피해

---

12 초기의 신문은 보통 4면으로, 1면과 2면이 정치·외교·경제면이고 3면은 사회면이었다. 사회면은 정치·경제를 제외한 모든 사회현상에 대한 기사, 특히 독자의 흥미를 끄는 선정적 기사를 많이 실었다. 메이지유신 이래 정치적 격변과 심한 경기변동을 겪은 일본에서는 정치부·경제부 기자를 더 엘리트로 쳐서 '경파(硬派)' 기자, 선정·엽기를 쫓아다니는 사회부 기자를 '연파(軟派)' 기자라고 부르기도 했다.

버린 걸까? 어이, 너 요물아!

　'하지만, 그렇게 잘 차려 입고 또 예쁘니까 음식점 여자는 아닐 거라고 단정한 게 과대평가이고, 실은 역시 음식점 여자였는지도 모르지. 그럴지도 몰라……' 어딘지 뭔가 납득이 안 되는 부분이 있음을 알면서도, 이번에는 '음식점 여자'를 가정하고 여자들을 그 비슷한 쪽으로 갖다붙여 보았다. 그러자 묘하게도 여자들을 처음 봤을 때의 직감이 점점 희미해지면서, 두 여자는 내 머리 속에서 '음식점 고용녀'로 그럴 듯하게 짜맞춰졌다.

[2]

　'그래, 1, 2년 전 황금관 뒤의 그 뭐라나 하는 음식점에 있던 여자는 만료 풍의 목단 같은 농염함이 있었지.[13] 그 동네 게이샤 중에서도 그런 건 못 봤어. 음식점 고용녀라고 해도 손님들이 웅성거릴 정도의 인기라면 뭐, 맨날 비단 옷을 입고 다니는 정도야 아무것도 아니겠지. 지금 내가 본 건 추녀가 아니야. 한쪽은 정말로 눈이 번쩍 뜨일 만한 여자였다고. 그래, 역시 이 음식점에 들어간 거야……' 나는 벌써 그렇게 단정해버리고 긴장이 풀어져서 '뭐야, 시시하군.' 하고 서둘러 발길을 돌려 돌다리 위로 올라섰다.

　그때였다. 갑자기 내 귀에 들려온 것은, 틀림없는 여자 목소리였다.

　「…………」

　무슨 말인지까지는 알 수 없었지만 확실히 좀 전에 본 여자의 음성이라고

13　황금관(黃金館, 고가네칸)은 일본인이 경영했던 영화관(해방 후의 국도극장)으로, 을지로4가 국도호텔 자리에 있었다. 만료(萬龍, 1894~1973)는 러일전쟁 이후 1910년대까지 '일본 최고의 미인', '도쿄의 양대 명기(名妓)'로 인기를 모았던 게이샤다.

직감한 나는 그대로 발을 멈추고 귀를 기울였다. 목소리는 계속해서 내 고막을 울려왔다. 땅 밑에서 전해져오는 듯한 낮은 소리로, 방향도 분명치 않았다. 음식점은 내 눈앞에 굳게 문이 닫힌 채 서 있었다. 당연히 그 안에서 나는 소리는 아니었다.

'어디지?' 나는 가만히 고개를 돌리며 소리가 나는 방향을 찾으려고 애썼다. 다행히도 목소리는 계속 이어지고 있었다. 제발 조금만 더 이야기를 계속해 봐, 하고 염원하면서 청각을 곤두세우고 있자니, 소리는 음식점과는 반대 방향, 그것도 인가 쪽에서가 아니라 개울 바닥에서 울려오는 것이었다.

'어럽쇼……?' 여기에는 나도 놀랐다. 그렇게 빼입은 여자가 개울 속에……? 개울 속이라면 이 다리 밑인데, 그런 어처구니없는 일이 있을 수 있나? 하지만 소리 나는 방향은 정말로 개울 속이었다. 내가 서 있는 이 다리 아래라면 어떻게 되나? 문득 도깨비한테 홀린 듯한 느낌이 들어, 등골이 오싹해졌다.

가타야마 군은 나보다 한 발 앞서 걸어갔기에 그때는 돌다리 위, 2간쯤 떨어진 곳에 서 있었다. 나는 「가타야마 군,」 하고 작은 소리로 불렀다.

「발소리 내지 말고 가만히 이리 와 봐. 이거 좀 이상한데……?」 가타야마 군은 말없이 내 곁으로 다가왔다.

「가타야마 군, 자네 저거 들리나? 땅 밑에서 소곤거리는 듯한 저 소리……?」

가타야마 군은 고개를 갸웃한 채 귀를 기울였다.

「흠, 좀 전의 그 여잔가요? 여자 목소리만은 아닌 듯한데, 어디서죠?」 가타야마 군도 내가 한 것처럼 열심히 소리 나는 방향을 찾고 있었다. 나는 그의 눈길을 주시했다. 한참 그러고 있더니, 아니나 다를까 가타야마 군의 시선은 개울을 향했다.

「어라, 개울 속에서 나는 것 같네요……?」

나는 머리를 끄덕였다.

「그렇지? 개울 속에서 나는 것 같지? 다리 밑에서……」

「다리 밑에서…… 글쎄, 확실하지는 않지만, 아무튼 저쪽 축대 안에서 새어나오는 것 같습니다……」

「근처에 인가라고는 보다시피 이쪽 저쪽뿐인데, 정말 미치겠네……」

「정말입니다. 희한한 일도 다 있네요……」

가타야마 군은 조리[일본 짚신] 끄는 소리를 죽이면서 돌다리 중간까지 걸어갔다. 한참을 거기 서서 귀를 기울이나 싶더니, 빠른 걸음으로 돌아왔다.

「희한하네요. 이 집 뒤쪽에서 들리는 것 같습니다.」

가타야마 군이 가리킨 것은 음식점과 마주보는 처마가 낮은 집이었다. 그러나 우리 둘이 그 집에 다가가서 대문에 귀를 갖다대봤지만, 소리는 의연히 개울 속에서 나고 있었다.

그런데 웬걸? 다리 기슭에서부터 개울 하류 쪽으로 길게, 천변 축대 위를 걷는 것이나 다름없는 아슬아슬한 샛길이 나 있는 것이 보였다. 아까는 밤눈에 천변의 공지로밖에 보이지 않았던 그 길의 막다른 곳에 대문이 있었다. 나는 그 대문 앞에 섰다.

드디어 목소리의 출처는 알아냈다. 지금부터는 이 탐방기의 후편이다. 이제 두 미인의 정체를 독자들 앞에 폭로하는 것이지만, 그 전에 왜 이 대문 안에서 나는 소리를 개울 속에서 난다고 오인했는지를 밝혀두고 싶다.

개울은 그 대문 앞에서 급하게 휘어지고 대문 안 집은 개울의 굴곡부로 튀어나온 둥그런 축대 위에 세워져 있었다. 그래서 그 집 뒷창은 개울물 위에 불빛을 드리운다, 는 아주 멋진 자리다. 그러나 이렇게 글로 옮기니까 멋지지만, 그 초가집은 실은 무척 누추했다.

대문은 빗장이 걸려 있는 둥 마는 둥해서, 손을 대고 두세 번 흔들자 소리도 없이 스윽 열렸다. 두 채 나란한 초가는 무척 작았다. 방 앞에는 한 자 남짓한 툇마루가 있어서, 그것을 딛고 방으로 드나들도록 되어 있었다. 다행히 툇마루 앞의 마당은 흙이 부드러워 숨어드는 발소리조차 나지 않았기에, 나는 대담하게 툇마루에 손을 짚고 장지문 틈으로 방 안을 엿보았다.

맞은편 벽에는 양복과 겹쳐진 오버코트, 굵은 줄무늬 기모노, 빨간 비단 안깃의 옷가지들이 길게 주렁주렁 걸려 있었다. 전등갓에는 보라색 보자기가 씌워져 있고, 빨강·검정·연자주로 작약을 수놓은 모슬린 이불. 그 속에서 소곤소곤, 남녀는 속삭이고 있었다. 아쉽게도 장지문 틈으로 엿볼 수 있었던 것은 거기까지로, 남자가 누구인지, 여자는 7대3 가르마인지 시마다인지는 알아내지 못한 채 집으로 돌아왔다.

[3]

자, 지금부터 간밤의 여자의 정체를 밝혀보자 하고, 나는 저녁을 먹은 뒤 오시마 겹옷에 역시 오시마 하오리를 걸치고 조리를 신은 차림으로 그 집을 찾았다.[14]

툇마루 아래에는 여자용 게타가 놓여 있었다. 옆채 댓돌 위에는 요염한 코끈이 달린 조리가 벗어 던져진 채였다.

「죄송합니다. 말씀 좀 여쭙겠습니다……」 하고 나는 장지문 밖에서 말을 건넸다. 방 안에서 여자의 옷 스치는 소리가 났다.

「예에? 무슨 일인가요……?」

---

14 일본식 정장을 차려 입은 것이다. 겹옷(袷, 아와세)은 안감이 들어간 기모노고, 오시마쓰무기(大島紬)는 가고시마현(鹿兒島縣) 남쪽의 오시마 특산품인 비단이다.

에도벤도 오사카벤도 아닌 묘한 악센트는, 규슈 출신인가?[15]

「저, 말 좀 물읍시다. 이 근처에 아카마 상이라고[16] 혹시 모르십니까?」 하고 물어보았다. 그러자 여자는,

「아카마요? 모르겠네요. 저도 이사 온 지가 얼마 안 돼서…….」

목소리로 봐서 방바닥에 엎드려 있는 것 같았다. 누워 뒹굴고 있구만, 하면서

「그런가요? 분명히 음식점 앞에서 더 들어가서 대문 안 집이라고 들었는데…….」

「음식점이라면 앞의 ○○집 말인가요? 그런데 이 안쪽은 여기 두 집뿐인데요…….」

「허어, 이상하네요. 그럼, 옆집 분은 성이 뭡니까?」

어때 이 년아, 바로 대답할 수 있겠니? 하고 준비를 하고 기다렸더니 아니나 다를까

「아, 옆집이요? 옆집 말인가요……? 옆집은…….」 하고 말을 더듬다가,

「옆집은 그, 저어…… 바느질일 하는 사람인데요…….」 하고는 다시 말이 끊겼다. 이제 넌 딱 걸렸다. 이사 온 지 얼마 안 된다고 해도 바로 옆집 사람의 성이 뭔지 모를 리가 있나?[17] 버벅거리고, 말이 막히고, 이런 추태는 뭐냐? 좋

---

15 에도벤(江戶辯)은 도쿄 일대 간토지방의 사투리, 오사카벤(大阪辯)은 오사카 일대 간사이지방의 사투리다.

16 '아카마(赤間)'는 저자 자신의 성(姓)이다.

17 조선인의 '성(姓)'은 불변하는 부계 친족의 지칭인데 비해 '묘지(苗字)'라고 하는 일본인의 성은 부부 중심 직계 가족인 '가(家)' 즉 호적상의 '호(戶)'의 이름이므로 부부는 성이 같다(대개 부인이 남편의 성을 따른다). 따라서 옆집의 성을 모른다는 것은 옆집이 정상적 가족이나 부부관계가 아님을 말해준다. 일본인의 성, 묘지를 법률적으로는 '우지(氏)'라고 한다. 1938년 '창씨개명

아, 하고 나는 마음을 굳혔다. 그리고 소매에서 시키시마 한 대를 꺼냈다.

「부인, 죄송하지만 불 좀 빌릴 수 있을까요?」 그때 내 손은 벌써 장지문에 닿아 있었다. 여자가 부스럭거리며 일어난 것과 거의 동시에 나는 미닫이를 열었다.

「실례……」 모자 챙에 손을 얹으며…….

여자는 누워서 이야기책을[18] 읽고 있었던 듯 표지 날개가 펼쳐진 책이 방바닥에 엎어져 있고, 아사히 꽁초가 두세 개비 화로의 재 속에 꽂혀 있었다. 성냥을 빌려 담뱃불을 붙이면서 방 안을 보니 맞은편 왼쪽에 반침이 있고, 화로, 찬장, 경대 등 싸구려 가구가 두세 점. 방의 모양새로 보아도 결코 가정집은 아니었다. 셋집을 얻은 첩이나 슈쿠바죠로의[19] 방 꾸밈새 그대로였다. 다만 이상한 것은, 허리춤에 글씨가 박힌 시루시한텐이 한 벌 걸려 있는 것이었다.[20] 여자는 간밤에 본 7대3 가르마. 새빨간 옷깃에 가슴까지 새하얗게 분칠을 했고, 얼굴에는 희미하게 연지까지 발랐다. 이야, 만함식(滿艦飾)이다.

(創氏改名)'을 강제하면서 총독부는 그것이 결코 성을 바꾸라는 것이 아니고, 성은 그냥 두되 일본식으로 가=호의 이름인 씨를 만드는 것(창씨)임을 강조했다. 물론 실제 총독부가 의도한 것은 성은 호적상의 기록으로나 남겨 두고, 일상생활에서는 조선인도 모두 일본식 씨를 쓰게 되는 것이었다.

18 에도시대 이야기꾼이 사람들을 모아놓고 들려주던 이야기를 '고단(講談)'이라고 했는데, 메이지 기 말에 여러 출판사에서 그것을 '고단본(講談本)'이라는 문고본으로 출판했다. 그렇게 출발한 출판사 중 하나가 지금의 '고단샤(講談社)'다.

19 '슈쿠바(宿場)'는 에도시대 일본의 역참이다. '슈쿠바죠로(宿場女郎)'란 그곳에서 일하는 하녀 같은 존재로, 반쯤 공공연하게 몸을 팔았다.

20 '한텐(半纏)'은 도시의 직인(職人)이나 상인이 입는 짧은 윗도리다. '허리춤 글씨(腰文字)'는 전서(篆書)를 더 반듯반듯 각지게 변형한 글씨로 한텐 허리 부분에 소속 상점·회사(組) 등의 문장(紋章)을 써 넣는 데 많이 쓰고, '시루시한텐(印半纏)'이란 그런 글씨가 들어간 한텐이다. 간밤

「옆집 분이 혹시 아카마 아닙니까……?」 하며 나는 툇마루에 엉덩이를 걸쳤다. 여자는 내가 갑자기 문을 여는 바람에 조금 놀란 기색이었지만, 이제 완전히 진정이 된 듯했다.

「아닐걸요……」 하고 조금 고개를 숙이더니, 다리를 옆으로 꼬고 앉은 몸을 비틀어 뒷벽을 보고,

「옆집 아주머니! 옆집 아주머니!」 하고 불렀다.

옆집 아주머니라는 건 말을 잘하는 요물이냐, 시마다의 그 여자냐, 어디 있느냐?

「에에……」 하는 어정쩡한 대답이 들려오자, 7대3 가르마는 문제를 떠넘겼다.

「이 근처에 아카마라는 분 없죠? 모르시죠……?」

「예에, 몰라요……」

나는 담배연기를 훅 뿜으며,

「부인, 당신은 어젯밤에 옆집 부인…… 이랑 불구경을 갔지요?」

자, 어떻게 빠져 나갈래, 하고 얼굴을 빤히 노려보고 있자니, 과연 여자는 가슴이 덜컥했는지 무의식적으로 앞에 놓인 이야기책을 집어들었다. 그리고는 내 얼굴을 빤히 보면서,

「당신은, 형사님이군요. 그렇죠, 형사님이죠……?」

에 자기가 본 남자의 옷은 양복과 외투였고 여자는 사치스런 기모노 차림인데, 작업복이라고 할 한텐이 벽에 걸려 있는 것이 이상하다는 뜻이다.

22장 청요리와 밀회

중국의 일대기걸(一代奇傑) 위안스카이가[1]「중국은 전쟁에는 질지언정 상전(商戰)에서는 결코 지지 않는다.」고 큰소리를 쳤지만, 이것은 싸움에 진 자의 억지가 아니라, 진짜로 그렇다. 중국인만큼 물질을 얻는 데 철저한 국민은 아마 없을 것이다. 석공이든 막일꾼이든 만두장사든, 그들은 예산만큼의 수입을 올리지 못한 날은 그 전날 먹다 남은 것을 먹는다. 돈이 되는 일이라면

---

[1] 위안스카이(袁世凱, 1859~1916)는 1882년 임오군란 때 우창칭(吳長慶)을 따라 조선에 부임했고 1884년 갑신정변의 수습에 관여했으며, 그런 공적으로 1885년 11월부터 조선 주재 총리교섭통상대신으로 서울에 머물면서 조선의 내정과 외교에 간섭했다. 1894년 청일전쟁에서 패배한 뒤 톈진(天津) 부근에서 북양군벌(北洋軍閥)의 기초를 마련했다. 1898년 무술변법(戊戌變法) 때는 개혁파를 배반해서 변법을 좌절시켰고, 1900년 의화단(義和團)의 난을 진압했으며, 1911년 신해혁명 때 쑨원(孫文)과 제휴하여 중화민국 임시총통에 취임했다가 이듬해 국민당을 해산시키고 대총통에 취임, 1916년 스스로 황제가 되었으나 국내외에서 반대가 거세지는 가운데 사망했다.

아무리 싫은 일이라도 눈을 질끈 감고 해치운다.[2]

독자 여러분은 경성 시내에 산재한 청요릿집이 번창하는 까닭을 알고 있는가? 청요리는 차림새가 예쁘지는 않지만 내용이 풍부하고 충실하다. 그러니까 여자를 부르지 않고 그저 먹기만 할 거라면, 하고 '육식파'는 청요릿집으로 몰려간다? 그런 면도 있다.

하지만 여러분은 청요릿집이 간통, 사통(私通)하는 남녀의 밀회장소가 되고, 싸구려 (밀)매음녀가 손님을 꾀어 들이는 장소로 이용(?)되고 있는 줄을 아시는지? 최근 경성에서는 그런 일이 무섭게 유행하고 있다.

나는 어떤 사람으로부터 그런 이야기를 듣고, 마누라를 설득해서 몇 차례가 보았다. 장난치면 안 돼, 아무리 그래도 '산신님[마누라]'을 그런 일에 이용하다니…….

요령이 붙은 그쪽 사람들의 눈에는 평범한 손님인지 '그런 손님'인지가 빤히 뵈는 모양이다. 독자들 중에 나 같은 '껄떡쇠'가 있어서 한번 가 보려고 계략을 꾸민다면, 일단은 '바람둥이'답게[3] 차려 입는 것을 잊어서는 안 된다.

청요릿집에는 대개 다다미가 깔린 방이 하나나 둘쯤 있다. 그런 방을 차지

---

2 『개벽』의 주요 필자였던 박달성은 조선인의 상업 "경영의 力이 지식으로 자본으로 日人에게 不及은 고사하고 중국인에게도 불급"하다면서, 조선인이 일확천금을 꿈꾸어 쉽게 가게를 열었다가 또 닫는 데 반해 "10년 전에 보던 중국인의 상업지와 商號는 而今에도 그대로"다, 또 조선인과 달리 "중국인은 금전의 수입도 많고 천하도처에 그 姿를 現하되 언제든지 자국물산을 사용"하여 "의복도 중국 것, 모자도 중국 것, 신발까지도 중국 것, 담배까지도 중국 것"이며 "먹기로는 자기 손으로 만든 麥餠[보리떡]"이라고 썼다(朴達成, 1922: 32-36.)

3 'オッコチ(落っこち)'는 본래 에도시대의 유행어로 '사랑에 빠진 사람, 애인, 정인(情人)'이라는 뜻이지만, 여기서는 그런 수상쩍은 곳에 가서 수상쩍은 짓을 하고 다닐 만한 인간을 가리키므로 '바람둥이'로 옮겼다.

중국요리의 배달 모습을 보여주는 광고

중국 복장을 한 사람이 당시는 나무로 되어 있었을 배달통을 들고 있다. "울리 집 욜리 맛이 이서/ 울리집의 욜리, 맛 이 조치/ 손님 만이 와지/ 그거 왜 글래/ 울리집 욜리 아지노모토 처지[쳤지]" 하 는 광고문구는 (조선인들이 느낀) 중국 인의 전형적인 조선어 발음대로다. 당 시 적어도 도시에서는 중국요리의 배달 이 그리 낯선 일이 아니었음을 알 수 있 다(『동아일보』 1936. 5. 12). 아지노모 토는 1907년 일본에서 개발된 글루탐산 나트륨(MSG) 성분의 조미료다. 소비 촉 진을 위해 적극적 광고 공세를 펼쳤지만 크게 조선인의 관심을 끌지는 못했다. 1960년대 한국 업체가 이름도 비슷한 '미원 (味元)'을 출시해서 큰 성공을 거둔 것은 역설적이다(참조: 조희진, 2015).

하고 술과 요리를 시킨 다음, 주문한 음식이 나오면 뽀이한테 50전쯤 팁을 주면서 씩 웃어 보이면 된다. 뽀이는 틀림없이 「밍바이.」[4] 하고 고개를 끄덕 일 것이다. 그렇게 되면 만사 오케이다. 뽀이는 빈틈없이 '망'을 보면서, 절 대 그 옆방에 다른 손님을 들이지 않는다. 억지로 들어가려는 손님이 있다 면 그는 '그런 손님'이 있는 방 앞에 서서 「뿌씽, 뿌씽! 이케나이!」[5] 하고 고

---

[4] '밍바이(明白)'는 중국어로 알았다는 뜻이다.

[5] '뿌씽(不行)'은 중국어로, '이케나이(いけない)'는 일본어로 안 된다는 뜻이다.

함을 칠 것이다.[6]

게다가 비밀을 엄수하는 것은 중국인의 천성이다. 이런 일이 유행하고 있다는 소문도 중국인한테서가 아니라, 그런 짓을 해치운 뒤에 입을 닦고서 '저기 누가 그랬다더라.' 하는 표정을 짓는 무리들한테서 새어나온 것이다.

---

6 『별건곤』에서도, 큰 청요릿집에는 대개 골방과 뒷문이 있는데 "여간 단골로 다니는 사람이 아니면 그 뒷문과 골방은 개방을 하지 않는다. 그리고 또 요릿집 부근에 있는 밀매음녀와는 대개가 결탁을 하여 두고 필요한 경우에는 손[손님―인용자]의 형편을 보아 불러다 주고 아편도 […] 사다 주고 또 방도 빌려" 주는데, 요릿집마다 가령 아편을 먹으러 오는 손님이면 뽀이가 '따이커(大客)', 본문처럼 밀매음녀를 데리고 자러 오는 손님이면 '니커(二客)' 하고 소리를 지른다든지, 밀매음녀를 불러올 때도 머리 위에 손을 데면 '트레머리 여자[신여성]'고 머리 뒤에 손을 대면 '쪽자 튼 여자[구여성]'라든지 하는 암호가 있다는 기사를 볼 수 있다(「너나업시 날마다 속는 비밀, 누구든지 알어 둘 비밀, 각방면의 비밀내막」, 『별건곤』15(1928. 8): 146-147).

재조선 중국인에 대한 부정적 이미지와 차별

1920년대 경성에는 4천 명이 조금 넘는 중국인이 살았고, 남대문 서쪽의 장곡천정·북미창정·태평통 2정목·서소문정에 중국인거리가 형성되었다. 수적으로는 소수지만, 자본이 탄탄한 데다 화상총회(華商總會)로 결속된 중국인 상인이 경성 상업계에서 차지하는 비중은 상당했다. 그들 중 상당수는 음식점·요릿집이나 찐빵집 등을 경영했다. 당시 조선인들은 중국요리를 '청요리'라고 불렀는데, 청요릿집은 연회와 결혼식 등에서부터 회사·가정집으로의 배달에 이르기까지 조선인들의 다양한 수요를 충족시켰다. 청요리는 새롭고 이국적인, 그리고 사 먹기에 적합한, 자본주의적 소비문화의 일부였다.

그러나 재조선 중국인의 압도적인 이미지는 더럽고 냄새나고, 음흉하고 속을 알 수 없다는 것이었다. 중국인거리는 아편굴(183쪽 참조), 매음굴, 범죄의 온상인 '마굴'로 인식되었다. 그것은 부족한 생존의 기회를 두고 조선인이 중국인 상인·노동자와 힘겹게 경쟁해야 했던 시대적 상황의 산물이자 만주(간도)에서 조선인 이주자들이 겪는 차별과 핍박에 대한 반작용이기도 했지만, 동시에 식민지 지배 아래서 조선인이 갖는 열패감과 컴플렉스가 전가된 것이기도 했다. 1931년 7월 초 일본군이 만주 침략을 위한 빌미로 조작한 '만보산사건'의 진상이 잘못 알려지면서, 중국인배척폭동이 전국을 휩쓸었다. 이 사건으로 전국에 걸쳐 중국인 127명이 사망하고 393명이 부상을 당했으며, 조선인 1,800여 명이 체포되었다(참조: 전희진, 2013: 오미일, 2013).

'만보산사건' 오보로 촉발된 중국인배척폭동은 부끄러운 역사다. 그러나 화교를 비롯한 외국인 이주자에 대한 차별과 혐오는 지금까지도 근절되지 않고 있다. 사진은 1931년 폭동 당시 가장 피해가 컸던 평양의 중국인 거리(박도, 2010: 458).

이 책과는 질긴 인연이 있다. 매번, 내가 먼저 손을 내민 것은 아니었다.

내가 처음 이 책을 접한 것은 2007년, 국립중앙도서관의 '1945년 이전 한국관련 자료' 해제사업에 참여하면서였다. 서울대 사회학과 정근식 선생님을 중심으로 팀을 이루어 약 300종의 자료를 각자 전공과 관심에 따라 분담해서 읽고 해제하는 것이었는데, 어쩌다가 이 책이 내 몫으로 돌아왔다. 차례를 훑어보면서 뜻밖에 재미있는 자료를 만났다고 생각했지만, 짧은 시간 안에 꽤 많은 분량을 읽고 서둘러 글을 써야 하는 상황이라, 이 책과의 만남은 다소 무미건조한 해제 한 편으로 끝났다.

이 책을 다시 보게 된 것은 2013년, 국립중앙도서관에서 내는 잡지 『오늘의 도서관』의 '조선문 해제집'이라는 꼭지를 맡게 되면서였다. 앞서의 해제에서 다룬 자료 중 인상적인 것 몇 개를 사진과 함께 조금 더 상세하게 소개한다는 취지였다. 해제사업도 함께 했던 광운대 김백영 교수의 같이 하자는 꾐에 넘어가서 연재를 수락하고 나자, 맨 먼저 떠오른 게 이 책이었다. 그러나 내용은 흥미진진하지만 이 책에는 사진이 하나도 없어서, 원고의 반 가량은 다른 자료로 때워야 했다(그 글은 『오늘의 도서관』 210호에 실려 있다).

이제는 정말 다시 볼 일이 없을 줄 알았는데, 2014년 10월 말에 전화가 한 통 걸려왔다. 출판사였는데, 『오늘의 도서관』 기사를 재미있게 봤다면서, 이 책의 번역을 제의해왔다. 조금 갑작스러워서, 며칠 생각해 보겠다고 했다. 식민지기 경성의 사회상을 생생하게 보여주는 좋은 자료인데 하는 생각과, 써야 할 논문에 마무리 짓지 못한 과제도 산더미 같은데 또 무슨 번역을, 하는 생각이 교차했다. 그것도, 차라리 추상적 논의라면 적당하게 얼버무릴 수도 있겠지만, 이것은 구체적인 인물과 장소가 실명으로 등장하는 글이다. 이토 히로부미가 초대 통감이었고 그의 대한(對韓) 정략이 어떠했다는 것과, 그가 소문난 엽색가(獵色家)인데 무슨 동 몇 번지 무슨 요릿집의 어느 게이샤가 단골이었다거나 술버릇이 어땠다는 것은 차원이 다른 이야기다. 정말 한 며칠은 고민을 했는데, 그 결과가 이 책이다. 내 딴에는 서두른다고 했지만, 역시 1년이 넘게 걸린 작업이 되고 말았다.

책 내용은 이미 읽으셨을 테고, 그렇지 않아도 본문 곳곳에 저자만큼 자주 고개를 내밀고 해설과 각주 등을 붙인 터라, 더 할 말은 없다. 다만, 번역과정에서 골머리를 앓았던 언어 문제에 대해서는, 조금 변명을 하고 싶다.

1) 이 책은 물론 일본어로 쓴 것이지만, 몇 군데 예외가 있다. 가령 '막걸리'를 'マッカリ'로 쓴 것처럼 어떤 단어나 문장은 저자가 특별히 조선어(한국어)를 그대로 가타카나로 써 두었다. 1장의 "이루구카 이구카?"라든지, 18장의 "노자 노자 젊어 노자" 하는 대목 등이다. 하지만 꼭 그렇게 표시를 해두지 않았더라도, 저자가 조선인들과 나눈 대화는 상당 부분 조선어로 이루어졌으리라고 생각된다. 넝마주이 소년들(2장)이나 거지 아이 조노마(5장), 땅꾼 대장 윤태식(8장) 등 학교 근처도 못 가 보았을 인물들이, 이 책에 실린 정도의 대화를 저자와 일본어로 주고받지는 않았을 것이다. 1장의 감독이나 3장의 술집에서 시비를 건 인물, 11장의 거지 노파처럼 서툴든 유창하든 조선인이 일본어를 쓴 경우에는 저자가 따로 언급해두기도 했다.

그렇다면 10년 넘게 조선에 산 저자의 조선어 실력은 어느 정도였고, 그들의 실제 대화는 어떤 것이었을까? 손짓 발짓과 함께 낱말 몇 개를 간신히 더듬거리는 수준은 아니었다 해도, 머릿속에 맴도는 하고 싶은 말은 어휘력과 문장력의 한계에 갇혔을 테고, 자기는 알아들었다고 생각하지만 정작 상대의 진짜 의도는 놓쳐버린 경우도 많았을 것이다. 하지만 매끈하게 정리된 이 책의 문맥에서는 그런 것은 읽어낼 수 없다. 나 또한 번역을 하면서 일본어 실력의 부족으로, 또는 '가독성'을 핑계로 여러 가지로 글을 얼버무리고 다듬었으니까, 이 책의 대사들은 실제 대화의 양상과는 한층 더 멀어졌을지도 모른다.

중요한 것은 현재의 텍스트고 '본래의 대화' 같은 것은 따질 수도, 그럴 필요도 없다고, 편리하게 가정할 수 있을까? 책을 덮어야 할 이 지점에 와서 저자의 조선어 실력과 실제 대화의 모습을 따져묻는 것은, 반대로 그 대화의 더듬고 버벅거림, 이해와 오해가 엇갈리는 답답함과 한계야말로 실은 '의사소통'이라는 것의 본모습이 아닐까 하고 생각하기 때문이다. 식민지 지배도 그것에 대한 저항도, 그 현실은 그렇듯 더듬거리는 어눌한 '의사소통' 또는 해석학에 근거하지 않았을까? 과연 빛이 진공 속을 지나듯이 조선총독의 제령과 훈령이 한반도의 구석구석을 꿰뚫고, 그 명령의 함축적 의미(connation)나 의도까지는 아니더라도 명시적 의미(denotation)가 조선인 주민에게도 명약관화하게 이해되었을까? 조선인들은 그런 투명한 소통과 이해 위에서 복종과 협력, 무시나 면종복배(面從腹背), 저항을 선택했던 것일까? 그런 것이 아니라면 '일시동인'이니 '내선융화'니 '진정 마음이 만나서야말로'니¹ 하는 것들을, 말하는 쪽은 도대체 어떤 상황을 두고 무슨 뜻으로 말했고 듣는 쪽은 어떻게 알아들었던 것일까? 조선인들의 불만과 저항의 언어는, 식민지배자들에게는 어떻게 번역되고 이해/오해되었던 것일까?

2) 생각해보아야 할 또 한 가지는, 당시의 묘한 '이중언어' 생활의 실상이다. 당연히 조선인들에게는 (특히 공적 영역에서는) 일본어를 배울 것이 요구되었고, 시간이 지나면서 일본어가 요구되는 폭과 깊이는 점점 커져 갔을 것이다. 그러나 반대로, 식민지배자들 역시 제대로 지배하기 위해서는 조선어를 배워야 했다. 조선인은 일본어를 알아듣지만 일본인은 조선어를 알아듣지 못한다면, 효율적인 정보의 획득과 통제는 불가능해진다. 조선인 헌병보조원이나 순사보를 믿을 수 없다면 일본인 헌병이나 순사가 직접 정탐에 나서야 한다. 조선어를 모르고서는 정탐할 수 없다. '조선어 말살정책'만큼 잘 알려져 있지는 않지만, 그보다 훨씬 더 먼저, 더 적극 독려된 총독부의 언어정책은 일본인 관공리(공무원)에게 조선어를 익히게 하는 것이었다. 총독부의 일본인 직원은 임용 때도 조선어 시험을 봐야 했고, 현직에 있는 자는 총독부 주관의 조선어장려시험을 봐서 합격자는 조선어장려수당을 받았다. 물론 그것은 공무원들의 경우였고, 식민지의 권력관계로 보면 조선인이 일본어를 익히는 경우보다 일본인이 조선어를 배우는 경우가 훨씬 드물 것은 당연했다. 총독부

---

1 「心相觸れてこそ」. 가야마 미쓰로(香山光郎, 이광수의 창씨명)가 1940년 잡지 『녹기(綠旗)』에 연재한 일본어소설 제목이다. 이경훈의 번역에 따른다(이광수, 1995).

에서 직원들에게 조선어시험을 치르게 하고 특별수당까지 준 것은, 그런 인센티브가 없으면 공무원들도 조선어를 배우려들지 않았기 때문일 수도 있다.

일상생활에서는 일본어와 조선어가, 또는 22장 본문과 주에서 보듯이 '뿌씽, 이케나이'라든가 '니커(二客)'처럼[2] 일본어와 중국어가 뒤섞이는 상황도 생겨났다. 지금 우리가 영어를 섞어 쓰는 것이나 별 차이 없겠지만, 조선어가 일본어 속에 섞여든 것이 손에 꼽을 정도인 데 반해 일본어가 조선어 속에 스며든 경우가 압도적으로 많았다. 그런 언어적 혼란은 해방 이후 지금까지도 도처에 남아 있고, 때로는 좀 지나치다 싶을 정도의 '국어순화'의 대상이 되기도 한다. 그러나 처음부터 일본식 한자어로 수용된 근대문물은, '순화'가 불가능하다. 가령 조선어와 일본어가 병기된 식민지기의 문헌을 보면 '수속(手續)'은 일본어고 본래 조선에서 써 온 말은 '절차(節次)'임이 분명하지만, 오늘날 '수속'과 '절차'는 비슷하면서도 미묘하게 구별되는 별개의 쓰임을 갖고 있다. 차량의 '지입제(持込制)' 같은 것은 한자만 봐도 일본어임을 알 수 있지만, 그것을 대체할 한국어 개념은 없다. 한국인들이 '핸들' 대신 '휠'을 잡고 자동차를 몰게 될 날은, 글쎄 언제쯤 올지 모르겠다.

한편, 조선어와 일본어는 체언의 상당 부분이 한자로 이루어져 있다는 데서, 일본어 입말을 모르는 조선인도 한자가 많이 섞인 일본 글은 읽을 수 있고, 반대로 조선어를 모르는 일본인 역시 조선의 글은 읽을 수 있다는 기묘한 상황이 생겨났다. 1장에서 보듯이 '朝日'이라는 담배 이름을 조선인은 '조일'이라고 읽고 일본인은 '아사히'라고 읽었다. 조선어 신문에서는 경찰의 단속을 '取締'나 '취체'라고 썼지, '도리시마리'라고 하지는 않았다. 더 나아가, 조선인들은 일본어 고유명사에 대해서도 한사코 조선식 발음을 고집했다. 조선 총독은 사이토 마코토나 우가키 가즈시게가 아니라 '재등실'과 '우원일성'이었다. '林(하야시)'나 '柳(야나기)'처럼 조선에도 같은 글자의 성이 있는 경우는 이렇게 읽어버리면 조선인인지 일본인인지도 헷갈리게 된다.[3] 심지어 '말뚝이', '개똥이' 할 때처럼 총독을 '재

---

2 '니(二)'는 일본식 발음이고 '커(客)'는 중국식 발음이다.

3 개인적으로 학부 시절 인문대 수업을 들을 때 자주 언급되던 '유종열(柳宗悅, 야나기 무네요시)'을 한동안 조선인으로 착각했던, 무식한 기억이 있다.

등이', '우원이'라고 불렀던 데는, 반감과 저항의 의미도 포함되어 있었을 것이다. 반대로, 일본인들은 일본인들대로 경성은 '게이죠', 종로는 '슈로'라는 식으로, 조선의 인명과 지명을 자기네 발음대로 읽었다(이 책의 부록 참조).

자, 나도 '리쓰'처럼 여기서 문제를 내겠다. 그럼 일본인과 조선인이 만나서 대화할 때는 과연 어땠을까? 1장의 일화에서처럼 '조일'이라고 하면 '아사히'로, '간코토리'라면 '한강통'이라고 알아듣는다, 그런 것은 그중 행복한 상황일 것이다.[4] 아마 상황은 그때그때 달랐겠지만, 식민지라는 현실을 잠시 젖혀놓고 말하자면, 그런 언어생활이라는 것은 상당히 묘하고 흥미로웠을 것이다. '만주'나 중국의 인명이나 지명이 끼어들면 이 문제는 한층 더 복잡해진다. '奉天'이라는 같은 지명을 중국식으로는 '펑티엔', 조선식으로는 '봉천', 일본식으로는 '호텐'이라고 다르게 읽는 것이다. 그것은 단지 발음만의 문제가 아니다. 일본의 식민지가 됨과 동시에 '한국(대한제국)'이 일본의 한 '지방'인 '조선'으로 다시 명명되었듯이, '지나(支那)' 역시 일본이 기존의 중화질서를 부정하며 새로 붙인 이름이었다. 따라서 지금도 우리가 영화나 드라마를 통해 '조센진'이라는 말이 '朝鮮人'의 일본식 발음(일 뿐)이 아니라 멸칭(蔑稱)임을 예민하게 의식하듯이, 중국인에게 '시나(지나)'나 '만슈(만주)'라는 말은 부정적인 뉘앙스로 들리게 된다.

3) '후기'를 쓰는 자리에 와서 이런 이야기를 길게 하는 것은, 이 책에서 택한 표기법에 대한 변명이기도 하다. 지문에서는 조선의 지명은 조선어(한국어) 발음으로, 중국 지명은 중국식 발음으로, 일본 지명은 일본식 발음으로 적었다. 다만 일본인의 대사 속에서 가령 영등포는 '에이토호'로, 인천은 '진센'으로 썼지만, '조선'과 '내지(內地)'는 어쩔 수 없어서 그냥 두었다. '長崎縣'을 일본어 발음으로 적을 때 '나가사키겐'이라고 할지 아니면 행

---

4 '조일'이라는 발음은 일본어로 표기할 수도 없다. 그 대목에서 저자가 텁석부리가 한 말을 일부러 '죠이리(チョイリ)'라고 쓴 것은 '조일'과 '아사히' 사이의 간격을, 마찬가지로 조선사람이 쓰는 '일본인'과 일본인이 스스로를 가리키는 '나이치진(內地人)' 사이의 간격을 저자가 예리하게 인지하고 있었음을 보여준다.

정구역인 '현(縣)'은 그냥 두어 '나가사키현'이라고 할지는, 쓸데없지만 늘 남는 고민이다. 이 책에서는 후자를 따랐다. 『경성일보』로 할까 『게이죠닛포』로 할까는 번역과 교정 과정에서 몇 번을 오락가락했더랬다. 정말 어느 쪽 원칙으로도 정당화될 수 없는 '시나인(支那人)'이라는 표기를 선택한 데 대해서는, 그냥 나름대로 고민이 많았다고 이해해주셨으면 좋겠다. '만주'나 '지나', '몽고' 같은 어휘가 정치적으로 바람직하지 않다는 것은 위에도 적었지만, 당시 분위기를 살리기 위해 그냥 썼다.

또 한 가지 실토해야 할 것은, 이 책에 등장하는 일본인들의 이름에 대해서다. 일본 인명과 지명의 한자는 사실 정해진 읽는 방법이 없어서 일본인들도 낯선 이름은 제대로 읽지 못하는 경우가 많다.5 그러니까 유명한 사람을 빼고는 이 책 등장인물들의 이름은, 흔히 읽는 방식을 따라 내가 만들어 본 것으로 아주 정확하다고는 말할 수 없다.

일본인 등장인물의 사투리는 저자가 일본의 여러 지방 사투리로 표기한 부분을, 가장 느낌이 비슷하다고 생각되는 한국의 지방 사투리로 바꾸어본 것이다. 12장 칠성장어장수의 말투는 연변 사투리다. 조선인 등장인물이 쓰는 식민지기의 서울 사투리는, 이태준과 박태원의 소설을 참조하면서 내가 만들어 넣은 것이다. 좀 심한 장난이었나 싶기도 하지만, 저자 역시 그것을 일본어로 표기할 수 있는 방법을 알았다면 그렇게 했으리라 믿는다. 재미있게 읽어주셨으면 좋겠다.

아무튼 이런 우여곡절을 거쳐, 변변치 않으나마 이 번역서를 여러분 앞에 내놓는다. 원본은 국립중앙도서관 원문보기로 보실 수 있으니까, 번역이 만족스럽지 않거나 미심쩍은 부분은 찾아서 비교해보시면 되겠다. 임의로 전체를 4부로 묶고 장(章)들의 순서를 바꾼 것은 목차를 참조하시기 바란다. 내 나름대로는 식민지기 사회사를 좀 더 구체적인 수준에서 복원해 보고 싶다는 학문적 욕심도 있지만, 읽는 분들께는 소설처럼 재미있게 읽혔으면

---

5 한 사람의 이름도 다르게 읽는 수가 있다. 3·1운동 당시 일본 총리대신(수상)이었던 原敬의 이름은 보통 훈독(訓讀)해서 '하라 다카시'라고 읽는데, 간혹 음독(音讀)으로 '하라 게이'라고 읽기도 한다. 음독 쪽이 더 높여주는 의미라고 한다.

좋겠다. 원고를 읽고 함께 글을 다듬어준 김미화, 김백영, 이정은, 소준철, 장신, 정준영, 조정우, 영등포감옥의 위치와 영등포 시가지의 배치를 가르쳐준 김하나, 여러 곳 잘못된 번역을 고쳐주고 생소한 일본의 문물과 풍속을 상세히 설명해준 고바야시 다다요시(小林正義), 마치다 다카시(丁田隆) 등 여러 동학(同學)들께 감사를 드린다. 각주 등에 밝힌 경우도 있고 그렇지 못한 경우도 있지만, 인터넷의 여러 포털 사이트와 블로그 등에서 많은 도움을 받았다. 아마 인터넷이 없었다면 이런 책을 번역할 엄두도 내지 못했을 것이다. 이 책과의 거듭되는 인연을 맺어주신 국립중앙도서관과 『오늘의 도서관』관련자 여러분께도 감사드린다. 누구보다도, 아모르문디 출판사의 김삼수 대표님께 깊은 감사를 드린다. 이 책을 번역하게 된 것도, 또 이 책이 지금처럼 해제와 각주, 상자기사가 넘치는 형태가 된 것도 모두 김삼수 대표의 제안에 따른 것이다. 책이 잘 팔리지 않는 시절에, 이렇게 정성으로 책을 만드는 분을 만나게 되어 무척 기쁘고 감사하다.

2016년 1월
서호철

▪ 참고문헌

연구 논문·저서

가와무라 미나토(川村湊), 2002, 유재순 역, 『(말하는 꽃)기생(妓生:「もの言う花」の文化史)』, 소담출판사.

강덕상, 2005, 김동수·박수철 역, 『학살의 기억, 관동대지진(關東大震災·虐殺の記憶)』, 역사비평사.

姜萬吉, 1987, 『日帝時代 貧民生活史 硏究』, 創作社.

강창일, 2002, 『근대 일본의 조선침략과 대아시아주의』, 역사비평사.

京城府, 1926, 『(大正十四年)第一回國勢調査』.

_____, 1936, 『京城府公設市場要覽』.

_____, 2014[1941], 이연식 외 역, 『(국역)경성부사3(京城府史 三)』, 서울특별시 시사편찬위원회.

경성제국대학 위생조사부, 2010[1942], 박현숙 역, 『토막민의 생활과 위생(土幕民の生活·衛生)』, 민속원.

孔泰瑢·高二三, 1986, 『(目でみる)李朝時代』, 國書刊行會.

구라하시 마사나오(倉橋正直), 1999, 박강 역, 『아편제국 日本(日本の阿片戰略)』, 지식산업사.

권보드래, 2009, 「仁丹: 동아시아의 상징 제국」, 『사회와 역사』 81.

今村鞆(이마무라 도모), [1927], 「二十年前の京城の花柳界」, 『朝鮮及滿洲』 233; (번역) 「이십년 전의 경성의 화류계」, 김효순·이승신·송혜경 편역, 2012, 『조선 속일본인의 에로경성 조감도: 여성직업편』, 문.

김경일, 1986, 「일제하 도시 빈민층의 형성: 京城府의 이른바 土幕民을 중심으로」, 『사회와 역사』 3.

김면수, 2001, 「이상 소설과 '妖婦': '錦紅'을 중심으로」, 『여성문학연구』 5.

김백영, 2009, 『지배와 공간: 식민지도시 경성과 제국 일본』, 문학과지성사.

_____, 2011, 「식민권력과 광장 공간: 일제하 서울시내 광장의 형성과 활용」, 『사회와 역사』 90.

김은혜, 2013, 「아시아 개발주의 원(原)풍경: 수풍댐 이미지」, 『翰林日本學』 22.

김종근, 2010, 「식민도시 京城의 이중도시론에 대한 비판적 고찰」, 『서울학연구』 38.

_____, 2011, 「식민도시 京城의 유곽공간 형성과 근대적 관리」, 『문화역사지리』 23(1).

김하나, 2013, 「근대 서울 공업지역 영등포의 도시 성격 변화와 공간 구성 특징」, 서울
대학교 박사학위논문(건축학과).

나리타 류이치(成田龍一), 2011, 서민교 역, 『근대 도시공간의 문화경험(近代都市空間
の文化經驗)』, 뿌리와이파리.

다카무라 료헤이(高村龍平), 2000, 「공동묘지를 통해서 본 식민지시대 서울」, 『서울학
연구』 15.

다카사키 소지(高崎宗司), 2006, 이규수 역, 『식민지 조선의 일본인들: 군인에서 상인,
그리고 게이샤까지(植民地朝鮮の日本人)』, 역사비평사.

대한민국역사박물관, 2012, 『대한민국역사박물관』(도록).

渡部善彦(와타나베 요시히코), 1938, 『(語源解說)俗語と隱語』, 桑文社.

東京市役所, 1935, 『(昭和十年七月)紙屑拾ひ(バタヤ)調査』.

董宣爛, 2011, 「植民地期 在日朝鮮人의 參政權에 관하여: 地方選擧를 中心으로」, 『韓
日民族問題研究』 21.

旅鳥手記, [1915], 「京城の旅館評判記」, 『朝鮮及滿洲』 98; (번역)「경성의 여관 평판기」,
채숙향·이선윤·신주혜 편역, 2012, 『조선 속 일본인의 에로경성 조감도: 공간편』, 문.

마루야마 마사오(丸山眞男), 1997[1958], 김석근 역, 「전전(戰前)에 있어서 일본의 우익
운동」, 『현대 정치의 사상과 행동(現代政治の思想と行動)』, 한길사.

박강, 1998, 「조선에서의 일본 아편정책」, 『한국민족운동사연구』 20.

朴達成, 1922, 「有耶無耶? 朝鮮人의 「生道」」, 『開闢』 29(1922. 11).

박도 편, 2010, 『일제강점기』, 눈빛.

박세훈, 2002, 「구제(救濟)와 교화(敎化): 일제 시기 경성부의 방면 위원 제도 연구」, 『사
회와 역사』 61.

박창욱, 2000, 「훈춘사건과 '장강호' 마적단」, 『역사비평』 51.

사와이 리에(沢井理惠), 2000, 김행원 역, 『엄마의 게이죠, 나의 서울(母の「京城」・私のソ
ウル)』, 신서원.

서울특별시사편찬위원회, 2009, 『서울지명사전』.(네이버 포털에서 검색)

徐賢珠, 2002, 「朝鮮末 日帝下 서울의 下部行政制度 연구: 町洞制와 總代를 中心으로」,
서울대학교 박사학위논문(국사학과).

서호철, 2011, 「이여성·김세용, 《숫자조선연구》: 식민지와 통계의 내밀한 관계 분석」,

류시현 외, 『인문학의 싹』, 인물과사상사.

_____, 2014, 「조선총독부 내무부서와 식민지의 내무행정」, 『사회와 역사』 102.

雪の舍生, [1918], 「活辯に魅られた女: 某 二本筋の妻君との最近の出來事」, 『朝鮮及滿洲』 129; (번역) 「활동사진 변사에 매료된 여자: 모(某) 2등 고등관 부인의 최근에 생긴 일」, 김태현 편역, 2012, 『일본어잡지로 보는 식민지 영화』, 문.

孫禎睦, 1977, 『朝鮮時代都市社會硏究』, 一志社.

염복규, 2002, 「일제말 京城지역의 빈민주거문제와 '시가지계획'」, 『역사문제연구』 8.

오미일, 2013, 「일제강점기 경성의 중국인거리와 "魔窟" 이미지의 정치성」, 『東方學志』 163.

오성철, 2000, 『식민지 초등 교육의 형성』, 교육과학사.

우스다 잔운(薄田斬雲)·도리고에 세이키(鳥越靜岐), 2012[1909], 한일비교문화세미나 역, 『조선만화(朝鮮漫畵)』, 어문학사.

이경민, 2012, 『경성, 카메라 산책』, 아카이브북스.

이경훈, 2000, 『이상, 철천의 수사학』, 소명출판.

_____, 2001, 「미쓰코시, 근대의 쇼윈도우」, 한국문학연구학회 편, 『한국 근대문학과 일본문학』, 국학자료원.

이마무라 도모(今村鞆), 2011[1915], 홍양희 역, 『조선풍속집(朝鮮風俗集)』, 민속원.

이승일, 2013, 「1890년대 한국의 전당 관행과 전당 입법」, 『법사학연구』 48.

李如星·金世鎔, 1932, 『數字朝鮮研究(第三輯)』, 世光社.

이정선, 2015, 「1920~30년대 조선총독부의 '내선결혼(內鮮結婚)' 선전과 현실」, 『역사문제연구』 33.

이채원, 2010, 「일제시기 경성지역 여관업의 변화와 성격」, 『역사민속학』 33.

林南壽·朴商勛, 1986, 『(目でみる)昔日の朝鮮』(上), 國書刊行會.

장신, 2007, 「한말·일제초 재인천 일본인의 신문 발행과 조선신문」, 『인천학 연구』 6.

赤間騎風(아카마 기후), 1928, 『満州馬賊』, 白永社書房.

전우용, 2008, 『서울은 깊다』, 돌베개.

전희진, 2013, 「상상된 중국인 그리고 식민지 조선 지식인의 딜레마」, 『사회와 역사』 97.

정근식 외, 2011, 『식민권력과 근대지식: 경성제국대학 연구』, 서울대학교출판문화원.

정재철, 1989, 「일제하의 고등교육」, 『한국교육문제연구』 5.

정진석, 2005, 『언론조선총독부』, 커뮤니케이션북스.

朝鮮酒造協會 編, 1935, 『朝鮮酒造史』.

朝鮮總督府, 1924, 『朝鮮社會事業要覽』.

_____, 1925a, 『朝鮮: 寫眞帖』.

_____, 1925b, 『(大正十二年)朝鮮總督府統計年報』.

_____, 1927, 『朝鮮警察の概要』.

_____, 1933, 『朝鮮の聚落(中篇)』.

_____, 1935a, 『(昭和午年)朝鮮國勢調査報告: 全鮮編 第一卷 結果表』.

_____, 1935b, 『(昭和午年)朝鮮國勢調査報告: 道編 第一卷 京畿道』.

_____, 1935c, 『施政二十五年史』.

_____, 1944, 『(昭和十七年)朝鮮總督府統計年報』.

朝鮮總督府內務局, 1925, 『(大正十三年度)朝鮮地方財政要覽』.

_____, 1941, 『朝鮮の專賣』.

朝鮮總督府專賣局, 1927, 『專賣局事業概要』.

朝鮮總督府學務局社會課, 1933, 『朝鮮の社會事業』.

조희문, 1997, 「무성영화의 해설자 辯士 연구」, 『영화연구』 13.

조희진, 2015, 「아지노모도의 현지화전략과 신문광고」, 『사회와 역사』 108.

佐藤健二(사토 겐지), 2011, 『社會調査史のリテラシー』, 新曜社.

竹內少霞(다케우치 쇼카), 1910, 『變裝魔窟探檢』, 奈仁和書房.

中央情報鮮滿支社, 1937, 『大京城寫眞帖』.

지카마쓰 몬자에몬(近松門左衛門), 2007[1703], 최관 역, 『소네자키 숲의 정사(曽根崎心中)』, 고려대학교출판부.

天來生, [1916], 「奈落の女」, 『朝鮮及滿洲』 106; (번역) 「나락의 여자」, 김효순·이승신·송혜경 편역, 2012, 『조선 속 일본인의 에로경성 조감도: 여성직업편』, 문.

崔柄憲, 2001, 「일제의 침략과 불교: 일본 曹洞宗의 武田範之와 圓宗」, 『韓國史研究』 114.

한국교회사연구소 역주, 1998, 『뮈텔 주교 일기 5(1911~1915)』, 한국교회사연구소.

한상언, 2010, 「1910년대 조선의 변사시스템 도입과 그 특징에 관한 연구」, 『영화연구』 44,

혼마 규스케(本間九介), 2008[1894], 최혜주 역, 『조선잡기(朝鮮雜記)』, 김영사.

홍성철, 2007, 『유곽의 역사』, 페이퍼로드.

후지메 유키(藤目ゆき), 2004, 김경자·윤경원 역, 『성의 역사학: 근대국가는 성을 어떻게 관리하는가(性の歷史學)』, 삼인.

ヒマラヤ山人, 1909, 「京城の我浪人界」, 『朝鮮』 4(1).

Drake, Henry B., 2000[1930], 신복룡 역, 『일제시대의 조선 생활상(*Korea of the Japanese*)』, 집문당.

Kneider, Hans-Alexander, 2013, 최경인 역, 『독일인의 발자취를 따라(*Globetrotter, Abenteurer, Goldgräber: Auf deutschen Spuren im alten Korea*)』, 일조각.

신문·잡지

『매일신보』(한국언론진흥재단 미디어가온의 '고신문검색' 이용)

『동아신보』(동아일보아카이브, 네이버 뉴스라이브러리 이용)

『별건곤』(국편DB에서 원문 이용가능)

『朝鮮及滿洲』(1911년까지의 제호는 『朝鮮』)

소설 (괄호 속은 발표년도)

김유정, 「심청」(1936), 「따라지」(1937)

박태원, 「소설가 구보씨의 일일」(1934), 『천변풍경』(1936)

박완서, 『그 많던 싱아는 누가 다 먹었을까』(1992)

심훈, 『상록수』(1935)

염상섭, 「해바라기」(1923), 「만세전」(1924)

이광수, 『무정』(1917)

이상, 「날개」(1936)

이태준, 「기생 산월이」(1930), 「아무 일도 없소」(1931), 「불우선생」(1932), 「밤길」(1940)

채만식, 「레디메이드 인생」(1934), 『태평천하』(1938), 「미스터 방」(1946)

최명익, 「심문」(1939)

한용운, 『박명(薄命)』(1938)

현진건, 「빈처」(1921), 「운수 좋은 날」(1924)

가야마 미쓰로(香山光郎, 이광수), 1995[1940], 「진정 마음이 만나서야말로(心相觸れてこそ)」. 이경훈 편역, 『진정 마음이 만나서야말로』, 평민사.

나카지마 아쓰시(中島敦), 2009[1929], 「순사가 있는 풍경(巡査の居る風景)」, 이한정·미즈노 다쓰로 편역, 『일본 작가들이 본 근대조선』, 소명출판.

다나카 히데미쓰, 1999[1949], 「취한 배(酔いどれ船)」, 유은경 역, 『취한 배』, 小花.

다카하마 교시(高濱虛子), 2009[1911], 「조선(朝鮮)」, 이한정·미즈노 다쓰로 편역, 『일본 작가들이 본 근대조선』, 소명출판.

웹사이트·블로그

국립중앙도서관(www.nl.go.kr)

국사편찬위원회 한국사데이터베이스(http://db.history.go.kr/, 해제·각주에서 '국편 한국사DB'로 줄임)

국가통계포털(www.kosis.kr) (조선총독부통계연보 자료: 국내통계〉 과거/중지통계)

블로그(황화수소) 필동천 답사기(총7편) (1편: http://potter1007.tistory.com/394)

블로그 '시간과 공간의 향기'(http://jjtkks.blog.me/120131021267)

佐藤能丸, 「ワセ歷 第3回: 創立20周年 早稲田が「大学」になる: 独特な「校外生制度」」
(http://www.waseda.jp/student/weekly/contents/2007a/124k.html)

『亞細亞時論』 목차 (http://www.japanesehistory.de/kokuryukai/Ajia%20Jiron%201919.pdf)

식민지기 경성의 정(町)과 동(洞)

조선 후기 한성은 동·서·남·북·중부의 5부(部) 아래 방(坊)·계(契)·동(洞)으로 이루어져 있었다. 가령 수표동은 남부 훈도방 정승계에 속했다. 한편 청일·러일전쟁을 거치면서 부쩍 증가한 한성과 용산의 일본인들은 치외법권적 '거류민단'을 구성하고, 또 우편배달의 편의를 핑계로 독자적 행정구역과 지명을 도입했다. 1914년 총독부는 일본인 거류민단과 외국인 거류지를 폐지하고 지방제도를 정비, 부와 면을 '지방단체'로 하여 법인의 자격을 부여하는 부제(府制)와 면제(面制)를 실시했다. 이때 식민지기 경성부의 행정구역이 일차 정해졌고, 1918년까지 진행된 토지조사사업을 통해 정·동의 구획과 지적이 확정되었다. 당시 경성부 관할구역은 종전보다 많이 축소되어 서울성곽 즉 사대문 안과, 남대문 밖 (신)용산 일부만을 포함하게 되었다.

큰길은 남북으로 뻗은 것을 '통(通, 도리)', 동서로 뻗은 것을 '정(町, 죠)'라고 이름을 붙이고, 광화문네거리(세종대로사거리) 가까운 곳부터 차례로 1, 2, 3… 정목(丁目)으로 구분하는 것을 원칙으로 했다. 그러나 종로는 '정'이 아니라 그대로 '종로 1, 2, 3… 정목으로 했고, 종로와 서대문정(신문로) 북쪽의 조선인 거주지는 '정' 대신 '동'이라는 명칭을 그대로 사용했다. 이때 정·동 구역은 조선시대의 '동'과는 다르게 구획되었는데, 중부 관인방(寬仁坊)과 사동(寺洞)에서 한 글자씩 따서 '인사동', 또 관인방과 훈동(勳洞)에서 '관훈동'을 만드는 등 동 이름도 구획별로 새로 붙인 것이 많았다(이상 참조: 서현주, 2002: 120-134; 김종근, 2010).

흔히 식민지기 경성은 종로를 중심으로 한 북쪽의 조선인 거주지와 본정(명동) 중심의 남쪽 일본인 거주지로 구분된 '이중도시'였다고 하는데, '정'과 '동'의 다른 명명은 그런 이중성을 제도로 고착시킨 조치이기도 했다. 물론 이런 민족별 거주지 분리는 절대적인 것은 아니었다. 주민의 민족별 구성비는 정·동별로 다양했고, 조선인은 꼭 종로 상가만, 일본인은 본정통 상점들만 이용한 것도 아니었다(김종근, 2010). 당장 이 책과 저자부터가 두 민족의 '잡거(雜居)'와 교류의 생생한 증거라고 하겠다. 그러나 전반적으로 경성 내의 행정적 '남북차별'이 만연했던 것도 사실이다. 앞서 쓰레기·분뇨 수거와 관련된 '남북차별'을 잠깐 보았지만(39쪽 각주 15 참조), 그런 차별은 상하수도와 전기, 도로·전차 등 각종 인프라와 도시 생활의 모든 면에 걸쳐 있었다. 물론 앞서 보았듯이 광희문 밖 쓰레기·분뇨 처분장, 아현리 공동묘지, 서대문 밖의 감옥, 도축장처럼, 경성부의 각종 혐오시설들은 경성부 경계 바로 바깥쪽에 위치했고, 그 지역 주민들은 더 큰 불편과 차별대우에 시달려야 했다. 바로 그런 경계지역이 토막민 등 도시빈민의 주거지가 되었다.

1936년 「조선시가지계획령」에 따라 경성의 구역이 3배 가까이 확장될 때, '동' 명칭도 모두 '정'으로 통일되었다. '정동' 같은 외자의 동은 '정동정'이 되었다. 이런 동 이름은 해방 이후에 '동'으로 환원되었고, 명치정, 본정, 욱정 같은 일본식 정 이름도 대개 그때 다른 이름으로 고쳐졌다.

그런데 식민지기 조선인들은 일본식 정 이름을 일본어 발음대로 읽지 않고 그것을 그대로 조선식 한자음으로 읽었다. '本町二丁目'을 '혼마치 니쵸메'가 아니라 '본정통 이정목'이라고 했던 것이다. 반대로 일본인들은 조선식 지명을 자기 식대로 읽었는데, 조선이 '죠센', 경성이 '게이죠', 평양이 '헤이죠'였듯이 의주통은 '기슈토리', 남대문은 '난다이몬'이었다.[1] 인사동, 관훈동 같은 이름도 한자의 일본식 음독(音讀)이나 드물게는 훈독(訓讀)으로 읽었을 텐데, 하나하나를 어떻게 읽었는지는 알기 어렵다. '町'도 '죠'(음독), '마치'(훈

---

[1] 김씨를 '긴상'이라고 하는 것은 그래도 쉽지만, 박씨를 '보쿠상', 최씨를 '사이상', 장씨를 '죠상' 하는 식으로 조선의 고유명사를 일본식 발음으로 듣는 것은 참 낯선 경험이었을 것이다. 이광수의 『무정』에서 전차 차장은 「도오다이몬 슈―멘―[동대문 종점―인용자] 동대문이올시다」 하고 외치고, 기차가 평양역에 도착하자 역부(驛夫)가 「헤이죠오」 하고 소리친다.

독) 두 가지로 읽으니까, 오사카의 '本町'은 '혼마치'인데 센다이의 '本町'은 '혼쵸'다. 식민지기 경성의 黃金町을 '고가네쵸'라고 했는지 '고가네마치'라고 했는지는 확실치 않다.

다음 표는 이 책의 시간적 배경과 가장 가까운 1925년 경성부 간이국세조사 자료(京城府, 1926: 113-123)에서 옮긴 것이다. 정 이름의 일본어 발음은 김종근(2010)과, 재조선 일본인 잡지 『朝鮮及滿洲』에 실린 기사들에 독음(讀音)을 옆에 작게 달아놓은 것을 참조했지만, 이 두 자료에서도 '쵸'와 '마치'의 읽는 방법은 일치하지 않는 경우가 많았다.[2] 현재 지명과의 대조에는 『서울지명사전』(네이버 포털)을 활용했다. 다만 당시와 지금의 동 구역이 달라진 곳이 많으므로, 그때의 정·동과 지금의 동이 일대일로 대응하지는 않는다. 길이 새로 나거나, 남아 있는 길도 도로 폭과 경관이 크게 달라져서 지도상으로도 대응시키기 쉽지 않은 곳이 많다.

---

2 김종근(2010)은 1945년 제작된 미군 지도를 통해 발음을 복원했다고 한다.

■ 1925년경 경성의 정과 동

1. 종로처럼 여러 개 '丁目'으로 된 것은 각각 다른 동이지만, 이 표는 일단 명칭과 발음을 보이기 위한 것이라 편의상 하나로 묶었다. 一, 二, 三, 四, 五, 六, 七丁目은 각각 '잇쵸메', '니쵸메', '산쵸메', '욘쵸메/시쵸메', '고쵸메', '롯쵸메', '나나쵸메'로 읽는다.
2. 일본식 '정'의 일본어 발음은 김종근(2010)을 위주로 하고, 『朝鮮及滿洲』 기사에 다른 발음이 있는 경우 괄호 속에 부기했다. '町'을 '죠'와 '마치'로 다르게 읽은 것은 그것만을 괄호 속에 적었다.
3. 맨 오른쪽 칸 괄호 속에 쓴 연도는 동 이름이 현재의 것으로 바뀌게 된 시점이다.

동명	일본어 발음	현재의 구와 동(법정동)	
훈정동 薰井洞		종로구	훈정동
봉익동 鳳翼洞		〃	봉익동
수은동 授恩洞		〃	묘동(1946)
와룡동 臥龍洞		〃	와룡동
권농동 勸農洞		〃	권농동
숭일동 崇一洞		〃	명륜동1가(1936)
숭이동 崇二洞		〃	명륜동2가(1936)
숭삼동 崇三洞		〃	명륜동3가(1936)
숭사동 崇四洞		〃	명륜동4가(1936)
이화동 梨花洞		〃	이화동
동숭동 東崇洞		〃	동숭동
혜화동 惠化洞		〃	혜화동
원남동 苑南洞		〃	원남동
인의동 仁義洞		〃	인의동
충신동 忠信洞		〃	충신동
효제동 孝悌洞		〃	효제동
연지동 蓮池洞		〃	연지동
연건동 蓮建洞		〃	연건동
예지동 禮智洞		〃	예지동
종로 鍾路(1-7丁目)		〃	종로(1-7가)
창신동 昌信洞		〃	창신동
숭인동 崇仁洞		〃	숭인동

동명	일본어 발음	현재의 구와 동(법정동)	
당주동 唐珠洞		종로구	당주동
수창동 需昌洞		〃	내수동(1936)
내자동 內資洞		〃	내자동
적선동 積善洞		〃	적선동
도렴동 都染洞		〃	도렴동
사직동 社稷洞		〃	사직동
필운동 弼雲洞		〃	필운동
서대문정 西大門町(1, 2丁目)	사이다이몬쵸(니시다이몬쵸)	〃	신문로(1-2가)(1950)
정동 貞洞		중구	정동
서소문정 西小門町	사이쇼몬쵸		서소문동
태평통 太平通(1, 2丁目)	다이헤이토리	〃	태평로(1-2가)
죽첨정 竹添町(1-3丁目)	다케조에마치	〃	충정로(1-3가)(1946)
의주통 義州通(1, 2丁目)	기슈토리	〃	의주로(1, 2가)
현저동 峴底洞		서대문구	현저동
행촌동 杏村洞		종로구	행촌동
관동 館洞		서대문구	영천동(1946)
홍파동 紅把洞		종로구	홍파동
교북동 橋北洞		〃	교북동
교남동 橋南洞		〃	교남동
옥천동 玉川洞		서대문구	옥천동
송월동 松月洞		종로구	송월동
천연동 天然洞		서대문구	천연동
냉동 冷洞		〃	냉천동(1936)
평동 平洞		종로구	평동
미근동 渼芹洞		서대문구	미근동
합동 蛤洞		〃	합동
봉래정 蓬萊町(1-4丁目)	호라이마치(쵸)	중구	봉래동(1, 2가)
			만리동(1, 2가)(1946)
중림동 中林洞		〃	중림동
서계동 西界洞		용산구	서계동
남대문통 南大門通(1-5丁目)	난다이몬토리	중구	남대문로(1-5가)
화천정 和泉町	이즈미마치	〃	순화동(1946)
길야정 吉野町(1, 2丁目)	요시노마치	용산구	동자동 일부(1946)
			후암동 일부(1946)

동명	일본어 발음	현재의 구와 동(법정동)	
고시정 古市町	후루이치마치	용산구	동자동 일부
어성정 御成町	오나리마치	중구	남대문로 5가
다옥정 茶屋町	차야마치	〃	다동
무교정 武橋町	부교마치	〃	무교동
황금정 黃金町(1-7丁目)	고가네마치	〃	을지로(1-7가)
장곡천정 長谷川町	하세가와마치(쵸)	〃	소공동
남미창정 南米倉町	미나미요네쿠라마치(쵸)	〃	남창동
북미창정 北米倉町	기타요네구라마치(쵸)	〃	북창동
삼각정 三角町	산카쿠쵸	〃	삼각동
수하정 水下町	스이카쵸	〃	수하동
장교정 長橋町	나가하시마치(쵸교쵸)	〃	장교동
수표정 水標町	스이효마치	〃	수표동
입정정 笠井町	가사이마치	〃	입정동
임정 林町	하야시마치	〃	산림동
주교정 舟橋町	후나바시마치	〃	주교동
방산정 芳山町	호오잔쵸	〃	방산동
명치정 明治町(1, 2丁目)	메이지마치	〃	명동(1, 2가)(1946)
영락정 永樂町(1, 2丁目)	에이라쿠쵸	〃	저동(1, 2가)(1946)
약초정 若草町	와카쿠사마치(쵸)	〃	초동(1946)
앵정정 櫻井町(1, 2丁目)	사쿠라이쵸	〃	인현동(1, 2가)(1946)
화원정 花園町	하나조노쵸	〃	예관동(1946)
초음정 初音町	하쓰네쵸	〃	오장동(1946)
광희정 光熙町(1, 2丁目)	고키쵸	〃	광희동(1, 2가)
본정 本町(1-5丁目)	혼마치	〃	충무로(1-5가)(1946)
욱정 旭町(1-3丁目)	아사치마치	〃	회현동(1-3가)(1946)
남산정 南山町(1-3丁目)	난잔마치	〃	남산동(1-3가)
수정 壽町	고토부키쵸	〃	주자동(1946)
일지출정 日之出町	히노데쵸	〃	남학동(1946)
대화정 大和町(1-3丁目)	야마토마치	〃	필동(1, 2가)(1946)
신정 新町	신마치	〃	묵정동(1946)
병목정 並木町	나미키마치(쵸)	〃	쌍림동(1946)
왜성대정 倭城臺町	와이죠다이쵸	〃	예장동(1946)
서사헌정 西四軒町	니시시켄마치(쵸)	〃	장충동1가(1946)
동사헌정 東四軒町	히가시시켄마치(쵸)	〃	장충동2가(1946)

동명	일본어 발음	현재의 구와 동(법정동)	
장사동 長沙洞		종로구	장사동
관수동 長沙洞		〃	관수동
관철동 貫鐵洞		〃	관철동
서린동 瑞麟洞		〃	서린동
청진동 淸進洞		〃	청진동
수송동 壽松洞		〃	수송동
중학동 中學洞		〃	중학동
송현동 松峴洞		〃	송현동
간동 諫洞		〃	사간동(1946)
소격동 昭格洞		〃	소격동
안국동 安國洞		〃	안국동
화동 花洞		〃	화동
팔판동 八判洞		〃	팔판동
삼청동 三淸洞		〃	삼청동
가회동 嘉會洞		〃	가회동
계동 桂洞		〃	계동
원동 苑洞		〃	원서동(1936)
재동 齋洞		〃	재동
운니동 雲泥洞		〃	운니동
익선동 益善洞		〃	익선동
돈의동 敦義洞		〃	돈의동
경운동 慶雲洞		〃	경운동
관훈동 寬勳洞		〃	관훈동
견지동 堅志洞		〃	견지동
인사동 仁寺洞		〃	인사동
낙원동 樂園洞		〃	낙원동
공평동 公平洞		〃	공평동
광화문통 光化門通	고카몬토리	〃	세종로(1946)
통의동 通義洞		〃	통의동
창성동 昌成洞		〃	창성동
효자동 孝子洞		〃	효자동
궁정동 宮井洞		〃	궁정동
청운동 淸雲洞		〃	청운동
신교동 新橋洞		〃	신교동

동명	일본어 발음	현재의 구와 동(법정동)	
옥인동 玉仁洞		종로구	옥인동
누상동 樓上洞		〃	누상동
누하동 樓下洞		〃	누하동
통동 通洞		〃	통인동 (1936)
체부동 體府洞		〃	체부동
청엽정 靑葉町(1-3丁目)	아오바쵸	용산구	청파동(1-3가)(1946)
원정 元町(1-4丁目)	모토마치	〃	원효로(1-4가)(1946)
금정 錦町	니시키마치	〃	효창동(1946)
미생정 彌生町	야요이마치(쵸)	〃	도원동(1946)
대도정 大島町	오시마쵸	〃	용문동(1946)
영정 榮町	사카에마치	〃	신계동(1946)
청수정 淸水町	시마즈마치	〃	신창동(1946)
산수정 山手町	야마테쵸	〃	산천동(1946)
암근정 岩根町	이와네마치	〃	청암동(1946)
경정 京町	교마치	〃	문배동(1946)
도화동 桃花洞		〃	도화동
마포동 麻浦洞		〃	마포동
삼판통 三坂通	미사카토리	〃	후암동(1946)
강기정 岡崎町	오카자키쵸	〃	갈월동(1946)
한강통 漢江通	간코토리	〃	한강로
이촌동 二村洞		〃	이촌동

저자 소개

아카마 기후(赤間騎風)

본명은 아카마 죠타로(赤間長太郎), '기후(騎風)'는 호(號)나 별명인 듯하다. 1886년경 일본 규슈 후쿠오카현의 히사무라(日佐村)에서 태어났고, 1910년대 초에 조선으로 건너왔다. 일본의 대륙 침략을 측면에서 지원했던 국수주의 단체 고쿠료카이(黑龍會)의 회원으로, 아오야기 쓰나타로(青柳綱太郎)가 경영했던 주간지『경성신문』을 비롯한 여러 신문사에서 기자생활을 했다. 1910년대 말이나 20년대 초에는 몇 년 동안 만주에 가 있으면서 마적들과 접촉하기도 했으며, 그런 경험을 토대로『마적 무리에서(馬賊の群より)』(1924)라는 책을 썼다. 이 책은 이후『만주마적(滿州馬賊)』(1928),『마적 이야기(馬賊物語)』(1932) 등으로 이름과 출판사를 바꾸며 거듭 간행된다. 만주에서도 창춘(長春)에서 일본어신문 지국을 경영하는 등 언론계에 몸을 담았지만, 그의 만주행은 고쿠료카이의 대륙 진출활동의 일부이기도 했다. 1925년에는 역시 일본의 몽골 침략을 예상하며 고쿠료카이 회원들끼리 몽골 탐험을 다녀오기도 했는데, 그 뒤로 그의 행적은 알 수 없다.

서호철

서울대학교 사회학과와 같은 학교 대학원에서 역사사회학/사회사를 전공했고, 대한제국기와 식민지기의 호적과 주민등록 제도에 대한 연구로 박사학위를 받았다. 2007년부터 한국학중앙연구원 한국학대학원 교수로 재직하고 있으며, 현재 한국사회사학회의 학술지『사회와 역사』의 편집위원장을 맡고 있다. 주요 관심 분야는 식민지기 중앙과 지방의 통치기구, 거주·여행의 증명, 도량형과 측정·계량의 역사 등이다. 저서로『식민권력과 통계』(박명규 공저, 서울대출판부, 2003)가 있고,『시마 상, 한국 길을 걷다』(일조각, 2013),『'연애결혼'은 무엇을 가져왔는가?』(소화, 2013) 등의 책을 옮겼다.